Frithjof Bergmann

Neue Arbeit, Neue Kultur

Frithjof Bergmann

Neue Arbeit, Neue Kultur

Aus dem Amerikanischen übersetzt
von Stephan Schuhmacher

arbor
Arbor Verlag
Freiamt im Schwarzwald

Viele haben beim Schreiben dieses Buches geholfen, und sehr viele haben die Neue Arbeit auf andere Weise unterstützt, gestärkt und befördert. Es würde an dieser Stelle den Rahmen sprengen, sie alle zu nennen und im Kontext ihrer Tätigkeiten einzeln zu würdigen. Um meiner „fröhlichen" Dankbarkeit einen vorläufigen Ausdruck zu geben, widme ich dieses Buch all diesen wundervollen Menschen in ihrer Buntheit und ihrer Neuen Arbeit.

2 3 4 5 Auflage
05 06 07 08 Erscheinungsjahr

Lektorat: Eva Bachmann
Druck und Bindung: Kösel, Krugzell
Dieses Buch wurde auf 100% Altpapier gedruckt und ist alterungsbeständig.

Weitere Informationen über unser Umweltengagement
finden Sie unter www.arbor-verlag.de/umwelt.

www.arbor-verlag.de

ISBN 3-924195-96-X

Inhalt

Kapitel IV

Einleitung

Die Neue Arbeit hat nicht mit einem flüsternden Wind hoch in den Bäumen angefangen, sondern mit einem Paukenschlag. Sie begann nicht mit zögernden, kleinen Schritten, sondern mit einem originären Vorschlag, über den gleich zu Beginn sehr viel geschrieben, in Radio und Fernsehen berichtet und auch sehr viel gestritten wurde. Es geschah während der Rezession der frühen achtziger Jahre, zu einer Zeit, als in den Fabriken überraschend schnell auf beiden Seiten des Fließbandes Computer auftauchten. Der Ort war Flint, *die* Automobilstadt in den Vereinigten Staaten, die etwa dem entspricht, was Wolfsburg für Deutschland bedeutet. Es gab keine eindeutige Ankündigung, aber Gerüchte machten die Runde, die sich immer weiter hochschaukelten: Es würde Entlassungen geben in einer Größenordnung, die alles bisher Gekannte überträfen. Als Antwort darauf gründeten „wir" (das war zu diesem Zeitpunkt eine zusammengewürfelte Gruppe sehr unterschiedlicher Freunde – einige kamen aus der Gewerkschaftsbewegung, andere aus dem Management, einer war Priester, einige waren Unternehmer, einer war der stellvertretende Bürgermeister der Stadt) das erste Zentrum für Neue Arbeit.

Ich hatte bereits zuvor über das Thema Arbeit geschrieben, unter anderem in meinem Buch *Die Freiheit leben.* Außerdem hatte ich eine zehnteilige Fernsehserie mit dem Titel *Culture after the Elimination of Labor* („Kultur nach der Abschaffung der Arbeit") geschrieben, produziert und gesendet. Ich war also nicht ganz unvorbereitet, aber die Dinge entwickelten sich sehr viel schneller, als ich es erwartet hatte. Basierend auf dem, was wir über Flint wussten – und das war eine Menge, da die meisten Mitglieder des Zentrums den größten Teil ihres Lebens in der Automobilbranche tätig gewesen waren –, und einer Ansammlung noch unreifer Ideen, formulierten wir einen ersten Vorschlag.

An diesem Vorschlag entzündete sich zu unserer eigenen Überraschung eine lebhafte Debatte, nicht nur in Flint, sondern darüber hinaus in Detroit, in Michigan und in der gesamten Automobilindustrie.

Es gab Presseberichte, Radio- und Fernsehinterviews, und fast jeder in der Stadt beteiligte sich an der Diskussion.

Der Kern unseres Vorschlags lautete: „Es gibt eine *Alternative* zur Massenentlassung der Arbeiter.“ Wenn es zu diesen Entlassungen käme, so sagten wir, „würde halb Flint arbeitslos werden, und die andere Hälfte würde erdrückend viele Überstunden machen müssen“. Die Alternative bestand darin, die arbeitende Bevölkerung von Flint nicht derart vertikal in zwei Teile zu spalten, sondern mit einem horizontalen Schnitt eine sehr viel sinnvollere Teilung vorzunehmen: „Selbst nach der Einführung der Computer wird es noch genug Arbeit geben, so dass *alle* Arbeiter sechs Monate im Jahr in den Fabriken arbeiten können.“

Das Wichtigste sollten unserer Ansicht nach jedoch die *verbleibenden* sechs Monate sein. In dieser Zeit sollten die Arbeiter nämlich nicht einfach zu Hause sitzen und warten. Vielmehr sollte das neu gegründete Zentrum für Neue Arbeit zum Zug kommen. Dieses Zentrum sollte zwei Aufgaben erfüllen: Zum einen wollten wir unser Bestes tun, um die Talente, die verborgenen Fähigkeiten und brachliegenden Fertigkeiten, aber auch die Wert- und Wunschvorstellungen der Arbeiter ans Licht zu bringen. Wir wollten herausfinden, welche Arbeit sie „wirklich, wirklich“ tun wollten – das war der Ausdruck, der, bevor wir uns versahen, zu unserem Markenzeichen wurde. Zum anderen wollten wir alle Anstrengungen unternehmen, damit sie in diesen sechs Monaten tatsächlich diese sinnvollere und erfüllendere Arbeit tun konnten und darüber hinaus mit dieser Arbeit auch noch ein substantielles Einkommen erzielen würden.

In den seither vergangenen 25 Jahren sind insgesamt etwa 30 Zentren für Neue Arbeit gegründet worden, und das nicht nur in den Vereinigten Staaten und Kanada, sondern auch in Europa (hier besonders in Deutschland) sowie in Asien und Afrika.

Vom ersten Tag an vertraten wir den Standpunkt, dass das Lohnarbeitssystem nur *eine* Weise ist, die Arbeit zu organisieren und zu strukturieren, und eine problematische noch dazu. Wir betonten, dass der größte Teil der Menschheit Tausende von Jahren nicht in einem Lohnarbeitsverhältnis, sondern auf Bauernhöfen gearbeitet hatte. Die besondere Form der Arbeit, die wir „Lohnarbeit“ nennen, ist erst so alt wie die industrielle Revolution, also ungefähr 200 Jahre. Schon als dieses System eingeführt wurde, gab es warnende Stimmen, die ihm keine gute Zukunft voraussagten. Heute krankt das Lohnarbeitssystem an vielfältigen und schweren Mängeln. Deshalb ist es an der Zeit, die Arbeit von Grund auf neu zu organisieren. Das Lohnarbeitssystem ist dabei, zu sterben, und das nächste System, die Neue Arbeit, muss aufgebaut werden.

Was ist die „Neue Arbeit“? Dieses Buch ist eine lange und komplexe Antwort auf diese Frage. Zur Einführung hier eine kurze Antwort: Zentral für die Neue Arbeit ist eine Umkehrung. Das lässt sich am einfachsten mit den Begriffen von Zweck und Mitteln ausdrücken. In der Vergangenheit war die zu erledigende Aufgabe in vielen Fällen das Ziel oder der Zweck. Der Mensch wurde von anderen, aber auch von sich selbst als Werkzeug benutzt, als Mittel zur Verwirklichung dieses Zwecks. Wir, die menschlichen Wesen, unterwarfen uns diesem. Wir stellten uns selbst in den Dienst der Arbeit, die getan werden musste.

Die Neue Arbeit ist eine nun schon mehr als 20 Jahre andauernde Bemühung, diesen Zustand *umzukehren.* Nicht wir sollten der Arbeit dienen, sondern die Arbeit sollte uns dienen. Die Arbeit, die wir leisten, sollte nicht all unsere Kräfte aufzehren und uns erschöpfen. Sie sollte uns stattdessen mehr Kraft und Energie verleihen, sie sollte uns bei unserer Entwicklung unterstützen, lebendigere, vollständigere, stärkere Menschen zu werden.

„Umkehrung“ ist im Grunde noch ein viel zu milder, zu blasser, zu farbloser Ausdruck. Wenn wir uns ansehen, wie die Arbeit in einem Bergwerk, an einem Fließband, in einer Küche, auf einem Bauernhof oder in einer Autowerkstatt aussieht, dann stellt sich die Frage, was die Arbeit in der Vergangenheit mit dem Menschen gemacht hat. Sie hat die Menschen verunstaltet, und zwar jede Art von Arbeit auf eine ihr entsprechende Weise: Die Arbeit führte zum Bergmann mit Staublunge, zum aus schierer Überarbeitung abgestumpften Bauern, zum in seiner gespielten Jovialität festgefahrenen Vertreter, zum Priester in einer Soutane aus Scheinheiligkeit – lassen Sie ruhig noch weitere Beispiele vor Ihrem geistigen Auge Revue passieren.

Sieht man sich an, welch enormen Raum die Arbeit im gesamten Leben eines Menschen einnimmt, dann wird deutlich, dass die Belastung und der Druck, unter dem die meisten Menschen unablässig standen, sie auf ähnliche Weise eingeengt haben wie die Bandagen, mit denen im alten China die Füße der Chinesinnen verkrüppelt wurden. Man umwickelte die Füße bereits in jungen Jahren mit angefeuchteten Stoffstreifen, die sich noch weiter zusammenzogen, wenn sie trockneten, weil „kleine" Füße als besonders attraktiv galten. Über lange Jahre derart „stranguliert", blieben die Füße so klein wie die Fäuste eines Babys. Diese eingeschnürten Füße sind für mich ein Symbol für das, was die Arbeit mit der Masse der Menschen gemacht hat: Sie hat sie verkrüppelt.

Im Herzen der Neuen Arbeit steht also der Gedanke, diesen Zustand nicht nur abzuschaffen, sondern den Prozeß *umzukehren.* Die Neue Arbeit ist nicht nur ein Versuch, den Menschen diese Bürde abzunehmen, indem man die Arbeit leichter macht und ihnen mehr Freizeit einräumt. Unsere Absicht ist eine ganz andere. In 20 Jahren sehr vielseitiger Erfahrungen mit dem Phänomen Arbeit haben wir gesehen, dass eine Arbeit, die guten Gebrauch von den Veranlagungen und Talenten der Menschen macht, eine Arbeit, die ihren tiefsten Wünschen entspricht und an die sie glauben, die sie als Herausforderung und Berufung empfinden, die Menschen nicht auslaugt, sondern das genaue Gegenteil tut: Sie gibt den Menschen mehr Energie, stärkt sie und hebt sie auf eine höhere Ebene. Statt sie zum verkrüppelten Fuß einer Chinesin zu machen, ist sie ihnen eine Hilfe auf dem aufsteigenden Pfad der Entwicklung zu einem kräftigen, lebensfrohen menschlichen Wesen. Das Ziel der Neuen Arbeit besteht nicht darin, die Menschen von der Arbeit zu befreien, sondern die Arbeit so zu transformieren, damit sie freie, selbstbestimmte, menschliche Wesen hervorbringt.

Mehr Vitalität und mehr Spannkraft sind in unserer gegenwärtigen Kultur sehr gefragt. Wir führen deshalb oft einschlägige Vergleiche an, manche mit einem Augenzwinkern. Wir behaupten, dass die Neue Arbeit den Menschen mehr Kraft gibt als Ginseng, Vitamin E, das Wachstumshormon STH oder irgendein anderes der Nahrungsergänzungsmittel, die Sie vielleicht schon ausprobiert haben. Eine Arbeit zu tun, deren Sie sich nicht schämen, sondern die Sie interessant und aufregend finden, macht Sie selbstbewusster als Dang Quo, Taiji oder Seminare in Selbstverteidigung. Einer unserer oft verwendeten Sprüche sagt, dass Sex schon sehr gut sein muss, wenn es dem Vergleich mit dieser Art von Arbeit standhalten will. (Fragen Sie einmal jemanden, der die Situation kennt, allein im Bett auf einen Menschen zu warten, der gerade mit einer Arbeit beschäftigt ist, die er leidenschaftlich gern tut!)

Wir glauben, dass jeder dieser Vergleiche ganz buchstäblich wahr ist. Das können Sie selbst testen, beobachten und sehen. Doch gibt es in unserer Kultur eine tief verwurzelte Tradition, die uns daran hindert, Arbeit als etwas Köstliches und sogar Wunderbares anzusehen. In der Tat erfahren viele Menschen ihre Arbeit als eine Art milde Krankheit. Sie ist nicht so schlimm wie Krebs oder Hepatitis, eher so wie eine Erkältung. Diese Analogie ist tatsächlich sehr treffend: Über eine Erkältung sagt man, dass sie in zwei Tagen vorübergeht. Im Falle der Arbeit sagen wir: Es ist schon Mittwoch; bis Freitag halten wir das schon noch aus.

Weil es diese Tradition gibt und diese Art zu denken und zu reden so vorherrschend und tief eingeprägt ist, tun wir, das heißt die „Associates" der Neuen Arbeit, alles nur Mögliche, um immer wieder die *Polarität* der Arbeit zu betonen. (Wir gebrauchen den Ausdruck Associates, weil wir die Bezeichnung Mitarbeiter, Partner oder gar Mitglieder für unpassend halten. Associates sind alle die, die in dem weit verbreiteten Netzwerk der Neuen Arbeit an ihrer weiteren Entwicklung beteiligt sind.)

Die Polarität der Arbeit

Mit diesem Begriff meinen wir zum einen, dass sehr viel Arbeit alles andere ist als eine nur *milde* Krankheit. Wie gesagt ist Arbeit oft eine den Menschen verkrüppelnde Krankheit. Und natürlich kann sie Menschen auch umbringen – ich denke dabei nicht nur an die berüchtigten Unfälle in Kohlenbergwerken oder auf See, sondern auch an die vielen Soldaten und Offiziere, die in den verschiedensten Armeen auf der Welt ihre *Arbeit* machen. Sie werden dafür eingestellt und bezahlt, und wenn man jene, die bei dieser Arbeit getötet werden, hinzuzählt, dann wäre die Zahl der Todesopfer, welche die Arbeit verursacht hat, nicht länger überschaubar.

Diese Tatsachen werden meist verschwiegen, weil man uns beigebracht hat, dass Arbeit immer ehrenwert ist, dass Faulheit eine Sünde ist und dass Menschen, die sich weigern zu arbeiten, verachtenswert sind. Und das, weil selbst die einfachste und niedrigste Arbeit auf magische Weise gut und ehrenwert wird, wenn man sie nur mit genügend Disziplin und Sorgfalt ausübt. Was für eine unglaubliche, zauberhafte *Verwandlung*! Sie geht weit hinaus über die Träume der Alchemisten, die ja nur aus Blei Gold machen wollten. Für jeden Chef und Vorgesetzten ist dies natürlich der beste Mythos, den er sich wünschen kann! Was könnte jemand, der Sklaven beaufsichtigt, die Eisenerz schleppen, weben oder Baumwolle pflücken, sich Besseres erträumen? Und die Ausgebeuteten und Schuftenden glauben ihre ehrenvolle Pflicht zu erfüllen.

Für die Neue Arbeit ist der andere Pol jedoch noch wichtiger. Wir haben bereits gesagt, dass Arbeit, welche die Menschen fasziniert und mitreißt, Arbeit, die sie lieben und der sie sich hingeben können, mehr Kräfte in den Menschen entfesselt, als sie zu besitzen glaubten. Diese Tatsache ist für die Neue Arbeit von solch großer Bedeutung, dass wir gern einige besonders eindrucksvolle Beispiele anführen. Sie sind für uns so etwas wie Leuchttürme, die uns den Kurs halten helfen, wenn wir Gefahr laufen, uns zu verirren.

Das erste Beispiel ist eine Begebenheit, die oft in Psychologielehrbüchern erwähnt wird. Eine Frau kommt aus einem Geschäft. Sie schaut hinüber zum Parkplatz, wo sie ihr Auto geparkt hat, einen altmodischen VW „Käfer". Auf den ersten Blick erfasst sie zu ihrem Entsetzen, dass ihr fünfjähriger Sohn unter dem Auto liegt, das aus irgendeinem Grund nach vorn gerollt sein muss und ihr Kind überfahren hat. Das liegt jetzt unter einem Rad, mit der enormen Last des Wagens auf seiner Brust. Ohne einen Augenblick zu zögern, läuft sie hinüber, greift auf einer Seite mit beiden Händen unter das Auto, hebt es an und rettet so ihren Sohn. Der Bericht über diese Begebenheit betont auch, dass sie sich dabei weder das Kreuz verhoben noch sonst irgendwie verletzt hat.

Der wesentliche Punkt dieser Geschichte ist, wie ich glaube, ziemlich klar. Stünde man mit der Frau, deren Sohn sicher zu Hause spielt, auf einem Parkplatz und forderte sie auf: „Gehen Sie doch mal zu Ihrem Wagen rüber und heben Sie ihn hoch!“, dann wäre das nichts weiter als ein schlechter Scherz. Selbst wenn die Frau es versuchen würde, könnte sie den Wagen wahrscheinlich nicht einen Zentimeter hochheben. Es ist also der *Kontext*, der entscheidend ist. Der Kontext ist in diesem Fall die Situation, zu der sie selbst, ihr Sohn und das Auto gehören. Sie sind miteinander verknüpft, es ist plötzlich eine ganz bestimmte Verbindung zwischen ihnen entstanden. Man könnte auch sagen, dass die Lebensgefahr, in der ihr Sohn schwebt, sie unter enormen Druck stellt; das Ganze ist wie ein *Kraftfeld*, das sie umgibt. Dieses Kraftfeld bringt Kräfte in ihr zum Vorschein, die sie „normalerweise“ nicht besitzt. Deshalb vermag sie in dieser Situation etwas zu leisten, das wirklich außergewöhnlich und erstaunlich ist.

Nun werden viele von uns, wie ich glaube, mir zustimmen, dass dieser Fall zwar besonders spektakulär ist, es aber dennoch zahlreiche andere Fälle gibt, die sich in ihrer Grundstruktur ähneln. So gibt es fast in jeder Sportart legendäre Beispiele für derartige Begebenheiten. Das Wichtige für die Neue Arbeit ist, dass im Bereich der Arbeit so etwas ebenfalls geschehen kann. Etwas stellt sich als schwieriger heraus, als wir zuerst dachten. Aber wir sind engagiert; es ist uns wichtig. Die Situation ist vielleicht nicht so dramatisch wie im Fall mit der Mutter und dem Sohn unter dem Auto, aber wir finden uns darin dennoch in einem ganz besonderen Kraftfeld. Wir werden Teil einer größeren Situation, und diese Situation bringt unerkannte Energien in uns zum Vorschein.

Wenn man mich persönlich auffordert, das, was ich unter Arbeit verstehe, in ein oder zwei Sätzen zu formulieren, so lehne ich das stets strikt und entschieden ab. Solche Formel-Definitionen sind zwar schillernd, aber doch nur Seifenblasen. Ich antworte trotzdem oft auf die Frage, dann aber ausführlicher, indem ich sage, dass ich mich gegen die traditionelle moderate und lauwarme Sicht der Arbeit verwahre, und die Arbeit meiner Ansicht nach eher einem von zwei *Extremen* entspricht: Arbeit kann uns verunstalten, oft sogar umbringen, aber es gibt auch eine außerordentliche Art von Arbeit, die uns mehr Energie schenkt, als wir zuvor besaßen. Manchmal führe ich das noch weiter aus und füge hinzu, dass es ein integraler Bestandteil solcher Situationen ist, dass wir nicht im Voraus wissen, wie viel Energie wir wirklich besitzen. Das kann uns selbst überraschen, und oft nicht nur einmal, sondern einige Male hintereinander. Die Anforderungen wachsen, und wir haben mehr Energie als geglaubt. Dann wird die Latte noch höher gelegt, und zu unserer eigenen Überraschung können wir bei der nächsten Runde sogar noch mehr Energie mobilisieren.

Die Tatsache, dass Arbeit die seltene Fähigkeit besitzt, uns *lebendiger* zu machen, und uns deshalb von einer Ebene auf die nächste heben kann, nennen wir in den Neue-Arbeit-Gruppen oft den „Zug" der Arbeit. Damit wollen wir sagen, dass Arbeit tatsächlich so etwas sein kann wie ein Seil, das uns nach oben zieht – etwa so wie bei einer Rettung aus Hochwasser oder wie beim Bergsteigen.

Diese physisch sehr wohl wahrnehmbare Zunahme der Energie *durch* die Arbeit spielt eine große Rolle, wenn Menschen die „Pensionierung" erleben. Zu diesem Thema wurde sehr viel geforscht. Studiert man das gesammelte Material, kommen erstaunliche Fakten zum Vorschein. Sehr viele Menschen sind gänzlich von ihrer Arbeit abhängig. Sobald ihnen ihre Arbeit genommen wird, sind sie wie Marionetten, deren Fäden durchgeschnitten wurden, so dass sie zu einem kläglichen Häufchen zusammensacken.

Erfahrungen dieser Art habe ich auch viele Male mit Jugendlichen aus den Innenstädten gemacht. Wenn diese Jugendlichen eine Arbeit leisten können, die sie wirklich tun möchten, so führt das zu erstaunlichen körperlichen Veränderungen: Sie gehen anders, ihre ganze Haltung und ihr Gesichtsausdruck machen sie zu völlig neuen, anderen Menschen. Die Geistlichen, mit deren Kirchen ich in einigen Projekten zusammenarbeitete, übersetzten dies in eine religiöse Sprache: Sie sagten, die Tatsache, dass diese Jugendlichen tun konnten, was sie wirklich, wirklich tun wollten, habe bei ihnen zu einer Art

Wiederauferstehung geführt. Das war ein großes Wort, aber es war nicht unangemessen. Es brachte die Leben schenkende und das Leben erneuernde Kraft zum Ausdruck, die eine solche Arbeit oftmals hat.

Ich möchte Ihnen ein zweites Beispiel geben, diesmal von den Ufern des Mississippi. Vor einigen Jahren stieg dort der Wasserspiegel im Frühjahr über jeden bisherigen Pegelstand, und der Wetterbericht sagte noch mehr Regen und zusätzliches Wasser durch die Schneeschmelze voraus. Nachdem die üblichen Maßnahmen ausgeschöpft waren, erging ein Aufruf an alle Bürger, zum Fluss zu kommen und beim Bau von Deichen zu helfen. Wie bei allen ähnlichen Fällen verfolgte das ganze Land die Fernsehberichterstattung. Was mich besonders beeindruckte, war der Gesichtsausdruck der Menschen, die die Sandsäcke schleppten. Ich erinnerte mich daran, dass Dostojewski über seine Zeit in den Lagern geschrieben hatte, man könne einen Menschen zur Verzweiflung und in den Nihilismus treiben, wenn man ihn zwinge, Sand zu schleppen, erst von hier nach dort und dann wieder von dort nach hier, an genau denselben Ort, und dann wieder nach dort. Hier im Fernsehen sah ich ein ganz anderes Bild: Ja, die Menschen schleppten Sand, aber sie verteidigten ihre eigenen Dörfer! Das Ganze war ein heroischer Kampf. Sie nahmen es mit dem Mississippi auf! Ihre Gesichter zeigten es unmissverständlich: Seit Jahren hatten sie nicht mehr etwas so Sinnvolles, so Leben Gebendes getan. Allein die Erinnerung daran würde ihnen noch Kraft geben, wenn sie viele Jahre später, im Alter, von diesem Erlebnis erzählten.

Dieses Beispiel zeigt wiederum, dass der Kontext, der Zweck, der Sinn entscheidend sind, wenn es um die Bestimmung der Qualität einer Arbeit geht. Eine physische Aktivität kann sich ständig wiederholen und, wie am Ufer des Mississippi, äußerst mühsam sein. *Entscheidend* ist, dass das, was man tut, einen Zweck und einen Sinn hat und man ein Ziel damit verfolgt. Diese Umstände bestimmen den Kern, das eigentliche Wesen, die Bedeutung, die eine Arbeit hat.

Wir alle kennen Menschen, die weit über 80 Jahre alt sind und die noch immer eine ungemein erstaunliche Vitalität, Energie und Kraft besitzen. Solch ein Mensch war Martha Graham, aber auch Linus Pauling, Arturo Toscanini und Albert Einstein gehörten dazu. Man erinnert sich besonders an Einsteins Foto, auf dem er auf einem Kinderdreirad fährt und die Zunge herausstreckt wie ein Sechsjähriger.

Ein Teil dieser Vitalität ist zweifellos genetisch bedingt, aber ein Teil ist sicherlich auch der Arbeit zu verdanken, die diese Menschen tun. Sie sind lebendige Beispiele für die Idee, die wir mit der Geschichte der Mutter, die das Auto stemmt, um ihren Sohn zu befreien, und den Dorfbewohnern im Kampf mit dem Mississippi vermitteln wollten. Ihre Arbeit schenkt ihnen Energie und zieht sie mit einer ungeheueren Kraft nach oben. Ihre Arbeit hat das über lange Zeit getan; es gab gelegentliche Pausen, aber dann setzte der Zug nach oben mit voller Kraft wieder ein. Das Resultat ist diese erstaunliche Vitalität, die Lebensfülle, von der wir gesprochen haben. Wir sollten dabei eines nicht übersehen: An diese Menschen erinnern wir uns, weil sie weltberühmt sind. Doch es gibt auch viele Namenlose mit vergleichbarer Vitalität. Ich habe einmal eine Zeit lang die Auswirkungen von Arbeit auf die Energie älterer Menschen untersucht. In diesem Zusammenhang bin ich Hunderten von Menschen begegnet, auf die Arbeit eine ähnliche Wirkung gehabt hatte. Sie waren erstaunlich lebendiger als ihre Altersgenossen, weil ihre Arbeit ihnen mit jedem Tun einen Löffel Lebenselixier einflößte.

Wir haben diese faszinierende, den Menschen aufbauende Kraft über 20 Jahre in verschiedenen Projekten der Neuen Arbeit erkundet, getestet und uns zunutze gemacht. Die Projekte, in denen wir das taten, erstreckten sich von einigen der größten und namhaftesten internationalen Konzerne bis hin zu einer Hand voll Dauerarbeitslose oder Obdachlose. Diese Spannweite war uns wichtig und wir sind stolz darauf. Im Verlauf des Buches werden wir Ihnen die Höhepunkte dieser Arbeit vorstellen und Ihnen mehr berichten über Zentren der Neuen Arbeit, die direkt mit Mega-Konzernen verbunden waren, aber auch über andere Projekte, in denen etwa Jugendliche von der Straße auf den Dächern von Hochhäusern in Vancouver Gärten anlegten, über ein Projekt, in dem Jugendliche in einem Hochsicherheitsgefängnis Motorräder zusammengebauten, und natürlich über viele andere Projekte, die auf konventionellere Weise mit Regierungsbeamten, Managern mittleren Alters, Rentnern, Depressiven, Schulen, Universitäten, Städten oder Regionen arbeiteten.

Die Vielfalt unserer Bemühungen stellt in unseren Augen einen Beweis, eine Demonstration dar. Im Laufe der Jahre sind wir zu der Überzeugung gelangt, dass wir zumindest nahe an einen vielversprechenden und Hoffnung machenden Weg herangekommen sind, und dafür gab es vor allem einen Grund: Wir konnten in jedem unserer Projekte beobachten, dass wir den Menschen nicht nur „Verbesserungen" brachten und selbst im Falle der Elendsten der Elenden nicht nur Nahrung, Kleidung und Unterkunft zugänglich machen konnten. Wir verteilten keineswegs nur Almosen und schufen das, was wir selbst mit böser Zunge „Comfort Stations" nannten, also Situationen, in denen sich die Menschen auf der sicheren, ja bequemen Seite wähnten. Nein, was die Menschen wirklich aufbaute, nicht nur materiell, sondern als menschliche Wesen, das war die Möglichkeit, eine Arbeit zu leisten, die sie schätzten, die sie interessant fanden und auf die sie stolz sein konnten. Es hob ihre Stimmung, gab ihnen Kraft, machte sie mutiger und ganz erstaunlich lebendiger.

Wir haben uns selbst bewiesen, dass sehr viele von denen, die im tiefsten Elend leben, diese Aufwärtsbewegung, diesen Aufstieg durch solche Arbeit „aus eigener Kraft" angehen und verwirklichen können. Aber wir erlebten auch, und das war uns nicht weniger wichtig, dass auch mit Menschen, die in Bequemlichkeit, Wohlstand und Fülle lebten, dasselbe geschehen kann. Auch sie wurden stärker, fröhlicher und lebensvoller. Es war diese Breite, diese Annäherung an etwas, das Allgemeingültigkeit zu besitzen scheint, was uns Hoffnung gab und uns schließlich dazu brachte, eines der Ziele unserer Bemühungen zu formulieren: Es geht uns um die Schaffung einer Gesellschaft und Kultur, in der *wirklich jeder*, Mann oder Frau, die Chance bekommt, einen beträchtlichen Teil seiner Zeit mit einer Arbeit zu verbringen, die er oder sie erfüllend und faszinierend findet und die die Menschen aufbaut und ihnen mehr Kraft und mehr Vitalität gibt.

Dies möglich zu machen würde sehr viel mehr erreichen, als nur die Stimmung der Menschen zu heben und ihre Energie zu vermehren. Führungspersönlichkeiten aus dem Management waren von Anfang an von der Neuen Arbeit fasziniert, weil sie darin die Möglichkeit sahen, zwei Aspekte zu optimieren. Dass es gut für die

Arbeiter sein würde, ihnen zu ermöglichen, eine Arbeit zu leisten, die sie ernsthaft tun möchten, war aus ihrer Sicht selbstverständlich und geradezu eine Binsenweisheit. Was sie mehr interessierte, war die andere Seite der Medaille, nämlich dass das auch für die Produktivität und damit für ihre Gewinne das Beste sein würde. Diese doppelte Optimierung war aus unserer Sicht von großer Wichtigkeit, denn sie bedeutet, dass eine Gruppe von Firmen, eine Stadt oder eine Region, welche die Neue Arbeit in größerem Maßstab einführt, sich sehr viel schneller entwickeln würde.

Es gab eine weitere und damit verbundene Dimension, die unserer Ansicht nach ebenfalls großes Gewicht hatte: Sie besteht in der Gesamtsumme dessen, was durch die verschiedenen „Zielsetzungen" und „Berufungen", die im Rahmen einer Gruppe zum Zuge kommen, erreicht wird. Wenn man Menschen fragt, was sie wirklich, wirklich tun möchten, stellt sich heraus, dass nicht sehr viele von ihnen Symphonien oder Gedichte schreiben wollen. Viele sagen, dass sie vor allem „etwas verändern", einer Sache „ein anderes Gesicht geben" wollen; sie wollen „etwas Sinnvolles tun", und das ist oft nur eine andere Art zu sagen, dass sie etwas tun wollen, was anderen Menschen hilfreich ist.

Eine funktionierende Neue-Arbeit-Wirtschaft hätte deshalb zwei Vorteile: Wenn viele Menschen etwas tun könnten, was sie ernsthaft tun möchten, dann gäbe es in der Arbeitswelt sehr viel mehr Freude und Fröhlichkeit. Gleichzeitig gäbe es aber auch sehr viel mehr Kreativität und Erfindungsreichtum. Wir glauben, dass die Veränderung, die dadurch herbeigeführt werden könnte, so beträchtlich wäre, dass wir manchmal vom „Kraftstrom der Neuen Arbeit" sprechen. Auch für den zweiten Vorteil haben wir einen Namen; halb im Scherz nennen wir ihn den „Niagarafall der Neuen-Arbeits-Energie". Eine Gesellschaft, in der ein beträchtlicher Teil der Bevölkerung einer „sinnvollen Beschäftigung" nachgehen könnte, hätte Energieressourcen zur Verfügung, die wir gern mit dem Energiepotential dieser Wasserfälle vergleichen.

Abriss der Entwicklung der Neuen Arbeit

Trotz hoffnungsfroher und vielversprechender Anzeichen waren wir schon vor Beginn des frühen Projekts in Flint davon überzeugt, dass die Betonung des „Wirklich-wirklich-Wollens" oder der „Berufung" in der Neuen Arbeit an sich noch nicht ausreichen würde. Um den Wohlstand, aber auch die Fülle der Arbeit, die uns erstrebenswert schien, bereitstellen zu können – und wir glauben, dass Arbeit im Prinzip ganz buchstäblich *un-endlich* ist (wie das ja beispielhaft an der Arbeit einer Hausfrau oder eines Bauern deutlich wird) –, mussten wir noch etwas ganz anderes entwickeln: eine zweite, zusätzliche Art der *Neuen* Arbeit. Dem lag die Überlegung zugrunde, dass das Lohnarbeitssystem, unsere gegenwärtige Weise, die Arbeit zu organisieren, heute an solch gravierenden und lähmenden Mängeln leidet, dass es wohl nicht nur einer, sondern zweier Arten der Neuen Arbeit bedarf, um ein praktikables System der Neuen Arbeit für das 21. Jahrhundert zu schaffen.

Diese andere Art der Arbeit lässt sich am besten durch ein kurzes Beispiel aus meiner persönlichen Erfahrung erklären. Nachdem ich ein Jahr lang in Princeton Philosophie gelehrt hatte, habe ich in den Wäldern von New Hampshire gelebt. In der Nachfolge von Henry David Thoreau war ich entschlossen, nur das zu essen, was ich selbst angebaut hatte. Mais, Kohl, Kartoffeln und 20 andere Gemüse anzubauen war kein Problem. Das Problem waren die strengen Winter in New Hampshire. Ich besaß mit Absicht keine Ketten- oder Motorsäge, und deshalb verbrachte ich schließlich sehr viel Zeit damit, Stapel von Holz mit einer kleinen Bogensäge zu schneiden. Im April nach dem zweiten Winter kam ich zu dem Schluss, dass dies nicht etwa Freiheit, sondern eher Sklaverei ist. Ich verließ die Wälder wieder, aber aus dieser Erfahrung entwickelte sich ein umfangreiches Projekt, das ich seither verfolge.

Ich nenne es die „High-Tech-Eigen-Produktion", der Kürze halber auch als HTEP bezeichnet. Sie basiert im Wesentlichen auf der Idee, unsere brillanten Technologien nicht nur dazu zu benutzen, aus unseren Flüssen Kloaken oder aus unserem Regen Säure zu machen, sondern auch noch für etwas ganz anderes. Wir könnten eine Reihe von Geräten, Apparaten, Materialien, Maschinen und Herstellungsarten entwickeln, die es uns oder einer nicht sehr großen Gruppe von Menschen ermöglichen würden, 60 bis 80 Prozent von dem, was wir zum Leben brauchen, *selbst herzustellen.* Dann könnten wir das fabelhafte, unabhängige Leben führen, von dem ich einen Vorgeschmack erhalten habe – ohne im Schweiße unseres Angesichts mit einer Bogensäge Holz schneiden zu müssen.

Die Idee der High-Tech-Eigen-Produktion brachten wir in all die verschiedenen Projekte ein, die wir seither initiiert haben, auch in das in Flint, und die *Idee* stieß überall auf enthusiastische Zustimmung. Die Menschen verstanden sofort, dass dies enorme materielle Vorteile haben und darüber hinaus ein aufregendes und großartiges Experimentierfeld darstellen würde, auf dem sie herausfinden könnten, welche Arbeit sie wirklich, wirklich leisten wollten. Wäre man von seiner frühen Kindheit an daran beteiligt, eine große Vielfalt von Gütern herzustellen, und entwickelte man auf diese Weise die Gewohnheit, sich praktisch jeden Morgen neu zu entscheiden, welches spezifische Ding man an diesem Tag *herstellen* möchte, dann würde das die Fähigkeit in uns entwickeln, die uns ganz entschieden fehlt. Was ich meine, ist – etwas provokativ und merkwürdig formuliert – die Fähigkeit, uns zu fragen, welcher von 500 mir offen stehenden Aktivitäten ich mich heute widmen möchte. Bei dem Leben, das wir gegenwärtig führen, wissen wir bereits in dem Moment, in dem wir am Morgen die Augen aufschlagen, was wir an diesem Tag tun *müssen.* Viele von uns machen sich in der Tat morgens zuerst einmal eine Liste der zu erledigenden Dinge. Hier würde die High-Tech-Eigen-Produktion uns darin unterstützen, uns in kleinem Rahmen jeden Tag erneut die Frage zu stellen, die ganz im Zentrum eines Lebens der Neuen Arbeit steht, nämlich: Wie möchte ich an diesem heutigen Morgen meine Arbeit und mein Leben in Ernst und vollem Bewusstsein gestalten?

Jedem der an den verschiedenen Projekten Beteiligten war klar, dass die ökonomische Freiheit, welche die High-Tech-Eigen-Produktion uns ermöglicht, *auf lange Sicht* eine unerlässliche Voraussetzung dafür ist, tatsächlich das tun zu können, was man wirklich, wirklich will. Das ist ohne den durch die HTEP erreichbaren Grad an materieller Unabhängigkeit nämlich nicht möglich. Wo diese nicht gegeben ist, wird der Druck der „Realität" – oder dessen, was Bertolt Brecht „die Verhältnisse" nannte – uns zu beschämenden Kompromissen zwingen.

Ich sagte, dass praktisch jedermann, der mit der Neuen Arbeit zu tun hatte, mit der Idee der HTEP einverstanden war. Deren Durchführung, die Praxis, war indes zwei Paar Stiefel. Widerstand gegen die Idee gab es nie, das Problem war ihre praktische Realisierbarkeit. Die Vision, Technologien zu entwickeln, die es einer kleinen Gruppe von Menschen erlauben würde, das, was sie selbst brauchte, in ihrer eigenen unmittelbaren Umgebung auch selbst herzustellen, war – inspirierend. Das stand außer Frage. Nur: Wo sind die Werkzeuge, die Maschinen und Apparate, die Herstellungsmethoden, die uns in die Lage versetzen, das zu tun?

Rückblickend lässt sich sagen, dass der Fortschritt auf diesem Gebiet während der ersten 20 Jahre der Neuen Arbeit zugegebenermaßen langsam war. Zu dem großen Sprung vorwärts kam es erst in den letzten acht Jahren. Natürlich begannen wir, wie praktisch jedermann, der an Selbstversorgung denkt, zuerst einmal mit dem Gartenbau. Allerdings möchte ich betonen, dass wir das *überhaupt nicht* wie „praktisch jedermann" angingen. Wir benutzten vielmehr die fortschrittlichsten und am weitesten entwickelten Methoden der Permakultur, des Gartenbaus in Containern, und wir bauten in unseren Gewächshäusern sogar die exotischsten Nahrungsmittel an, bis hin zu Tee und Kaffee. Mit einem ironischen Unterton können wir von uns behaupten, dass wir selbst beim Anbau von Kohl und Tomaten „High-Tech" waren.

Wir hatten auch gute Erfolge beim Hausbau: Während unserer langen Reise stolperten wir über eine Reihe verschiedener Bausysteme, die es Menschen ohne spezielle Fertigkeiten und Erfahrungen möglich machen, sich selbst ein Haus zu bauen. Eines dieser Systeme war eine spezielle Methode zur Errichtung von Kuppelbauten. Auf unserer Website findet sich an exponierter Stelle ein Foto eines solchen Kuppelhauses, denn es wurde zu einem der Embleme der Neuen Arbeit, einem unserer „Markenzeichen“: Zum einen, weil der Anblick dieser Kuppel schlichtweg beeindruckend ist, zum anderen, weil auch die Methode der Herstellung zur Neuen Arbeit passt. Man nimmt eine sehr reißfeste, etwa einen halben Zentimeter dicke „Haut“, die so zugeschnitten ist, dass sie die Form einer Kuppel hat, und bläst diese zu einem großen Ballon auf. Dann sprüht man entweder dünnen Leichtzement oder eine Lehmmischung auf dessen Oberfläche. Dann braucht man nur noch zu warten. Es dauert zwei bis vier Tage, bis die Kuppel getrocknet ist. Wenn es so weit ist, zieht man einfach nach Kinderart den Korken aus dem Ballon. Die Luft strömt heraus, der Ballon fällt zusammen, die Kuppel bleibt stehen, und man zieht die Haut zur Vordertür hinaus. Was diese Methode zu einer typischen Neue-Arbeit-Methode macht, sind die Einfachheit, die Intelligenz, die Ausschaltung unnötiger abstumpfender Arbeit und der dazu gehörende humorvolle Unterton.

Wir initiierten eine ganze Palette weiterer Projekte. Bei einigen davon wurden Computer benutzt, um Aufgaben zu erledigen, die Menschen, die ins Elend geraten sind, oft Schwierigkeiten bereiten – etwa das Vereinbaren eines Termins mit einem Sozialarbeiter oder einem Arzt –, aber die Erfahrungen mit der High-Tech-Eigen-Produktion blieben insgesamt eher entmutigend und schwer greifbar. Wir wollten jedoch nicht dilettantisch herumspielen, sondern mit entschlossenem Wagemut ein ernsthaftes wirtschaftliches Interesse umsetzen. Entscheidend war für uns die Reduzierung der Abhängigkeit von der Lohnarbeit, das Ausbrechen aus dieser Knechtschaft. Wir wollten hier eine Ebene erreichen, die in dieser Hinsicht eine deutliche Veränderung zeigt, die es einem Menschen also erlaubt, seine Lohnarbeit um ein Drittel oder die Hälfte zu reduzieren, indem er sie auf angenehme Weise mit einer selbstversorgenden oder eigenproduzierenden Arbeit ausbalanciert. In den ersten 20 Jahren machten wir dazu hier und dort Fortschritte, aber im Großen und Ganzen erreichten wir dieses Ziel nicht.

Das war der Stand bis zur zweiten Hälfte der neunziger Jahre. An diesem Punkt erhielten wir immer mehr und immer dringlichere Einladungen aus fernen Ländern, oft Ländern der Dritten Welt. Zuerst aus Indien, Russland und der Ukraine, bald danach von Haiti und einigen anderen pazifischen Inseln, dann aus China und Japan und in den letzten Jahren aus Marokko und weiteren afrikanischen Staaten, insbesondere aus Ghana und Südafrika. Die Einladungen sagten stets, die eine oder andere Gruppe habe (im Internet oder sonstwo) von unseren Bestrebungen gelesen, und man wolle sich mit einem oder mehreren von uns unterhalten. Jede dieser Einladungen war eine Überraschung.

Während der Jahre, in denen wir uns langsam den Berg hinaufschleppten, hatten wir eine Menge Ideen und Informationen angesammelt, die verschiedene „Möglichkeiten“ darstellten. Überall, wo wir hingingen, stellten wir zuerst klar, dass es nicht in unserer Absicht stand, stattliche Mengen Geld auszugeben, damit die großen Unternehmen ins Land kommen und dort Arbeitsplätze schaffen würden. Die Zahl von Arbeitsplätzen, die auf diese Weise geschaffen werden können, ist lächerlich klein, und deshalb ist diese Strategie unverantwortlich teuer. Wir schlugen stattdessen eine Palette kleiner, mobiler und preiswerter Technologien vor, mit denen die Menschen das, was sie brauchen, *für sich selbst* herstellen können.

In jedem dieser Fälle war *entscheidend*, dass wir keine „primitiven“ Apparate anboten – was unweigerlich als Beleidigung aufgefasst worden wäre –, sondern ganz im Gegenteil Maschinen vorschlugen, die meistens nicht nur „ultramodern“ waren, sondern darüber hinaus zur noch in der Entwicklung befindlichen „High-Tech-Eigen-Produktion“ gehörten. In jedem einzelnen Fall, ob es nun ein Mittagessen mit dem Minister für soziale und wirtschaftliche Entwicklung war oder ein Treffen mit einer kleineren, sich auf einer lokalen Ebene um Verbesserungen bemühenden Organisation, der Funke sprang *augenblicklich* über.

Wir legten dann Abbildungen auf den Tisch und erklärten, dass eine der deutschen Universitäten, die zu den Partnern der Neuen Arbeit gehört, die TU Chemnitz, zurzeit führend ist auf dem Gebiet der Entwicklung kleiner mobiler Fabriken – genauer gesagt: von High-Tech-Werkstätten, die in Containern untergebracht werden können. Eine Möglichkeit wäre deshalb eine kleine mobile Fabrik, die von Dorf zu Dorf reist und mit der die Bewohner ihre eigenen Elektrogeneratoren aus recyceltem Plastik und Aluminium – Flaschen und Büchsen – herstellen. Eine andere Möglichkeit wäre eine ähnliche kleine mobile Fabrik, mit der man Ziegel für Hausdächer herstellen könnte. (Die meisten Dächer in den Slums von Indien und Afrika sind aus verrostetem Metall gemacht. Im Winter ist es darunter kalt, im Sommer verwandeln sie das Haus in einen Ofen.) Eine dritte Möglichkeit wäre eine kleine mobile Fabrik, in der man leistungsfähige Wasserfilter herstellen kann, die ungenießbares Wasser in Trinkwasser umwandeln können. Eine vierte Möglichkeit wäre eine kleine mobile Fabrik zur Herstellung von Zement. Eine fünfte Möglichkeit …

Die Reaktion war überall stürmisch: Warum sind Sie nicht schon vor Jahren gekommen? Besteht die Möglichkeit, dass Sie bleiben? Haben Sie Leute, die an Ihrer Stelle herkommen können und ein Projekt in dieser Richtung initiieren können? Sagen Sie uns, wo wir anfangen können, und bitte, wenn irgend möglich schon heute.

Diese Reaktion darf nicht missverstanden werden. Was diesen Enthusiasmus auslöst, sind nicht nur die raffinierten und oft buchstäblich noch nicht da gewesenen technischen Neuentwicklungen, die wir vorstellen. Wir stellen diese Dinge nie und unter keinen Umständen als „Lösungen“ oder „Antworten“ dar, mit denen wir schlaue weiße Männer mit unseren schicken Aktenkoffern angereist kommen. Bevor wir irgendwelche Bilder zeigen oder irgendwelche technischen Maschinen oder Technologien vorstellen, beharren wir stets darauf, dass *sie, die Menschen, mit denen wir arbeiten*, am Steuer sitzen. Alle Entscheidungen werden sie selbst treffen müssen, und auch die Arbeit wird von ihnen kommen müssen: „Überhaupt nichts wird geschehen, kein Nagel wird eingeschlagen und kein einziger Schlüssel wird in irgendeinem Schloß umgedreht, bevor SIE sich in Ihrem Geist vollkommen klar darüber sind, dass es das ist, was SIE wirklich und ernsthaft wollen! In dieser Hinsicht werden wir nicht wanken und keine Kompromisse machen: Vom ersten Tag an wird dies nicht unser Projekt, sondern IHR Projekt sein. Wir kommen nur mit ‚Möglichkeiten‘, die wir Ihnen anbieten. Wenn daraufhin etwas geschieht, dann nur, weil SIE es so wollen!“

Wir denken und sprechen gern in Polaritäten, in entgegengesetzten Extremen, und auch das, was wir jetzt in der Dritten Welt tun, ist nur *ein* polares Extrem eines Gegensatzpaares, zu dem es einen entsprechenden *Gegenpol* gibt. Die andere Hälfte dessen, was kürzlich auf dem Gebiet der Neuen Arbeit geschehen ist, hat nichts mit den im Elend Lebenden – den Benachteiligten – zu tun, sondern mit den Begabtesten und den Erfolgreichsten. Nach einigen Schätzungen gehört heute etwa ein Viertel unserer arbeitenden Bevölkerung zu einer Gruppe von Menschen, deren Insignien das Handy und der Laptop sind. Ein großer Teil dieser Menschen empfindet seine Arbeit ganz und gar nicht wie eine „milde Krankheit" – wie wir uns leicht vorstellen können.

Als die Blase der New Economy plötzlich platzte, verloren viele dieser Menschen über Nacht ihren Arbeitsplatz, aber zur allgemeinen Überraschung waren sie deswegen nicht unbedingt niedergeschlagen oder deprimiert. Ganz im Gegenteil: Viele schienen erleichtert zu sein. Viele hatten in der schon sprichwörtlichen „Garage" ihr eigenes Unternehmen gegründet. Der Erfolg brach dann über sie herein und machte sie zu Gefangenen von erfolgs- und gewinnorientierten Unternehmen (wie etwa Microsoft), in denen sie arbeiten mussten wie Galeerensklaven. Darum die Erleichterung.

Viele dieser Menschen erleben ihre Arbeit ganz ähnlich, wie es Künstler und Intellektuelle tun. Vor dem Boom führten sie beinahe so etwas wie eine Boheme-Leben: Waren sie gerade inspiriert, dann konnten sie vier Tage und Nächte ohne Pause durcharbeiten; wenn sich ihr Gehirn unproduktiv und dumpf anfühlte, dann blieben sie auch einmal eine Woche lang im Bett. Die Software, die sie schrieben (oder was immer sonst es war), war ihre *Arbeit*, und wie bei Künstlern war ihre Arbeit beinahe das Wichtigste in ihrem Leben.

Verständlichweise brennen viele dieser Menschen vor Neugier beim Thema Neue Arbeit. Unsere Grundvorstellung davon, was Arbeit eigentlich sein sollte, verbindet uns mit ihnen – ebenso wie, natürlich, das Konzept der High-Tech-Eigen-Produktion. Vielen von ihnen lag nicht viel an einem opulenten und schicken Leben. In ihren Augen ist es eher ein Rummelplatz, ein zu sehr in die Länge gezogener Karneval.

Dazu kommt, dass viele von ihnen einen finanziellen Absturz erlebt haben. Auch das macht das Konzept eines weniger teuren und weniger verschwenderischen Lebens für sie attraktiv.

Besonders wichtig ist, dass diese Menschen oft zu den einfallsreichsten und begabtesten Menschen gehören, natürlich nicht nur in den Vereinigten Staaten. Nicht wenige haben das Gefühl, dass ihnen ihre Ideen gestohlen und dann zu Zwecken missbraucht wurden, die ihren ursprünglichen Absichten völlig entgegengesetzt waren. Das hat sie erbost, man könnte auch sagen: Sie sind wütend. Nichts scheint deshalb natürlicher als ihr Wunsch, ihre fabelhaften Fertigkeiten und Talente auf die Entwicklung neuer Technologien zu verwenden, die es den Menschen erlauben werden, ein angenehmes Leben zu führen – das aber zu drastisch reduzierten Kosten. Für die Neue Arbeit bedeutet dies, dass wir unter dieser weit verbreiteten und erstaunlichen Gruppe von Menschen plötzlich viel Gehör und Interesse gefunden haben.

Dieses Buch ist – eine Einladung. Es beschreibt Bemühungen, an denen wir seit über 20 Jahren arbeiten. Wir sind uns aber ganz und gar darüber im Klaren, dass das Bisherige nur der Auftakt zu einem Vorspiel für eine Ouvertüre ist. Unsere nicht stille, sondern im Gegenteil eindringliche Hoffnung ist, dass eine immer größere Anzahl sehr unterschiedlicher Menschen in vielen Ländern diesen Anfang weiterentwickeln werden.

Kapitel I

Der Zustand nach dem Kalten Krieg

Stellen Sie sich eine Szene in einem möglichen Hitchcock-Film vor: Ein Zug fährt immer tiefer in eine trockene Berglandschaft hinein. Die Fahrgäste werden zunehmend unruhig. Vor einer Weile war es noch ein Gefühl des Unbehagens, dann wurde es Nervosität, jetzt ist es die nackte Panik. Eine Reihe schnell aufeinander folgender Ereignisse legt die Vermutung nahe, dass der Zug ohne Lokomotivführer fährt und niemand die Fahrt kontrolliert; außerdem haben die Fahrgäste entdeckt, dass die Notbremse nicht funktioniert. Der Zug fährt bergab, und inzwischen ist er viel zu schnell, als dass jemand abspringen könnte. Doch selbst wenn jemand abspringen *wollte*: Es scheint, dass sämtliche Türen und Fenster des Zuges fest verriegelt sind und es keine Möglichkeit gibt, sie zu öffnen.

Das Bild des Zuges ist eine Metapher für einen Glauben und eine emotionale Situation, die viele Menschen in unserer Kultur erfahren. Wir fühlen uns ohnmächtig, im Lauf der Dinge gefangen, wir sehen eine Geschichte sich entfalten, der wir nicht entrinnen können. Die Situation ist unheilschwanger und wird immer erschreckender. Und was alles noch furchtbarer macht: Wir haben nicht die allerleiseste Ahnung, wie diese Fahrt anzuhalten oder umzukehren wäre. Natürlich laufen Leute gestikulierend und laut rufend durch die Waggons, aber jeder weiß mit schreckensstarrer Überzeugung, dass das nur ein Ablenkungsmanöver ist. Was früher oder später unausweichlich geschehen wird, geschehen muss, ist inzwischen allen klar geworden: Der Zug wird entgleisen, gegen eine Felswand prallen oder auf einer Brücke kippen und in die Tiefe stürzen.

Es ist ganz erstaunlich, wie viele unterschiedlichste Gruppen von Menschen sich in diesem Zug befinden. Die Millionen, die das Nahen der apokalyptischen Katastrophe in ökologischen Begriffen beschreiben, haben lebhaftere und eindrucksvollere Bilder dafür als viele andere. Nach ihrer Vorstellung rattert der Zug bergab auf die Erschöpfung natürlicher Ressourcen wie Kohle oder Öl zu, oder er fährt hin zu noch unheimlicheren Bildern von einer Welt zunehmend versalzender Böden, von fruchtbarem Land, das sich in Wüste und Staub verwandelt, von Städten in Küstennähe, die dem steigenden Wasserpegel der Ozeane zum Opfer fallen, und von immer größeren einst fruchtbaren Landstrichen, die von Schichten von Asphalt, Zement und Beton versiegelt werden.

Andere, inzwischen ebenso umfangreiche und weit verbreitete Gruppen sehen die größte und am schnellsten sich nähernde Bedrohung in der sich ständig vertiefenden und verbreiternden Kluft zwischen den Reichen und den Armen. Viele von ihnen schauen erst seit kurzem der erschütternden Tatsache ins Auge, dass die 80 Prozent der Welt, die wir bisher, uns selbst belügend, die „Entwicklungsländer" genannt haben, in Wirklichkeit in eine Spirale der Rückentwicklung geraten sind, und das bereits seit etwa 15 Jahren. Der Anblick dessen, was dort geschieht, wird bald die satte Selbstgefälligkeit der Phantasie, dass diese Länder „aufholen", auslöschen. Angesichts der Zustände, in die sie abstürzen, werden wir vielleicht neue Begriffe erfinden müssen, weil Wörter wie Anarchie oder Chaos noch viel zu friedlich, zu glatt und zu konventionell sind. Nur in sehr seltenen Momenten sehen wir ein Foto wie das von den drei Kindersoldaten kürzlich auf der Titelseite der *New York Times* oder lesen wir in einem Nachrichtenmagazin eine Geschichte wie die von den drei indischen Schwestern, die sich am selben Tag vor Verzweiflung darüber, dass sie keine Arbeit gefunden hatten, aufhängten, und erhaschen dadurch einen Blick in diese mögliche Zukunft.

Die große Anzahl Menschen, die sich verstärkt mit dem Thema Armut beschäftigt haben, sehen schon seit langem den Alptraum eines letzten und endgültigen Krieges auf uns zukommen, auf dessen Schlachtfeld die Reichen den Armen gegenüberstehen. Was zum gegenwärtigen Zeitpunkt (2004) in den unterschiedlichsten Köpfen aufdämmert, ist die Erkenntnis, dass das, was wir heute und in diesem Stadium noch „Terrorismus" nennen, in zehn Jahren vielleicht ganz anders verstanden und benannt werden wird. Es mag sein, dass bis zum Jahr 2014 völlig offensichtlich geworden ist, dass wir heute durch die Anfangsstadien eben dieses Krieges gehen – eines Krieges, der völlig anders aussieht als alle Kriege, die wir bisher kannten. Aber es mag noch Jahre dauern, bis wir bereit sind, das zuzugeben.

Wiederum andere Gruppen bringen ihr Gefühl, in einem bergab rasenden, verriegelten Zug zu sitzen, mit dem Niedergang, dem Untergang, der fortschreitenden Austrocknung und dem Zerbröckeln dessen in Verbindung, was einmal unsere Kultur war. Es geht hier aber nicht darum, dass auch wir leiden und uns deshalb nicht nur in der Betrachtung der Horrorszenarien der Dritten Welt verlieren sollten. Es geht darum, dass wir zumindest ein allgemeines, grundlegendes, intuitives Verständnis für das entwickeln sollten, was in der Zeit, in der wir leben, in dieser Welt im Ganzen geschieht. In diesem Sinne ist es überaus notwendig, deutlich darauf hinzuweisen, dass es, einmal ganz abgesehen von der Umweltproblematik und der sich eklatant vertiefenden sozialen Kluft, auch mit dem Leben der Privilegierten, oder zumindest der Mehrheit von ihnen, steil und rapide abwärts geht. Diese Menschen reagieren auf den Zusammenbruch ihrer früheren Lebensqualität. Dazu gehören die wachsenden Aufwendungen für ihre Gesundheitsfürsorge und ihre Rente, ja im Grunde für das gesamte soziale Sicherheitsnetz. Dazu gehört auch die Geldknappheit von Bibliotheken und Museen, die ihre Öffnungszeiten einschränken müssen, von Orchestern und Theatern, bei denen sich die Budgetkürzungen ebenfalls immer stärker bemerkbar machen, und nicht zuletzt die Tatsache, dass man für praktisch alle Universitäten ein Requiem schreiben könnte (mit Ausnahme einiger weniger Universitäten in den Vereinigten Staaten). Dazu gehört auch die Verdummung durch das Fernsehen, die erbärmliche Erosion dessen, was einmal Journalismus hieß, oder auch die zunehmende Prostitution der Politiker gegenüber dem Business, ganz zu schweigen von der Vulgarisierung persönlicher Beziehungen und den um sich greifenden Konsequenzen eines allgegenwärtigen Zeitmangels, der zu einem gnadenlosen Crescendo des täglichen Stresses, der Hast, der Erschöpfung führt.

Es ist sehr bedeutsam für die hinter uns liegende Geschichte, aber auch für die künftigen Aussichten der Neuen Arbeit und ganz besonders im Hinblick auf das zentrale Thema „Macht“, dass eine beträchtliche Anzahl Manager aus den oberen Etagen angesehener Großunternehmen heute so redet, als seien auch sie in diesem Zug gefangen. Allerdings gibt es hier einen Unterschied. Bei den Weltklasse-Managern herrscht nicht das Bild vor, dass der Zug von einer Brücke stürzen oder gegen eine Felswand prallen wird. Bei ihnen ist die vorherrschende Befürchtung, dass das Terrain immer flacher, aber auch härter und unwegsamer und das Klima immer trockener und unfruchtbarer wird. Sie fürchten, dass der Zug immer mehr an Fahrt verlieren und schließlich quietschend zum Stehen kommen wird. Unter den oberen Zehntausend grassiert die große und nur noch teilweise unter den Teppich gekehrte Furcht vor einer chronischen Verlangsamung der Wirtschaft, einem sich lange hinziehenden Niedergang, einer nicht nur zyklischen, sondern permanenten Lähmung, die schließlich zu einem totalen Stillstand führen wird.

Wir haben wohl alle schon davon sprechen hören, dass die Topmanager unter Druck stehen, dass sie gehetzt, frustriert, überarbeitet und erschöpft sind. Doch Bilder wie das des „Gefangenen im goldenen

Käfig" oder des „Hamsters im Laufrad" müssen korrigiert werden. Das Bild des Hamsters im Laufrad ist sogar völlig irreführend, denn das Laufrad dreht sich, wenn der Hamster läuft; hält der Hamster an, bleibt auch das Rad stehen – und genau das entspricht *nicht* der Erfahrung unserer erfolgreichen Wirtschaftsbosse.

In den vergangenen 20 Jahren habe ich eine ganze Reihe von Führungspersönlichkeiten gut kennen gelernt und etliche von ihnen persönlich beraten, Männer, die stolz waren auf ihre Büros mit der phantastischen Aussicht und den dicken Teppichen. Ausnahmslos klagten sie darüber, dass es für sie kein Innehalten gäbe, kein Ausruhen, keine Stabilität, keine Dauer. Ganz im Gegenteil: Sich zurückzunehmen und innezuhalten war für sie gleichbedeutend mit einem Abrutschen ins Bodenlose, dem freien Fall. Das zutreffende Bild ist deshalb nicht das eines Käfigs, sondern einer sehr glatten, rutschigen, schiefen Ebene, die so steil ist, dass man nur mit äußerster Anstrengung an seinem Platz bleiben kann. Und das Erschreckendste daran ist, dass diese schiefe Ebene sehr kurz ist und zum Rande eines Abgrunds führt. Hält man inne, so wird man zuerst beruflich zurückversetzt und bald danach gefeuert. Der Abgrund ist also nicht nur tief, sondern gleicht auch einem Schlangennest.

Es ist vielleicht noch bedeutsamer, dass das Sichanklammern auf der geölten, schiefen Ebene über dem Abgrund keineswegs nur das individuelle, persönliche Leben jener Menschen beschreibt, die (zeitweise) an der Spitze stehen – und damit meine ich natürlich nicht nur Manager, sondern auch Ärzte, Ingenieure, Professoren und Rechtsanwälte. Es beschreibt treffend auch die Situation vieler der erfolgreichsten Geschäftsleute, Financiers und Unternehmer, die unsere Gesellschaft, unser Wirtschaftssystem und sogar unsere Kultur als Ganzes definieren. In den letzten 20 Jahren habe ich viele Male beobachtet, dass nicht nur Führungspersönlichkeiten in der Automobilindustrie, sondern auch Topmanager in der Computerindustrie und besonders im legendären Silicon Valley angesichts der derzeitigen ökonomischen Gesamtstruktur in Verzweiflung und Ausweglosigkeit verfallen, was in scharfem Kontrast zu dem oberflächlichen Optimismus steht, den sie beruflich zur Schau stellen müssen.

So wie viele Individuen sich verzweifelt festklammern und mit Armen und Beinen rudern müssen, um nicht in den leeren Raum zu stürzen, so müssen sich die Räder unserer Wirtschaft buchstäblich bis zur Weißglut immer schneller drehen, nur damit unsere Gesellschaft sich über Wasser halten kann. Neue Produkte, neue Erfindungen, neue Technologien, neue Industrien und neue Märkte müssen ständig in diesen großen Schlund geworfen werden. Und die Frage, wie lange das, was bereits in die große Maschinerie Eingang gefunden hat, noch ausreichen wird, um uns vor dem Absturz zu bewahren, sitzt in den meisten Aufsichtsräten in einem eigenen Sessel mit am Tisch. Ständig herrscht da das Gefühl, dass wir eine neue Idee, einen neuen Dreh, vielleicht eine ganz neue Produktlinie brauchen, das nächste „große Ding", sonst ... Ja, genau, dieses „sonst" ist der springende Punkt. Wenn nichts kommt, um uns zu retten, dann werden der Niedergang und der Verfall beginnen und die Stagnation wird allgegenwärtig sein. Es ist ganz wichtig, dass wir auch diesen Teil des Bildes sehen: In unseren Tagen meinen nicht nur die im Elend Lebenden, dass wir auf dem Weg in den Abgrund sind; viele Menschen aus den verwöhnten, privilegierten Eliten sind derselben Ansicht. Das ist eine Tatsache von entscheidender Bedeutung, denn sie zeigt, dass wir davon ausgehen können, dass nicht nur die Machtlosen auf eine große Veränderung hoffen, sondern dass auch viele derer, die nicht weit von den Hebeln der Macht entfernt sind, dieselbe Hoffnung hegen.

Es wäre ein Leichtes, weitere große Gesellschaftskreise aufzuführen und zu beschreiben, die sich ebenfalls in einem dem Abgrund entgegenrasenden Zug gefangen glauben. Einige sehen den kommenden Zusammenbruch vor allem im Bereich Gesundheit (eine Pandemie von Aids, exponentiell steigende Kosten), andere sprechen von einer „Ankunft des Anarchismus" und verweisen auf den Brudermord auf dem Balkan, auf die Stammesfehden in Afrika oder auf die beherrschende Rolle, die das organisierte Verbrechen, die Mafia, in sehr vielen Ländern spielt. Wir alle könnten diese Liste fortführen, aber die für uns zentrale und entscheidende Frage ist eine andere, nämlich: Was ist passiert? Was war die Ursache oder welche waren die einzelnen, teils parallell laufenden Entwicklungen, die uns in diese Hilflosigkeit, Passivität, fassungslose Ratlosigkeit hineinmanövriert haben?

Unterstreicht nicht schon die längst nicht vollständige Aufzählung der angeführten Tatsachen, wie außerordentlich und beängstigend diese Lähmung ist? Macht nicht schon allein die schiere Menge der Menschen, die alle zusammen das Gefühl haben, in einer gigantischen Maschinerie gefangen zu sein, die Situation besonders dringlich? Wenn die Zahl all dieser Menschen zusammengenommen wirklich so immens ist, warum bringen wir dann nicht genügend Energie auf, um die Richtung zu ändern? Ist die riesige Zahl Menschen, die heute nicht nur in einer *schweigenden*, sondern in einer somnambulen, einer komatösen Opposition leben, nicht eine Beleidigung für den letzten Rest des uns verbliebenen gesunden Menschenverstands?

Diese Masse von Menschen eine „Mehrheit" zu nennen wäre eine krasse Untertreibung. Um zu einer zutreffenden Einschätzung der Proportionen zu gelangen, müsste man die Fragestellung umkehren. Nicht: Wer teilt die Ansicht, dass unsere Kultur sich auf einem unheilvollen Kurs befindet? Sondern: *Wo sind die Ausnahmen?* Wer glaubt noch daran, dass wir als Gesamtzivilisation, dass dieses ganze moderne, weiße, industrielle Superunternehmen auf einem soliden und vielversprechenden Weg ist? Die Antwort lautet natürlich: Diese Zahl ist verschwindend gering. Damit wird die Dringlichkeit unserer Frage noch größer. Wenn man sich diese Situation, dieses enorme Missverhältnis vor Augen führt – warum *verhält* sich die große Masse der Menschen so, als stünden sie unter einem Bann, der sie in diesem gespenstischen Zug gefangen hält? Und das, obwohl wir wenigstens in einem nominellen Sinne noch daran glauben, in einer Demokratie zu leben? Warum fühlen wir uns so hilflos, so machtlos, so unentrinnbar gefangen, so gänzlich ausgeliefert? Was für eine Kette von Ereignissen hat uns in diese jämmerliche Situation gebracht? Was waren die Gründe für diese beängstigende Lähmung, diese seltsame und spezielle Impotenz?

Es gibt gute Gründe dafür, Gründe mit sehr tief reichenden und überaus starken Wurzeln. Ein Großteil dieser Gründe hat damit zu tun, dass wir in einem wirtschaftlichen System leben, das eine Dynamik besitzt, die uns mit unglaublicher Kraft in diese Richtung *zieht*.

Und wir sind hilflos, weil es keine Alternative zu diesem ökonomischen Moloch zu geben scheint. Ja, wir sind so zutiefst davon überzeugt, dass es keine Alternative gibt, dass es unmöglich geworden ist, sich eine solche auch nur bildlich vorzustellen. Sosehr wir uns auch bemühen mögen, uns ein alternatives ökonomisches System wenigstens als Phantasie vor Augen zu führen, ein ökonomisches System, das mächtiger oder produktiver sein könnte als das, unter dem wir gegenwärtig leiden, es liegt außerhalb der Grenzen unserer Vorstellungskraft. Und deshalb sind wir vollkommen verwirrt und wie betäubt.

Es war einmal vor langer Zeit, da gab es eine ökonomische Alternative. Wir wissen von dem System, das die Hälfte unseres Globus umspannte. Aber wir wissen auch um das Schicksal dieser Alternative.

Der Tod des Sozialismus

Wie oft bei Todesfällen musste wohl auch nach dem Tod des Sozialismus eine gewisse Zeit verstreichen, bis wir die volle Realität dieses Vorgangs zu fassen vermögen. Fünfzehn Jahre waren nicht genug, denn er war einer der seltsamsten und unerhörtesten Todesfälle überhaupt und er ereignete sich absolut unerwartet und abrupt. Für Generationen war der Sozialismus *die* Hoffnung für die Menschheit gewesen! Die Hälfte der Menschheit hatte an ihn geglaubt, und Generationen hatten dafür gekämpft, gelitten und sich in Gefängnissen und Straflagern um seinetwillen foltern lassen. Und dann war er über Nacht einfach verschwunden. Er starb so „gründlich", dass nicht einmal ein Leichnam zurückblieb, den man hätte beweinen können.

Der Sozialismus war eine detaillierte und kohärente Alternative gewesen. Er war nicht nur eine Säule hier, ein Torbogen dort; er war ein in sich stimmiges ausgefeiltes Bauwerk, das in gewissem Sinne vollständig war. Er hatte sich zu einer voll ausgestatteten Gegenwelt entwickelt, die in krassem Gegensatz zu der Welt stand, in der wir jetzt leben. Es gab in beiden Systemen kaum einen Strebebalken, einen Träger oder eine Säule, die man nicht hätte miteinander vergleichen können und zu denen man nicht sagen konnte: So und so vollzieht sich diese Transaktion in der Wirtschaft, die wir jetzt haben, und so und so *sollte* sie sich stattdessen vollziehen – in jener perfekteren Welt, um deren Verwirklichung wir ringen.

Dass etwas, das so detailliert und so umfassend war, etwas, das die Hälfte der Welt regiert hatte, sich praktisch über Nacht in Rauch auflösen könnte, wäre uns zuvor als gespenstischer, verrückter, völlig unwahrscheinlicher Alptraum vorgekommen. Und eigentlich hätte die halbe Welt danach jahrelang in Trauerkleidung gehen und Klagelieder singen müssen. Aber nichts dergleichen geschah. Zahllose Menschen zuckten die Schultern, klopften sich den Staub von den Kleidern und machten weiter, als sei nichts Besonderes geschehen.

Wir haben nie innegehalten. Wir haben nie hinterhergeschaut. Wir haben nie tief darüber nachgedacht, was der Tod dieses Kolosses für uns für Konsequenzen haben könnte. Nicht einmal die offensichtlichste und nächstliegende dieser Konsequenzen haben wir uns klar gemacht. Hätten wir nicht vom ersten Tag an vorhersehen müssen, dass unser eigenes System, das plötzlich ohne Gegengewicht dastand, ohne jene Kraft, die es bisher in Zaum gehalten hatte, unausweichlich zum Extremen, zum Unausgeglichenen, zur Schieflage, zum Brutalen, zum Gefährlichen, zum Schrillen hin tendieren würde? Die Wirkung in den Rängen der Macht war offensichtlich enorm, aber das war nicht alles. Dieser Tod führte auch zu enormen Veränderungen in unserer politischen, intellektuellen und sogar spirituellen Welt. Man spricht oft von Verschiebungen im intellektuellen Spektrum, einer Bewegung von einigen Zentimetern. Aber dies war keine bloße Verschiebung – ein riesiger Teil unseres intellektuellen Bodens brach einfach weg, wie bei einem Erdbeben. Die fundamentale Polarität war verschwunden, sie war auf etwas unvergleichlich Kleineres zusammengeschrumpft: Wo es früher echte Streitpunkte und Debatten gegeben hatte, gab es jetzt nur noch kleinkariertes Gezänk und Haarspaltereien, ein müßiges Tauziehen um Schattierungen, um Nuancen.

Ist es nicht wahrhaft erstaunlich, dass wir überhaupt nicht reagiert haben, dass der Schock uns nicht schwindlig gemacht hat? Vielleicht hätte es ja geholfen, wenn es tatsächlich den Leichnam irgendeines

Märchenriesen gegeben hätte, so groß, dass er die Hälfte der Ebenen der Ukraine bedeckt hätte. Doch alles, wozu es tatsächlich kam, war ein kaum hörbares unterdrücktes Schluchzen, und das trotz der Millionen echter menschlicher Leichen, trotz der zahllosen Leben, die in aufopferungsvoller Hoffnung lichterloh gebrannt und eine Energie abgestrahlt hatten, die der eines kleinen Sterns gleichkam. Dass wir uns einfach umgedreht haben und weitergegangen sind, ist ein denkwürdiges und in der Geschichte bisher nie da gewesenes Ereignis. Nero soll Kithara gespielt und gesungen haben, als Rom brannte. Wir haben nur sorgfältig die Haut von einer Salami abgezogen und uns dünne Scheiben aufs Brot gelegt.

Die andere Kultur

Dass wir uns ohne Alternative wiederfinden, ist einer der Hauptgründe für unser Gefühl, gefangen und wie gelähmt zu sein. Wir werden von einer gigantischen Maschinerie mitgerissen, die eine so unbeschreibliche Macht besitzt, dass es völlig aussichtslos erscheint, ihren Kurs ändern zu wollen. Das Gefühl der Machtlosigkeit, das Gefühl, wie im Mittelalter an einen Pranger gekettet zu sein, ist jedoch verwunderlich, ja geradezu bizarr. Schließlich leben wir nicht in einer uniformen, homogenen, im Gleichschritt marschierenden Welt. Davon sind wir weit entfernt und können es also auch nicht als Entschuldigung anführen. Aber auch wenn es ganz offensichtlich keine ökonomische, keine systemische Alternative gibt, existieren seltsamerweise doch zwei ganz unterschiedliche, in vieler Hinsicht sogar gegensätzliche Kulturen.

Auf oberflächliche Weise ist sich natürlich fast jeder dessen bewusst, und die meisten Menschen könnten auch sehr verallgemeinert diese beiden Kulturen beschreiben. Zu den Klischees, die mit der Kultur der Angepassten, der Biedermänner, der Spießbürger verbunden werden, gehören der Nadelstreifenanzug der Männer und das klassische dunkelblaue Kostüm der Frauen mitsamt den dazu passenden

Accessoires. Als Nächstes würde wahrscheinlich angeführt, dass diese „offizielle" Kultur den global arbeitenden Großkonzernen Vorrang einräumt, diesen geradezu hörig ist und deshalb Wachstum nicht nur wünscht, sondern für eine absolute *Notwendigkeit* hält. Das wiederum bedeutet, dass sie sich für eine freie Marktwirtschaft mit einem guten Investitions- und Geschäftsklima stark macht, die wiederum niedrige Löhne verlangt und die Gewerkschaften am liebsten abgeschafft sähe. Dazu gehören natürlich eine bestimmte Sozialpolitik und gute Beziehungen zum militärisch-industriellen Komplex und zum Netzwerk internationaler Machtpolitik. Niemandem würde es schwerfallen, einige typische Vertreter dieser Kultur aufzuzählen. Bill Gates könnte ein Beispiel sein, George W. Bush ein anderes. Bush verkörpert diesen Typ mit einer solchen Perfektion, dass man ihm dafür beinahe dankbar sein müsste. Mit ihm als Maskottchen ist es bedeutend leichter geworden, diese offizielle Kultur auf einen Begriff zu bringen. Er ist schon beinahe so überzeichnet wie eine Karikatur: Es fällt nicht schwer, sich vorzustellen, wie er mit seinem beschränkten Wortschatz und dem einfältigen Gesicht auf dem Schoß eines Bauchredners sitzt – eines der großen multinationalen Konzerne.

Viele Menschen bringen die andere Kultur, ebenso in Klischees denkend, mit einer bestimmten Musik und gewissen Bands in Verbindung, mit einer völlig anderen Art, sich zu kleiden und zu ernähren, und sehr oft mit dem Gedankengut des spirituellen Aufbruchs und vielleicht auch des Buddhismus, ganz gewiss aber mit einer ungezwungeneren Einstellung zu Sex, mit einer starken Abneigung gegen Hierarchien und Autorität sowie einer Nähe zur legendären, oft missverstandenen 68er-Generation. Zu den Unterschieden zwischen beiden Kulturen gehören auch sehr gegensätzliche Einstellungen zur öffentlichen Ordnung, zu Disziplin, Monotonie und Langeweile sowie in großem Ausmaß auch zum sehr viel ernsteren Thema Krieg und Frieden.

Fast jeder würde wohl zugestehen, dass die zweite Kultur enorm viele verschiedene Gesichter hat. Dies wirft wiederum Licht auf eines ihrer interessantesten Charakteristika: Obwohl sie ganz außerordentlich bunt und vielfältig ist und keine gemeinsamen und verbindenden

Insignien, Strukturen und Institutionen kennt, und obwohl es in ihr zahllose Formationen gibt, die sich um ganz unterschiedliche Themen scharen, *erkennt* man ihre Mitglieder doch auf den ersten Blick. Es spielt keine Rolle, ob man ihnen auf den Straßen von Peking oder Tokio, ob man ihnen in Nord- oder Südafrika, in Zentralasien oder in der Ukraine begegnet. Ganz gleich wo, die paradoxe Qualität, die augenblicklich identifizierbare Präsenz dieser anderen Kultur tritt überall klar zutage, auch wenn sie sich in ein Panoptikum verschiedener Gewänder kleidet und völlig unterschiedliche Sprachen spricht. Oft genügt eine einzige Reaktion, ein kurzer Blick, ein kleines Lächeln, und man weiß, auf welcher Seite der Wasserscheide zwischen den beiden Kulturen man sich gerade befindet.

Unnötig zu sagen, dass diese zweite Kultur eine immense Zahl von Mitgliedern hat. Es gibt wahrscheinlich kein einziges Land auf dieser Welt, in dem man nicht ihre Cafés und Kneipen findet, selbst auf dem Lande, und natürlich die Läden und Boutiquen, welche die Klientel dieser anderen Kultur ansprechen. Diese liefern sogar einen gewissen Maßstab. Und doch gibt es eine unbestreitbare Schwierigkeit. Wollte man heute versuchen, ihre Vertreter zu zählen, wäre das nicht nur äußerst schwierig, man müsste daran scheitern. Es sind zu viele geworden. Halb im Scherz könnte man behaupten, dass es eine angemessenere und praktikablere Prozedur wäre, wenn man fragte: Wer fühlt sich eigentlich in der *offiziellen* Kultur noch wirklich wohl? Wer fühlt sich darin zu Hause, wer identifiziert sich mit ihr, wer glaubt an sie und wer ist froh und glücklich in ihr? Wie schon im Falle unseres Hitchcock-Zuges sind es wohl eher wenige.

Ein Hinweis darauf, wie tief und breit der Graben zwischen diesen beiden Kulturen ist, ist die Häufigkeit, mit der die Kommunikation zwischen ihnen zusammenbricht. Dieses Unvermögen geht bis zur Sprachlosigkeit. Frustration und schließlich Kapitulation sind weit verbreitet, und der Satz, der Männern von Feministinnen gern entgegengebracht wird: „Du begreifst es einfach nicht", trifft ebenso auf die Kommunikation zwischen diesen beiden Kulturen zu. Dass beide Seiten es einfach aufgeben, ist keineswegs nur eine Frage der Sprache. Nein, Worte werden sinnlos, weil man auf Grund gelaufen ist. Es gibt natürlich zahllose Meinungsverschiedenheiten über Tausende von oberflächlichen Themen und über Werte, aber am Schluss läuft alles auf zwei grundverschiedene Vorstellungen darüber, wie man leben soll und was der Sinn des Lebens ist, hinaus – und da gibt es dann nichts mehr zu sagen.

An der Oberfläche erscheint die andere Kultur ziemlich heterogen. Und in ihr gibt es wiederum Subkulturen, die oft um ein einziges Thema kreisen und einander nicht selten sogar befehden. Dennoch haben große Teile dieser anderen, zweiten Kultur Wurzeln, die sehr viel tiefer hinabreichen und die letztlich fest im Boden der Aufklärung wurzeln. Das bedeutet, dass nicht nur die „offizielle" und öffentliche Kultur auf diesen Grundlagen fußt, sondern dass es tatsächlich zwei diametrale Sätze von Prämissen, zwei total unterschiedliche Weltanschauungen gibt, die *beide* in der Zeit der Aufklärung entwickelt wurden. Anders ausgedrückt, die Aufklärung hat einen Januskopf. (Diesen Gedanken habe ich in meinem Buch über die Freiheit, *Die Freiheit leben*, im Detail entwickelt.)

Da gab es einerseits die Tradition, auf der die uns vertrauten klassischen Dokumente der Demokratie beruhen und die wir alle aus dem Schulunterricht und dem täglichen Leben kennen. Das ist die Grundansicht, dass menschliche Wesen unentrinnbar von ihrem Eigeninteresse, ihrem Egoismus geleitet, ja kontrolliert werden und immer darauf schauen, was ihnen persönlich zum größten Vorteil gereichen könnte. Diese Aussage ist durch allzu häufigen Gebrauch glatt poliert worden, und so muss man sich erneut vor Augen führen, was sie ursprünglich besagen sollte. Wenn man sich an das berühmte Diktum von Thomas Hobbes erinnert, dass das Leben in seinem ursprünglichen Zustand „widerlich, brutal und kurz" war, dann ist die sanfte Mittelklasse-Sprachregelung, die von „Eigeninteresse" spricht, offensichtlich viel zu harmlos.

Die Grundidee war eher, dass der Mensch im Grunde blutrünstig und wild ist – so, wie man sich die Tiere zu dieser Zeit vorstellte – und dass er zuallererst sozialisiert werden muss, indem man ihm die Krallen beschneidet und ihn zähmt. Mit diesem Argument rechtfertigten die bekanntesten Philosophen dieses Zweiges der Aufklärung die Moral, den Staatsvertrag und den Staat. (Kant, der in vieler Hinsicht das andere, Hobbes entgegengesetzte Ende des Spektrums dieser Philosophen vertrat, bestand nichtsdestoweniger darauf, es sei der Zweck der Moralität, das „Eigeninteresse" *auszulöschen.*) Bliebe der Mensch unkontrolliert, ungezähmt, seinen eigenen Impulsen überlassen, so der Standpunkt dieser Philosophen, dann könnten wir nicht sicher in einem Bus fahren. Der Fahrgast neben uns könnte uns ja eine Hand abbeißen.

In dieser offiziellen, die Zähmung betonenden Tradition der Sozialisierung wird die zentrale politische Idee der Freiheit sofort von Vorsichtsmaßnahmen und Bedenken eingeschränkt; sie ist ein „Ja … aber auf keinen Fall zu viel!". Es soll Freiheit geben, aber mit Verantwortung und allen möglichen anderen Einschränkungen. Mit anderen Worten: Freiheit ja, aber nur wenn das Halsband umgelegt und die Leine stark ist. Die meisten von uns sind so sehr an diese Vorstellung gewöhnt, dass sie ihnen ganz unvermeidlich und fraglos wahr erscheint. Der bloße Gedanke, dass es grundlegende Axiome geben könnte, die diesem Verständnis entgegengesetzt sind, erscheint deshalb bereits seltsam und irreal. Doch ist das völlig gegenteilige Verständnis der menschlichen Natur nicht im Geringsten exotisch, sondern ganz einfach. Es geht von der Überzeugung aus, dass das menschliche Wesen an sich zuerst einmal schwach und zerbrechlich ist. Die Menschen sind schnell entmutigt, niedergeschlagen und zahm. Es ist in der Tat allzu leicht, die Menschen einzuschüchtern und zu dressieren, und sehr viele sind scheu und in sich zurückgezogen.

Das Problem ist also nicht, dass Menschen aufbegehren und sich nicht anpassen wollten. Ganz im Gegenteil. Eigentlich sollte der Faschismus uns davon überzeugt haben, dass es nicht schwer ist, Menschen dazu zu bringen, zu kuschen und stillzuhalten. Sie leisten nur wenig Widerstand, und die Gesellschaft vermag sie zu formen wie Wachs. Wirklich schwer ist es also nicht, den Menschen zu zähmen, sondern ihn so weit zu stärken, dass er sich erheben und Widerstand leisten wird.

In der offiziellen Strömung des Denkens, in der wir aufgewachsen sind, ist die große Gefahr zu viel Wille, zu viel Wildheit und zu viel Aufbegehren. Deshalb geht es darum, zurechtzustutzen, zurückzuschneiden und zu sozialisieren. Da stellt sich natürlich sofort die Frage, wie emanzipatorisch, wie wirklich befreiend in diesem Geiste ausgeführte Dinge sein können. Kann etwas, das auf den Prämissen der Tradition beruht, in der wir erzogen wurden, wirklich zu einer ernst zu nehmenden „Revolution" werden, oder werden die so genannten Revolutionen nur darin bestehen, dass man das Kostüm wechselt oder neue Knöpfe an alte Uniformen näht? Natürlich kann es eine neue Regierung geben, eine neue Autorität, die Ordnung und Disziplin zusichert. Anstelle eines Königs kann man ein Parlament oder einen Kongress installieren, und man kann auch den Menschen erlauben, alle paar Jahre zu wählen. Doch Ziel und Absicht bleiben im Grunde noch immer dieselben. Die einzige Frage wird lediglich sein, unter genau welchen Umständen man das Recht hat, einen König zu enthaupten oder sich seiner anderweitig zu entledigen. Aber die neuen, nur anders gekleideten Regierenden werden die Kontrolle der Menschen noch immer als ihren Auftrag ansehen. Deshalb werden sie die ganze Bandbreite der sozialen Institutionen und Strukturen, von den Gerichten über moralische Instanzen und die Polizei und die Schulen bis hin zum Militär dazu benutzen, sicherzustellen, dass die Menschen nicht aus ihrem Käfig ausbrechen, sondern ruhige und zahme Bewohner des Zoos bleiben.

Die *andere* Tradition, der zweite Zweig der Aufklärung, geht von der Erkenntnis aus, dass menschliche Wesen bei ihrer Geburt noch sehr unvollständig und sehr abhängig sind. Dies steht in krassem Gegensatz zu dem berühmten Satz von Rousseau: „Der Mensch ist frei *geboren.*" Der Mensch muss vielmehr genährt und gestärkt werden. Seine Individualität muss gefördert und ermutigt und zum Vorschein gebracht werden. Das Letzte, was ein Mensch braucht, ist, dass man seine Individualität abschleift, dass man sie poliert, bis sie verschwunden ist, dass man ihm Beruhigungspillen verabreicht und ihn in den Schlaf singt. Was Not tut, ist, dass man ihn aufweckt!

Nichts könnte irriger sein als die Annahme, die konventionelle und zähmende Tradition sei irgendwie vernünftiger oder glaubwürdiger als die anstachelnde und belebende Strömung. Der Stammbaum dieser letzteren Tradition kann sich durchaus sehen lassen, denn zu ihren Vorvätern gehören viele angesehene, überragende Persönlichkeiten. Man könnte Goethe, Melville und Whitman anführen, aber auch Hölderlin, Rilke, Hesse, Lawrence und Gide, und natürlich Philosophen wie Emerson und Thoreau und sicherlich nicht zuletzt, sondern an einem Ehrenplatz, Hegel und Nietzsche. Suchte man einen einzigen Satz als ein Emblem, als Motto für diese breite Strömung, dann könnte man William Blakes „Energie ist Ewiges Entzücken" nehmen oder auch Jack Londons „Lieber will ich zu Asche verbrennen, als zu Staub zerfallen".

Es steht außer Frage, dass die Geschichte dieser anderen, das Individuum stärkenden und fördernden Tradition lang und beeindruckend ist. Sehr allgemein gesagt, könnte man feststellen, dass sie ihre Anfänge vor allem in der Literatur, der Philosophie und der Kunst hatte. (Viele meiner Freunde haben mich darauf hingewiesen, dass die lebensbejahende Tradition der Aufklärung vielfältige Ähnlichkeiten mit den Philosophien und auch Religionen des Ostens hat. Die Rezeption von östlicher Philosophie, Psychologie, Religion und von Methoden zur Transformation von Körper und Bewusstsein begann nach ihrer Auskunft im Abendland bereits mit Schopenhauer, dessen Denken entscheidend von den Upanischaden beeinflußt war, hat sich seit Mitte des letzten Jahrhunderts [C. G. Jung, D. T. Suzuki, Erich Fromm] ständig beschleunigt und hat inzwischen viele Bereiche der abendländischen Natur- und Geisteswissenschaften erfasst sowie nicht zuletzt Bereiche der Medizin [Psychoneuroimmunologie] und große Bereiche der körper- und psychotherapeutischen Methoden. Einen guten Überblick über die Entwicklung dieser Integration der lebensbejahenden Strömungen von östlichem und westlichem Denken gibt das Werk von Ken Wilber, insbesondere sein Hauptwerk *Eros, Kosmos, Logos.*)

Nun, inzwischen hat diese Tradition einen alles durchdringenden und auf alles abfärbenden Einfluss darauf, wie zahllose Menschen, ja in der Tat die überwiegende Mehrheit in unserer gegenwärtigen Kultur über Moral und Werte denken sowie darüber, wie man sein Leben leben sollte. Die große Geistesverwandtschaft zwischen dieser anderen, belebenden Strömung und dem Feminismus ist bezeichnend und bedeutsam. Alle möglichen Gemeinsamkeiten springen sofort ins

Auge. Eine der fundamentalsten ist der Standpunkt, dass die Fähigkeit, sich selbst *zu behaupten*, nicht geschwächt, sondern im Gegenteil gestärkt und trainiert werden muss wie die Muskeln eines Athleten.

Die Kultur, die anstacheln und aufwecken will, hat auch in einigen Bereichen der Erziehung ihre Zelte aufgeschlagen. Sie hat zwar bisher keineswegs einen entscheidenden Sieg davongetragen, doch in der Diskussion darüber, wie man mit jungen Menschen und ganz besonders mit Kindern umgehen sollte, spielt die bekräftigende Seite des Projekts der Modernität eine zunehmend wichtige Rolle. Immer mehr Eltern kommen zu dem Schluss, dass sie sich nicht an der Schwächung und Verunstaltung ihrer Kinder beteiligen wollen oder daran, wie man zu sagen pflegte, *ihren Willen zu brechen.*

Auch in vielen Bereichen der Beratung und der Therapie ist es zu einer vergleichbaren Transformation gekommen. Ganz allgemein kann man gewiss sagen, das viele sich von rigiden Standardvorgehensweisen und präzise definierten, oft pseudomedizinischen Techniken abgewandt haben. In vielen Fällen geht man heute davon aus, dass wir es in unserer Gesellschaft mit einem durchgängigen Gefühl der Depression zu tun haben. Diese manifestiert sich letztlich als eine Schwächung der Fähigkeit des Einzelnen, auf der Höhe seiner Energie zu funktionieren, und in vielen therapeutischen Situationen ist das oberste Ziel, das Wohlbefinden des Klienten und sein Vertrauen in die eigenen Fähigkeiten wiederherzustellen.

Dieselbe allmähliche Verschiebung von den traditionellen und älteren Ideen hin zu einer neueren, die Lebendigkeit fördernden Einstellung ist noch deutlicher bei den Ansätzen zu erkennen, den tief im Elend Versunkenen Hilfe zu leisten. Wer sich über längere Zeit und intensiv mit dieser großen und ständig wachsenden Bevölkerungsgruppe beschäftigt hat, versteht immer klarer, dass das entsetzliche Gefühl der totalen Entmutigung, der schieren Verzweiflung, der verhärteten Überzeugung, alles sei vergeblich und nichts wert, das alles andere überschattende Hindernis für erfolgreiche Hilfe und Unterstützung ist. Das führt natürlich zu ganz anderen Vorstellungen darüber, wie man diesen Menschen beistehen könnte. Wenn eine monströse, eisige Gleichgültigkeit jeden Zugang zu diesen Menschen verbaut, dann muss die erste Hilfe darin bestehen, dass man versucht, diese Rüstung aus Eis aufzutauen – und das gehört wiederum zur Domäne der anfeuernden und belebenden Kultur.

Trotz des ehrfurchtgebietenden Stammbaums und der vielfältigen Errungenschaften der lebensbejahenden Kultur fehlt doch etwas ganz Entscheidendes, und das gleicht einem schockierenden, sprachlos machenden Geburtsfehler: sie hat nur einen halben Kopf. So beeindruckend diese andere Kultur auch in vieler Hinsicht sein mag, sie hat es doch nie geschafft, sich in ein Gefüge von sozialen Institutionen zu übersetzen. Es gibt hier keinerlei ernst zu nehmendes, ausgearbeitetes politisches Programm. Man sucht vergeblich nach einem fest umrissenen, klar definierten Konzept eines Ziels, einer Vorstellung davon, wie eine Gesellschaft strukturiert und reguliert werden müsste, damit sie den grundlegenden Impuls zu verkörpern vermag, der darauf abzielt, *Individuen* zu stärken, zu fördern und zu entwickeln.

Dieser erstaunliche Mangel ist so krass, dass wir bis auf den heutigen Tag der Meinung sind, dass Strukturen, Regeln und Institutionen sozusagen *per definitionem* die Individualität beschneiden *müssen.* Doch das ist nichts weiter als eine programmierte intellektuelle Beschränktheit, auch wenn sie in vielen Bereichen, insbesondere in der amerikanischen Politik, eine große Rolle spielt. In den Vereinigten Staaten schwenkt man noch immer den Slogan „Weniger Staat bedeutet mehr Freiheit" wie eine Fahne im Wind, ganz besonders auf Parteitreffen der die Wirtschaft beherrschenden Konservativen. Es als Entschuldigung herzunehmen, noch immer an diese Einfaltsformel zu glauben, ist heutzutage nicht mehr zu aktzeptieren. Wir brauchen uns nur die verschiedenen Regionen anzusehen, in denen der Staat tatsächlich an Blutarmut gestorben oder einfach vertrocknet ist. Bei einem Besuch auf dem Balkan, im Kongo oder in Zentralasien dürften wir bald die elementare Lektion lernen, dass die Abwesenheit des Staates sehr schnell zu einer Abwesenheit *aller* Freiheit und ins Chaos führt. Es sollte also nicht nötig sein zu betonen, dass Strukturen und Institutionen die Individualität durchaus stützen und fördern können.

Wie gesagt hat es also schon die ganze Zeit eine alternative, das Leben fördernde Plattform gegeben, eine Konfiguration aller nötigen grundlegenden Begriffe und Metaphern. Und von ihren ersten Anfängen an hatte diese emanzipatorische Plattform beachtliche Stärken im Bereich der Philosophie und der Kunst und unzweifelhaft hat die 68er-Bewegung in ihrer Geschichte eine Rolle gespielt. Bis dahin hatte sie eher im Verborgenen geblüht. Sie lebte zwar im Theater (denken Sie an Strindberg, O'Neill oder Büchner), in Bibliotheken, Universitäten, Studios, Gelehrtenstuben und Museen, aber eben nicht in gesetzgebenden Versammlungen, bei Gewerkschaftskongressen und anderen Foren, die wir den „öffentlichen Bereich" nennen.

Das hat sich in den berühmt-berüchtigten Jahren nach 1968 völlig geändert. Die andere Kultur stieg von ihren Elfenbeintürmen herab und wurde überraschend schnell zu einem Massenphänomen. Sie hatte nicht nur eine Affäre mit den Medien, nein, sie ging eine Ehe mit ihnen ein. Sie bemächtigte sich der Pop-Kultur, wurde zu so etwas wie dem kulturellen Äquivalent von Fast Food, usurpierte gleichzeitig aber auch die Galerien der „hohen Kunst". Die Strebungen in der gesamten modernen Kunst glichen sich weitgehend denen dieser anderen Kultur an. Ob Film, Skulptur oder Happening, das Wichtigste war, dass das Kunstwerk „lebendig" war. Es musste Kraft haben und authentisch sein. Und das beinahe um jeden Preis, auch was seine Wirkung auf das Publikum anging: Ein sehr großer Teil der Kunst strebte auf Biegen oder Brechen an, die Leute aus ihrem Schlaf aufzuschrecken, sie aufzuwecken – und die Methoden dazu konnten gar nicht schockierend genug sein.

Doch ihr „Geburtsfehler" führte letztlich auch zum traurigen und kläglichen Scheitern der Achtundsechziger. Heute wissen nur noch wenige, dass diese Epoche, zumindest in den Vereinigten Staaten, einen wirklich glorreichen Anfang hatte. Man braucht sich nur einmal anzusehen, welche Sprache Menschen wie Robert Moses und Stokley Carmichael bei den frühen Friedensbusfahrten nach Mississippi sprachen. Im Vergleich dazu war bereits Martin Luther King an Farbe und Kraft geschwächt. Sie trugen wirklich das „Feuer auf den Berg" und waren, wie viele zu ihrer Zeit auch erkannten, echte „Evangelisten"– und das nicht zuletzt, weil sie Whitman, Melville, Thoreau und Blake gelesen hatten.

Das Unglück geschah, als die kleine und zutiefst idealistische Bürgerrechtsbewegung zu einer Massenbewegung gegen den Krieg in Vietnam wurde. Plötzlich wurde sie ins Rampenlicht sämtlicher Fernsehstationen gerückt und Stimmen wurden laut, die ein politisches Programm über die Beendigung des Vietnamkrieges hinaus forderten. Darauf war man bedauerlicherweise ganz und gar nicht vorbereitet. Und das wurde zum entscheidenden Punkt: Die andere, das Leben fördernde Strömung innerhalb unserer Kultur hatte sich nicht mit den programmatischen Fragen von Politik und Gesellschaft auseinander gesetzt. Doch plötzlich waren die Straßen und Plätze voll von Menschen, die Antworten verlangten. Sie wollten wissen, in welche Richtung sie nun marschieren sollten und was sie mit den inzwischen entfesselten himmelstürmenden Energien *aufbauen* sollten. Nicht nur, was man „beenden", „zerschlagen" oder „übernehmen" sollte, sondern welche Dinge man aufbauen und in neue Formen gießen sollte. Und da wussten die Achtundsechziger plötzlich nichts mehr zu sagen. Was dann kam, ist uns allen nur allzu gut bekannt. Bittere sektiererische Fehden brachen an allen Ecken und Enden aus. Splittergruppen packten ihre Koffer und fuhren ab in jede erdenkliche Richtung.

Aber das Schlimmste waren zwei Verirrungen, die im Rückblick gar nicht so schwer zu verstehen sind. Die eine war der Abstieg in sich verpuffende Gewalt (z. B. die Weathermen in den USA, Baader-Meinhof in Deutschland), die andere das Abrutschen in wahre Schlammschlachten der Rhetorik und der Vulgarität. Zu diesen beiden Formen kam es, weil Briefe an den Abgeordneten des eigenen Wahlkreises, Boykotts und Protestmärsche und die anderen sanfteren Formen des Protests offensichtlich nicht ausreichten. Es waren letztlich vergebliche Zeichen und Gesten – ein wirkungsloses Posieren und Drohen. Aber man wusste nicht, was man sonst tun sollte. Es gab keine Alternative! Also bewarf man die Polizei mit Pflastersteinen oder zog sich – wie bei dem viel kommentierten Woodstock-Festival – nackt aus und badete im Schlamm.

Wie zu erwarten, schwang das Pendel zurück. Die Friedensbewegung erzeugte eine Reaktion, deren Name in den Vereinigten Staaten „Reagan" war. Und bis in unsere Zeit hat man den Eindruck, dass sie sich von dieser Reaktion noch nicht wieder erholt hat. Die Achtundsechziger waren kläglich, beschämend und erbärmlich gescheitert, und eine sich ständig vertiefende Desillusionierung über die Politik als Ganzes griff um sich. Gleichgültigkeit, Apathie, Zynismus sowie reine Clownerie nahmen zu und breiteten sich aus wie ein Sumpf, in dem immer mehr Menschen Zentimeter um Zentimeter versanken.

Alle Beobachter sind sich einig, dass diese Stimmung noch dadurch verstärkt wurde, dass man sich ab da der Arbeitsplätze nicht mehr sicher sein konnte. Dies bedeutete, dass man sich stärker auf das eigene Überleben und das Durchbringen seiner Familie konzentrieren musste und sich nicht mehr die Ablenkung und den Luxus erlauben durfte, über den Tellerrand hinauszuschauen. Dies bedeutete auch, dass man sich stärker auf materielle Güter konzentrierte, was dann zur Konsumgesellschaft führte. Es gibt allerdings einen ziemlich weit gehenden Konsens darüber, dass das Abrutschen in immer tiefere Abstumpfung, in immer tieferes Koma auch durch die immer deutlichere Spaltung in zwei völlig verschiedene Welten zustande kam: die Welt der im Elend Lebenden und die Welt der Reichen.

Diese Version der Geschichte der vergangenen Dekaden ist sicher in vieler Hinsicht wahr. Man sollte ihr jedoch noch eine Perspektive hinzufügen, die eine in einigen Bereichen zwar deckungsgleiche, in anderen jedoch verschiedene Gestalt erkennen lässt. Die Abwendung von der Politik und die Stimmung der Apathie und der Lähmung, die damit einhergehen, haben wahrscheinlich noch eine ganz andere und viel faszinierendere Ursache.

Die Ära der Achtundsechziger war weitgehend ein Strohfeuer, weil sie ein Durchbruch, ein Coming-out einer völlig anderen Kultur war, die schon seit langem parallel zur offiziellen disziplinierenden Kultur existiert hatte. Die Nemesis dieser traurigen kleinen Episode war, dass sich keine Form ergab, die diesem Geist hätte Gestalt, Fleisch und Substanz geben können. Und so löschte dieses kurze Aufflackern sich selbst aus, noch bevor die Bewegung aus ihren Kinderschuhen herausgewachsen war. Aber der dahinter stehende Impuls überlebte dieses vielversprechende und dennoch groteske Debakel. Dieser Impuls war etwas viel Ernsthafteres, eine viel wagemutigere Vorstellung von

Freiheit als das bloße Ersetzen eines Königs durch ein großes Komitee. Die Sehnsucht und die Hoffnung, die in dieser Idee bereits vage angelegt waren, nahmen an Kraft zu, und die Zahl der Menschen, die sich dadurch inspiriert und entflammt fühlten, wuchs ganz enorm. Während der Zeit des Vietnamkrieges bestand die andere Kultur aus einer kümmerlichen und unansehnlichen Schar Studenten, verlorener Intellektueller und Künstler. Doch inzwischen ist die andere Kultur um die Welt gewandert, und man kann sie in den entlegensten Dörfern Chinas und Mexikos finden. Und nicht nur das. Außer den bereits erwähnten Bereichen Erziehung, Therapie und Kunst sollte man sich den Bereich der neuen Industrien näher anschauen, vor allem den Bereich jener, die Computer herstellen, sowie derer, die auf irgendeine Weise mit Computern arbeiten. Man erkennt schon an ihrer Frisur und ihrer Kleidung, aber auch an dem, was sie essen, und an dem Kaffee, den sie trinken, zu welcher Kultur sie gehören.

Die Computerleute sind nur eines von vielen möglichen Beispielen, ein Querschnitt an einer bestimmten Stelle. Ich habe sie herausgegriffen, weil sie während des vergangenen Jahrzehnts die Lokomotive gewesen sind, die die Wirtschaft gezogen hat, und wenn wir sie, oder sehr viele von ihnen, als Teil der anderen Kultur ausmachen, gibt uns das einen Eindruck von der Macht, den die stärkende Kultur in der Zukunft haben könnte. Ein sehr großer Teil der jungen Leute sowie eine überraschend große Zahl von Managern und Ingenieuren, vor allem solche, die in kleinen und mittelgroßen Unternehmen (also nicht in der Großindustrie) arbeiten, stehen ebenfalls auf dieser Seite der tiefen Kluft.

Die politische Gleichgültigkeit hat deshalb vielleicht einen ganz anderen Grund. Vielleicht kommt sie nicht aus Apathie oder Verzweiflung, sondern hat gänzlich andere Wurzeln. Vielleicht ist es eher eine Haltung des Abwartens: Man liegt auf der Lauer und spart seine Kräfte für einen späteren Zeitpunkt auf. Die Themen, die von den Parteien gegenwärtig diskutiert werden, etwa die Gesundheitsreform oder noch größere Steuervorteile für die Superreichen, haben nichts mit den grundlegenden Unterschieden zwischen den beiden Kulturen zu tun. Das sind Streitigkeiten zwischen nahen Verwandten, die zum selben Lager gehören: dem der „Angepassten", der braven Bürger, der ordnenden und disziplinierenden Kultur. Und dabei geht es nur um die Größe der zu verteilenden Kuchenstücke: ein bitte nicht mehr ganz so kleines für die Armen und ein natürlich sehr viel größeres für die Reichen. Weder die Republikaner noch die Demokraten, weder die Sozialdemokraten noch die Christliche Union, weder die Labour Party noch die Tories haben die geringste Vorstellung davon, welche Art von „Programm", welche Veränderungen in der Wirtschaft und im sozialen Bereich stärkere und lebendigere Individuen hervorbringen würde, Menschen, die in sich ruhen, die lebhafter, authentischer und selbstbewusster sein würden. Und das ist der Punkt, an dem wir vor einer Betonmauer stehen. Niemand weiß, wie das Ziel zu erreichen wäre.

Aber genau das ist des Pudels Kern! Die überwiegende Mehrzahl der Menschen, die heute auf diesem Erdball leben, interessiert sich nicht mehr für das Gezänk zwischen den Fraktionen der jetzt sterbenden Kultur, von der sie sich selbst vielleicht schon vor Jahren losgesagt haben. Sie halten still und scheinen merkwürdig ruhig zu sein, aber nicht, weil sie betäubt oder apathisch wären. Sie halten still, weil sie *warten.* Man kann sogar mit dem Finger in die ungefähre Richtung zeigen, in der das liegt, worauf sie warten. Und das könnten erste Fingerzeige darauf sein, dass die bisher noch unvollständige andere Kultur, in der sie jetzt noch sehr beengt und unbehaglich leben, vielleicht doch noch verwirklicht werden könnte, Anzeichen dafür, dass diese Kultur nicht länger ein bloßer Impuls bleiben muss, nicht länger ein Kind mit einem halben Kopf. Irgendetwas müsste diesen Wartenden das Gefühl geben, dass es einen Plan gibt, dass konkrete Schritte möglich sind, dass es eine gangbare Leiter gibt, die Sprosse für Sprosse hinaufführt zu der Kultur, die sie sich *wünschen.* Wenn ein Zeichen davon am Horizont erschiene, dann würden sie ihre Apathie ausziehen wie Regenmäntel. Dann würden sie die Ärmel hochkrempeln und würden anfangen, an einer mehr Leben gebenden und das Leben stärkenden Welt zu arbeiten.

Die Kopplung von Business und Arbeitsplätzen

In optimistischen Momenten geben die Existenz der anderen Kultur und insbesondere ihre phänomenale Größe uns Hoffnung. Wir wachsen mit gewaltigen Sprüngen, und die konventionelle, unterdrückende, zähmende und sozialisierende Kultur ist im Schrumpfen begriffen und vertrocknet langsam. In fünf Jahren könnte die Welt völlig anders aussehen als heute ... wenn da nicht diese monströsen Kräfte wären, die uns umklammert halten wie ein Schraubstock und die unbeugsam entschlossen scheinen, uns alle in einen gähnenden Abgrund fahren zu lassen. Dass wir dermaßen in dieser kolossalen Dynamik gefangen sind, liegt nicht in erster Linie daran, dass es keine gangbare Alternative gäbe, sei es nun der verstorbene Sozialismus oder eine andere Kultur, die sich vielleicht zu einer Alternative entwickeln *könnte*, die aber bis jetzt noch keine Macht, keine Agenda und noch nicht einmal eine Vorstellung von ihrem Ziel hat.

Wir sind vielmehr in einem Mechanismus gefangen, der über solch immense Kräfte verfügt, dass alles Reden von einer Hoffnung und von künftigem Wandel verlorene Träumerei ist, solange wir diesen Mechanismus nicht klar und deutlich verstanden und darüber hinaus entmachtet und entwaffnet haben. Vier Zahnräder greifen ineinander wie die Gänge in einem Getriebe. Wir müssen uns jeden dieser vier Faktoren vornehmen und ihn leidenschaftslos untersuchen.

1. Der erste Faktor ist, dass Arbeitsplätze zu unserem alles andere überragenden Omni-Wert geworden sind. Es gab einmal einige Indianerstämme, für die der Büffel keineswegs nur Fleisch bedeutete. Natürlich aßen sie die Beute, die sie jagten. Aber aus den Häuten machten sie auch ihre Zelte und Kleidungsstücke und selbst ihre Mokassins, und aus den Sehnen des Büffels machten sie ihre Bogensehnen. Es gab keinen Teil des Büffels, den sie nicht verwendeten, und der Büffel lieferte ihnen alles, was sie brauchten. Das meine ich mit Omni-Wert.

Heutzutage sind Arbeitsplätze das, was diesen Indianern ihre Büffel waren. Arbeitsplätze versorgen uns natürlich mit unserem Einkommen, aber sie leisten noch sehr viel mehr. Unser Job ist die Quelle unseres sozialen Status. Und er ist unsere Verbindung zu anderen Menschen: „Das Telefon klingelt nicht mehr" ist eine der häufigsten Klagen, die man von Arbeitslosen hört. Darüber hinaus ist er die Stütze unserer Selbstachtung. In dem Moment, in dem wir arbeitslos werden, fällt das Gefühl für unseren eigenen Wert in sich zusammen wie ein Kartenhaus. Viele der Arbeitslosen, mit denen ich gearbeitet habe, verheimlichten die Tatsache, dass sie ihren Job verloren hatten, selbst vor ihrer Frau und ihren eigenen Kindern. Sie packten am Morgen ihre Brote ein, zogen los und kamen erst am Abend – aus der öffentlichen Bibliothek – wieder zurück. Ohne Arbeitsplatz ist man ein von anderen „Abhängiger", also kein ganzer Mensch. Man ist überflüssig, störend, eine Last. Man hat auf nichts wirklich ein Recht, nicht einmal auf sein Essen.

Dies ist eine Situation, die sich sehr von der vieler, wenn nicht der meisten anderen Kulturen unterscheidet, und das ist noch nicht das Ende. Jedes Jahr laden wir noch etwas mehr von dem, was einmal unser Leben ausgemacht hat, auf einen Karren und verbrennen es auf dem großen Scheiterhaufen unserer Arbeitsplätze. In dem Dorf in den Alpen, in dem ich aufgewachsen bin, wurde Weihnachten sechs Wochen lang gefeiert, mit vielen Liedern, Kerzen, Festmählern und allen möglichen, durchaus nicht nur kirchlichen Zusammenkünften; und wenn jemand gestorben war, dann ging das ganze Dorf zum Begräbnis und für die nächsten zwei Tage blieb niemand nüchtern.

Fast alles davon ist verschwunden. Wir haben keine Zeit mehr für unsere Freunde und nicht mehr viel Zeit für unsere Kinder. Unsere früheren zwischenmenschlichen Beziehungen sind dahin, aber sie hinterließen keinen leeren Raum. Unsere Arbeit hat, wie Wasser, jede Ecke und jeden Winkel ausgefüllt.

2. Das zweite Zahnrad in der großen Maschinerie ist die Automatisierung. Viele Jahre lang haben selbst die am großzügigsten ora-

kelnden Experten auf dem Gebiet der „Zukunft der Arbeit“ die erdrutschartigen Auswirkungen, die die Automatisierung mit sich bringen kann, vollkommen unterschätzt. In unzähligen angeblich gelehrten Aufsätzen wurde in den frühen achtziger Jahren nachzuweisen versucht, dass durch die Einführung von Computern nur die *Qualität* der Arbeit zu einem gewissen Grade aufpoliert werden wird, die *Quantität* aber unverändert bleiben würde.

Daran glaubt heute niemand mehr, aber die meisten Menschen sträuben sich gegen den Hinweis, dass wir uns noch immer erst in einem Vorzustand der Automation befinden, dass alles, was wir bisher gehört haben, erst das Stimmen der Instrumente eines Orchesters ist und das Konzert noch gar nicht angefangen hat. Der Dirigent hat noch nicht mit dem Taktstock gegen sein Pult geklopft. Was Automatisierung erreichen kann, wie sich diese Musik anhören wird, wenn erst einmal die bisher durcheinander spielenden Instrumente unter einer Führung harmonisch zusammenspielen – davon haben wir bisher noch keinen Begriff.

Es gibt einige Beispiele, die uns bereits jetzt einen ersten Eindruck geben von dem, was sich da entwickeln könnte. Beispielsweise in Mexiko in Grenznähe zu den USA. Dort sind bereits ein oder zwei ultramoderne Fabriken in Betrieb, die ihren Kunden anbieten, das Gewünschte auf Anforderung zu produzieren. Eine Woche lang stellen sie Kühlschränke her, in der nächsten Woche Fernsehempfänger, eine Woche danach DVD-Player und einige Tage später X-Boxen für Microsoft (von Jeffrey M. O'Brien in der Zeitschrift *Wired,* November 2001). Es ist sehr nützlich, diese Fabriken als Symbole zu verstehen, als Metapher dafür, *wie* flexibel und *wie* anpassungsfähig Fabriken werden können.

Noch vor wenigen Jahren wurde ein bizarrer Glaube häufig diskutiert, den wir bald nur noch im Wachsfigurenkabinett antreffen werden. Ich meine den verzweifelten Glauben, dass Wachstum im Bereich der Dienstleistungen durch die Schaffung neuer Arbeitsplätze die Verluste in der Industrie wettmachen werde. Inzwischen ist allgemein bekannt, dass eine genau gegenteilige Entwicklung eingesetzt hat. Arbeitsplätze im Dienstleistungsbereich lassen sich viel leichter automatisieren als dort, wo „*Dinge hergestellt*“ werden. So wird auf die Automatisierung der Banken und Versicherungsgesellschaften und natürlich an Tankstellen, am Fahrkartenschalter und am Schalter zum Einchecken auf Flughäfen bald eine große Entlassungswelle im Bereich der privatwirtschaftlichen und öffentlichen Verwaltungen folgen. Das wird sicherlich einer der am meisten begrüßten Fortschritte auf diesem Gebiet sein. Das lästige Ausfüllen endloser Formulare für alle möglichen Anträge, Lizenzen, Führerscheine, Visa, Kredite und Kreditkarten und die Zahlung an Versicherungen, Krankenkassen und Rentenanstalten wird endlich vorbei sein, und ein großer Seufzer der Erleichterung wird zum Himmel aufsteigen, wenn all dies zu Grabe getragen und das Grab mit Software zugeschüttet wird.

Die absurde Komik dieser ganzen Entwicklung ist natürlich schwer zu übersehen: Zuerst haben wir Arbeitsplätze mit allen Werten ausgestattet, die wir nur finden konnten. Wir haben sie nicht nur herausgeputzt, sie sexy und verführerisch aussehen lassen, wir haben sie auch unerlässlich gemacht. Ohne sie wurde das Leben unmöglich. Wir haben alles getan, um sicherzugehen, dass es keinen Ersatz für sie gibt. Bildlich gesprochen, wir haben ihnen alle nur möglichen Medaillen und Orden angeheftet und sie auf ein sehr hohes Podest gehoben. Aber dann haben wir uns auf einmal um 180 Grad gewendet und 550 Methoden erfunden, um sie abzuschaffen und zu Grabe zu tragen, auf dem Scheiterhaufen zu verbrennen oder im Ozean zu ersäufen. Mit Hilfe zahlloser Maschinen wurden Arbeitsplätze auf einmal zu einer gesuchten Rarität.

Jedermann hätte vorhersagen können, dass es einen wahnsinnigen Wettlauf geben würde, dass die Menschen sich mit Faustschlägen und Fußtritten um sie reißen würden. Das war zu erwarten, aber wir haben noch eine weitere Wendung hinzugefügt, die jene betraf, die in dem großen Gerangel den Kürzeren gezogen hatten und zur Seite gedrängt worden waren. Man sollte meinen, es wäre Bestrafung genug, wenn aus dem Füllhorn des Arbeitsmarktes nichts für sie abfiel. Aber nein. Gerüchte wurden über diese Menschen verbreitet, Gerüchte, die ihnen nachsagten, dass sie aus schierer Bewegungslosigkeit keinen Arbeitsplatz gefunden hatten, ja dass sich eine Fäulnis unter ihnen ausbreite, die ihre anscheinend nutzlosen Gliedmaßen in brandige, übel riechende Stümpfe verwandle.

So haben wir jetzt eine überaus paradoxe Situation: Erst haben wir Arbeitsplätze in den Himmel gehoben, und dann haben wir alle Kraft und Intelligenz darauf verwendet, sie massenweise abzuschaffen.

Und als sei das noch nicht genug, wurde noch ein drittes wichtiges Element in die verfahrene Situation eingebracht. Es war nicht beabsichtigt, und es wurde auch nicht vorhergesehen. Es war ein völlig überraschendes Nebenprodukt anderer Entwicklungen: Wir perfektionierten bestimmte Technologien. Diese waren nicht so umstritten oder esoterisch wie die genetische Manipulation von Nahrungsmitteln oder die Herstellung von Maschinen aus einzelnen Molekülen. Sie gehörten zu einem eher banalen Bereich. Sie hatten im Wesentlichen alle mit dem Transportwesen und dem Zurücklegen großer Entfernungen in einem Minimum an Zeit zu tun. Genauer gesagt: Entscheidend war die Entwicklung großer Langstreckenflugzeuge, sehr schneller und sehr billiger Frachtschiffe, von Lastwagen und Eisenbahnen und natürlich von einer der elementarsten Möglichkeiten von Computern, nämlich der, E-Mails zu empfangen und zu versenden. Selbstverständlich gab es noch eine Menge anderer Faktoren, aber diese Technologien trugen wesentlich dazu bei, das dritte Zahnrad in unserem Getriebe zu erzeugen.

3. Dieses dritte Zahnrad ist die Globalisierung. Der erstaunliche Überraschungseffekt war der Wandel der Größenordnungen, in denen wir nun denken mussten. Mit einem Sprung verließ beinahe alles die lokale und regionale, ja selbst die nationale Ebene, und in erstaunlich kurzer Zeit waren wir in eine neue Ära eingetreten, die des *Globalen.*

   Einer der reichlich seltsamen Aspekte dieser plötzlichen Transformation ist, dass Geschäftsleute sie im Allgemeinen nur aus der engstmöglichen Perspektive sehen und diskutieren. Aus ihrer Sicht bedeutet das Wort „global“ vor allem einen globalen *Markt*, und zu allem Überfluss ist ihre Vorstellungskraft auch noch allein auf das Produkt beschränkt, das sie selbst zufälligerweise herstellen.

So sieht die Autoindustrie zum Beispiel China als Glücksfall an: als ein einziger riesiger Marktplatz, auf dem sich Millionen von Chevrolets verkaufen lassen. Das Vermögen, auf diese Art und Weise zu denken, ist geradezu akrobatisch: Es stellt eine Ausnahmeleistung in der Meisterung des Einseitigen und Asymmetrischen dar. Schon fast so wie die berühmte Fähigkeit, mit einer Hand zu klatschen. Wie ist es nur möglich, die andere Seite dieser Medaille zu übersehen? Nämlich dass die Chinesen nicht nur kaufen, sondern selbst herstellen werden – und vielleicht billiger und mit höherer Qualität. Die Japaner machen uns das schon seit vielen Jahren vor, weshalb es noch erstaunlicher ist, dass dieselben Manager der Automobilindustrie, die mit den Zähnen knirschen, wenn die Sprache auf Japan kommt, nun voller Überschwang von China sprechen.

Doch das Thema des Handels sollte unsere Diskussion hier nicht monopolisieren. Unglücklicherweise ist dies das bereits bekannte Muster, nach dem das Für und Wider der Globalisierung im Allgemeinen diskutiert wird. Vernachlässigt wird die Seite, die mit der Arbeit zu tun hat. Stellen Sie sich eine Kombination dieser drei Aspekte vor: Erst hebt man Arbeitsplätze auf ein Podest, dann macht man sie durch Automatisierung rar, was schließlich nicht zu mehr Produkten führt, sondern zu immer mehr *Menschen*, die Arbeit suchen.

Was wäre, wenn es ein Wunderheilmittel (sagen wir gegen Aids) gäbe, das Angebot an diesem Mittel aber äußerst eingeschränkt wäre. Denken Sie an die Masse Menschen, die bereits unruhig in der heißen Sonne stehen und warten. Und dann bringt man an diesen Ort mit Zügen, Schiffen, Bussen und Autos noch Tausende zusätzlicher Patienten. Aber machen wir uns nichts vor: So wahnwitzig dies wäre, es ist immer noch kein zutreffendes Bild für das, was wirklich geschehen ist. Die Wahrheit ist noch um einiges grausamer.

Bis in sehr viel jüngere Zeit, als man gemeinhin glaubt, lebte die überwiegende Mehrheit der Menschen auf dem gesamten Globus in Dörfern und erzeugte ihren Lebensunterhalt, indem sie Land bestellten, ihr eigenes oder das anderer. Selbst in den Vereinigten Staaten und in Europa lag die Zahl der Menschen, die auf dem Land lebten, bis vor etwa 150 Jahren bei 80 Prozent. Jedermann weiß, dass die Bauern in diesen Ländern heute enorme Subventionen erhalten und dennoch „in Schwierigkeiten" sind. Deshalb sind ganze Dörfer auch in Europa und den USA beinahe wie ausgestorben. Im Vergleich zu praktisch dem gesamten Rest der Welt ist diese Landflucht aber noch geringfügig. In jedem Land in Afrika, Asien und Südamerika sind riesige Wanderungsbewegungen im Gange. Die ehemaligen Bauern verlassen ihre Dörfer aus den verschiedensten Gründen, zum Teil aber einfach deshalb, weil sie keine andere Wahl haben. Und sie haben keine Wahl, weil es zwei gewaltige Veränderungen gegeben hat: große Agrarindustrieunternehmen haben ihr Land aufgekauft, und Nahrungsmittel sind auf der ganzen Welt zu billig geworden. Ein kleines Stück Land reicht nicht mehr aus, um auch nur das lebensnotwendige Minimum an Mais oder Reis zu erzeugen.

Das wahre Bild ist also, dass diese Menschen nicht einfach so in Bussen, Zügen und Schiffen angefahren kommen – sie sind *gezwungen* zu kommen. Die Lebensform, in der sie länger, als irgendjemand zurückdenken kann, gelebt haben, ist ihnen wie ein Teppich unter den Füßen weggezogen worden, und so wandern sie wie Flüchtlinge zu Millionen und Abermillionen auf der Suche nach Arbeitsplätzen in Richtung der Städte (um nur ein Beispiel zu nennen: Simbabwe hat zurzeit „offiziell" 70 Prozent Arbeitslose.). Die Zahl der Menschen, welche diese Migrationsbewegung umfasst, ist so riesig, dass die Zahlen, die in unserer noch so freundlichen westlichen Welt die Arbeitslosigkeit messen, im Vergleich dazu geradezu lächerlich ist. Wenn man die faktische Auslöschung des größten Teils der traditionellen Landwirtschaft nicht in das Bild einbezieht, dann ist man außerstande, die wahre Größenordnung des Mangels an Arbeitsplätzen, mit der wir konfrontiert sind, einzuschätzen.

4. Das vierte und letzte Zahnrad der angesprochenen Maschinerie wird ein weiteres Schlaglicht auf unsere gegenwärtige Situation werfen: das Arbeitsplätze*monopol*. Seine Auswirkung ist so einfach wie krass: Stellen Sie sie sich schlicht als eine ungeheure, überwältigende *Zunahme* an Macht vor. Wessen Macht? Der Macht der Wirtschaft natürlich, denn die Wirtschaft baut neue Fabriken und schafft damit Arbeitsplätze, aber die Wirtschaft schließt auch Fabriken und schickt die Leute nach Hause.

Die drei gigantischen Kräfte, die wir zuvor beschrieben haben, sind alle relativ neu, und alle sind seit 1989 wie ein Feuersturm angewachsen. Vor 15 Jahren nahm die Arbeit noch nicht so viel Platz in unserem Leben ein und hatte nicht denselben Status wie heute. Die Automatisierung war noch ein Kätzchen im Vergleich zu dem Menschen fressenden Tiger, der sie heute ist, und Millionen, die heute in Slums leben, lebten damals noch auf ihren Bauernhöfen. Der Druck war also längst nicht so groß; inzwischen hat er enorm zugenommen, und die Macht der Wirtschaft ist proportional dazu gewachsen.

„Wir, das Volk", um diesen großen, klangvollen Ausdruck zu benutzen, sind in die Position von Bittstellern und Bettlern geraten. Das ist nun die Essenz. Oft ist die Rede davon, dass Städte, Regionen oder sogar Staaten sich bemühen, Großunternehmen durch Anreize dazu zu „verführen", sich auf ihrem Territorium niederzulassen. Aber dieses Bild ist nicht ganz zutreffend: Eine Verführerin, die sich mit nicht mehr als schwarzer Unterwäsche bekleidet auf einem roten Sofa räkelt, braucht beträchtliches Selbstvertrauen. Dazu muss man sich begehrenswert und attraktiv vorkommen. Gegenüber den Großunternehmen ist heute der Großteil der Städte und Länder jedoch mitnichten in einer solchen Position. Sie schmeicheln und bieten „Geschenke" und große Summen in Form von Subventionen und Steuerersparnissen an, aber darüber hinaus bleibt ihnen oft schlichtweg nichts anderes übrig als zu betteln. In der Beziehung zu den Wirtschaftsfürsten sind „wir, das Volk" also keineswegs mit einer verführerischen Frau zu vergleichen. Wir ähneln mehr den „Bürgern von Calais", Rodins berühmter Skulpturengruppe. Wir kommen barfuß und in Lumpen. Wir warten in Vorzimmern und haben den Schlüssel zu unserer Stadt um den Hals hängen. Diese Haltung und diese Art von Beziehung waren der Grundstein und das archetypische Modul, aus dem die Wirtschaft und das politische Leben in der Ära nach dem Kalten Krieg gebaut wurde.

Es mag beklagenswert sein und wütend machen, aber es ist nichtsdestoweniger wahr, dass ein einziger roher und brutaler Ringergriff einer ständig kleiner werdenden Gruppe von Menschen so viel Macht verliehen hat. Aber halten Sie diesen primitiven Knebelmechanismus nur einmal gegen – beispielsweise – den Erfolg von Reagans Wahlkampf oder, was das angeht, gegen die Karriere von Clinton, Blair, Schröder oder Bush, oder halten Sie ihn gegen das, was in den Vereinigten Staaten aus den Gewerkschaften oder allgemeiner aus dem Liberalismus oder speziell aus der demokratischen Partei geworden ist. Ist es dann nicht ein Leichtes, zu sehen, welch beherrschende Macht die Kopplung von Business und Arbeitsplätzen ausgeübt hat?

Es ist von entscheidender Bedeutung, klar zu erkennen, wie ein Würgegriff es geschafft hat, uns *lahmzulegen.* Wie er unseren Verstand und vor allem unsere politische Vorstellungskraft wie an einen mittelalterlichen Pranger gekettet hat. Es hätte kaum einfacher, kaum banaler sein können: Arbeitsplätze sind unser Omni-Wert, und die kombinierten Kräfte von Automatisierung und Globalisierung konnten sicherstellen, dass wir ständig und zunehmend an einem Mangel an Arbeitsplätzen leiden. Auf die drohende Hungersnot kannten wir nur eine Antwort: die Wirtschaft aufs Podest zu heben und ihr gegenüber immer noch ergebener und noch unterwürfiger zu werden. Wir glaubten, dass es keine andere Möglichkeit gäbe. Wir glaubten, wir säßen in einem Zug, dessen Türen und Fenster fest verriegelt seien.

Das Ableben der Linken

Es war keineswegs nur der wahre Kern des Sozialismus, der abgetötet wurde. Es fiel nicht nur seine Festung, auch alle sie umgebenden Ländereien wurden besetzt. So sind seit 1989 auch die milderen, verdünnten, verwässerten Formen des Sozialismus, von denen viele auf dieser Seite des Eisernen Vorhangs aufgeblüht waren, schal und lahm geworden. Selbst die bloßen Schattenformen des Sozialismus, die kaum noch „links" zu nennen und allenfalls noch blassrosa waren, die „respektablen" sozialdemokratischen, liberalen, vornehmen, bürgerlichen Parteien mit „sozialem" Anspruch, wurden schwach und müde und verloren ihre Zielsetzung und ihre Identität.

Warum kam es dazu? Ein wichtiger Faktor war, dass sie *befleckt* waren! Befleckt durch bloße Assoziation. Sie hatten eine gewisse Ähnlichkeit, eine ferne Verwandtschaft mit einem System, das kläglich gescheitert war. Deshalb haftete ihnen der Geruch des Versagens und der Niederlage an. Das machte sie noch unsicherer und viel bereiter, auf Kompromisse einzugehen und sich immer mehr von ihren ursprünglichen Absichten und Ideen zu distanzieren.

Ein weiterer bedeutsamer Faktor war, dass sie entwurzelt, ja von ihren Wurzeln abgeschnitten worden waren. Wir hatten uns nicht die Mühe gemacht, die tiefen und ernsten Ursachen für den Tod des Sozialismus klar zu erkennen. Es wurde viel geredet über Inkompetenz, Korruption, Parteibosse und Bürokratie, und das Resultat war absehbar. Da der Sozialismus tot und nirgends ein Leichnam zu finden war, durchstöberten die Leute die verbliebenen Andenken und Mementi. Was zuvor eine kohärente Weltanschauung und weltverändernde Politik gewesen war (irregeleitet, zweifellos, aber dennoch kohärent), war jetzt zerschlagen, und aus den Überresten des Inventars ließen sich nur noch jämmerliche Barrikaden errichten.

Dies wurde das Markenzeichen der Linken in der Politik, und die wirkungslosen Rückzugsgefechte wurden sogar charakteristisch für die Gewerkschaften. „Begrenzung" wurde zu ihrem Schlagwort: Begrenzung der Geschwindigkeit der Fließbänder, Begrenzung der Zahl der Arbeitsstunden, Begrenzung des Maßes, zu dem wir uns ausbeuten lassen. Der gleiche Geist machte sich im Rest dessen breit, was zuvor die linke Kultur gewesen war. Ganz gleich, welche Gruppe oder welche Enklave oder welches Lager man besuchte, es ging um die *Verteidigung* von Arbeitsplätzen oder Löhnen, die *Beschränkung* der Ölförderung in einer bestimmten Region, den *Schutz* vor einer Technologie oder einer bestimmten (biologischen) Forschung, den *Schutz* von dieser Spezies oder jenem Regenwald. Das waren die Slogans und Schlachtrufe. All dies war, traurig genug, reaktiv und defensiv – und deshalb immer nahe an einer Stimmung des Rückzugs. So könnte man zusammenfassend sagen: Die Geschichte der Linken seit 1989 ist die Geschichte einer langen Reihe von Rückzugsgefechten.

Mit Blick auf das größere Bild überschattet ein anderer, noch bedeutenderer Faktor die beiden bereits genannten: die schon erwähnte Kopplung von Business und Arbeitsplätzen. Kurz gesagt: Die Macht der Wirtschaft nahm dergestalt exponentiell zu, dass die Linke hoffnungslos überflügelt wurde. So wurde die Politik der Linken hauptsächlich zu einem Bemühen, die wachsende Macht der Wirtschaft zu kontrollieren, und daran musste sie scheitern, weil diese Kopplung inzwischen so ungeheuer an Macht gewonnen hatte, dass die Linke dem eigentlich nichts mehr entgegen zu setzen hat.

Früher, in günstigeren Zeiten, waren die politischen Ideen der liberaleren, linksorientierten Parteien wie ein Bündel miteinander verschlungener Seile. Nach dem Kalten Krieg nun wurden einzelne Fäden und kleinere Stränge aus diesem einen großen Seil herausgezogen und auf eine abgeschwächte, angepasste Weise auf die unterschiedlichsten Situationen angewendet. Jede dieser Aktionen war in Wahrheit ein mehr oder weniger schwächlicher Versuch, die Willkür der Wirtschaft einzuschränken. Aber eben darin lag das prinzipielle Scheitern, denn jeder dieser Schachzüge wurde von der Furcht begleitet, damit Arbeitsplätze zu gefährden.

Worum auch immer es ging, ob es ein Versuch war, die Mindestlöhne anzuheben, die Gesundheitsfürsorge zu verbessern oder den Kündigungsschutz zu verschärfen, ob es um diverse Steuern ging oder natürlich zuerst einmal um die Bemühungen, die Arbeiter in einer

Fabrik zu organisieren – gegen all diese Bestrebungen konnte man ins Feld führen: Das wird zu einer Verringerung der Arbeitsplätze führen. Das wird dem Unternehmen einen Grund liefern, seine Koffer zu packen und seine Zelte anderswo aufzuschlagen. Dies wird die Expansion dieses oder jenes Unternehmens behindern, und damit werden weniger neue Arbeitsplätze geschaffen.

Oder nehmen wir einen anderen Bereich: Oft fanden sich Gruppen im Namen der Friedensförderung zusammen und wuchsen sogar zu einer beträchtlichen Größe an. Auf vielen Türen waren Aufkleber angebracht, und es kreisten sogar weiße Tauben um die Dächer. Aber dann verbreitete wie zufällig der lokale Militärstützpunkt oder die Munitionsfabrik am anderen Ende der Stadt das Gerücht, sie werde ihre Tore schließen müssen, und damit würden natürlich die Arbeitsplätze, von denen die Stadt abhängig war, verschwinden. Und bezeichnenderweise malten viele der Friedensbewegten nach kurzer Zeit ganz andere Schilder als jene, die sie zuvor durch die Straßen getragen hatten. Nun forderten sie den Stützpunkt oder die Fabrik dazu auf, zu bleiben. Und natürlich gab es nur einen Weg, das zu erreichen: Die Stadt musste sich noch attraktiver zeigen. Sie musste den Geschäftsinteressen noch verführerischere Konditionen anbieten. Womit? Mit Steuersenkungen. Mit größeren Subventionen. Mit Arbeitsverträgen, die für die Unternehmerseite noch attraktiver waren.

Sobald wir einmal die Logik und die Dynamik dieser Kopplung von Business und Arbeitsplätzen durchschaut haben, gewinnen wir ein klareres Verständnis für den fortschreitenden Niedergang unserer Kultur. Was heute geschieht, ist weit von einem bloßen „Abbröckeln" entfernt, von einem Wegbrechen ermüdeter oder altersschwacher Teile. Es ist viel eher ein „Abriss", eine absichtliche und gewollte Zerstörung, an der wir alle *aktiv* teilnehmen. Von allen Seiten ertönt der Ruf, mehr Arbeitsplätze zu schaffen, und diese Forderung ist absolut und nicht verhandelbar.

Und bislang kennen wir nur eine Antwort auf diesen Ruf: die Gewinne, die der Wirtschaft zufließen, noch mehr zu vergrößern. Also nehmen wir es von den sozialen und kulturellen Institutionen und geben es *en masse* der Wirtschaft. Der Bereich der Wirtschaft nimmt einen immer größeren Platz ein, während die sozialen und kulturellen Institutionen sich aufgrund ihrer Budgetkürzungen in immer kleiner werdenden Nischen zusammenkauern. Die Unsummen, die den pharmazeutischen Unternehmen und den großen Versicherungsgesellschaften in den Vereinigten Staaten als Teil der Finanzierung des neuen Home Security Department zugesprochen wurden, sind nur eines der jüngsten und schamlosesten Beispiele für diese massiven Umverteilungen.

Aber wir nehmen es nicht nur von der „Kultur“ im engeren, ätherischen und affektierten bürgerlichen Sinne. Die Wirtschaft ist inzwischen einer Rube-Goldberg-Maschinerie vergleichbar, die mit maximalem Aufwand ein minimales Ergebnis produziert, in unserem Falle das, Arbeitsplätze „herzustellen“. Da aber ständig Arbeitsplätze abgebaut werden (wenn durch sonst nichts, dann durch die Automatisierung), müssen dauernd neue Arbeitsplätze aus der großen Schütte dieser Maschinerie purzeln. Aber die Antriebsmaschine ist gefräßig. Um den Dampfdruck so hoch wie möglich zu halten, greifen wir nach allem, was uns in die Hände fällt, und befeuern damit den Kessel. Und das ist der Skandal: Metaphorisch gesprochen, verbrennen wir alte Familiengemälde, wertvolle Möbel und sogar unsere Geigen. Dieses frenetische Verbrennen hat inzwischen einen Punkt erreicht, an dem immer mehr gehetzte Menschen nur noch lapidar sagen können: „Wir haben kein Leben mehr.“

Der von den gigantischen vereinten Kräften der sich ausbreitenden Automatisierung und Globalisierung erzeugte Druck senkt aber nicht nur das Niveau des Lebensstandards der „Arbeiterklasse“. Nein, die Kraft dieses Drucks hat auch, zum Beispiel, das Leben der Ärzteschaft völlig verändert – denken Sie daran, dass Krankenhäuser und viele andere Bereiche der Medizin zu Unternehmen umgewandelt wurden, die Gewinne erwirtschaften müssen –, und das trifft auch auf viele andere „angesehene“ Berufsgruppen zu. Dies ist in der Tat eine der deutlichen Konsequenzen der zunehmenden Dominanz der Wirtschaft: Bereiche, die früher nicht nach rein finanziellen Gesichtspunkten gehandhabt wurden, sind von der Wirtschaft erobert und ihrem Herrschaftsbereich einverleibt worden.

Der gleiche Druck hatte auch im Bereich der Dienstleistungen niederschmetternde Wirkungen. Sozialarbeiter, um nur ein Beispiel zu nehmen, leiden unter einer total altmodischen „Beschleunigung"– mehr Fälle in weniger Zeit – und werden zudem immer stärker reglementiert. Das Resultat? Der einzigartige Wert, den diese Arbeit früher besaß und der untrennbar mit *persönlicher Zuwendung* und *persönlichem Engagement* verbunden war, wurde weitgehend ausgehöhlt. Der Druck hat das Menschliche aus der Arbeit der Sozialarbeiter herausgepresst, hat sie trocken, bürokratisch und nahezu sinnlos gemacht.

Die jüngsten Rückschläge der ökologischen Bewegung kann man natürlich auch als Konsequenz ebendieser Dynamik verstehen. Die Beziehung zwischen der Vielfalt der ökologischen Belange und der Kopplung Business-Arbeitsplätze wird bereits umrissen, wenn man nur die Begriffe „Nötigung", „Erpressung", „Ultimatum" und „Daumenschraube" hintereinander stellt. Das ist in unserer Welt eines der erprobtesten und wohlfeilsten Handlungsmuster. Um welche Sache es dabei auch geht, sei es die Qualität der Luft oder des Wassers, die Bewahrung der Schönheit eines Tales oder Strandes – früher oder später kollidieren all diese Kampagnen mit irgendeinem Aspekt des Wirtschaftssystems, und dann wird uns schnell und kalt das Entweder-oder serviert: „Beharrt nur auf eurem Wasser oder eurer Luft. Dann lagern wir unsere Produktion einfach in Gebiete aus, wo die Lohnkosten niedriger sind, in die Ukraine oder nach Brasilien." Weil das brennende Verlangen nach Arbeitsplätzen immer dringender wird, wächst die Macht dieses Instruments. Das ist einer der Gründe für die lange Reihe der Niederlagen und Rückschläge, die die ökologische Bewegung in den letzten Jahren erleiden musste.

Dies ist ganz offensichtlich dieselbe monotone Wiederholung ein und desselben Musters. In der Tat wurde dieses Muster so durchgängig wiederholt, dass die Qualität der Politik sich im Laufe der Jahre grundlegend verändert hat. Politiker machen Versprechungen, das liegt nun einmal in der Natur ihres Berufsstandes: Sie werden das Los der großen Mehrheit, die ins Hintertreffen geraten ist, verbessern; sie werden die allgemein bekannten Trends hin zu größerer Ungleichheit, hin zu mehr Arbeit für weniger Lohn, hin zu was auch immer umkehren. Und natürlich wecken diese Versprechungen Hoffnungen und mobilisieren eine Wählerschaft. Aber wieder und wieder erweisen sich diese Versprechungen als reine Show, als bloßes Lippenbekenntnis. Sobald es zum Konflikt kommt, sobald der Kampf Form annimmt und man über das Stadium der Gesten und der Rhetorik hinaus ist, setzt sich der altbekannte Mechanismus durch. Es wird klar, dass die Einhaltung des Versprechens, alles Mögliche zu ändern, die künftige Schaffung von Arbeitsplätzen gefährden würde.

An diesem Punkt geschehen nun *zwei* Dinge gleichzeitig: Einerseits werden die Politiker kleinlauter, sie rudern zurück, ihr Standpunkt wird um einiges kompromissbereiter, sanfter, zahnloser. Aber auch *wir selbst* werden unsicher, wir kommen ins Schwanken, und zumeist schwören wir dann unseren früheren Zielen ab und ändern den Kurs.

Das hat zur Folge, dass man es gar nicht mehr zu einem echten Kon-flikt kommen lässt. Es gibt keine echten Verhandlungen mehr, kein echtes Entgegenkommen, keine echten Kompromisse, bei denen verschiedene Parteien angemessen berücksichtigt werden. Nichts dergleichen. Stattdessen werden für kurze Zeit die wachsenden Ängste besänftigt, ein bisschen Ruhe breitet sich aus, es gibt vage Zeichen der Hoffnung, eine etwas bessere Stimmung.

Um zu unserem Bild des Zuges zurückzukehren: Inzwischen haben wir unter Schmerzen gelernt, dass unsere Politiker, ganz gleich, was sie uns versprechen, niemals den Kurs des Zuges ändern werden. Wir haben in der Tat schon längst ein fortgeschritteneres und noch beängstigenderes Stadium erreicht. Und die Politiker sprechen längst nicht mehr über den Zug oder darüber, wohin er steuert, oder was irgendjemand tun könnte, um ihn anzuhalten oder wenigstens abzubremsen. Sie sprechen die drohende Situation überhaupt nicht mehr an. Sie erwähnen mit keinem Wort eine fundamentale Tatsache: nämlich dass es früher Alternativen gegeben hat und dass diese verschwunden sind. Die Politiker sind genauso hilflos wie wir. Deshalb haben wir begonnen, sie anders zu sehen. Sie erfüllen ihre frühere Funktion nicht mehr, und so haben wir ihnen eine andere Rolle zugeteilt. Sie wurden degradiert und zu Schlafwagenschaffnern gemacht: Sie klopfen an die Türen der Abteile und bieten uns Kopfkissen an, einige sind rot, andere sind schwarz, wieder andere sind grün. Ein wenig Bequemlichkeit, damit wir ein Nickerchen machen können, ein sanftes Liedchen für diese oder jene Gruppe, die sich auf die Zehen getreten fühlt, ein paar einlullende Worte, damit jedermann im Zug einigermaßen ruhig bleibt. Das ist alles, was von der Politik übrig geblieben ist.

In vielen der Kasperletheaterstücke, die ich als Kind gesehen habe, lauerte das große Krokodil mit seinen Reißzähnen direkt hinter Kasperles Rücken. Alle Kinder sahen das große Krokodil natürlich ganz deutlich, aber aus irgendeinem seltsamen Grund bemerkte Kasperle es einfach nicht. Ganz gleich, wie laut die Kinder schrieen, ganz gleich, wie oft sie ihn warnten, dass es mit weit aufgerissenem Maul direkt hinter im lauere, Kasperle schaute einfach verwundert drein und war ständig abgelenkt durch alle möglichen zufälligen Ereignisse. Dass unsere Politiker wie Kasperle sind und wir wie die kleinen Kinder, kann wohl leicht erraten werden.

Aber im Ende steckt die Lektion: Die Kinder blieben immer bis zum Schluss der Vorstellung. Doch viele von uns haben dieses Kasperletheater schon vor langer Zeit verlassen; es war ermüdend und langweilig geworden. (Wenn Sie wissen wollen, *wie* langweilig, dann brauchen Sie sich nur die Prozentzahlen der Wahlbeteiligung in den Vereinigten Staaten anzusehen.)

Die Selbstverstümmelung geht weiter

Der Film *City of God* zeigt das Leben junger Straßenkinder in einer der Favelas von Brasilien. In einer Szene verlangt der 14-jährige Führer einer Gang von einem Achtjährigen, der in die Gang aufgenommen werden will, er müsse erst beweisen, „aus welchem Holz er geschnitzt sei“. Die dem Jungen zugewiesene Probe ist, dass er aus nächster Nähe eines der beiden ebenfalls wartenden Kinder erschießen soll Nachdem er einige Augenblicke gezögert hat, hört man den Schuss widerhallen.

Wie funktioniert die Kopplung von Business und Arbeitsplätzen in der Dritten Welt? Was sind die Auswirkungen, die der enorme Zuwachs der Macht im Wirtschaftssektor auf diese zwei Drittel des Erdballs hat? Der Vergleich ist nicht nur so düster wie die beschriebene Filmszene, er ist auch sehr lehrreich. Es ist schwierig, die wahre Natur der Kräfte, die in diesem Jahrzehnt die Welt gestalten und umgestalten, zu verstehen, wenn man sie nur vom geschützten Standpunkt unserer eigenen Welt aus betrachtet. Vieles von dem, was wir hier nur durch einen Nebel sehen, als Schatten und Andeutungen, wird in einem dieser völlig anderen Länder unmissverständlich klar.

Dort ist alles noch unvergleichlich viel schlechter. Und die Gründe dafür springen geradezu ins Auge. Einmal, weil die Arbeitslosigkeit fünf-, acht- oder zehnmal größer ist als bei uns. Wenn wir schon in Lumpen gehen und den Schlüssel zu unserer Stadt um den Hals hängen haben, weil wir so verzweifelt nach Arbeitsplätzen suchen, was sollen dann erst die Völker Afrikas oder Indiens oder von irgendeinem anderen von 50 nach dem Zufallsprinzip ausgewählten Ländern der Dritten Welt tun? Sollen sie nackt kommen und auf den Knien rutschen?

Sie stehen natürlich im Wettbewerb mit uns, und das sollte man zu den Schlaglichtern hinzufügen, die deutlich machen, wie sich die neue und immer größere Macht der Wirtschaft manifestiert. Auch ohne ausgeprägtes Talent für theatralische Inszenierungen kann man sich doch leicht eine Szene ausmalen, in der zwei Vertreter der verschiedenen Bevölkerungsgruppen – vielleicht einer aus einem netten Städtchen irgendwo in den östlichen Bundesländern und der andere aus einem Slum, in dem ein Achtjähriger bereit ist zu töten, um in eine Gang aufgenommen zu werden – ihren Fall vor einem nur halb hinhörenden Geschäftsmann vertreten: Welche Infrastruktur haben Sie zu bieten? Wie fähig und wie gut ausgebildet sind die Leute, die auf Zeitungspapier auf der Straße schlafen? Wie viele Jahre haben die meisten von ihnen eine Schule besucht? Wie vertraut sind sie mit der neuesten Version von Word oder Windows? Und dann noch eine und keineswegs die unwichtigste Frage an den da, den Mann aus Ghana: Wie viel werden Sie uns zahlen, wenn wir uns entschließen, in Ihr Land zu kommen?

Und doch versuchen alle Regierungen aus jedem dieser Länder genau das zu tun – zu zahlen. Es ist erschütternd! Sie haben Massen von Menschen, die arbeitslos sind und in Slums leben, und sie bitten und betteln vor den Toren der Wirtschaft, sie möge doch kommen und sich auf ihrem Territorium ansiedeln, genauso wie wir das zwischen Niedersachsen und Sachsen-Anhalt und Mecklenburg-Vorpommern tun oder eben zwischen Niedersachsen und Michigan. Ich selbst kenne eine ganze Menge Politiker in den Regierungen einiger Dritte-Welt-Länder, und ich weiß, dass viele von ihnen korrupt sind. Ich kann mir trotzdem nicht vorstellen, dass auch nur ein einziger von ihnen nicht im Innersten seines Herzens weiß, dass dieser spezielle Wettbewerb der helle Wahnsinn ist, eine grauenvolle Monstrosität. Aber der springende Punkt ist natürlich, dass sie es nichtsdestoweniger *tun*, und natürlich aus dem einen allerbesten und zwingendsten Grund: *Weil es keine Alternative gibt.* Weil man sich gar nichts anderes vorstellen kann. Weil Entwicklung bedeutet, Arbeitsplätze zu schaffen, und das ist ja nun einmal ohne jeden Zweifel klar: Arbeitsplätze kommen vom Business und sonst von nirgendwoher.

Wenn ich von einer Fahrt in einem Zug mit verriegelten Türen spreche – ich vermute, diese Regierungen wissen genau, was ich damit meine.

Nehmen wir Südafrika als Beispiel. Über viele Jahre hat das südafrikanische Volk eine Revolution vorangetrieben, die der größte Teil der Welt mit atemloser Spannung verfolgt hat. Es war eine außerordentlich linke Revolution, auch wenn viele Menschen in den Vereinigten Staaten und in Europa lieber nicht wissen wollen, wie eng die Bande zwischen Nelson Mandela und dem Kommunismus in diesen Jahren waren. Es war auch ganz und gar eine schwarze Revolution. Und sie war vor allem siegreich! Und trotz all dem – welchen Kurs hat die schwarze Regierung seit 1994 verfolgt? Jedermann weiß es: Nach einigem anfänglichen Widerstand war es bis ins Detail derselbe Pfad, immer wieder wurde dem Business schöngetan, um es, hoffentlich, ins Land zu holen.

Es ist bittere Ironie, dass sich gerade die Situation der schwarzen Bevölkerung seit dem Sieg der Revolution und der Wahl einer vorwiegend schwarzen Regierung in vieler Hinsicht *verschlechtert* hat.

Die Arbeitslosigkeit hat rasant zugenommen und damit natürlich Gewalt und Kriminalität. Die Versorgung mit Wasser und Strom ist teurer geworden und die sozialen Einrichtungen wurden reduziert. Es ist heute durchaus nichts Ungewöhnliches, wenn einem ein *schwarzer* Taxifahrer sagt, dass er lieber wieder in der Zeit der Apartheid leben würde. In diesem Sinne teilt Südafrika sein Los ganz und gar mit der großen Mehrzahl der Länder der Dritten Welt. Es mag sich für unsere Ohren schockierend anhören, aber viele Menschen, die auf dem Gebiet der früheren Sowjetunion leben, sprechen von der Ära Breschnews als der „guten alten Zeit“. Warum? „Weil die Fleischer damals noch Würste im Fenster hatten und jeder Arbeit hatte.“ An dieser Stelle möchte ich einfügen, dass der Begriff „Dritte Welt“, klassisch als die Summe aller wirtschaftlich und sozial unterentwickelten Länder definiert, heute weiter gefasst werden muss: inzwischen sind unter dem Aspekt der Verelendung auch ehemalige Sowjetstaaten, aber ebenso die Armenviertel amerikanischer Metropolen, etwa in Detroit oder in Los Angeles, als Dritte Welt aufzufassen.

Der erschreckende Abstieg, zu dem es während der vergangenen 15 Jahre in zwei Dritteln der Welt gekommen ist, lehrt uns etwas ganz Wesentliches. Natürlich war die Politik, die diese Länder übernommen haben, falsch. In jedem einzelnen dieser Länder hat sie den Graben zwischen Arm und Reich nur noch weiter vertieft. Und da die Armen bereits zahlreich und sehr arm waren, bevor dieser Niedergang begann, ist ihre Situation heute katastrophal. Und auch in dieser Entwicklung liegt eine Ironie verborgen. Viele machen die Weltbank und den Weltwährungsfonds (IWF) für Aspekte dieses Niedergangs verantwortlich. Und zweifellos hat der IWF in vielen Situationen herrisch reagiert und Regierungen eine Wirtschaftspolitik aufgezwungen, die nach dem Geschmack Washingtons war. Und auch die Weltbank hat sich oft wie ein skrupelloser Kredithai verhalten. Wenn schmierige Pfandleiher in den Armenvierteln der amerikanischen Großstädte praktiziert hätten, was die Weltbank ihnen viele Male vorgemacht hat, wären sie ins Gefängnis gewandert.

Trotz allem: Es wäre falsch, sich einzubilden, dass die Weltbank und der IWF für das Desaster, das inzwischen herrscht, *verantwort-*

lich wären. Es ist sinnlos, ihnen dafür die Schuld zu geben, außer natürlich für ihr Timing und den starren Dogmatismus, mit dem sie einigen Ländern die „Privatisierung“ aufgezwungen haben – die frühere Sowjetunion ist vielleicht das beste Beispiel hierfür. Die wahre Verantwortung und die wahre Schuld liegen anderswo. Nämlich im Fehlen irgendeiner denkbaren Alternative. Mit oder ohne IWF und Weltbank wären all diese Länder schließlich doch in der Kopplung Business-Arbeitsplätze gefangen gewesen. Mit oder ohne das zusätzliche Drängen des IWF und der Weltbank hätten sie doch alle verzweifelt versucht, den Dünger zu finden, der ihnen eine Rekordernte an Arbeitsplätzen versprochen hätte. Dieses Ziel war der zwingende Grund für die Politik, die sie gemacht haben. Deshalb sind sie vor dem Big Business zu Kreuze gekrochen, auch wenn das die Mittel verschlungen hat, die sie gebraucht hätten, um den im Elend Lebenden zu helfen.

Ich habe nun auf verschiedene Weise betont, dass das massivste und alles andere überschattende Charakteristikum unseres Systems die Tatsache ist, dass es uns immer tiefer in eine Polarisierung hineinzieht: die Polarisierung zwischen den immer weniger werdenden Menschen, die ständig reicher werden, und den unvermindert anwachsenden Massen, die in immer schlimmerem Elend leben. Die Gesamtzahl der Menschen, die bereits in Slums leben, sowie derer, die aus fast allen ländlichen Gegenden der Dritten Welt in die Slums abwandern, ist unüberschaubar geworden. Wahrscheinlich hat nur eine ganz kleine Minderheit von uns eine in etwa zutreffende Vorstellung von der Größenordnung, in der sich die Zahl aller Slumbewohner auf unserem Globus bewegt. Aber die unglaublich große Zahl wäre für uns wahrscheinlich nicht mehr als eine dieser vielen leeren Zahlen, die in den Abendnachrichten an uns vorüberziehen.

Vielleicht werden wir schon etwas mehr von der Tatsache berührt, dass praktisch jede Stadt in der Dritten Welt – ob es nun Kiew oder Moskau ist, Kalkutta oder Bombay, Johannesburg oder Kairo – sowohl eine Stadt als auch ein Slum ist. Und der Slum-Teil dieser Städte wächst ständig; er bedeckt viele Quadratkilometer, auf denen die Menschen leben wie Flüchtlinge, beengt, zusammengekauert, mit einem Stück Plastikplane als Dach und oft nur mit einem Minimum an Wasser und mit hygienischen Verhältnissen, die ich gar nicht erst beschreiben will.

Dass diese Zustände zu einem Charakteristikum unserer Jetztzeit geworden sind – vielleicht weckt uns das ein wenig auf. Wie es dort wirklich zugeht, das kann uns wahrscheinlich kein Bericht und kein Film vermitteln. Es gibt wohl keinen anderen Weg, das zu begreifen, als einmal eine längere Zeit in einem Slum zu leben, und zwar nicht nur für drei Tage mit einem Fremdenführer, sondern in jeder Hinsicht genauso zu leben wie ein Slumbewohner.

Eine einzige, ausgewählte Statistik möchte ich hier heranziehen. Experten haben grob geschätzt, dass zurzeit etwa zwei Milliarden Menschen in einem städtischen Raum leben und etwa zwei Drittel dieser Menschen bitterarm sind. Schätzungen dieser Art sind bekanntermaßen sehr problematisch, aber das spielt für das, was ich hier bezwecke, keine Rolle: Ob diese Zahl nun der Wahrheit sehr oder nur in etwa nahe kommt, angesichts dieser *Größenordnung* glaubt praktisch niemand mehr daran, dass diese Zustände mit der einen und einzigen Tunnelstrategie, die wir bisher verfolgt haben, beseitigt werden können. Ganz gleich, wie willfährig unsere Verbeugungen vor den Wirtschaftsbossen auch werden, ganz gleich, wie viele Opfergaben wir auf die Altäre ihrer Vorstandstische häufen, das *Wachstum* der Wirtschaft und die dadurch erreichbare Zunahme von Arbeitsplätzen kann *kein* Gegenmittel für ein Problem dieses Ausmaßes sein.

Wenn wir dieses Ausmaß, diese Größenordnung wenigstens ansatzweise zu erfassen vermögen, dann können wir uns die nächsten Entwicklungsschritte dessen vorstellen, was bis jetzt noch „Terrorismus“ genannt wird. Die Frage, die jetzt zu stellen ist, lautet folgendermaßen: Wenn die Existenz des Terrorismus, wie wohl kaum noch zu leugnen ist, zu unserer Zeit eine Tatsache ist, was wird dann die Wechselwirkung zwischen den beiden weltumspannenden Phänomenen Elend und Terrorismus sein? Deutlicher gesagt: Wie wird der Terrorismus die weitere Entwicklung des Elends und der Slums beeinflussen? Und umgekehrt: Auf welche Weise werden die brodelnden und sich ausbreitenden Slums die nächste Phase der Entwicklung des Terrorismus beeinflussen? Jeder, der das Leben in den Slums der Dritten Welt kennt, kann nur staunen darüber, wie friedlich, wie geduldig und wie leidensfähig die große Masse von Menschenwesen bisher gewesen ist.

Für alle, die die Slums aus eigener Erfahrung kennen, ist kaum zu übersehen, dass der Terrorismus vielleicht der erste, längst fällige Aufschrei ist – ein lange hinausgezögertes wütendes, ja rasendes Um-sich-Schlagen, das keinen Regeln gehorcht und natürlich auch nicht den „Regeln des Krieges". Die Armut aber wird immer noch größere Bevölkerungsschichten erfassen – nicht, weil es unvermeidlich oder vom Schicksal so beschieden wäre, sondern weil all dies in der Gewalt der alles niederwalzenden Maschinerie der Kopplung von Business und Arbeitsplätzen liegt.

Die Ausbreitung des Terrorismus ist im Grunde eine Frage des Inkubationsraums – der räumlichen Nähe, der Geographie. Wenn die Häufigkeit, Heftigkeit und Allgegenwärtigkeit terroristischer Angriffe zunimmt, werden viele von ihnen höchstwahrscheinlich in der Nähe von Slums stattfinden. Das wird unweigerlich eine Reihe von Schutz- und Verteidigungsmaßnahmen nach sich ziehen, und es wird Repressionen gegen die Slumbewohner geben, und zwar gegen die Schuldigen wie gegen die Unschuldigen. Seit September 2001 haben wir dieses Muster nur allzu häufig in Aktion gesehen.

Früher oder später wird dies die Zahl der potentiellen Terroristen vergrößern. Die schreckliche Geschichte des Kampfes zwischen Israelis und Palästinensern ist eine didaktische Demonstration wie aus dem Lehrbuch für die Logik dieser Eskalation, die wir noch an vielen anderen Orten beobachten werden. Ein Teil davon ist schlicht und einfach eine verständliche „Auge um Auge"-Reaktion.

Die erstaunliche, tief deprimierte, ja beinahe katatonische Passivität typischer Slumbewohner hat aber zweifellos Grenzen. Genug Gewalt und eine unnachgiebige Unterdrückung werden diese Menschen irgendwann so tief hinabgestoßen haben, dass es zu einer Gegenreaktion kommt. Für diese Reaktion gibt es inzwischen wohlerprobte Modelle. Sie wurde in Zeitungen und Fernsehsendungen unzählige

Male analysiert und erklärt. Jeder weiß heute bis ins Detail, was zu tun wäre, und mit genügend Provokation wird er es schließlich auch tun.

Ein anderes Element ist so alt wie die Psychologie der Sünde: Wenn ich behandelt werde, als hätte ich das Verbrechen bereits begangen, obwohl ich doch tatsächlich noch unschuldig bin, dann wäre ich doch hirnverbrannt, wenn ich nicht zuschlagen würde. Ich muss ja bereits büßen, also könnte ich genauso gut in vollen Zügen sündigen. Warum also nicht Terrorist werden, wenn die Reichen bereits begonnen haben, uns so zu behandeln, als wären wir welche?

Sollte der Terrorismus sich tatsächlich auf diese Weise ausbreiten, sollten allmählich immer mehr kriegerische Handlungen ihren Ursprung in den Slums haben (und zu einem großen Ausmaß *ist* das ja bereits der Fall), dann werden Al-Kaida und andere klar umrissene terroristische Vereinigungen verblassen und in den Hintergrund treten. In den Vereinigten Staaten wird dies eine immer noch sehr weit verbreitete Ansicht unterminieren. Aus vielerlei Gründen herrscht hier noch immer die emotional begründete Meinung vor, dass einige „saubere", „chirurgische" Militärschläge ausreichen werden, um dieses Problem in den Griff zu bekommen – dass dieser Konflikt im Wesentlichen auf Distanz gehalten werden kann und für die Amerikaner, ähnlich wie die letzten Kriege, die sie geführt haben, ein „fernes" Ereignis darstellen wird.

In Amerika wird man auf diese atemberaubende Überheblichkeit in wenigen Jahren als auf einen Pegelhöchststand zurückblicken, als sprechendes Beispiel dafür, wie katastrophal verblendet man war. Diese Arroganz wird sich nur schrittweise verringern und abschleifen. Es ist mehr als wahrscheinlich, dass es an vielen verschiedenen Orten viele terroristische Anschläge geben wird, und allmählich werden sie so allgegenwärtig werden, dass wir endlich erkennen müssen, dass es keine wirksame Verteidigung gegen sie gibt. Unser Leben wird allmählich dem in Israel gleichen; niemand wird sich mehr sicher fühlen können, wenn er einkaufen geht. Eltern wird die Angst ins Gesicht geschrieben sein, wenn sie ihre Kinder in die Schule schicken. Man wird auf die Straße treten, um einen Platz zu überqueren, und auf der anderen Seite nicht ankommen.

Nach und nach werden wir begreifen, dass der Irakkrieg nur ein Scharmützel war, und widerwillig werden wir schließlich eingestehen müssen, *wer* in diesen Kampf wirklich unser Feind ist und wie groß die Zahl derer ist, die uns inzwischen „hassen". Stück für Stück wird unser Bild der gesamten Gestalt sich verändern, bis wir endlich der Tatsache ins Gesicht sehen, dass wir uns in der ersten Phase eines längst überfälligen großen Krieges befinden, des ersten wirklichen „Weltkrieges", in dem die elenden Massen, die vier Fünftel der Weltbevölkerung ausmachen, den sinnlos und absurd Reichen gegenüberstehen.

Wir wollen diesem Bild noch einige Pinselstriche hinzufügen: Die meisten von uns haben Filme gesehen oder Bücher gelesen, in denen jene Gefilde, in die der verriegelte Zug hineinfährt, detailliert beschrieben werden. Gehen wir weiter in die Richtung, in die wir uns heute bewegen, dann wird der Abgrund, der die Armen von den Reichen trennt, noch sehr viel tiefer und breiter werden. Es ist gut möglich, dass die meisten Reichen in zehn oder 15 Jahren in „Schutzzonen" leben werden – in einigen Ländern und US-Bundesstaaten existieren solche Gemeinschaften ja bereits. Diese Schutzzonen werden aussehen wie Festungen. Sie werden umgeben sein von hohen Betonmauern, die von Spiralen elektrisch geladenen Stacheldrahts gekrönt sind. Überwachungskameras werden an allen möglichen Orten, wo man sie nicht erwartet, die Umgebung abtasten. Die Kinder werden in gepanzerten Bussen in die Schule fahren und ihren Eltern durch schussfeste Fenster zuwinken. Das Alltagsleben der Reichen wird gezwungenermaßen sehr diszipliniert und eingeschränkt sein – in vieler Hinsicht wie das Leben von Militärs. Es wird ein Leben sein wie in Kasernen – nur dass diese Kasernen Swimmingpools haben.

Auch die andere Seite ist vorhersehbar: Auch dafür existieren heute bereits Modelle. Die Armut wird noch schlimmer sein, und die Zahl der im Elend Lebenden wird sehr viel größer sein als heute. Wird die Abwärtsentwicklung aller sozialen Einrichtungen und Sicherheitsnetze weitergehen, dann werden die Slums, Lager, Barrios und Favelas der Armen immer mehr anwachsen. Sie werden sich über viele Quadratkilometer erstrecken. Nur noch wenige Menschen werden in einer ländlichen Umgebung leben, und die Reichen werden sich in von den Armen abgetrennte Lebensräume zurückgezogen haben. Viele von uns haben sicher schon Berichte gesehen, wie das Leben in den Slums aussieht; es fällt also nicht schwer, sich noch weitere Bilder vorzustellen. Einige Bereiche mögen stark den Leprakolonien des Mittelalters ähneln, andere sehen vielleicht eher aus wie die Lager von Guerillakriegern, wie wir sie aus Vietnam, dem Irak, aus Osttimor, Afghanistan oder Palästina kennen.

Die Trennung, die zweigleisige Kultur, die wir heute nur als einen moralischen Skandal betrachten, wird ein anderes Gesicht haben: kleine befestigte Enklaven, von einem endlosen Meer elender und hoffnungsloser Kämpfer umgeben, die bereit sind, bis zum letzten Blutstropfen, nein, bis zum Selbstmord zu kämpfen. Das Leben wird zu einem hysterischen Kampf ums Überleben, auch für die Reichen, und sowohl die Armen wie die Reichen werden in einer Umgebung leben, die einem großen Schlachthaus gleicht.

Ja, der Zug fährt in Richtung Jerusalem. Nicht in das Jerusalem, das es einmal gab, sondern in die Stadt, zu der Jerusalem während der letzten 20 Jahre geworden ist. Im Rückblick werden wir erkennen, dass Jerusalem eine prophetische Rolle gespielt hat: Das Leben, wie es damals dort aussah – mit Bomben, die in Diskotheken und Restaurants explodierten –, war ein Vorbote dessen, was uns allen bevorstand. Der verriegelte Zug, in dem wir alle zu sitzen scheinen, prallt vielleicht nicht gegen eine Felswand oder stürzt nicht von einer Brücke. Der Zug hält vielleicht einfach an und die Schaffner rufen: „Endstation! Dieser Zug endet hier! Jerusalem!"

Natürlich stellt sich uns nun die Frage: *Muss* es dazu kommen? Werden wir unweigerlich in die Richtung weitergehen, die wir bisher eingeschlagen haben? Oder gibt es eine Alternative, eine andere Möglichkeit?

Wir sind von der Metapher ausgegangen, dass viele Menschen den Zustand unserer Kultur wie einen Zug mit verriegelten Türen und Fenstern erfahren. Es gibt nur eine Bahn, eine Richtung, ein Ziel. Im Folgenden werde ich den Versuch unternehmen, eine andere Möglichkeit zu entwickeln. In dieser anderen Metapher sind wir dabei, eine sehr lange und breite Verzweigung zu durchlaufen, etwas wie das Mississippidelta. Es gibt nicht nur einen entscheidenden Moment, ein rasches und endgültiges Entweder-oder. Stattdessen sucht unsere Kultur sich ihren Weg in der Spannung zwischen *zwei* Polen, *zwei* Alternativen. Sie tut dies schon seit einiger Zeit, und so wird es auch noch einige Jahre weitergehen. Zwischen den beiden Wegen besteht ein Kraftfeld. Wir durchqueren Strömungen, die uns bald in die eine, bald in die andere Richtung ziehen und treiben. Welchen dieser beiden Wege unsere Kultur schließlich einschlagen wird, ist noch offen. Beide sind möglich. Viel hängt davon ab, welche Entscheidungen wir selbst treffen und wie wir uns verhalten werden.

Wir wissen, dass es uns nichts nützt, für die Wirtschaftsbosse immer breitere rote Teppiche auszurollen, sie hektisch herumrennend zu hätscheln und zu verwöhnen. Wir haben das mühsam gelernt. Wir wissen auch, dass das im Grunde sogar eine destruktive Strategie ist. Warum küssen wir ihnen dann weiter die Füße? Letztlich aus einem einzigen, alles überragenden und entscheidenden Grund: Es gibt keine Alternative! Wir haben nicht die leiseste Ahnung, was wir *sonst* tun könnten! Wir sind wie paralysiert. So ist der Zustand nach dem Kalten Krieg. Diesen Zustand zu beenden, das ist das Ziel der NEUEN ARBEIT – zu zeigen, dass es tatsächlich eine Alternative gibt, und diesen Weg so sichtbar zu machen wie ein Rollfeld aus Licht.

Kapitel II

Das Lohnarbeitssystem

In den vergangenen zwei Jahrzehnten haben Menschen bisweilen mit Wut und ungläubiger Irritation reagiert, wenn ich ihnen erklärte, dass wir bisher erst sanfte Vorboten der Automatisierung erlebt haben, dass der wahre Orkan draußen auf See lauert und dass in naher Zukunft der Mangel an Arbeitsplätzen um ein Vielfaches größer und mit nichts zu vergleichen sein wird. Oft reagierten sie, als hätte ich sie persönlich beleidigt: Dieser Gedanke sei einfach lächerlich und völlig indiskutabel, und natürlich habe es bisher schon viele Male Hochs und Tiefs gegeben, aber die Vorstellung, dass wir unausweichlich und auf unabsehbare Zeit eine noch viel, viel schlimmere Arbeitsplatzknappheit haben werden, erscheine ihnen einfach grotesk. Viele Male musste ich darauf hinweisen, dass die Stimmung, aus der heraus sie so reagierten, offenbar auf die folgende Überzeugung zurückzuführen ist: „Es hat einfach *immer* Arbeitsplätze gegeben, soweit man zurückdenken kann.

Warum also, in Gottes Namen, sollte es ausgerechnet in unserer Zeit zu einem plötzlichen und geheimnisvollen Prozess der Austrocknung dieses gigantischen Flusses kommen, der seit Äonen durch die Zeitläufte geflossen ist."

Man könnte noch etliche Gründe dafür angeben, warum die Menschen sich so verhalten: Sie sind eben nie auf den Gedanken gekommen, dass es Alternativen zum Lohnarbeitssystem geben könnte, und sie haben in den vergangenen 15 Jahren beängstigende Erfahrungen gemacht. Wir haben jedoch das Ende der Fahnenstange erreicht. Wir haben fast jedes natürliche System unserer Umwelt vergewaltigt, wir haben den größten Teil unseres Kulturinventars geplündert und trotzdem ist die entsetzliche Kluft zwischen der immer kleiner werdenden Gruppe der Mächtigen und der immer größer werdenden Masse der im Elend Lebenden stetig breiter geworden. Und nun sollen wir der Tatsache ins Auge sehen, dass die Automatisierung, einer der Hauptgründe für dieses Grauen, gerade erst begonnen hat? Kein Wunder, dass die Menschen mit rebellischer Wut reagieren.

Gewöhnlich entschuldige ich mich erst einmal dafür, dass ich sie so schockiert habe. Dann fahre ich fort, dass ich in allem Ernst behaupten möchte, dieses ganze System der Lohnarbeit gäbe es erst seit etwa 200 Jahren. Für viele meiner Zuhörer ist dies ein weiterer Schock, der ihr gewohntes Denken abermals aus der Bahn wirft. Aber dies sei eine nicht zu leugnende und absolut zutreffende Tatsache. Wir müssten von einem neuen Standpunkt ausgehen und mit großer Zähigkeit einen uns fremden und ungesichert scheinenden Pfad beschreiten. Was uns am Ende des Pfades erwarte, könnten wir jetzt noch nicht sagen, aber wir könnten mit höchster Gewissheit versichern, dass dies die ersten und richtigen Schritte auf dem Weg zur Neuen Arbeit seien.

Natürlich hatten die Leute keinen „Arbeitsplatz", als sie noch in Höhlen lebten und mit Steinmessern die Häute von Bisons ausschabten. Tritt man von dem großen Wandgemälde der Zeit aber zurück und betrachtet die Hauptstrukturen, wird sehr schnell klar, dass die Mehrheit sogar erst um die Zeit der industriellen Revolution in Lohnarbeitsverhältnisse eintrat, in diese ganz spezifische Weise des Arbeitens. Davor arbeiteten die meisten auf dem Feld, sie waren Bauern. Die spezielle Struktur, die ich das Lohnarbeitssystem nennen will, ist historisch gesehen ziemlich jung. In der Entwicklung der Menschheit sind 200 Jahre nicht mehr als fünf Minuten auf der großen Uhr der Evolution. Und innerhalb der Geschichte der Arbeit ist die Lohnarbeit eines der letzten Kapitel. Angesichts dessen ist der Gedanke, dass dieses System auch wieder verschwinden könnte, gar nicht so seltsam und widersprüchlich. „Arbeitsplätze“ entstanden unter dem Druck einer sehr spezifischen Konstellation von Umständen, und nun, da diese Umstände Vergangenheit sind, mag dieses System ebenfalls vergehen. Eine Lebenszeit von nur etwa 200 Jahren ist für eine Institution durchaus nichts Ungewöhnliches.

Ich habe gewiss keine romantische Vorstellung vom Leben eines Landwirts (habe ich mich doch selbst drei Mal mit eigenen Händen an der Landarbeit versucht.) Nichtsdestoweniger steht außer Frage, dass Bauern ganz anders arbeiten als Menschen, die in einem Lohnarbeitsverhältnis stehen. Stark verkürzt könnte man sagen, dass sie für sich selbst arbeiten: Sie werden nicht eingestellt und nicht entlassen, sie werden nicht von Stechuhren kontrolliert, sie werfen sich nicht für das ihr Leben bestimmende Vorstellungsgespräch in Schale. In vielen Ländern, insbesondere in Afrika und Asien, ist der Übergang von der Landarbeit zur Lohnarbeit noch heute in vollem Gange, strömen Millionen Bauern auf der Suche nach Arbeit in die Städte.

Von Anfang an wurde das Lohnarbeitssystem nicht gerade mit Jubel und Hochrufen begrüßt. Ganz im Gegenteil! Als dieses System Wurzeln zu schlagen und zu wachsen begann, kam es zu alptraumhaften Entwicklungen, die noch heute als symbolkräftige Schlagwörter dafür dienen: Fabrikhallen, unwürdige Arbeitsbedingungen, Kinderarbeit, die englischen Kohlegruben, Manchester, die schlesischen Weber, die schmutzigen Elendsviertel in den meisten Städten. Zu einem gewissen Grade war das alles neu, denn die Menschen hatten bis dahin – zu ihrem Wohl oder zu ihrem Wehe – hauptsächlich in Dörfern gelebt. Die Rede von der „guten alten Zeit“ bezog sich ursprünglich also nicht zufällig auf dieses präindustrielle, ländliche Dorfleben.

Nichts ist absurder und eine größere Parodie der Geschichte als die phantastische Behauptung, dass es – erst und hauptsächlich – Marx und der Sozialismus waren, die mit Auflehnung und Zorn gegen dieses neue System und diesen neuen Lebensstil angingen. Es war eher ein Zittern, ein Schüttelfrost, ein Fieber, das den gesamten sozialen Organismus von Beginn an von Kopf bis Fuß durchlief. Will man aus dem Stand nur zwei Namen nennen, könnten das Thomas Jefferson und Charles Dickens sein: Jefferson, der als eine der herausragenden Gestalten nie müde wurde, vor den Gefahren des an der Lohnarbeit orientierten Lebens in den Städten zu warnen, eines Lebens, das in seinen Augen in jeder Hinsicht schlechter war als das lebensstärkendere, unabhängigere, gesündere und wesentlich tugendhaftere Landleben. Oder man nehme den von der Sichtweise und Herkunft her völlig anders gelagerten Dickens und lese noch einmal seine Romane – und vielleicht nicht nur *Oliver Twist*, sondern auch das oft viel zu sentimental interpretierte *Weihnachtslied in Prosa*. In dieser Geschichte geht es nämlich keineswegs nur um die Geister früherer Plumpuddings, sondern sehr wohl auch um das Lohnarbeitssystem. Was hat Dickens da beschrieben? Das Gefühl, die Atmosphäre, den „Geist" dessen, was als Karikatur noch von Weihnachten übrig bleibt, wenn man für einen Boss wie Scrooge arbeitet, der einem die Kohlestücke abzählt, die man in den Ofen werfen kann, während man frierend bis spät in die Weihnachtsnacht hinein für ihn schuftet.

Das Lohnarbeitssystem wurde also schon kurz nach seiner Einführung von vielen als fragwürdig und fehlerhaft angesehen, und für eine große Gruppe war diese Charakterisierung noch zu mild: in ihren Augen war es eine unglückselige Invasion, eine Krankheit von Anfang an. Das System litt als Ganzes von dem Moment an, da es sich zu entwickeln begann, an Schwächen, die immer schlimmer wurden, je älter es wurde und je mehr Belastungsproben es ausgesetzt war. Es sieht so aus, als sei dieses System nun, schwer und auf komplexe Weise pathologisch, in die Phase seines endgültigen Zusammenbruchs eingetreten.

Die Pathologie des Lohnarbeitssystems

Die Auffassung, die *eine* große Krankheit des Lohnarbeitssystems sei die Arbeitslosigkeit, scheint mir so beschränkt wie phantastisch. Sie geht zudem auf selbstdienliche Weise davon aus, dass das Leben für all jene, die Arbeit haben, süß und in bester Ordnung ist und es nur ein kleines Haar in dieser Suppe gibt: die Tatsache, dass einige davon ausgeschlossen sind. Selbst nach einem nur kurzen Blick auf den Ursprung dieses Systems sollte klar sein, welch grobe, ja geradezu lächerliche Verkürzung diese Auffassung ist. Und sie ist in der etablierten Politik eine Art fixe Idee. Dort fungieren Beschäftigung und Arbeitslosigkeit als einziges und hinreichendes Thermometer: Eine geringe Arbeitslosigkeit entspricht der normalen Körpertemperatur; was immer die Beschwerden sind, es kann nicht allzu schlimm sein. Hohe Arbeitslosigkeit ist wie 40 Grad Fieber, da werden hastig die Ökonomieärzte zurate gezogen.

Das ist zweifellos allzu simpel. Wir müssen die komplexen, vernetzten Mängel dieses Systems untersuchen sowie die enormen Veränderungen, die das System im Lauf der Zeit durchgemacht hat. In seiner Anfangsphase brach das Lohnarbeitssystem über das ziemlich gut geordnete und friedliche Dorfleben herein wie ein Rudel Wildschweine. Die Menschen wurden umgesiedelt, entwurzelt und sie waren allen möglichen Exzessen ausgesetzt: Missbrauch, Krankheit, Erschöpfung und eine Körper und Geist zermarternde Armut. Schließlich wurde eine gewisse Eingrenzung dieser Exzesse erreicht, ein gewisses Maß an Wohlstand, Ruhe und Sicherheit, und zwar zum großen Teil durch die Organisation und den oft mutigen Kampf von Gewerkschaften. Doch das Resultat war zwiespältig, konfliktreich und paradox: Ein Gutteil der alten Brutalität und Roheit blieb erhalten, wurde zudem kombiniert mit einem dogmatischen Festhalten an viel zu oft willkürlichen Regeln, und, was das Allerschlimmste war, die Zeiten änderten sich in rasendem Galopp und das Unterste wurde zuoberst gekehrt. Das Lohnarbeitssystem hatte sich daran nur widerwillig und aufs Nötigste angepasst. Und das wurde zu einem seiner schwerwiegendsten und hinderlichsten Fehler: es veraltete und wurde anachronistisch – ein Relikt vergangener Zeiten.

Die „Pathologie des Lohnarbeitssystems", wie sie sich nun einem sozialwissenschaftlich geschulten Arzt darstellt, umfasst eine erschreckend umfangreiche Liste verschiedener Symptome und Krankheiten. Die offensichtlichste dieser Krankheiten ist der riesige Abgrund, der heute die Armen von den Reichen trennt. Es ist in mehrfacher Hinsicht ein Fehler, diese Krankheit einfach mit der Arbeitslosigkeit zu identifizieren. Zum einen gibt es viel Armut außerhalb und jenseits der Arbeitslosigkeit. Es ist schon sprichwörtlich geworden, dass viele Menschen in den Vereinigten Staaten zwar einen Job haben, aber trotzdem nicht genug verdienen, um aus dem Sumpf der Armut herauszukommen. Außerdem gleicht die Art und Weise, wie dort die Arbeitslosenstatistik erstellt wird, einem Treppenwitz: Um als arbeitslos eingestuft zu werden, muss man *beweisen*, dass man sich in den letzten paar Wochen um mehrere Jobs beworben hat. Mit anderen Worten: Jene, die inzwischen aufgegeben haben, werden nicht mitgezählt. Der Vergleich mit einer Flutkatastrophe zeigt, wie absurd das ist: Stellen Sie sich vor, dass während einer Flut nur diejenigen als Opfer gelten, die noch in regelmäßigen Abständen an die Oberfläche kommen und um Hilfe schreien. All jene, die bereits ertrunken sind, finden keinen Eingang in die Statistik. Tatsächlich hat das Arbeitsministerium der Vereinigten Staaten eine eigene Kategorie für diese Menschen: Sie werden offiziell „die Entmutigten" genannt.

Zum anderen leben drei Viertel der Weltbevölkerung in der noch immer so genannten Dritten Welt. Dass die Arbeitslosenstatistiken dort noch viel dubioser sind, braucht man wohl nicht zu betonen. Aber das ist noch nicht der problematischste Punkt: Eine riesige Anzahl Menschen, wahrscheinlich sogar die Mehrzahl der Bevölkerung in den Ländern der Dritten Welt, leiden nicht nur an Arbeitslosigkeit, sondern an Armut. Und dies ist auch die richtige Kategorie für die eine Seite dieser großen Dichotomie. Natürlich hat das Lohnarbeitssystem auch Arbeitslosigkeit erzeugt, aber der zutreffendere und umfassendere Name für die Krankheit, die es heute erzeugt, wäre „Armut".

Aber diese Sichtweise ist immer noch halbblind, einäugig, denn sie sieht nur diese eine *Hälfte* der Krankheit. Das Phänomen ist system-immanenter, es hat zwei wechselwirkende Seiten. (Das ist ein

Grund, warum ich es Lohnarbeits-*System* nenne.) Schon vor langer Zeit, nämlich 1982 während eines der ersten Neue-Arbeit-Projekte in der Automobilstadt Flint in Michigan, wiederholten wir unermüdlich im Radio und im Fernsehen, dass die computergesteuerte Fabrikation letzten Endes zu einer *Spaltung* führen werde. Wieder und wieder benutzten wir das Bild von Flint als einer geteilten Stadt: Auf der *einen* Seite werde die Arbeitslosigkeit zunehmen, während auf der *anderen* Seite die Anforderungen und der Druck stetig und enorm steigen würden, und damit die Zahl der Überstunden. Wir betonten immer wieder, dass das *beide* Seiten, also wirklich alle Einwohner Flints, auf die Barrikaden treiben würde. In ihrem prophetischen Buch *The Overworked American* (1991, „Der überarbeitete Amerikaner") schwamm Juliet Schor gegen den Mainstream der Wirtschaftsweisen und Akademiker und demonstrierte auf exemplarische Weise bis ins Detail, dass ganz im Gegensatz zu allen Erwartungen der Zeitraum, den Arbeitende in Amerika an ihrem Arbeitsplatz zubringen, nicht im Abnehmen, sondern im *Zunehmen* begriffen ist. In der Zwischenzeit hat sich das nicht nur bestätigt, sondern ist geradezu sprichwörtlich und zur Pointe unzähliger Witze geworden. Aber es ist auch zum Fluch geworden, zu der verheerenden Krankheit, von der Rechtsanwälte, Ärzte, Manager und all die anderen auf der Überholspur heimgesucht werden – und zwar im wahrsten Sinn des Wortes Tag *und* Nacht. Sie arbeiten zehn bis 14 oder (in extremen Fällen) sogar 16 Stunden am Tag, und es sieht so aus, als liefen sie einen beträchtlichen Teil ihres Lebens mit nackten Füßen über glühende Kohlen.

Doch diese Polarisierung ist längst noch nicht abgeschlossen. Die Spaltung schreitet immer weiter fort, und die Kluft vertieft sich. Es ist eine vorwärts drängende Dynamik, die Entwicklung mehrerer miteinander verbundener Trends – und es ist eine der Hauptauswirkungen des Lohnarbeitssystems. Um die Perspektive der Neuen Arbeit verstehen zu können, ist es ganz besonders wichtig, hervorzuheben, dass diese Kluft kein einseitiges, sondern ein zweiseitiges Phänomen ist. (Eine Tatsache, die bisher vor allem in Deutschland übersehen worden ist.) Eine Verkettung inzwischen bekannter Faktoren auf der einen Seite vergrößert die Masse derer, die in Armut leben. Aber dieselben

Faktoren lassen auf der anderen Seite den Druck anwachsen, den Stress, die ständig zunehmende Beschleunigung. Diese Dualität ist aus einem leicht nachvollziehbaren Grund von besonderer Wichtigkeit für die Neue Arbeit: Solange man in dem Glauben lebt, dass die Zunahme der Arbeitslosigkeit oder Armut das einzige Alarmsignal ist, kann man an der Wahnvorstellung festhalten, dass noch *mehr* Druck, noch *mehr* Wachstum das Problem irgendwie wird lösen können. Wenn man sich jedoch der Dualität oder Symmetrie der sich vertiefenden Kluft stellt, dann zerreißt das Spinnennetz dieser Illusion. Indem man die Räder der Wirtschaftsmaschinerie noch schneller sich drehen lässt, hilft man ganz gewiss denen nicht, die sowieso schon unter einem *Übermaß* an Druck und Geschwindigkeit leiden. Die Lösung, wie sie auch immer im Einzelnen aussehen mag, muss deshalb sehr viel drastischer und innovativer sein als das bloße Durchdrücken des wirtschaftlichen Gaspedals, was ja das Rezept des Neoliberalismus ist.

Dies ist jedoch nur eine von mehreren Fehlgewichtungen oder genauer Fehlzuschreibungen, an denen das Lohnarbeitssystem krankt. Eine benachbarte und mit dieser ersten verbundene Fehlfunktion ist strukturell ganz ähnlich. Auch sie hat zwei miteinander verkettete und wechselwirkende Elemente: Auf der einen Seite gibt es eine große Anzahl Jobs, die keinem überzeugenden Zweck dienen und die man ganz leicht abschaffen könnte, die aber nicht abgeschafft werden. Ein wie eine Karikatur überzeichnetes und jedermann ins Auge springendes Beispiel hierfür ist die Fast-Food-Industrie. Erst kürzlich hat Eric Schlosser ein ätzend scharfes Buch zu diesem Thema veröffentlicht (*Fast Food Nation*, 2001), in dem er nicht nur aufdeckt, wie viel Schmutz, ja buchstäblich Exkrementelles dem Fleisch oft beigemengt ist, sondern auch die Verästelungen dieser Industrie nachverfolgt hat, die weit reichenden Implikationen für die Wirtschaft als Ganzes und in diesem Kontext auch die Konsequenzen für das Leben der vorwiegend jungen Menschen, die in ihrem Dunstkreis arbeiten.

Nimmt man zu seinem Buch die Perspektive der Neuen Arbeit hinzu, treten zwei weitere Aspekte hervor. Der eine ist, dass es technologisch ein Kinderspiel wäre, das Hamburger-Geschäft noch viel weiter als bisher zu automatisieren. Da ich in den vergangenen zwei

Jahrzehnten so eng mit der Automobilindustrie verbunden war, bin ich überzeugt, dass Roboter, die fähig sind, einen Vergaser oder ein Getriebe zusammenzusetzen, mit Leichtigkeit auch in der Lage sind, eine Scheibe Hackfleisch zwischen zwei Brötchenhälften zu legen. Der andere ist, dass diese Automatisierung trotzdem *nicht* durchgeführt wird, was vielfältige Gründe auf der Ebene des Lohnarbeitssystems hat. Einer der augenfälligsten hat mit dem Arbeitsmarkt in den wirtschaftlich gebeutelten kleinen Städten Amerikas zu tun: Die Tatsache, dass so viele junge Leute der Stadt, die sonst arbeitslos wären, wenigstens diese Art von Arbeitsplatz haben (ganz abgesehen von den Löhnen und den Arbeitsbedingungen), ist wunderbar für das Image; es ist eine hervorragende Werbung, die in der Tat von dem berühmten besonderen Geschmack der Fritten von McDonald's nicht zu trennen ist.

Mehr aus der Perspektive der Wirtschaft als Ganzes gesehen, könnte man sich natürlich fragen: Wie viel echter „Mehrwert" – der Gral der Wirtschaftswissenschaftler – wird von dieser Industrie erzeugt? Und ganz besonders: Wie viel mehr von diesem Mehrwert wird erzeugt, weil die Arbeit hauptsächlich von den jungen Leuten unseres Landes getan wird und nicht von Maschinen? Diese Frage verweist bereits auf jene Tatsache, die unter den eng miteinander verwobenen Krankheiten des Lohnarbeitssystems besonders hervorgehoben werden muss: die eklatante Unproduktivität des Lohnarbeitssystems, die unglaublich große *Verschwendung (Abfall)*, für die es verantwortlich ist. Dies muss betont werden, da diese Kritik am Lohnarbeitssystem selten zur Sprache gebracht wird. Dafür gibt es wiederum einen speziellen Grund. Normalerweise glauben wir nämlich nicht, dass es Alternativen für das Lohnarbeitssystem gibt, und deshalb stellt sich die Frage seiner Effizienz als Gesamtsystem überhaupt nicht. Aber genau dies ist das Neue am Standpunkt und Blickwinkel der Neuen Arbeit – dass es tatsächlich Alternativen zum Lohnarbeitssystem in seiner Gesamtheit gibt, ist für die Neue Arbeit eine zentrale und entscheidende Tatsache. Es ist in der Tat eine der wenigen Komponenten ihres Credos, und so ist die himmelschreiende Vergeudung, die unglückselige und absurde Disfunktionalität, ergo die erbärmliche *Unproduktivität* des Lohnarbeitssystems als Ganzes ein wichtiges und fruchtbares Thema für die Neue Arbeit.

Für den Augenblick nur dieser erste Hinweis auf das Ausmaß der Verschwendung. Was wäre, wenn beinahe eine halbe Million der in der Fast-Food-Industrie arbeitenden Menschen die Chance hätte, eine unvergleichlich kreativere und produktivere Arbeit zu leisten? Was könnten sie erfinden, herstellen, komponieren oder erforschen, wenn das System anders wäre? Um wie viel würde hierdurch das doch so wichtige Bruttosozialprodukt merklich angehoben werden? Und wäre es nicht zusätzlich ein freudiges und zu feierndes Ereignis, wenn der eine bekannteste Beitrag Amerikas zur Kultur der Welt etwas anderes wäre als mit Ketchup verzierte Bratklopse?

Um es allgemeiner auszudrücken: Ich behaupte, dass das Lohnarbeitssystem eine riesige Menge „Füllwerk" verlangt – Jobs, die keine Arbeit in einem ernst zu nehmenden Sinne sind, sondern die nur dazu dienen, die Leute zu beschäftigen, sie in Brot und Lohn zu halten. In gewissem Sinne kann die gesamte Fast-Food-Industrie als ein solches „Füllwerk" verstanden werden, da wir ganz offensichtlich 80 Prozent der Arbeitsplätze, die diese Industrie zur Verfügung stellt, mit Maschinen wegrationalisieren *könnten*. Doch natürlich ist dies nur ein (und zudem etwas ironisch gemeintes) Beispiel. Hat man aber erst einmal diesen Blickwinkel gewonnen hat, dann stürmen durch alle Türen und Fenster ähnliche und oft noch drastischere Beispiele auf uns ein. Weil es mit der Idee des „Füllwerks" so gut funktioniert, sollten wir uns als Nächstes die Kategorie des „Featherbedding" vornehmen, also das Einstellen überflüssiger Arbeitskräfte, sprich: die Entlohnung von Nicht-Arbeit.

Dies ist einer der Würmer, mit denen die Gewerkschaften manchmal geködert werden, und das Wort „Featherbedding" ist wunderbar sprechend und erhellend: weiche, daunengefüllte Federbetten und Sprungfedermatratzen liegen in Werkstätten, Fabrikhallen und auf Baustellen. Man kann dieses Bild als eine Art Paradigma dafür nehmen, wie problematisch das Lohnarbeitssystem in mancher Hinsicht ist und wie veraltet. Große Kämpfe sind darum ausgefochten worden, dass die Leute *nicht* arbeiten müssen, dass einige während des Großteils ihrer Schicht untätig herumsitzen können, dass, noch wichtiger, das Fließband sich in einem langsameren, weniger anstrengenden

Tempo bewegt, oder natürlich dass eine Person mit einer bestimmten Arbeitsplatzbeschreibung nicht aufgefordert werden kann, bei einer Verrichtung auszuhelfen, die nicht in ihren Arbeitsbereich fällt. Eine große klappernde und quietschende Maschine ist da allmählich zusammengeflickt worden, welche die Leute vor ihrer Arbeit schützen soll. Liegt in all dem nicht etwas ausgesprochen Suspektes und Paradoxes? Und könnte das allein nicht schon nahe legen, dass die Zeit für einen Neuanfang gekommen ist? Und vielleicht nicht nur die Zeit für einen Neuanfang, sondern die Zeit für ein neues *System* der Arbeit, welches es den Menschen erlaubt, eine Arbeit zu leisten, die sie leisten *möchten* und manchmal sogar *lieben.*

Hier treffen wir dieselbe Dualität oder Symmetrie an wie zuvor. Während eine große Masse an einem Mangel an Arbeit leidet, leiden andere inzwischen heftig unter einem Zuviel an Arbeit. Hier ist es ähnlich: Große Mengen Scheinarbeit werden in bestimmte Bereiche hineingepresst, in denen gar kein Bedarf an Arbeitsplätzen besteht und die gut ohne diese auskämen, während in anderen Bereichen, in denen dringend Beschäftigte gebraucht werden, eine erschreckende Knappheit, ein elender und beklagenswerter Mangel herrscht. Die Standardbeispiele hierfür sind Kranken- und Altenpflege, Kindererziehung und so weiter. Während das Lohnarbeitssystem einerseits Berge von leeren Hülsen erzeugt, lässt es andererseits große Bereiche notwendiger und wichtiger Arbeit ungetan. Aus einer systemischen Perspektive gesehen, ist es gerade diese Art von Ungleichgewicht oder falscher Gewichtung, die ein angemessen funktionierendes System vermeiden sollte. Doch dies ist noch nicht alles.

Dass es zu wenige Beschäftigte in den eben genannten Bereichen gibt, ist allgemein bekannt. Aber wir müssen nicht dabei stehen bleiben. Man könnte ein umfassenderes Bild malen und darauf hinweisen, dass es einen geradezu grenzenlosen Bedarf an phantasievollerer, kreativerer Arbeit gibt, Arbeit, welche die Wissenschaften, das Ingenieurswesen, die Künste und die höhere Allgemeinbildung voranbringen würde. Ist nicht das „Füllwerk" – also Elemente, die keinerlei Funktion besitzen, die nicht wirklich nützlich sind, aber die trotzdem mitgeschleppt werden – ein Zeichen für schlechte Organisation, für schlechtes Management? Lässt das Lohnarbeitssystem in dieser Hinsicht nicht viel zu wünschen übrig? Und gibt es nicht noch mehr Anlass zur Klage, dass es so viele Menschen gibt, die nur so tun, als ob, die sozusagen Arbeit imitieren, wo sie doch im Grunde phantasievolle, erfindungsreiche und kreative Arbeit leisten könnten? Ist diese mangelhafte Verteilung der Arbeit nicht ein erschreckende Verschwendung anzeigendes Merkmal unseres gegenwärtigen Systems, ein Zeichen dafür, dass es miserabel funktioniert?

Es gibt noch eine dritte strukturell ähnliche Fehlgewichtung, an die wir uns bereits so gründlich gewöhnt haben, dass es einiger Mühe bedarf, diese Schieflage überhaupt zu bemerken und dann als solche anzuerkennen. Ich denke an den Mangel oder die praktische Abwesenheit von Arbeit in den Jugendjahren und im Alter im Gegensatz zu dem gnadenlosen Übermaß an Arbeit, das den meisten in die mittleren Lebensjahre gepackt wird. Dass das Lohnarbeitssystem die Menschen aus seinem Herrschaftsbereich ausschließt, sobald sie ein bestimmtes Alter erreicht haben, sie quasi wie bei den Eskimos zum Sterben in die Eiswüste hinausschickt, allerdings bereits 20 oder 30 Jahre *vor* ihrem Tod! – diese Art der Verbannung und Ächtung wird später vielleicht als eine der großen Grausamkeiten unserer gegenwärtigen Kultur bezeichnet werden. In nicht allzu ferner Zukunft werden sich Berichte über diese Gepflogenheit für die Menschen wohl ebenso schockierend anhören wie für uns heute Berichte über die russischen Arbeitslager. Dieser andere Blick auf den Begriff „Pensionierung“ wird wahrscheinlich dann in den Vordergrund treten, wenn die Zahl der „Zwangspensionierten“ so groß geworden ist, dass sie es endlich fertig bringen, die Bettdecken abzuwerfen und ihre Wut über diese Demütigung hinauszuschreien.

Ein ähnlicher Aufschrei mag sich ebenfalls in nicht zu ferner Zukunft aus den Reihen der benachteiligten Jugendlichen erheben – ironischerweise gerade aus den Reihen unserer umsorgten und gut ausgebildeten Jugend. Dass Kinder, deren Eltern es sich leisten können, sie auf höhere Schulen und darüber hinaus auf die Universität zu schicken, dass also junge Menschen, die dazu ausgebildet werden, Ärzte, Rechtsanwälte oder Lehrer zu werden, oft bis ins Arbeitsleben hinein von einer echten Begegnung mit Arbeit ausgeschlossen werden, wird wohl nicht als eine der großen Grausamkeiten unserer Kultur gebrandmarkt, sondern eher als eine der großen „Dummheiten“ angeprangert werden, zu denen das Lohnarbeitssystem uns verleitet hat. Ist der Gedanke, dass junge Leute fast ein Drittel ihrer Lebenszeit daran gehindert werden sollten, zu „arbeiten“, nicht geradezu hirnverbrannt? Viele werden es bald kaum noch glauben können, dass junge Menschen gerade in der Zeit, in der sie doch *wachsen* sollen, in einem blutleeren, abhängigen und sterilen Leben gefangen waren, einem Leben, das nur aus Lernen bestand, ohne jede Arbeit. Mir scheint, dass diese Abspaltung der Theorie von der Praxis, des Geistes vom Körper, des Wissens von der Realität nicht durch eine Rebellion abgeschafft werden wird, sondern eher durch ein markerschütterndes Gelächter über den Wahnwitz dieser Selbstverstümmelung.

Betrachtet man diese drei Fehlgewichtungen in einem und macht sich klar, in wie vieler Hinsicht das Lohnarbeitssystem Schlagseite hat wie ein sinkendes Schiff, dann kommen einem vielleicht doch erste Zweifel an der Dauerhaftigkeit dieses Systems, an unserer weit verbreiteten Überzeugung, dass es natürlicherweise immer so weitergehen wird. Und doch ist die Liste der Krankheiten dieses Systems längst noch nicht komplett. Es gilt noch schwerere, entsetzlichere und den Menschen noch wesentlich hinfälliger machende Krankheiten zu diskutieren. Eine noch gespenstischere Deformation ist ein allgemeines, allgegenwärtiges und scheinbar ganz normales Merkmal, das wir für eine selbstverständliche „Tatsache des Lebens“ halten, in der Tat aber so schwerwiegend ist, dass man sich fragt, ob das Lohnarbeitssystem wirklich ein System der *Arbeit* ist oder ob es sich bei genauerer Betrachtung als ein Instrument zur politischen und sozialen Machtausübung erweist.

Was uns diese Frage nahe legt, ist eine beinahe banale, von fast niemandem hinterfragte Tatsache: dass nämlich – von relativ seltenen Ausnahmen abgesehen – die innerhalb des Lohnarbeitssystems Arbeitenden ihre Zeit mit der Erfüllung von Anforderungen verbringen, die weit *unter* dem Niveau ihrer Fähigkeiten und Talente angesiedelt sind. Eine enorme Zahl Menschen, wahrlich Millionen und Abermillionen, arbeiten jeden Tag in der unverbrüchlichen Überzeugung, dass die Talente, die sie besitzen – vor allem ihre tief verborgenen und bislang nicht zutage geförderten Fähigkeiten – an ihrem Arbeitsplatz nicht genutzt werden. Sie verbringen ihr ganzes, ungeheuer langes Arbeitsleben wie eine aufs Minimum heruntergedrehte Gasflamme, die flackernd kurz vor dem Verlöschen ist. Die ersten spontanen Assoziationen hierzu sind natürlich die ausgeleierten alten Klischees: der Fabrikarbeiter, die stumpfsinnige Wiederholung der endlos gleichen primitiven Handbewegungen, aber auch der Beamte, der in traumatisiertem, betäubtem, halbbewusstem Zustand endlos sinnlose Papierberge hin and her schiebt. Aber dieser demoralisierende Zustand ist nicht nur auf diese Stereotypen beschränkt. Dass jemand so weit unterhalb seiner Fähigkeiten arbeitet, dass er seine Aufgaben praktisch mit dem kleinen Finger erledigen könnte, ist in vielen Berufen der Fall, natürlich auch auf den höheren Ebenen der Politik und ganz gewiss im Bereich des Managements.

Ich will das mit einem Beispiel illustrieren. Vor etwa acht Jahren nahm eine Gruppe von Ärzten aus Seattle Kontakt mit mir auf. Diese Ärzte hatten das Gefühl, dass sie zwar einst mit erhabenen Idealen und großen Plänen in die Medizin eingestiegen waren, es mit ihrer tatsächlichen Praxis aber allmählich bergab gegangen war. An einen Aspekt erinnere ich mich noch besonders lebhaft: Die meisten ihrer gut bezahlenden Patienten, so sagten sie, waren oft kaum krank; sie hatten keine ernsthaften Leiden. Zum Arzt gehen war für sie wie einen neuen Hut kaufen. Damit umzugehen war für die Ärzte nicht immer leicht. Der elegant gekleideten Lady offen ins Gesicht zu sagen, dass ihr nichts fehle, wäre einer Beleidigung gleichgekommen. Also hatte sie vielleicht wirklich eine leichte Erkältung. Aber nach nur 30 Sekunden die entsprechende Medizin zu verschreiben war auch nicht das, was erwünscht war. Man musste sich Zeit lassen und dem Patienten Zuwendung angedeihen lassen. Also sah sich der Arzt gezwungen, zwölf oder 15 Minuten mit einer Befragung zuzubringen, die auf wenig mehr als auf höfliche Konversation hinauslief. Erst dann durfte er laut aussprechen, was er bereits auf den ersten Blick gesehen hatte.

Diese Ärzte waren es leid, tagtäglich derart „Theater“ spielen zu müssen. Also sprachen wir darüber, wie die Medizin für sie wieder zu dem werden könnte, was sie ursprünglich gesucht und erwartet hatten. Sie wollten wirklich und wahrhaftig heilen, sie wollten sich nützlich machen und nicht nur exorbitante Rechnungen schreiben. Schließlich richteten sie es so ein, dass sie einen Teil des Jahres in einem Land der Dritten Welt praktizieren konnten, wo ihr Können dringend gebraucht wurde, und die restliche Zeit in den Vereinigten Staaten arbeiteten.

Analoges ließe sich auch über Anwälte erzählen. Über die Monotonie, die langweiligen Formalitäten, die Routine, noch einen weiteren letzten Willen aufzusetzen, nachdem sie dies schon hunderte Male getan hatten, das zähe Feilschen um winzige Details noch einer weiteren geringfügigen Privatklage. Und den Lehrern geht es in dieser Beziehung nicht besser. Die restriktiven und bevormundenden Regeln unseres Schulsystems entmutigen und deprimieren viele Lehrer auf die Dauer derart, bis sie an einen Punkt kommen, wo sie wie Insekten nur noch ein sie und ihre Umgebung einlullendes Summen von sich geben.

Was alle diese Menschen schließlich in ihrem Berufsleben wirklich *tun*, hat jeden Bezug zu ihren wirklichen Fähigkeiten oder Talenten verloren. Aber woran liegt es, dass Menschen in Jobs versacken, die weit unter ihrem Niveau liegen? Oft sind es natürlich finanzielle Gründe. Oder es hat mit der Furcht zu tun, die inkompetente Vorgesetzte gegenüber talentierteren Untergebenen empfinden. Und natürlich geht es oft auch einfach ums Geschäft. Ich habe als Berater für die Computerabteilungen einer Reihe von Organisationen gearbeitet, und hier tritt dieser Konflikt oft besonders deutlich zutage. Viele derer, die in diesen Abteilungen arbeiten, sind sehr begabt, und sie beklagen sich oft am wütendsten darüber, dass man sie zwingt, Minderwertiges zu produzieren. Das Programm, das sie schreiben, könnte ihnen wirklich Freude machen und es könnte wirklich ausgefeilt sein – aber das Extra an Zeit, das sie benötigen, um dieses Ergebnis zu erzielen, wird ihnen verweigert.

Wir brauchen vielleicht zu der gegenwärtigen Perspektive noch eine Art Panoramablick. Möglicherweise liegt es in der Natur aller straff strukturierten *großen* Systeme, dass sie *notwendig* eine negative Auswahl treffen. Das könnte das Resultat einer stringenten Logik sein. Ein großes System verlangt Ordnung, es muss sich darauf verlassen können, dass eine Menge miteinander verknüpfter Regeln getreulich eingehalten wird. Die Inspirierten, die Phantasievollen, also die Talentierten, neigen immer dazu, aus der Reihe zu tanzen, das gehört einfach zu ihrer Natur. Deshalb sind Konflikte unvermeidbar. In der riesigen Bürokratie von General Motors hingen solche Horrorgeschichten wie Vogelscheuchen von den Decken der Kantinen: Dieser oder jener außerordentlich begabte und vor Tatendrang überschäumende Jungmanager oder Ingenieur tanzte nur ein einziges Mal „aus der Reihe". Einmal war genug! Er wurde unverzüglich „nach Sibirien geschickt", das heißt in irgendeine hoffnungslos veraltete Fabrik weit weg von Detroit versetzt. Es ist bezeichnend, dass solche Geschichten auch innerhalb kommunistischer Parteien die Runde machten – solange sie noch an der Macht waren. Viele, die der Partei aus Idealismus und mit großen Hoffnungen beigetreten waren, mussten zu ihrer Verzweiflung herausfinden, dass Erfindungsreichtum, Intelligenz oder Talent hier nicht erwünscht war und Menschen mit diesem *Makel* systematisch aussortiert wurden.

Ich bin der Meinung, dass dies in der Natur quasimilitärischer Organisationen liegt: Wo Korrektheit, Etikette oder Regeln und Hierarchie und Ordnung allzu sehr betont werden, ist dieser das Niveau senkende Druck unvermeidlich. Also macht sich diese Dynamik auch innerhalb des Molochs Lohnarbeitssystem bemerkbar. In den höheren Regionen herrscht Mangel; dort gibt es zu wenige Arbeitskräfte, zurzeit ganz besonders in den Bereichen, die ein Talent für Computer, für Mathematik und Naturwissenschaften verlangen. Aber unten, bei den tönernen Füßen, gibt es eine Schwemme, eine Dichte, einen bleischweren Überschuss.

Es gibt noch einen weiteren Grund für die Pathologie des Lohnarbeitssystems, der sich von den bisher genannten Gründen ziemlich unterscheidet, aber direkt mit den Wurzeln der Problematik zu tun hat. Wir brauchen nur an die Ursprünge des Lohnarbeitssystems zu denken. Es entstand im Zusammenhang mit den frühen Fabriken,

Kohlenbergwerken und Stahlwerken. Dort mussten präzis definierte und eng eingegrenzte Arbeitsgänge wieder und wieder in einem exakten Rhythmus ausgeführt werden. Von den Arbeitern oder Arbeiterinnen wurde einzig und allein verlangt, diese eine Aufgabe zu erfüllen. Ob diese Person Talente für eine Unmenge anderer Dinge hatte, ob sie Aufgaben wesentlich komplexerer Natur hätte erfüllen können, war gänzlich irrelevant. Sie wurde dafür bezahlt, diese eine Sache zu erledigen, und es zählte nur, ob sie die bewältigen konnte oder nicht.

Der tiefere und wesentlich praktischere Grund dafür, dass die wahren Talente der Menschen an den meisten Arbeitsplätzen nicht genutzt werden, liegt in der Struktur, im Gesamtentwurf des Lohnarbeitssystems selbst. Um es ganz vereinfacht zu sagen: Wenn ich dich anstelle, damit du diese eine sehr präzis definierte Aufgabe für mich erfüllst, dann steht allein dieses Geben und Nehmen im Mittelpunkt. Wenn ich dich einstelle, damit du Sand schaufelst, dann interessiert mich die Tatsache, dass du außerdem noch singen oder Gedichte rezitieren kannst, nicht im Geringsten.

Diese dem Lohnarbeitssystem immanente Eigenschaft lässt sich natürlich nicht mit einigen kosmetischen Korrekturen ausmerzen. Wenn man die Arbeit in allem Ernst so strukturieren will, dass das, was die Menschen arbeiten, in einem echten Zusammenhang mit ihren natürlichen Neigungen und ihren ausgebildeten Talenten steht, dann müssen die Grundstrukturen des Systems verändert werden. Und das genau ist das Ziel, das die Neue Arbeit sich gesetzt hat.

Diese Tatsache, mit der wir nun konfrontiert sind – nämlich dass der Großteil der Arbeitenden auf einem Niveau tätig sind, das weit unter dem ihrer Begabungen liegt –, hat eine enorm hinderliche Wirkung. Natürlich tragen auch andere Gründe zur gegenwärtigen Situation bei, etwa dass die Arbeit innerhalb des Lohnarbeitssystems zum größten Teil beaufsichtigte Arbeit ist und zudem nicht der Person entspringt, die sie ausführt, sondern dem Arbeitenden aufgetragen wird. Darum gehören Unterwerfung und Servilität unvermeidlich zu der daraus resultierenden Einstellung gegenüber Arbeit. Und dies sind nur Nebenflüsse, die in die eine zentrale Ursache einmünden: die Bedeutung, die „Arbeit“ für die meisten Arbeitenden hat. Die Gleichgültigkeit, die Passivität und die Scham, vor allem das Versinken in einen immer tieferen Morast der Selbstverachtung, die mit dem Wissen darum einhergehen, dass man nicht die geringste Lust zu dieser Arbeit hat, sind der Hauptgrund für die herrschende Auffassung von Arbeit.

Der Auffassung nämlich, dass Arbeit für die meisten derjenigen, die einen Arbeitsplatz haben, so etwas ist wie eine *milde* Krankheit. Sie ist keine bedrohliche Krise, nichts Ernstes wie Krebs oder Hepatitis oder ein Lungenemphysem, sondern wie eine leichte Erkältung. Und die ist in zwei Tagen vorbei, genausso wie am Mittwoch die Arbeitswoche in zwei Tagen vorüber ist. Unser Job ist also wie eine Erkältung. Diese kann man überstehen, man ist ja schließlich kein Kleinkind. Man hat gelernt, dass das Leben nicht immer angenehm ist, und man wird es durchstehen. Es lässt sich nichts daran ändern, man kann nur stillhalten, bis man auf der anderen Seite angekommen ist. Unser Job, unsere Arbeit stellt also im Grunde hauptsächlich unsere Geduld auf die Probe.

Das Entscheidende hierbei ist die Passivität, das Stillhalten. Man möchte nicht gesehen oder gehört werden. Sehr verräterisch ist die Bereitschaft, die gesamte Arbeitszeit irgendwie auszuklammern: das ist eine Zeit, in der man nicht wirklich lebt, man zählt nur die Wochen und Monate, bis es vorbei ist. In gewissem Sinne ist man ein Teil des Fließbandes geworden, sich selbst hat man zurückgezogen. Man ist eingefroren und nicht mehr in Bewegung. Man nimmt kaum noch wahr, dass die Dinge um einen herum sich wandeln, dass man gelegentlich einfach genommen und an ein anderes Fließband gestellt wird. In vieler Hinsicht ist man wie ein kleines Kind, das sich die Bettdecke über den Kopf zieht und dann meint, es habe aufgehört zu existieren, nur weil man es nicht mehr sieht.

Dass so viele Menschen „Arbeit“ in dieser Weise auffassen, ist ganz entscheidend. Denn auch wenn sie wie eine „milde“ Krankheit empfunden wird (so „mild“ wie die einzelnen Wassertropfen bei der chinesischen Foltermethode), ist sie doch letztlich dafür verantwortlich, dass so ungeheuer viele von ihrer Arbeit verkrüppelt werden – verkrüppelt wie früher die Füße chinesischer Frauen: Der ständige „leichte“ Druck der feuchten Bandagen ist dem Druck der „leichten“ Krankheit Arbeit vergleichbar. Der Langzeiteffekt ist ebenso deformierend, gerade weil die Arbeit einen so großen Raum in unserem Leben einnimmt. Und dieser Raum nimmt noch weiter zu. Während nämlich andere Formen des Lebens, vor allem die Familie, aber auch Freundschaft, Nachbarschaft, die Gemeinschaft im Allgemeinen und auch die Spiritualität, im öden Klima unserer Kultur immer mehr verkümmern, breitet sich die Arbeit in die Leerräume hinein aus.

Dass ein so großer Teil der gesamten Menschheit so große Schwierigkeiten hat, wirklich Mensch zu werden, dass so viele Menschen unglücklich und in sich zusammengesunken sind – schauen Sie in der U-Bahn doch nur einmal den an, der neben Ihnen sitzt –, dass sich große Teile der so genannten „Massen" wahrlich in einem miserablen und deprimierenden geistigen und körperlichen Zustand befinden – das könnte man die große Enttäuschung, das herzzerreißend traurige Versagen einer langen Reihe frustrierender Bestrebungen nennen, die mit der Französischen Revolution begann. Die hochgestochenen, wellentanzenden, überschäumenden Hoffnungen, welche die Menschen damals geradezu trunken machten, stehen in erschreckendem Kontrast zu den Gesichtern mit dem trüben Blick, zu der Leblosigkeit und Geistlosigkeit, die die so genannte Demokratie tatsächlich hervorgebracht hat. Und es sind die Gesichter der Pendler während ihres langen Wegs von zu Hause in die Arbeit und von der Arbeit wieder nach Hause, in denen sich diese Enttäuschung besonders unmissverständlich widerspiegelt. Es ist dieser Anblick, das Panoptikum dieser Amputationen, das den ersten Anstoß zur Entwicklung der Neuen Arbeit gab.

Arbeit als eine milde Krankheit zu erfahren ist ein Symbol – nicht der Krankheit, unter der das Lohnarbeitssystem leidet, sondern vielmehr dessen, was dieses System aus dem gemacht hat, was Arbeit einmal war und was sie natürlich wieder werden kann, der Art und Weise, wie es die Arbeit erniedrigt, verwandelt und degradiert hat. Es gibt einen weiteren Punkt, der dies deutlich macht, vielleicht noch aufschlussreicher ist und der noch schlimmere Spuren hinterlässt: Es ist das Elend, welches das Lohnarbeitssystem in der sich „entwickelnden", das heißt im Klartext in der abstürzenden, der zusammenbrechenden „Dritten Welt" erzeugt.

Man kann dieses Elend auf jedem Bürgersteig, auf jedem Bahnhof und ganz gewiss in der Nähe eines jeden Hotels beobachten, sei es nun in Bombay, Moskau, Buenos Aires oder Mexiko City – oder natürlich auch in Detroit. Da sieht man Menschen herumlungern, hockend oder stehend, und *warten.* Sie stehen an einer Kreuzung und bieten jedem Autofahrer, der anhalten muss, Orangen an; sie postieren sich neben einer Tür und warten darauf, sie für jemanden aufzumachen; sie hocken vor einer kleinen Pyramide von Tomaten oder Mangos und verbringen den ganzen Tag damit, diese paar Früchte zu verhökern, die wahrscheinlich längst verdorben sind, bevor jemand sie kauft. Sie „arbeiten", manche sogar vermeintlich „für sich selbst" (d. h. als Unternehmer, als selbständige Geschäftsleute), andere natürlich, weil es ihr Job ist.

Fragen Sie den Taxifahrer, der da in einer langen Reihe klappriger Autos steht, wie lange er warten muss, wie viele Fahrten er an einem Tag bekommt? Fragen Sie die Trauben von Menschen, die an einem Bahnhof darauf warten, einen Koffer tragen zu können, wie viele Minuten am Tag der Einzelne tatsächlich ein Gepäckstück trägt? Und vergessen Sie nicht, dass viele dieser Menschen unlängst noch auf ihrem Bauernhof gearbeitet haben, man sieht es ihrem Körper und ihren Händen an. Was ist die „Arbeit", die sie jetzt tun, im Vergleich zu ihrer früheren Arbeit und, noch viel wichtiger, im Vergleich zu der Arbeit, die sie leisten *könnten* ... wenn das Lohnarbeitssystem nicht so wäre, wie es ist? Nehmen Sie dies als ein Symbol, als eine Metapher, als eine Abbildung der Abwertung der Arbeit, die das Lohnarbeitssystem angerichtet hat.

Wenn man diese große Anzahl Menschen sieht, die das Gefühl haben, „beschäftigt" zu sein, obwohl sie doch tatsächlich nicht viel mehr machen als zu warten, und zwar mit einer erstaunlichen, unbegreiflichen Geduld, dann könnte man noch einmal zurückkehren zu der Frage, ob das Lohnarbeitssystem am Ende wirklich ein System der *Arbeit* ist oder ob es nicht einem ganzen Konglomerat anderer Zwecke dient. Denn diese Hunderte von Millionen sind keine Sklaven. Sklaven wurden gehalten, weil es Arbeit gab; und noch wichtiger: Sklaven waren gefährlich und rebellierten. Es ist, als habe man diesen Massen Tag für Tag eine kleine Illusionspille verabreicht, die bei ihnen die Phantasie auslöst, Arbeit zu *haben*. Und es sieht so aus, als ob diese Phantasie sie zahm gemacht hat und so leicht kontrollierbar wie Schafe. Tatsächlich aber sieht es *bis jetzt* nur so aus. Die immer häufiger verübten Akte so genannten Terrors zeigen, dass das Lohnarbeitssystem seine Fähigkeit verliert, die Leute ruhig zu stellen, sie wie Opium in einen Dämmerschlaf zu versetzen. Arbeit funktioniert auch in dieser Hinsicht nicht mehr so, wie sie das einmal getan hat.

Diesen Aspekt des Lohnarbeitssystems in der Dritten Welt zu beobachten hat den Vorteil, dass wir ihn hier wie durch ein Vergrößerungsglas sehen. Da hinzuschauen ist überaus schmerzlich, aber durch diesen Vergleich sehen wir noch um einiges deutlicher, wie die Arbeit auch in der Welt, in der wir leben, sterilisiert, verwässert und ruiniert wurde.

Die Beschreibung dieser Pathologie ist jedoch längst noch nicht komplett. Es gibt noch einen anderen Irrtum, der in den vergangenen 15 Jahren eine enorm wichtige Rolle gespielt hat, und den wir deshalb ziemlich ausführlich diskutieren wollen. Er ist vielleicht noch beeinträchtigender, noch destruktiver als alles, was wir bisher besprochen haben, aber er wird trotzdem erst sichtbar, wenn wir einen anderen Blickwinkel einnehmen. In einem kurzen Satz gesagt: Das Lohnarbeitssystem hat uns die *Wahnvorstellung* eingeimpft, dass es nur eine begrenzte Menge Arbeit gibt. Analog zu Bodenschätzen wie Kohle oder Öl soll angeblich die Ressource Arbeit ebenso begrenzt sein, so dass es sinnvoll zu sein scheint, davon zu sprechen, dass „uns die Arbeit ausgeht", so wie einem diese natürlichen Ressourcen ausgehen können.

Bauern sehen das ganz gewiss nicht so, ebenso wenig Hausfrauen, bei denen die Arbeit ja sprichwörtlich niemals aufhört. Dennoch kann man die dogmatische Macht, mit der das Lohnarbeitssystem uns diesen Irrglauben aufgezwungen hat, kaum überbetonen, wie schon aus der weiten Verbreitung, der Allgegenwärtigkeit dieses Glaubens ersichtlich ist. Die bloße Zahl Bücher, die zu diesem Thema geschrieben wurden und die sich auf das „Ende der Arbeit" (Jeremy Rifkin) beziehen, ist so groß, dass man sie nach Regalmetern messen sollte. Aber die Zahl der Bücher ist das kleinste Problem. Im ersten Kapitel habe ich bereits aufgezeigt, dass das ganze politische Drama der vergangenen 15 Jahre sich mehr als um alles andere um das Für und Wider und die ominösen Vorzeichen dafür gedreht hat, dass es zu diesem „Ausgehen" kommen könnte, sowie um die hitzige Diskussion darüber, was man tun könnte, um das zu vermeiden. Dass sich die Auswirkungen dieser Wahnvorstellung von den Niederungen des Alltags bis in die schwindelerregendsten Höhen verfolgen lassen, war eine Hauptthese dieses Kapitels, jetzt lassen Sie mich hier nur noch eine Vignette hinzufügen, die deutlich macht, wie die Klauen dieses Glaubens sich in das Fleisch unseres Alltagslebens eingegraben haben.

Unter den vielen Gruppen, mit denen ich in den vergangenen 20 Jahren gearbeitet habe, waren viele Dauerarbeitslose aus den unterschiedlichsten Bereichen. Aber allen gemeinsam war der beinahe unerschütterliche Glaube, dass sie selbst an ihrer Arbeitslosigkeit schuld seien: Gleichzeitig waren sie davon überzeugt, dass man letztlich absolut nichts an dem Arbeitsplatzmangel würde ändern können. Sooft ich auch mit diesen Not leidenden Menschen zusammensaß, sei es um ein in einer Öltonne brennendes Feuer, frierend über einem Warmluft-Lüftungsschacht oder etwas bequemer im Keller eines Gemeindegebäudes, alle waren sich darüber einig, dass man nichts tun könne.

Das Einzige, das irgendjemand tun *konnte*, ob es nun Nixon war, Reagan, Clinton oder neuerdings Bush, war, wiederum „die Wirtschaft anzukurbeln", dass heißt, mit ermutigenden Worten zu jonglieren und das Riechsalz der Steuersenkungen wie Weihrauch zu schwenken. Darüber hinaus gab es für diese Arbeitslosen keinerlei Möglichkeiten. Darüber hinaus lagen Wände aus Eis und Fels und die Gesetze der Physik. Darüber hinaus lag das strenge Gesicht der Natur – und keinen der Politiker konnte man dafür verantwortlich machen.

Dies war natürlich nur eine relativ kleine und besonders benachteiligte Gruppe. Der springende Punkt ist jedoch, dass dieser Glaube praktisch von jedermann geteilt wird, dogmatisch und ohne ihn je in Frage zu stellen, so dass er im Grunde universal ist. Wir glauben so fest daran, wie wir daran glauben, dass die Erde rund ist, und darum sind wir in diesem Glauben gefangen wie – so mein symbolisches Bild – in einem fahrenden Zug, dessen Türen und Fenster von außen fest verriegelt sind.

Wir kommen nun zu einem weiteren Punkt, der so absurd wie bitter und übel ist. Seit 1989 leben wir mit der ständig zunehmenden Macht der Kopplung von Arbeitsmarkt und Big Business. Der Erfolg oder Misserfolg der Geschäftswelt determinierte und kontrollierte den Fluss des Arbeitsmarktes, und da Arbeitsplätze für uns den einen Omni-Wert haben, sind wir zu Bittstellern geworden wie die „Bürger von Calais“. Wir selbst haben die Wirtschaftsbosse auf immer höhere Podeste namens Reichtum, Macht und Status gehoben. Und immer, wenn sie uns mit einem Mangel an Arbeitsplätzen drohten, haben wir unsere Umwelt bereitwillig aufs Neue geplündert und ausgebeutet, und mit ihr auch das gesamte Spektrum unserer kulturellen Traditionen und Institutionen sowie, und das keineswegs zuletzt, den Ethos und Stil unseres persönlichen Lebens. Aber unser vorauseilender Gehorsam hat uns nichts genützt. Der angedrohte Mangel wurde immer schlimmer und lähmender, und zwar in jedem Land der Welt, aber besonders in Europa und in den Vereinigten Staaten.

Wir müssen uns nun also nicht nur mit einer, sondern mit *zwei* einander überlappenden düsteren Perspektiven auseinander setzen. Wir haben bereits einige der schlimmen Auswirkungen und Mängel des Lohnarbeitssystems aufgezählt. Die Frage, die es nun noch zu stellen gilt und über die während der vergangenen 15 Jahre der Mantel des Schweigens gedeckt war, ist folgende: Welcher Teufel hat uns geritten, dass wir solche bedingungslosen Opfer für ein soziales Instrument gebracht haben, das so klägliche, makabre und absurde Mängel aufweist? Gab es irgendetwas, das an dieser Unverhältnismäßigkeit recht und billig war, das auch nur einen Hauch von Vernünftigkeit hatte? Was hat uns dazu getrieben, dieses plumpe, vor lauter Nachteilen aus allen Nähten platzende Konstrukt einem Opferritual gleich mit dem Fleisch unserer eigenen Kinder bewahren zu wollen?

Dieser zweite Blickwinkel offenbart einen ganz anderen Fehler. Wir haben uns beeilt, wie ertrinkende Hühner mit schlagenden Flügeln all diese Opfer zu bringen, weil wir überzeugt waren, dass wir jeden Moment so nutzlos und überflüssig sein könnten wie in die Büsche geworfene leere Flaschen. Wir glaubten an die Apokalypse, an das Ende aller Arbeit. Aber eben das war widersinnig, zutiefst und unglaublich lächerlich und zur gleichen Zeit abgrundtief traurig.

Und warum? Weil doch ganz leicht zu erkennen ist, weil es völlig offenkundig ist, dass der Gedanke, Arbeit sei so etwas wie eine natürliche Ressource oder wie ein Fluss, der austrocknen kann, schlicht und einfach *falsch* ist. Arbeit ist zweifellos nicht begrenzt. Sie ist alles andere als das.

Arbeit ist unendlich

Fangen wir mit dem Offensichtlichsten, dem Naheliegendsten und etwas Spezifischem an. Es ist sonnenklar, dass noch mehr Bücher geschrieben und grenzenlos viele neue Ideen hervorgezaubert werden können. Es gibt immer einen Platz für mehr Dichtung, mehr Musik, mehr Tanz, aber auch für neue Erfindungen, neue Theorien, vollkommen neue Wissenschaften, die bisher noch unter einem Stein schlummern.

Wenn das nun den Eindruck erweckt, dass die offenen Felder der Arbeit alle in erhabenen Höhenregionen liegen, dann denken Sie nur an die unzähligen Dinge, die unten in der Ebene noch zu tun bleiben. Um nur ein Beispiel zu nehmen, das der Neuen Arbeit nahe ist: Man könnte in fast allen Städten die Dächer der Gebäude bepflanzen. Der Blick aus den oberen Fenstern würde dann über zahllose Gärten schweifen. Man könnte beidseits der Autobahnen wundervolle Blumen pflanzen, wie da und dort bereits in Mexiko. Und warum experimentieren wir nicht noch viel mehr mit dem Anbau von Nutzpflanzen auf dem Grund von Seen und *befreien* den Boden damit von der Anforderung, ständig neue Ernten hervorzubringen? Würden wir auf dem Grund von Seen genug anpflanzen, dann könnte viel Land wieder brachliegen.

Und stellen wir uns vor, wohin uns noch ein anderer Weg führen könnte: Wie viel *mehr* Hingabe, Zuwendung und Fürsorge könnten wir jedem Kind angedeihen lassen? Oder, ein letztes Beispiel, fragen Sie sich einmal, warum wir gewöhnlich Klassengrößen von 30 Kindern haben? Ein Lehrer für 30 Kinder ist wirklich denkbar ungünstig. Es sind viel zu viele Kinder für eine direkte Kommunikation, für einen persönlichen Zugang, und viel zu wenige für wirkliches Theater, für Grandiosität, für hemmungslose Dramatik. Warum nicht daran etwas ändern? Warum sollten wir für den Geist der meisten Kinder nicht das tun, was anderswo längst getan wird, nur eben in einem eng begrenzten Bereich des Sports? Wenn Steffi Graf sechs Trainer haben kann, einen für jeden Ellbogen, einen für jede Hand und einen für jedes ihrer Beine, warum das Verhältnis in unseren Schulen dann nicht umkehren? Warum sollten wir nicht zehn Lehrer für *ein* Kind haben? Überlegen Sie einmal, wie viele Arbeitsplätze das „schaffen" würde!

Natürlich ist dieses Beispiel halb scherzhaft gemeint. Der Vorschlag, zehn Lehrer für jedes Kind zu haben, ist natürlich nicht wörtlich zu nehmen. Er war eine Metapher für den Grad an dramatischen Verbesserungen, die an unseren Schulen heute notwendig sind.

Um es einmal tod (oder besser *lebens*) ernst zu sagen: Ein weiterer Bereich, in dem uns noch viel ungetane Arbeit bleibt, ungeheure Anstrengungen zu unternehmen und intelligent zu organisieren wären, ist die Welt der Potentiale, die in den allermeisten Menschen noch vollkommen unerschlossen vor sich hin modern. Zwei Stunden in irgendeinem Zug, ganz gleich in welcher Stadt und auf welchem Kontinent, sollten ausreichen, um das zu erahnen. Wenn Sie sich dort umsehen und auf die Gesichter achten, auf den Gesichtsausdruck und die Augen, dann können Sie einschätzen, wie viele tausend Meilen wir noch davon entfernt sind, auch nur ein Zwanzigstel der Talente und Fähigkeiten realisiert zu haben, die die meisten Menschen besitzen. Würde man auch nur einen halbherzigen Versuch, nur die geringste Anstrengung in dieser Richtung unternehmen, müsste man eine gigantische Menge Energie aufbringen und damit wahrscheinlich immer noch nicht genug getan haben.

Die Neue Arbeit ist unter anderem ein Versuch, diesen Gedanken nicht nur klagend am Rand zu erwähnen, sondern in aller Härte und Praxis tatsächliche Fortschritte in dieser Richtung zu machen. Während der letzten 20 Jahre haben wir uns bei jedem einzelnen Projekt die Frage gestellt, ob es realistische Möglichkeiten gibt, in dieser Richtung Verbesserungen zu erzielen, und was in die Wege geleitet werden müsste, damit es zu solchen Fortschritten kommt.

Andere Beispiele für wichtige Aufgaben, die ebenfalls mehr Arbeitsplätze verlangen würden, liegen überall um uns herum wie Kieselsteine an einem Strand. Man kann sich dem Thema „Grenzen der Arbeit" aber auch auf abstrakte Weise nähern, indem man sich auf das Konzept, auf das „Wesen" der Arbeit, wie die Philosophen es nennen würden, konzentriert. Man könnte darauf hinweisen, dass es nicht ein einziges Objekt in dieser Welt gibt, das nicht zum Empfänger von mehr Arbeit werden könnte. Jeder Stuhl und jede Bank und jeder Tisch kann noch verbessert werden, kann durch zusätzliche Arbeit stabiler, eleganter oder ansprechender gemacht werden. Es ist erhellend, explizit zu machen, dass man sich Arbeit als die andere Seite der *Unvollkommenheit* vorstellen kann, dass alles und jedes ganz offensichtlich verbessert werden kann und dass eine Unmenge dieser verbesserungswürdigen Dinge sehnsüchtig darauf wartet, dass jemand die Zeit und die Mühe aufbringt, sie zu vervollkommnen. Das führt dann unmittelbar zu der Erkenntnis, dass das Konzept der Arbeit selbst *per definitionem* keine Grenzen hat und in Wahrheit im strengen mathematischen Sinne *unendlich* ist. Daraus folgt dann wiederum, dass es bedeutungslos ist, ein reines Missverständnis, wenn man von den „Grenzen der Arbeit" spricht oder davon, dass die Arbeit uns „ausgehen" könnte. Es ist eine sinnlose Aussage, ein Widerspruch in sich, eine eklatante Absurdität.

Die endlose Debatte über die so genannte Knappheit der Arbeit ist deshalb ein *kulturelles Konstrukt*. Sie ist das Produkt einer wirtschaftlichen Institution, nämlich des Lohnarbeitssystems. Es ist deshalb schlichtweg falsch, zu glauben, dieser Mangel sei eine Art Naturkatastrophe. Der unablässige Gebrauch von Bildern dieser Art – Arbeit als ein austrocknender Fluss, der wie früher der Nil weite Landstriche befruchtet hat und nun zu fließen aufhört, so dass Hunger sich über das Land ausbreitet – ist zutiefst irreführend. Sie vermitteln uns die Vorstellung eines weiteren vom Schicksal gesandten, überwältigenden Unglücks, das über uns hereinbricht wie ein Heuschreckenschwarm. Der Grundgedanke, der dahinter steht, ist kindisch und dumm und dient der Wirtschaftselite und den Politikern nur dazu, uns glauben zu machen, dass sie an der Arbeitslosigkeit nicht schuld sind. Sie tun doch alles nur Menschenmögliche. „Erzeugt" dann trotz der Steuersenkungen und der Programme zur Ankurbelung der Wirtschaft diese Wirtschaft nicht genügend Arbeitsplätze, ist das wie eine schlechte Weizenernte: schrecklich, aber nicht den hart arbeitenden Bauern – oder den klugen Wirtschaftsweisen – anzulasten.

Doch das sind alles Scheuklappen, die Leichtgläubigen angelegt werden. Es ist politisch motiviertes Blendwerk. Die Knappheit von Arbeitsplätzen ist das Resultat einer sozialen Maßnahme, die wir künstlich verursacht und vielleicht nicht sonderlich intelligent verfolgt haben. Aber es ist nichts Endgültiges oder Unentrinnbares daran. Sie ist nicht das Resultat von Gesetzen, die so unverbrüchlich sind wie die Gesetze der Physik. Und sie ist keine Plage der Natur, die über uns hereinbricht wie Lepra oder die Pest. Sie ist vielmehr das Ergebnis einer Reihe von Maßnahmen, die wir Menschen in die Welt gesetzt haben, und diese Maßnahmen kann man untersuchen und verstehen. Und noch wichtiger: Wenn diese Maßnahmen – und ich meine damit ihre Gesamtsumme, also das ganze Lohnarbeitssystem – schließlich zu untragbaren Ergebnissen führen, können wir sie *ändern.* Und wir können nicht nur kleine kosmetische Reparaturen vornehmen. Nein, wir können von Grund auf ein neues System der Arbeit aufbauen. Das, wovon wir ausgehen, ist die künstlich erzeugte Knappheit von Arbeitsplätzen, die letztlich sowohl für das vielfältige Krankheitsbild des Lohnarbeitssystems verantwortlich ist als auch für das Panoptikum alptraumhafter Befürchtungen, von denen im ersten Kapitel die Rede war.

Und, was besonders wichtig ist, es war eindeutig diese Knappheit, die unmittelbar dazu führte, dass die Kaste der Wirtschaftselite auf ein immer höheres Podest gehoben wurde, bis die Macht ihrer Mitglieder beinahe absolut geworden ist. Es war genau diese Knappheit und die daraus hervorgehende dringende Notwendigkeit, mehr Arbeitsplätze zu schaffen, die verlangte, dass die sowieso schon glühenden Räder der Wirtschaft sich noch schneller drehen, und diese Knappheit war auch direkt dafür verantwortlich, dass wir unseren natürlichen Lebensraum noch weiter verwüstet haben. Es war dieses selbe Defizit, welches die enorme und sich immer noch verbreiternde Kluft zwischen jenen schuf, die auf ständig wachsenden Pyramiden des Reichtums sitzen, und jenen, die immer tiefer im Sumpf der Armut versinken. Es war wiederum genau dieser Mangel, der dazu führte, dass die Anfänge einer Kultur, die wir gerade im Begriff waren aufzubauen, im Keim erstickt wurden. Was hat uns dazu gebracht, dass wir (in den USA) Schritt für Schritt die sozial errungenen Schutzmaßnahmen gegen Krankheit, Arbeitslosigkeit und Alter wieder dem Erdboden gleichgemacht haben (oder in Westeuropa dabei sind, sie wieder abzubauen)? Was hat uns dazu gebracht, einen offenbar endlosen Aderlass bei der Finanzierung von allem, was mit Kindern und Schulen, mit emotionalem Ausdruck und Kunst zu tun hat, vorzunehmen? Wohin haben wir all diese Gelder gepumpt, wenn nicht direkt in die Mägen der Wirtschaftselite? Und dennoch hat trotz all dem ein Großteil genau dieser Wirtschaftselite Angst, und unter der Oberfläche hat ihre Angst dieselbe Ursache.

Sie haben natürlich nicht Angst, dass es keine weiteren Erfindungen und keine weiteren Ideen geben wird. Was ihrer Panik zugrunde liegt, ist die Befürchtung, dass diese neuen Erfindungen und Ideen nicht genug Arbeitsplätze schaffen werden, dass als Resultat davon die gesamte Wirtschaft gebremst wird, bis vielleicht sogar ihr eigener Job, ihr eigener Status und ihre eigene Sicherheit sich in Nebel auflösen werden.

Wenn man all das mit einem einzigen Blick erfasst, blitzt vielleicht der Gedanke auf, dass es wohl nicht angemessen und richtig ist, immer so sanft und freundlich zu sein und mit so viel Höflichkeit und Ruhe das Für und Wider des Lohnarbeitssystems zu diskutieren. Die akademische Vogelperspektive hat eine gewisse Ähnlichkeit mit der Vogelperspektive von Piloten, die Raketen aus einer solchen Höhe abfeuern, dass das, was diese Raketen anrichten, sie persönlich unberührt lässt. Versucht man einmal, sich die schreckliche Verwüstung und das unendliche Leid, die das Lohnarbeitssystem verursacht hat, vor Augen zu führen (denken Sie nur an die entsetzlichen Bilder, die dokumentieren, was der Abstieg in die Armut in großen Teilen der Welt tatsächlich bewirkt hat), dann ist schiere Wut vielleicht eine völlig angemessene Reaktion. Vielleicht sollte es eine Wut sein wie im Alten Testament und in den griechischen Dramen, wo man den fließenden Mantel, den man trug, der Länge nach entzweiriss. Aber bei aller Wut sollte man an den einen, allerwichtigsten Punkt denken und ihn sich gut einprägen: *Es gibt Alternativen zum Lohnarbeitssystem.*

Das Lohnarbeitssystem ist nicht die einzige Weise, die Arbeit zu organisieren. Es gibt auf beiden Seiten des begangenen Weges einladendere, intelligentere, produktivere Systeme der Arbeit. Nichts wäre so bizarr wie die Tatsache, einen Überblick über den Schaden zu haben, den das Lohnarbeitssystem angerichtet hat, und doch auf der verknöcherten Vorstellung zu beharren, dieses System sei etwas Ewiges und uns von der Natur oder von Gott Gegebenes. Haben wir erst einmal gesehen, in welche Landschaften uns dieses soziale Konstrukt führt, dann können wir nicht mehr wie bisher so tun, als gäbe es nichts, das wir unternehmen könnten, als gäbe es keinen Ausgang, als seien wir verhext und dazu verdammt, in gelähmter Verzweiflung dazusitzen – als sei es uns unmöglich, den Zug mit den verriegelten Türen zu verlassen.

Arbeitsplätze sind knapp

Die Arbeit hat keine Grenzen; sie ist unendlich. Und dennoch sind Arbeitsplätze knapp. Aus welchem Grunde ist das so? Keinesfalls einfach deswegen, weil Arbeitsplätze *bezahlt* werden müssen. Es steht außer Frage, dass die Struktur der Entlohnung verändert werden kann und natürlich verändert werden sollte. Und das nicht nur, weil manche wichtige und wertvolle Arbeit viel zu gering entlohnt wird, sondern auch weil jene in den oberen Geschäftsetagen auf geradezu haarsträubende Weise überbezahlt sind. Dieses gesamte Spektrum ließe sich in Bewegung bringen und verschieben. Aber das wäre wie viele andere Maßnahmen nur eine Verschiebung *innerhalb* des Lohnarbeitssystems, und all die Übel, die wir angeführt haben, würden dadurch höchstens ein wenig abgemildert. Im Großen und Ganzen würde alles weitergehen wie bisher; wenn wir den Menschen, die bislang einen niedrigen Lohn erhalten haben, mehr zahlen würden, würde das die Dinge sogar noch *schlimmer* machen. Arbeitsplätze würden dadurch noch teurer und deshalb noch knapper. Die wahren Gründe dafür, dass Arbeitsplätze schwierig zu schaffen und teuer sind und es deshalb nur eine begrenzte Zahl davon gibt, liegen viel tiefer. Dennoch sind sie mir offenkundig und nicht schwer zu verstehen. Was Arbeit in einen Arbeitsplatz verwandelt, ist im Wesentlichen, dass die Arbeit nicht von mir bestimmt wird, und ihren Ursprung nicht in mir hat. Ich werde von jemand an- oder eingestellt. Das bedeutet, dass ich etwas leisten *muss*, was für diese andere Person einen Wert hat. Es muss etwas sein, das sie braucht, etwas, das ihre Position verbessert, etwas, das ihre Macht oder ihren Reichtum vergrößert. Ansonsten wäre es sinnlos, wenn sie mich einstellte, außerdem könnte sie mich dann nicht bezahlen, jedenfalls nicht auf lange Sicht. (Ich setze hierbei voraus, dass alleinstehende Unternehmer keinen Arbeits*platz* haben. Es ist der *Mangel* an Arbeitsplätzen, der sehr viele junge Menschen in den letzten Jahren dazu *gezwungen* hat, Unternehmen zu gründen.)

Das mag sich ziemlich banal anhören, aber es stellt in der Tat eine äußerst stringente Begrenzung dar, und diese Begrenzung legt mit einem Strich fest, dass Arbeitsplätze knapp sein *müssen.* Zudem wirft es Licht auf die weitere Tatsache, dass die Entwicklung der Technologie einen zunehmenden Druck auf den Arbeitsmarkt ausgeübt hat, so dass der Mangel an Arbeitsplätzen exponentiell gestiegen ist. Wenn die Crux darin besteht, dass meine Arbeit sich am Ende für einen anderen auszahlen muss, wenn es also die unerlässliche Voraussetzung ist, dass meine Arbeit für ihn „Wert erzeugt", dann liegen die Kräfte, die zu der misslichen Lage führen, offen auf dem Tisch.

Anders gesagt: Es ist unerlässlich, dass er oder sie mich *braucht.* Wenn ein Satz von Maschinen dasselbe Produkt billiger herstellen oder dieselbe Dienstleistung billiger bereitstellen könnte, dann kann und wird mein Arbeitgeber auf mich verzichten. Dann würde ich ihn mehr Geld kosten, als er ausgeben kann, und ich bringe ihm keinen Wert, sondern einen Verlust. Das ganze Bild wird noch sehr viel deutlicher, wenn man unterstreicht, dass dies alle Ebenen trifft, vom Topmanager bis hinab zur Putzhilfe. Das riesige und vielfältige Arsenal Arbeit sparender Gerätschaften, die heute nicht nur verfügbar, sondern auch billig sind – von der Waschmaschine bis hin zur Tiefkühlkost –, schafft eine Situation, wo zum Beispiel für die meisten Menschen eine Haushaltshilfe nicht mehr nötig ist. Ein Aspekt ist auch, dass eine Haushaltshilfe nicht nur überflüssig ist, sondern auch unbequem, wenn nicht gar lästig sein kann. Man verliert dabei an Privatsphäre, in der man ungestört Herr in seinem eigenen Lebensraum ist, und die wenigen Arbeiten, die man mit einer Haushaltshilfe vielleicht nicht selbst erledigen müsste, sind es nicht wert, eine solche einzustellen.

Das Ausmaß, in dem Lohnarbeit also äußerst begrenzt und eingeschränkt ist – ganz im Gegensatz zu dem sich ausdehnenden und unendlichen Universum der Arbeit selbst –, kann man auch als einen Satz Kriterien verstehen, welche die Lohnarbeit zwangsläufig erfüllen muss. Dies ist eine Reihe einander überschneidender und zwingender Voraussetzungen, insgesamt vielleicht acht oder zehn an der Zahl. Zuerst einmal muss jemand *wollen*, etwas herzustellen oder bereitzustellen. Dann muss er meine Hilfe dazu brauchen, und diese Hilfe muss für ihn billiger oder effizienter sein als die, welche Maschinen für ihn leisten könnten. Außerdem muss meine Hilfe noch eine Reihe von Vorbedingungen erfüllen, die schließlich sicherstellen, dass er durch meine Hilfe am Ende über mehr Wert oder Bargeld verfügt. Nur wenn diese komplexe Konfiguration (die natürlich noch eine Vielzahl zusätzlicher Bestimmungen und Regeln außer Acht lässt) zusammenkommt, entsteht die unsichere Realität, die wir „Arbeitsplatz" nennen.

Man könnte sagen, jedes dieser Kriterien ist wie ein Schnitt mit einem Messer. Während die *Arbeit als solche* vergleichbar ist mit einem lebendigen, mächtig großen umherziehenden Tier, sind *Arbeitsplätze* in erstaunlichem Gegensatz dazu wie einige wenige, säuberlich in Rechtecke geschnittene Stücke Fleisch, die sorgfältig auf einem Teller angeordnet sind.

Dass auf der ganzen Welt eine solch enorme und mit jedem Monat breiter werdende Kluft zwischen der dringend nötigen Zahl von Arbeitsplätzen und der Zahl der tatsächlich vorhandenen Arbeitsplätze besteht, hat deshalb sehr tief reichende und zwingende Gründe. Die Grundkriterien, die wir beschrieben haben, durchdringen das Lohnarbeitssystem auf jeder Ebene, und innerhalb dieser Architektur gibt es nicht viel Spielraum. Das hilft zu erklären, warum die Reaktion auf diese entkräftende und einschneidende Knappheit so eigentümlich monoton und praktisch überall dieselbe gewesen ist, beinahe wie ein unwillkürlicher Reflex: Man tritt auf das Gaspedal und versucht die Konjunktur in Schwung zu bringen. Man verstärkt den Druck sowie den Ausstoß der Produktion oder die schiere Geschwindigkeit, die Menge der Werbung oder die Menge des investierten Kapitals – bis in immer schwindelerregendere Höhen.

Sowohl in den Vereinigten Staaten als auch in den „entwickelten" Ländern Europas ist diese instinktive Reaktion bereits viele Male rhythmisch wiederholt worden. Ja man könnte sagen, dass sie uns in einen Teufelskreis hineingetrieben hat. Das ganze Spektrum der sozialen Probleme, von der Armut über Arbeitslosigkeit, Gewalt und Alter bis zur Gesundheit, erschien schwerwiegend und bedrohlich. Also kurbelte man die Wirtschaft immer schneller an, mit dem Resultat, dass alle diese Probleme nur noch schlimmer wurden, was dann wiederum zu noch größeren Anstrengungen und noch mehr Beschleunigung führte – mit dem absehbaren Ergebnis, dass die durchdrehenden Räder sich nur noch tiefer in den Sand eingruben.

Die tiefgreifendste Ursache für diese Monotonie ist auch die erste Grundlage der Neuen Arbeit: Man konnte sich um 360 Grad drehen – nirgends war auch nur eine Alternative am Horizont zu sehen. Jede Regierung tischte dieselben Programme und Strategien auf, begleitet vom Pauken- und Trompetenklang leerer Versprechungen. Das Endergebnis war, dass an der so genannten Neuen Mitte tatsächlich nichts Neues war, dass die New Labour in England nicht mehr dem Namen

„Labour" (Arbeit) gerecht wurde, dass Schröder und Blair ins selbe Horn zu stoßen schienen, dass Clinton ständig beschuldigt wurde, ein Republikaner im demokratischen Schafspelz zu sein.

Doch diese Monotonie, diese qualvolle Uniformität war keineswegs nur in Europa und Amerika anzutreffen. Auch in den sich *nicht* entwickelnden Ländern dieser Welt hielt man sich sklavisch an dieselbe unausweichliche und vorprogrammierte Reaktion. Hier ist es wie bei vielen anderen Aspekten: Die Dritte Welt zu beobachten ist äußerst aufschlussreich. Diese Länder gehorchen demselben Muster wie wir, aber ihre Situation ist in so vieler Hinsicht extremer als unsere, so dass vieles, was bei uns unter den Teppich gekehrt werden kann, dort klar und deutlich sichtbar zutage tritt. Die Kluft zwischen Arm und Reich ist in diesen Ländern unvergleichlich viel größer, und darüber hinaus haben viele dieser Länder eine revolutionäre Tradition und werden von Regierungen geführt, die durch einen gewaltsamen Umsturz an die Macht kamen.

Warum in aller Welt folgen alle Regierungen diesem Weg? Zweifellos aus einem einzigen Grund: *Sie kennen keine Alternative!* Ganz genau wie wir sind auch sie im Lohnarbeitssystem gefangen und glauben deshalb unerschütterlich, dass Entwicklung nur auf eine Art und Weise geschehen kann: nämlich durch die Schaffung von Arbeitsplätzen. Schließlich weiß doch jedes Kind, dass Arbeitsplätze wie Brötchen sind, die allesamt im großen Backofen der Wirtschaft gebacken werden. Also beugen sie sich, sie bitten, betteln und flehen, auch wenn sie sich dabei selbst verleugnen und sich beinahe die Zunge abbeißen müssen. Mit erhobenen Händen beten sie, dass die Gänse, die die goldenen Arbeitsplatz-Eier legen, sich auf ihrem Fleckchen Erde niederlassen mögen.

Es ist deshalb töricht, anzunehmen, dass ihre Politik der Willfährigkeit gegenüber dem Big Business vor allem durch die Drohungen, den Druck und die Erpressungsmanöver des Internationalen Währungsfonds (IMF) und der Weltbank erzwungen wird. Damit soll nicht gesagt sein, dass diese beiden Burgen der Räuberbarone harmlos und unschuldig sind. Aber was diese Frage angeht, sind sie weniger effektiv, als wir glauben. In dieser Hinsicht sind sie sogar entbehrlich und überflüssig, denn auch ohne deren Überwachung würde keines dieser Länder weit aus der Reihe tanzen und einen anderen Weg einschlagen. Was sollten sie denn anderes tun? Es gibt doch nur einen einzigen Weg. Der Zug mit den verriegelten Türen rast auf einem einzigen Gleis bergab, und im Fall dieser Länder, dieser zwei Drittel der Welt, ragen rechts und links des Gleises noch hohe Zementmauern auf.

Natürlich hat es Versuche gegeben, diesen selben Weg ein wenig schneller oder langsamer zu gehen, mit etwas mehr Gewicht auf dem linken oder auf dem rechten Fuß. Aber es ist gerade die Schwäche, die wirkungslose Oberflächlichkeit dieser halbherzigen Bemühungen, die erneut zeigen, wie sehr wir tatsächlich in einer Wagenspur feststecken. Schon viele Male hat irgendjemand in verschiedenstem kurzfristigem Kontext empfohlen, die Arbeiter sollten mit Solidarität und Gerechtigkeit auf die zunehmende Knappheit von Arbeitsplätzen reagieren und ihre Arbeitszeit verkürzen und Teilzeit arbeiten. Und aus ähnlichem Geiste haben andere (z. B. Rifkin und Beck) immer wieder empfohlen, dass es eine Abwanderung von Arbeitskräften in den Bereich der Sozialarbeit geben sollte.

Verdientermaßen blieben diese Vorschläge in jedem Fall ohne große Wirkung. Sie waren wie launige Geschichten, mit denen die Schaffner einige verängstigte Fahrgäste abgelenkt haben, während der Zug über eine schwindelerregend hohe Brücke fuhr. Inzwischen hat man sie abgeschrieben, weil die Dinge ständig schlechter werden und sich herausstellte, dass niemand diese Vorschläge ernsthaft aufgreifen wollte. Heute werden sie praktisch nicht mehr diskutiert. Erstaunlich ist nur, dass sie tatsächlich für kurze Zeit ein gewisses Aufsehen erregten.

Es ist kaum zu glauben, dass nicht von vornherein absolut klar war, dass die Arbeiter natürlich *nicht* Arbeitsstunden und Lohn gerade zu einem Zeitpunkt aufgeben würden, wo diese fürchterlich knapp werden. Es wäre jedem klar denkenden Kind absolut klar gewesen, dass die Leute sich nicht gerade dann massenhaft für Sozialarbeit entscheiden würden, wenn diejenigen, die bereits Sozialarbeit leisten, sich händeringend wünschen, in irgendeine andere Arbeit hinüberwechseln zu können. Hat doch gerade jene Anbetung des Business-Modells, die wesentlich zur Erhöhung der Wirtschaftselite beigetragen hat, gleichzeitig zu einer Erniedrigung und Abwertung der Sozialarbeit geführt. Krankenhäuser und Schulen, ganze Straßenstecken (so genannte *turnpikes*), aber auch Straßenaufsichts- und Polizeikräfte sowie ein Teil der Zulieferungen zum Militär wurden „privatisiert", sprich: aufs „Geschäft" abgestellt, und so wie diese zu auf Wettbewerb und Profit ausgerichtete Unternehmen wurden, aus denen man so viel wie eben möglich herausquetschen wollte, so erging es auch den Organisationen und Institutionen, die sich um soziale Belange kümmerten. Auch ihnen wurden immer größere Belastungen aufgebürdet, während ihre Finanzierung zurückgefahren wurde.

Es ist also schwer zu fassen, wie irgendjemand auf die Idee kommen konnte, die verlockende und vielversprechende *Zukunft* der Sozialarbeit könne den vielschichtigen pathologischen Zustand heilen, unter dem das Lohnarbeitssystem leidet. Und damit man die gesamte Phalanx der Verbesserungsvorschläge in der Perspektive sehen kann, die ihr zukommt, muss man noch einen allgemeinen Gedanken hinzufügen: ihren völligen Mangel an Angemessenheit.

In geradezu blinder Naivität haben sich all diese Vorschläge über den enormen Umfang der entfesselten Kräfte getäuscht. Selbst wenn einige Arbeiter die Option Teilzeitarbeit akzeptieren würden, und selbst wenn Veränderungen in der Politik und ein Stimmungsumschwung im Lande Sozialarbeit für mehr Menschen attraktiver machen könnten, würden diese Anpassungen niemals die Dezimierung der Arbeitsplätze ausgleichen können, die durch die Kombination von Automatisierung und Globalisierung hervorgerufen wurde. Und es ist nicht so, dass man damit das Soll nur knapp verpassen würde. Das Missverhältnis ist geradezu grotesk. Diese Versuche sind so lächerlich und müßig wie die Bemühungen von jemandem, der aufgeregt mit Tassen voller Wasser angelaufen kommt, um einen Waldbrand zu löschen.

Im Grunde ist alles auf einen einzigen intellektuellen Schritt zurückzuführen, und der ist gar nicht so groß: Solange man sich erlaubt zu glauben, das Lohnarbeitssystem sei letztlich eine feststehende, natürliche und unvermeidliche Gegebenheit, hat man in der Tat keine Optionen. Angesicht des rasant wachsenden Ungleichgewichts zwischen der Zahl der Arbeitsplätze und der Zahl der Arbeitsuchenden gibt es nur eine Vorgehensweise: nämlich um jeden Preis neue Arbeitsplätze zu schaffen. Aber sobald man einmal erkennt, dass andere Zeitalter und andere Kulturen völlig *andere* Arbeitssysteme hatten, beginnen sich die Seile, mit denen wir uns selbst gebunden haben, zu lösen.

In der Sekunde, in der man sich darüber klar wird, dass die Sammler und Jäger natürlich eine ganz andere Arbeitsstruktur hatten als die Menschen, die in der Ackerbaugesellschaft ihre Arbeit organisierten, und dass diese sich wiederum total von der Arbeitsstruktur der Handwerksgilden im Mittelalter unterschied, die dann ihrerseits ganz wesentlich von den Strukturen im Übergang zur Neuzeit abwichen, und dass unser Lohnarbeitssystem damals, als es durch die industrielle Revolution eingeführt wurde, eine völlig neue und seltsame Erfindung war – sobald wir das wirklich und ganz wirklich begriffen haben, können wir uns aufraffen und von dem verriegelten, den Berg hinabrasenden Zug abspringen.

Sobald man dies verstanden hat, gibt es nicht mehr nur eine einzige mögliche Vorgehensweise, sondern man findet sich auf einem weit offenen Feld wieder und sieht sich mit einer völlig neuen Aufgabe konfrontiert. Es geht nicht mehr um das zwanghafte und hektische Schaffen neuer Arbeitsplätze, sondern um die Erfindung und Ausgestaltung eines völlig neuen Systems der Arbeit, eines Systems, das im Vergleich zum Lohnarbeitssystem so überraschend und brandneu sein muss, wie das Lohnarbeitssystem zu seiner Zeit gegenüber dem vorausgegangenen Ackerbausystem neuartig war. Und es ist durchaus nicht symbolisch gemeint, dass es nicht mehr als einen Augenblick braucht, um diesen intellektuellen Schritt zu tun, dass wir in Sekundenbruchteilen eine Welt zurücklassen und in einer anderen aufwachen können. Dies ist keine poetische Übertreibung, sondern eine völlig pragmatische, buchstäblich faktische Beschreibung.

Solange wir im Lohnarbeitssystem feststeckten, sahen wir uns einer „Wand von Unwissenheit" gegenüber, einer Wand, in der es keine Risse gab. Wir waren sprachlos, verblüfft und geblendet. Alles, was wir zu tun wussten, war, irgendwie die Zahl der Arbeitsplätze zu erhöhen. Aber wir hatten es bereits auf jede nur erdenkliche Weise versucht, und alle diese Versuche erwiesen sich als teuer, und schlimmer noch, trotz der roten, grünen oder schwarzen Federkissen der einzelnen Parteien scheiterten sie alle total. Das gespenstische, unfassliche Unheil wurde während der vergangenen 15 Jahre immer größer, immer schmerzlicher und immer lähmender.

Doch sobald wir begreifen, dass es möglich ist, völlig neue Systeme der Arbeit aufzubauen, fällt diese Klaustrophobie von uns ab. Wir erwachen daraus, wie wir aus einer hypnotischen Trance erwachen. Das alles erscheint ein wenig magisch oder wunderbar, aber das ist der Fall, weil wir über einen mentalen, einen intellektuellen Sprung sprechen. Manchmal, nicht allzu oft, macht der menschliche Geist solche Epochen überquerende Sprünge. Und dieser geistige Akt ist *der* entscheidende Schritt der Befreiung. Was die Türen des verriegelten Zuges öffnete, ist nicht ein Akt der Gewalt, es ist kein Brecheisen, sondern ein *Gedanke*!

Eine vielleicht nützliche Analogie ist die Öffnung, zu der es durch die Idee von nicht-euklidischen Geometrien kam. Für allzu lange Zeit war unsere Vorstellung vom Raum durch das Bild begrenzt, dass er überall aus geraden Linien und rechten Winkeln bestand. Der Sprung zu der Vorstellung, dass diese Anschauung nicht die „Realität" repräsentierte, sondern nur die Implikationen eines willkürlich ausgewählten Satzes von Axiomen, schob zahllose Vorhänge beiseite und gewährte uns Zugang zu der Idee vieldimensionaler Räume. Der Grund (oder die Entschuldigung) dafür, dass ich diesen Vergleich hier anführe, ist die Vorstellung verschiedener Sätze von Axiomen. Nichts wäre angemessener als die Frage: Was bedeutet am Ende die Idee eines anderen Systems der Arbeit? Wo ist die Linie zwischen dem Flicken und Modifizieren eines Systems einerseits und dem Aufbau eines *neuen* und *anderen Systems andererseits*?

Die Antwort ergibt sich aus der Konzeption eines anderen Satzes von Axiomen. Der Kern oder, wie man auch sagen könnte, die definierende Essenz der Lohnarbeit ist, dass „die Arbeit, die man tut, von jemand anderem bestimmt wird". Dadurch wurden, wie wir schon aufgezeigt haben, eine ganze Konjunktion von Bedingungen miteinander verknüpft, die in relativ kurzer Zeit eine ungeheuere Knappheit von

Arbeitsplätzen erzeugte. Doch wurde hiervon nicht nur die Quantität der Arbeit, sondern auch ihre Qualität betroffen: dass man in seiner Lohnarbeit normalerweise überwacht wird, dass man sich lästigen Regeln unterwerfen muss – kurz, dass sehr viele Aspekte dazu beitragen, dass man die Arbeit schließlich als eine „milde Krankheit“ erfährt.

Erste Schritte in Richtung Neue Arbeit

In radikalem und diametralem Gegensatz zu den Axiomen des Lohnarbeitssystems steht die definierende Essenz der Neuen Arbeit: dass man selbst die Arbeit bestimmt. Diese *Selbstbestimmung* ist der Grundbaustein, das Molekül, aus dem das System der Neuen Arbeit Stück für Stück aufgebaut worden ist.

In der Tat war das allererste Neue-Arbeit-Projekt in Flint im amerikanischen Bundesstaat Michigan von Anfang an nicht darauf gerichtet, das Lohnarbeitssystem zu reparieren oder zu erweitern. Das Ziel war nicht, Arbeitsplätze in Stücke zu teilen und diese Stücke auf innovative und gerechtere Weise zu verteilen. Der Vorschlag, Fabrikarbeiter sollten anstelle der wegrationalisierten Fabrikarbeit eine Arbeit leisten, die sie „wirklich, wirklich“ tun *wollten*, war ein wohlbedachter Versuch, hier den ersten kleinen Keil des Konzepts einer *anderen Art* von Arbeit einzuschlagen. Schon damals, im Jahr 1981, wiederholten wir immer und immer wieder, dass es uns um eine *Alternative* zum Lohnarbeitssystem ginge. In den mehr als 20 Jahren, die seitdem vergangen sind, haben wir versucht, diese selben Kerngedanken in einer inzwischen langen Reihe vielfältiger Projekte voranzutreiben.

Das allen Projekten gemeinsame Element ist, dass sie keinen Versuch darstellen, Arbeitsplätze zu „dehnen“ oder umzustrukturieren, sondern dass sie sich bemühen, der unendlichen Menge latenter Arbeit, die außerhalb der engen Umzäunungen des Zoos Lohnarbeit brachliegt, eine Form zu geben und sie durch organisatorische Unterstützung zu fördern. Natürlich haben auch wir herumgetastet und experimentiert, und natürlich sind wir auch in die Irre gegangen, aber unter all dem Stückwerk waren einige Dinge von Anfang an glasklar. Wir wussten, dass das Ringen um die Schaffung dieser neuen Strukturen viel Zeit und Geduld braucht, aber unser Ziel war, sie nach und nach so stark und widerstandsfähig zu machen, dass sie zu einem Zeitpunkt vital genug wären, um die sinkende Zahl von Arbeitsplätzen durch Neue Arbeit auszugleichen.

Das bedeutete natürlich, dass die Wirtschaftlichkeit dieser neuen Formen oder Modalitäten von Arbeit – also die Frage, in wieweit sie für die eine Seite ökonomisch gangbar waren und den anderen, die diese Arbeit verrichteten, eine angemessene Vergütung einbrachte – nicht nur ein wichtiges Anliegen war, sondern bei jedem Schritt in den Plan eingebaut war. In all den verschiedenen Gruppen für Neue Arbeit war das Ethos immer auch von einer gewissen Skepsis gegenüber der Kultur von „Projekten“ geprägt. Wir wussten um die Gefahr, in eng gesteckten Grenzen eingeschlossen zu bleiben – dass man uns mit allerlei schönen Worten kleine Sandkästen zur Verfügung stellen würde, in denen wir dann *spielen* durften. Wir kannten das als Methode, um Aufwiegler in die Reihen einer potentiell aufsässigen Jugend zu schleusen und das wiederum ist eine sehr wirksame Methode, sie beschäftigt und in Atem zu halten, um sicherzustellen, dass sich nichts wirklich ändert. Wir waren also auf der Hut und hielten uns stets vor Augen, dass das Flicken und Ausbessern des Lohnarbeitssystems das Letzte war, was wir erreichen wollten. Unser Ziel war es ganz klar, jene Organisationsform der Arbeit – nach unserer Überzeugung eines der am wenigsten intelligenten und produktiven aller bisher entstandenen Systeme der Arbeit – zu *überwinden* und zu transzendieren.

Von dem Plateau aus, das wir nun nach beinahe 25 Jahren erreicht haben, können wir erkennen, dass die Fülle der anfänglichen Ansätze sich zu zwei Unterkategorien verdichtet hat. Eine Form der selbstbestimmten Arbeit bezog in immer stärkerem Maße den Gebrauch von bestimmten fortgeschrittenen Technologien ein, die es kleinen Gruppen (also nicht isolierten, abgeschieden lebenden mönchischen Individuen, sondern Gruppen von 300 bis 800 Menschen) erlauben, einen großen Teil (grob gerechnet 80 Prozent) der Gesamtsumme von Produkten selbst herzustellen. Produkte, die sie nicht etwa zum *Über*leben, sondern zu einem sinnvollen, freudigen und erfüllten Leben brauchen. Es geht also nicht darum, selbst Tomaten zu ziehen oder Marmelade aus dem Obst eigener Ernte einzukochen, sondern – Überraschung! – um die eigene Herstellung von Elektrizität, von Kleidung, von einem Espresso-Kocher, einer Mikrowelle und einem Mobiltelefon. Dies ist die Form von Neuer Arbeit, die wir im Allgemeinen „High-Tech-Eigen-Produktion" nennen.

Die zweite Form Neuer Arbeit entstand aus dem ursprünglichen Vorschlag für ein Neue-Arbeit-Projekt in der Automobilstadt Flint (das Projekt wird ausführlich im folgenden Kapitel beschrieben). Dem lag der Gedanke zugrunde, dass selbst nach der Einführung der computergesteuerten Produktion genug Lohnarbeit übrig bleibe, um *alle* Arbeiter sechs Monate im Jahr in den Fabriken mit Arbeit zu versorgen. Währenddessen würde sich das soeben dort gegründete erste Zentrum für Neue Arbeit um zwei Aufgaben kümmern: den Arbeitern bei dem schwierigen Unterfangen helfen, herauszufinden, was sie „wirklich, wirklich" tun wollten, und alles Erdenkliche tun, um sicherzustellen, dass sie anständig, wenn nicht sogar gut für eine Arbeit bezahlt würden, die sie anstelle der Fabrikarbeit ernsthaft und wirklich leisten *wollten.*

Der Ausdruck „Arbeit, die wir wirklich, wirklich wollen" wurde von den Medien aufgegriffen und, oft wiederholt, so zu einem Kennzeichen, einer Art Mantra der Neuen Arbeit. Die Formen der Arbeit, die mit diesem Ausdruck verbunden wurden, entwickelten sich genau wie jene der High-Tech-Eigen-Produktion sprunghaft und sporadisch, und schließlich entstand eine zweite zentrale Bedeutung der „selbstbestimmten Arbeit" als ein Kern, um den herum sich Bausteine zu einem Mosaik zusammensetzten. Ein Baustein war der Gedanke, dass menschliche Wesen wesentlich länger als andere Kreaturen zur Entwicklung brauchen und dabei auf die Unterstützung anderer angewiesen sind. Man braucht nur einmal ein neugeborenes Baby mit einem neugeborenen Fohlen zu vergleichen, das schon am Tag seiner Geburt, wenn auch ziemlich staksig, über die Weide laufen kann. Allmählich wurde diesem ersten Baustein ein zweiter hinzugefügt: Arbeit, die man wirklich leisten *will*, ist sehr wahrscheinlich die beste verfügbare „Leiter" für den Weg nach oben, für jenen Aufstieg über steile Bergpfade, den die Entwicklung eines jeden Individuums darstellt. Und: Arbeit, die man wahrhaft tun *will*, ist auf eine sehr viel realistischere und praktischere Weise *nützlich* als die meisten der gut vermarkteten Therapien. Tut sie doch mehr dafür, den Menschen zu stärken und ihn in sich selbst ruhen zu lassen als Berge von Vitaminpillen oder ausgedehnte Fitnessprogramme. Auch diese Überzeugung wurde zu einem Banner, zu einer symbolischen Kurzformel der Neuen Arbeit.

Das Beharren darauf, dass das Lohnarbeitssystem nur *eines* der möglichen Systeme der Arbeit ist, speist sich also aus der Vorstellung, dass es andere umfassende und überlegene Organisationsformen der Arbeit gibt. Es ist diese Vorstellung, die uns aufweckt und es uns erlaubt, von dem Zug mit den verriegelten Türen abzuspringen. Hat man das einmal begriffen, kann man die progressive Abschaffung der Lohnarbeit mit Gelassenheit betrachten. Denn dass die Arbeit selbst knapp wird, ist im Prinzip unmöglich; deshalb ist die angemessene Antwort auf die Verknappung der Arbeitsplätze die Entwicklung eines von Grund auf neuen Systems der Arbeit.

Dieser Gedanke impliziert, dass es unzählige verschiedene Systeme der Arbeit geben könnte. Sehr wahrscheinlich könnte man sogar eine neue akademische Disziplin schaffen, die sich der Logik dieser Systeme widmet, so wie es ja bereits das Studium der politischen Systeme oder der Produktionssysteme gibt, und ebenso könnte man in der Zukunft auch die verschiedenen Systeme der *Bezahlung* studieren. Menschen für eine Arbeit zu bezahlen, die von anderen bestimmt ist und die sie im typischen Fall tun *müssen*, ist natürlich nur eine der Möglichkeiten und eben die, die – natürlich aus guten Gründen – in das Lohnarbeitssystem eingebaut ist.

Aber auch hier existieren grundlegende Alternativen, die allzu lange übersehen wurden. Eine ist der von Stiftungen praktizierte Modus der Bezahlung. Angefangen bei den ganz großen Stiftungen wie der Kellog Foundation, der Ford Foundation oder der Friedrich-Ebert-Stiftung bis hinunter zu den kleinsten privaten Familienstiftungen, alle sind so organisiert, dass sie für Arbeit bezahlen, beispielsweise dafür, eine Studie zu erstellen oder einen Roman zu schreiben. Aber der Grundansatz ist dem des Lohnarbeitssystems beinahe diametral. Denn Stiftungen ermutigen dazu, ihnen ein Projekt vorzuschlagen. Das überlässt die Initiative der Person oder Gruppe, die die Arbeit leisten möchte, während die Initiative im Falle der Lohnarbeit bei der Organisation oder Person liegt, die andere einstellt und auf deren Anordnung die Arbeit ausgeführt wird. Die Arbeit für Stiftungen kann also als *ein* Schritt hin zu einer selbstbestimmteren Arbeit gesehen werden.

In scharfem Kontrast hierzu steht das Spezielle unseres Systems der Arbeit, das wir vor zwei Jahrzehnten zu entwickeln begonnen haben. In diesem neuen System spielt der Gedanke der menschlichen Entwicklung eine Schlüsselrolle. Einerseits haben wir mit allem Nachdruck betont, dass die Arbeit in der Vergangenheit eine enorm schädliche Wirkung auf die Entfaltung des menschlichen Potentials gehabt hat. Aber mit demselben Nachdruck haben wir insistiert, dass Arbeit auch das wirksamste Instrument zur *Stärkung* des Menschen und zur *Förderung* seiner Entwicklung sein *kann.*

Die vollständigere Entwicklung des menschlichen Wesens über das bisher Bekannte hinaus hat nichts mit der Idee zu tun, eine neue Spezies zu schaffen oder in der sowieso ziemlich problematischen Konzeption von Evolution eine neue Seite aufzuschlagen. Was wir anstreben, ist besser mit anderen Analogien umschrieben: etwa zur ausgebildeten linken Hand eines Geigers oder zur erstaunlichen Virtuosität eines Sängers, Schriftstellers oder Mathematikers. Der Unterschied zwischen dem, was wir als eine „normale“ Hand ansehen, und der Beweglichkeit der Finger eines Geigers ist frappierend. Unsere Hoffnung ist, dass eine Arbeit, die die Menschen ernsthaft tun wollen, diese allmählich aus dem verkrüppelten Zustand herausführen und auf ein Niveau heben wird, das dem der linken Hand eines Geigenvirtuosen entspricht – mit dem großen Unterschied, dass wir von der *ganzen Person* sprechen, von Körper, Seele und Geist, und nicht nur von Fingern. Und mit einer Betonung, die dem Klang von Trompeten gleicht: Es geht uns *nicht* um einige privilegierte Wenige, sondern um die Menschheit selbst. Wie Walt Whitman es in einer großartigen Zeile gesagt hat: „Den neuen Menschen sing ich.“

Kapitel III

Arbeit, die wir wirklich, wirklich wollen

Im letzten Kapitel versuchte ich in groben Umrissen das große Bild des intellektuellen und begrifflichen Rüstzeugs zu malen, das der Neuen Arbeit zugrunde liegt. Auch das beste Auto kann man in finsterer Nacht nicht ohne Scheinwerfer fahren. Wir brauchen Licht, wir müssen das, was vor uns liegt, sehen oder wir können uns nur im Schneckentempo fortbewegen. Die Neue Arbeit will unter anderem ein solches Hilfsmittel sein: Sie will den Weg vor uns beleuchten, so dass wir uns nach dieser langen Zeit der Lähmung und der Orientierungslosigkeit wieder in Bewegung setzen können.

Darum war es wichtig, einen Blick auf die hochgesteckten und farbenprächtigen Erwartungen zu werfen, die die Französische Revolution so gründlich enttäuscht hat, und zu betonen, dass diese Hoffnungen nicht gestorben sind, sondern dass sie nur unter dicken Schichten Staub verborgen liegen. Es ist ein Teil der Vision der Neuen Arbeit, diesen Staub wegblasen und natürlich diese Ideen in verschiedener Hinsicht modifizieren zu können – und vor allem, etwas in Bewegung zu setzen, das diese Hoffnungen schließlich verwirklichen könnte. Beides, die Hoffnungen und die Enttäuschung, finden sich komprimiert in dem einen Leitbild, das die Neue Arbeit uns als Richtlinie vorhält. Dieses Bild besagt, dass der Großteil der Menschheit bis jetzt (also von der Französischen Revolution an bis auf den heutigen Tag) verkrüppelt geblieben ist, dieses Zeitalter nun aber endlich zu Ende geht. In einer neuen Kultur, die auf dem System der Neuen Arbeit basiert, dürfen die verkrüppelten Körper und Seelen sich endlich entfalten und zu voller und kräftiger Gesundheit gelangen.

Auf einer anderen, niederen Ebene bedeutet dies auch, dass das Ziel und die Vision der Neuen Arbeit durch eine Kritik von Marx definiert werden muss und durch eine Kritik jener Kräfte, die sich früher „die Linke" nannten, sowie durch eine Einschätzung dessen, was die Regierungsform Demokratie in ihrer puren Verwirklichung tatsächlich bereitstellt. Das verlangt eine strenge Beurteilung dessen, was echte Freiheit im Gegensatz zu dem Blendwerk, das uns oft als solche vorgegaukelt wird, tatsächlich bedeuten könnte. Das jetzt folgende Kapitel präsentiert uns eine geometrische Skizze dieses Rasters.

Dieses Kapitel nun hat einen ganz anderen Ansatz. Die Neue Arbeit ist nicht nur etwas, das sich einige Leute in ihrem Kopf zusammengebraut haben. Sie ist auch eine fortschreitende *Mobilisierung.* Als solche existiert sie bereits in der Realität, und das nun bereits seit beinahe 25 Jahren, und sie hat auch eine Geschichte, eine Geschichte mit Fortschritten und Rückschlägen, mit glänzenden Momenten und misslichen Fehlern. Das bedeutet, die Ideen, welche die Neue Arbeit ausmachen, sind auf die Probe gestellt worden; sie wurden im Lichte neuer Erfahrungen immer wieder revidiert. Und es bedeutet, dass wir nicht *am Anfang stehen.* Wir stehen nicht am Fuß eines riesigen Berges, eingeschüchtert und beeindruckt von den aufsteigenden Wänden, die wir vielleicht erklimmen müssen. Einige der anstrengendsten und schwierigsten Passagen liegen bereits hinter uns.

Es ist uns deshalb wichtig hervorzuheben, dass wir keineswegs eine fabelhafte, brandneue Idee ins Leben setzen wollen, die uns sozusagen erst gestern Abend unter der Dusche eingefallen ist. Eine ganze Reihe verschiedenster Neue-Arbeit-Gruppen (die oft, aber nicht immer mit Zentren für Neue Arbeit verbunden sind) haben zäh daran gearbeitet, einige dieser Ideen in die Praxis umzusetzen. In einigen Fällen haben sie Erstaunliches erreicht, in anderen verlief das Begonnene wieder im Sand. In diesem Kapitel will ich unter anderem diese Entwicklungen in groben Zügen skizzieren, um wenigstens einen Eindruck von der Geschichte, dem Epos der Neuen Arbeit zu vermitteln.

Diese Geschichte ist vielleicht leichter zu verstehen, wenn ich mit dünnen Linien Teile meiner persönlichen Geschichte aus der Zeit *vor* den ersten Anfängen der Neuen Arbeit skizziere. Am Ende der siebziger, Anfang der achtziger Jahre habe ich auf der anderen Seite des damals noch existierenden Eisernen Vorhangs viele verschiedene Länder besucht. In dieser Zeit stürzte Marx für mich vom Sockel, und zwar mit einer solchen Wucht, dass dabei auch alle meine Vorstellungen vom Sozialismus zu Bruch gingen. Und bei dieser Gelegenheit zerbrach für mich auch die amerikanische Version des Liberalismus. Ich war überzeugt, dass durch den Tod des Sozialismus die Kluft zwischen Reich und Arm so breit und tief würde, dass bloßer Liberalismus niemals die Kraft haben würde, die Vergrößerung dieser Kluft aufzuhalten oder gar rückgängig zu machen. Der Liberalismus würde nur auf dem dünnen Eis seiner schmelzenden moralischen Grundlagen stehen und hilflos seine zarten Hände ringen.

Und nicht nur das: Die schwerwiegendere Schwäche des Liberalismus (der grob gesagt der Sozialdemokratie in Deutschland entspricht) lag in einem traurigen und bedauernswerten Mangel, einem Gesicht ohne Augen vergleichbar. Seine Mission und sein Credo waren, denen beizustehen, die „am schlechtesten dran sind", und ihnen zu helfen, einigermaßen den Anschluss zu halten (John Rawls). Aber ist das genug? Ist das alles, was wir wollen? Sind wir tatsächlich so bescheiden oder selbstzufrieden oder völlig ausgebrannt? Was ist mit denen, die nicht „schlecht dran sind", sondern obenauf? Besonders wenn sie nicht zufrieden, nicht im Geringsten mit den Umständen, in denen sie sich befinden, einverstanden oder nicht glücklich sind? Fraglos finden viele unter den Reichen ihr eigenes Leben entsetzlich und ihren sozialen Status abstoßend und dekadent. Und damit ist dieser Gedankengang noch nicht zu Ende. Denn wenn die Reichen selbst ihren Aufstieg dergestalt erfahren, dann könnten etliche derer, die „am schlechtesten dran sind", nicht gerade dankbare Hofknickse machen, wenn jemand ihnen helfen will, „den Anschluss zu halten". Sie könnten das Leben der Reichen so ähnlich sehen wie diese selbst und könnten sich mit Zähnen und Klauen gegen den Einfall wehren, auf diese Ebene „hinaufgehoben" zu werden.

Um es geradeheraus und unaufgeregt in wenigen Worten zu sagen: Der Liberalismus hat kein Ziel, kein hohes, inspirierendes Ideal. Er hat keine Vision einer Kultur und einer Gesellschaft als etwas Großartiges und Beeindruckendes. Und so hat er denn auch nichts zu bieten, wonach jene, die bereits „gut dran" sind, in ihrem Leben streben und wofür sie kämpfen könnten. Man könnte sagen, dass für den sanften Liberalismus, der heute immer noch vertreten wird, die oberen Bereiche leer sind: Der Raum, in dem einst das Großartige wohnte, ist unter der Vormundschaft des Liberalismus leer und grau geworden. Dass man denen, die schlecht dran sind, helfen muss, ist selbstverständlich; das ist nun wirklich die platteste aller Plattitüden. Die Frage ist: Was sind die höheren, die ehrgeizigeren Ziele, die eine Gesellschaft haben könnte – jene Ziele, die unseren Geist beflügeln könnten?

Natürlich haben schon viele den Liberalismus auf die gleiche Weise gesehen. Tatsächlich ist es für den Ablauf meines Lebens entscheidend, dass dies in den legendären „Sechzigern" für große Teile der Linken das Standardbild vom Liberalismus war. Das heißt, bereits zwölf oder 14 Jahre *bevor*, ich meine Reisen in den Ostblock begann, gehörte dies zu den Ansichten der meisten meiner Freunde. Lassen Sie es mich um der Betonung willen wiederholen: Für viele Menschen meiner Generation war der Liberalismus schon lange *vor* dem Zerfall des Sozialismus kläglich in sich zusammengefallen.

Während jenes Zeitraums, also von den Mittsechzigern bis zu den späten Siebzigern, spielte ich eine exponierte Rolle in der Anti-

Vietnamkrieg-Bewegung. Etwas apokryph haben viele Zeitungen und Bücher die Erfindung des „Teach-in" mir zugeschrieben, aber es ist eine Tatsache, dass die amerikanische Version des SDS (Students for a Democratic Society) in Ann Arbor gegründet wurde, wo ich damals lehrte, und dass viele meiner engsten Freunde und Studenten die Gründer und frühen Führer des SDS waren, beispielsweise Carl Oglesby, ihr erster Präsident.

Ich war beinahe genauso alt wie meine Studenten, und einer der Hauptkonflikte mit ihnen wurde in endlosen, langen (rauchgefüllten) Nächten diskutiert. Auf den Liberalismus einzuschlagen war meiner Ansicht nach gut und schön, aber ihre Vorstellung einer „Neuen Linken" war im Grunde die Idee einer Linken, die zu Marx zurückkehrte. Und wenn das auch erst die Mittsechziger waren und noch viele Jahre vergehen sollten, bevor ich den real existierenden Sozialismus mit eigenen Augen sehen sollte, argumentierte ich bereits damals unermüdlich – für die Zuhörer allerdings bisweilen ermüdend –, dass Marx Sand sei, auf den zu bauen tückisch und dumm wäre. Dass das marxistische Fundament einbrechen würde, sobald man es einer gewissen Belastung aussetze, war dabei der geringere meiner beiden oft wiederholten Kritikpunkte. Meine Stimme wurde noch eindringlicher, wenn ich davor warnte, unsere junge und vielversprechende Bewegung liefe Gefahr, im Schlamm stecken zu bleiben, wenn wir nicht sehr viel ernsthafter und klarer über unsere *Ziele* nachdächten – darüber, welche Kultur und welche Gesellschaft, welche Wirtschaft und welche Institutionen wir uns *wünschten* und dabei erreichen wollten. Was das anging, hatte Marx kläglich versagt, selbst in dem Bild, das ich in den Sechzigern von ihm hatte. In seinem maßgeblichen Werk *Das Kapital* gab es buchstäblich ganze fünf oder sechs Seiten, auf denen das tatsächliche Funktionieren der künftigen Gesellschaft beschrieben wurde – und das auch nur in den allgemeinsten Zügen.

Nachdem die Sechziger ihren in mancher Hinsicht großartigen, in mancher Hinsicht aber auf groteske Weise sich selbst zerstörenden Verlauf genommen hatten, hielt ich ein Buch zum Thema Freiheit für dringend nötig. Denn die Idee Freiheit und die Hoffnung auf Freiheit ist ganz offensichtlich zweierlei: Sie ist das Fundament alles ernst zu nehmenden politischen Denkens, aber auch die Zusammenfassung aller politischen Ziele in einem einzigen Begriff. So schrieb ich dann *On Being Free* („Die Freiheit leben"). Das Buch enthielt eine knappe Kritik der Demokratie, eine knappe Kritik des Liberalismus und eine knappe Kritik von vielem anderen. Es enthielt auch einen durchgängigen Gedankengang, der schließlich zum Leitgedanken der Neuen Arbeit wurde. Ich argumentierte, Freiheit bestünde nicht nur darin, „eine Wahl zu haben". Denn eine solche Wahlfreiheit ist bedeutungslos und schenkt keine Freiheit, wenn sie einen nur zwischen zwei Optionen wählen lässt, von denen man weder die eine noch die andere will. Um etwas, das den Namen „Freiheit" verdient, wenigstens nahe zu kommen, muss man die Menschen in den Stand setzen, das zu tun, was sie wirklich tun wollen. Das zu ermöglichen ist das entscheidende Merkmal einer freien Kultur oder einer freien Gesellschaft. Das müsste also eine Kultur und Gesellschaft sein, in der man uns nicht endlos mit völlig unerheblichen Wahlmöglichkeiten zum Narren hält, sondern in der wir das tun und das erreichen können, was wir wirklich und wahrhaftig tun und haben *wollen.*

Im vorigen Kapitel argumentierte ich ausführlich, dass der Punkt, an dem man *ansetzen* müsse, logischerweise die Struktur und Organisation der *Arbeit* sei. Es erschien mir damals, und der Meinung bin ich auch heute noch, dass die Erfahrung einer Arbeit, die man wirklich, wirklich tun möchte, ein erster beachtlicher und bedeutungsvoller Schritt zur Freiheit sein könnte. Denn diese Erfahrung würde uns einen Vorgeschmack geben und uns ein Wegweiser für vieles andere sein. Wenn man erst einmal Arbeit, die man wirklich tun möchte, erlebt hat, dann könnte man von dort aus weitergehen zu der Frage, was man sich wirklich und wahrhaftig von materiellen Dingen, von anderen Menschen und vom Leben selbst erhofft.

Nicht lange nach der Veröffentlichung dieses Buches lehrte ich in Kalifornien. Das Wetter war mild und mein Leben war angenehm. Aber viele kleine haarfeine Risse bereiteten einen größeren Bruch vor. Einer davon wurde durch die Fragen einiger Freunde hervorgerufen. „Ist das etwa alles?" „Nach allem, was du in den Sechzigern an wilden

Vorstößen unternommen hast, willst du da jetzt in die Kissen sinken, um dich auszuruhen oder immer weiter Bücher zu schreiben?" „Ist das die zweite Lebenshälfte, die du dir wirklich, wirklich wünschst?" Um es kurz zu machen: Die Arbeit sollte ab sofort mein Thema sein. Der gesamte Bereich der Arbeit: ihre Geschichte, die verschiedenen Bedeutungen, die sie haben kann, die Gründe für die Arbeitslosigkeit in der Blütezeit Roms, Arbeit in frühen schriftlosen „primitiven" Kulturen, die Transformation der Arbeit durch die protestantische Ethik und, am allerwichtigsten, Arbeit, wie sie in der nahen Zukunft potentiell sein könnte: Arbeit als Trittleiter, als eine Abfolge kleiner Schritte, die uns einer nach dem anderen zu einer menschlicheren, intelligenteren und fröhlicheren Kultur führen könnten, als die Kultur es ist, die uns bisher zu Krüppeln gemacht hat.

Ich beschloss, Kalifornien zu verlassen – eine Gegend der Welt, in der die Leute nicht einmal wissen, was Arbeit *ist* – und nach Michigan zurückzukehren. Ich hatte nicht den geringsten Zweifel, dass meine Forschungen zum Thema Arbeit, insbesondere zum Thema *Veränderung* der Struktur und Natur der Arbeit völlig umsonst wären, wenn ich nicht von jetzt an mit je einem Bein bis zur Hüfte in der Theorie und in der Praxis stehen würde. Die Neue-Arbeit-Projekte, die ich in den folgenden 25 Jahren initiierte, waren ein Teil dieser Praxis.

Das Projekt in Flint

In den frühen Achtzigerjahren herrschte eine schwere Rezession. Diese Tatsache an sich hatte schon Auswirkungen auf die und in der Stadt Flint, der typischen Automobilstadt der Vereinigten Staaten, noch typischer sogar als Detroit. Doch die Rezession war nur für den kleineren Teil des damals herrschenden Aufruhrs, der Aufregung und der Angst verantwortlich. Der größere Teil wurde durch die erste große Welle der Automatisierung verursacht. Auf bedrohliche Weise erschienen innerhalb sehr kurzer Zeit auf beiden Seiten des „Fließbandes" Computer, welche Maschinen steuerten, die zuvor von Frauen und Männern bedient worden waren. Von General Motors gab es keinerlei Bulletins, die klar und aktuell darüber informiert hätten. Also summten die Gerüchte wie Fliegenschwärme durch alle Straßen, Bars und Stadtviertel. Wir hatten uns aus guten Gründen in Flint niedergelassen, und die Zeit war nun so günstig, wie wir es uns nur wünschen konnten. Wir hatten vorher schon Versuche gestartet, einen in Kenosha, Wisconsin, und einen in Detroit. Beide wurden bereits nach einer kurzen Anlaufphase beendet, aber von dem in Detroit hatten wir eine wichtige Lektion gelernt. Detroit war einfach zu groß und in zu viele verschiedene ethnische Gruppen gespalten. Detroit zu einer einzigen Gemeinde zusammenzuschließen und mit dieser Gemeinde so etwas wie ein neues Verständnis der Arbeit zu diskutieren war völlig unmöglich. Flint hingegen war anders. Es hatte in der Geschichte der amerikanischen Arbeiterbewegung eine herausragende Rolle gespielt, und jedermann in der Stadt war stolz darauf, dass aufsehenerregende und bis dahin nie angesprochene schwierige und strittige Themen in Flint zum ersten Mal ausgefochten worden waren. Außerdem, und das war sehr wichtig für unsere Zwecke, war Flint von der Größe her überschaubar. Und es gab in Flint nichts außer den Autofabriken, die allerdings jeden Aspekt des Leben jedes einzelnen Einwohners beherrschten.

Unser Projekt erhielt vom ersten Tag an *mehr* Beachtung und Echo in den Medien, als gut dafür war. Das lag zum Teil daran, dass wir als Gegenpart von General Motors (GM) auftraten, *die* sich zu dieser Zeit noch brüsten konnten, das größte aller amerikanischen Unternehmen zu sein. Hinzu kam, dass wir dafür Flint ausgewählt hatten, was sofort größere Aufmerksamkeit erregte, denn Flint war der Geburtsort der Gewerkschaft UAW (United Automobile Workers) und für viele ein heiliger Ort der amerikanischen Arbeiterbewegung. Nach längeren Vorbereitungen, die sich über fast zwei Jahre hinzogen, eröffneten wir in Flint das erste Zentrum für Neue Arbeit, welches auf einem Konzept basierte, das unsere gesamten bisherigen Erfahrungen berücksichtigte. Diese Vorbereitungen fanden zwischen 1981 und 1983 statt, als sich langsam die Nachricht in der Stadt verbreitete, GM wolle in einigen Fabriken erstmals die computerunterstützte

Herstellung einführen. Wir hatten inzwischen viele der Arbeiter mehr als oberflächlich kennen gelernt, bei Gesprächen und gemeinsamen Mahlzeiten viel Zeit mit ihnen verbracht. Das half uns sehr, denn sie brachten uns Informationen aus erster Hand über die Fähigkeiten der Technologie, die GM einzuführen begann. Auf der Grundlage dieser Informationen sagten wir – ganz bewusst in runden Zahlen – voraus, dass die Entlassungen zwar recht langsam erfolgen würden, schließlich aber an die 50 Prozent der Arbeitenden betreffen könnte. Diese Schätzung war, wie sich herausstellen sollte, noch zu niedrig angesetzt, denn die Reduzierung von Arbeitskräften bei der Herstellung von Autos ist heute weitgehend nur noch eine Frage des Kapitals, das zu investieren man bereit oder fähig ist. Wie wir inzwischen wissen, ist im Autobau heute eine Reduzierung auf 30 Prozent der Arbeitskräfte oder noch weniger möglich.

In den ersten Flugblättern, Vorträgen und Radiointerviews „positionierten" wir dieses eben eingerichtete erste Zentrum für Neue Arbeit als eine *Alternative.* Eine Alternative zu der massiven Welle von Entlassungen, zu denen es schrittweise kommen würde. Wir argumentierten damit, dass ein tiefer Spalt, ja eine Schlucht mitten durch die Stadt verlaufen werde, wenn so viele Arbeiter ihre Arbeitsplätze verlören: die eine Hälfte der Stadt würde arbeitslos werden und die andere unter ständig zunehmendem Druck immer mehr erschöpfende Überstunden machen müssen. In vielen der zahllosen Vorträge, die wir in Kirchen, Gewerkschaftsräumen, Werkskantinen, -clubs und -cafés hielten, reduzierten wir den Kernpunkt unseres Vorschlags auf eine Geste: Keine vertikale Spaltung mittendurch wie mit einer Axt, pflegten wir zu sagen, sondern eine andere Art von Aufteilung, eine Halb-und-halb-Aufteilung: nicht in zwei einander bekämpfende Lager, sondern horizontal, behutsam, alle betreffend.

Die horizontale, geschichtete Alternative, die wir vorschlugen, sollte durch eine Einteilung in zweimal sechs Monate, die so genannte 6 : 6-Lösung, vollzogen werden. Jeder sollte ein halbes Jahr in der Fabrik arbeiten und den Rest des Jahres mit etwas Interessanterem und Aufregenderem beschäftigt sein. Statt die Stadt Flint in zwei Lager aufzuspalten, sollte es zwei Arten von Arbeit und die entsprechende

Aufteilung geben. Die Auswirkungen würden ruhig und mit Gleichmaß zum Tragen kommen, und sie würden nicht entzweiend sein, sondern still und behutsam.

Wir betonten, dass wir nicht von einer Reduzierung um einige Stunden pro Woche sprachen – etwa auf 35 oder 30 Stunden –, sondern von einem sauberen Schnitt, der nicht weniger als sechs Monate des Jahres betraf. Das war natürlich eine vereinfachte, modellhafte Ausdrucksweise, und wir waren uns durchaus bewusst, dass sich das für die Leute seltsam und unerhört anhören würde. Aber in gewisser Weise war das genau der Punkt, auf den wir hinzielten: Wir gewöhnten uns schnell daran, zu unseren Zuhörern zu sagen: „Schütteln Sie nur ruhig den Kopf. Wir sind das schon gewohnt und wir können es nur empfehlen." „Wunderbar für den Kreislauf", pflegten wir zu sagen, „je heftiger Sie das tun, desto mehr entspannt es Ihren Nacken." Natürlich brachte uns das immer einen Lacher ein, was uns wiederum half, zu dem so schwierigen Punkt zu kommen, auf den wir hinauswollten: den Leuten rasch und mit leichter Hand einen Vorgeschmack auf eine ungewohnte und neuartige *Denkweise* zu vermitteln.

Im Weiteren pflegten wir dann darzustellen, dass wir zwei Hauptgründe für die 6 : 6-Lösung hatten: Einerseits würde der Abbau von Arbeitsplätzen sehr viel drastischer sein, als es sich irgendjemand zu diesem Zeitpunkt vorstellen mochte. In einer Folge eskalierender Schritte würde immer mehr Automatisierung eingeführt, bis schließlich die Hälfte der Arbeitsplätze in der Produktion eingespart wäre. Diese Halbierung führe zu den sechs Monaten. Das entspräche nämlich aller Arbeit, die übrig bleiben werde. Wenn man diese gleichmäßig verteile, dann blieben für alle, die heute einen Arbeitsplatz in den Fabriken hätten, nur sechs Monate Arbeit übrig.

Der zweite Grund für die 6 : 6-Lösung sei „uns", das heißt den Menschen, die das Zentrum für Neue Arbeit gegründet hatten, noch wichtiger. Denn angesichts dessen, was wir einzuführen versuchten, sei eine Reduzierung um einige Stunden pro Woche oder gar um einen ganzen Tag sinnlos und ohne Wirkung. Zwei zusätzliche Stunden Freizeit pro Tag würden sehr schnell von der üblichen Routine aufgesogen werden. Was die Reduzierung auf vier Arbeitstage pro Woche anging, hatten wir bald eine passende Standardentgegnung parat, die kurz und bündig und doch auf subtile Weise deutlich machte, worauf es uns ankam: Wenn diese Frage im Raum auftauchte, dann witzelten wir: „Vier Tage Arbeit und drei Tage Faulenzen ist gerade genug, um sich schuldig zu fühlen – aber nicht genug, um wirklich etwas zu TUN!"

Für uns war die Möglichkeit, in den anderen sechs Monaten des Jahres „wirklich etwas *tun*" zu können, der springende Punkt an unserem Vorschlag. In den restlichen sechs Monaten sollten die Arbeiter nicht mit irgendeiner ausgedachten „Beschäftigungstherapie" scheinbeschäftigt werden, sie sollten auch nicht über ein wohlgemeintes, sie aber letztlich abwertendes und erniedrigendes Sozialhilfeprogramm beschäftigt werden. Noch weniger sollte es dazu kommen, dass sie sechs Monate nur auf ihrem Wasserbett herumlagen und Seifenopern oder Pornofilme ansahen. In den anderen sechs Monaten sollten sie vielmehr Neue Arbeit leisten! Und zu diesem Zweck bot das neu gegründete Zentrum zwei Arten von Unterstützung an.

Zum einen würden wir große Anstrengungen unternehmen, um zusammen mit den Arbeitern herauszufinden, was für Talente und Fähigkeiten sie besaßen, was ihre Werte und ihre Weltanschauungen waren und, ganz besonders, welche Arbeit sie tief im Innersten wirklich und wahrhaftig leisten *wollten*. Von Anfang an wurde diese andere Arbeit mit verschiedenen Namen benannt; einer davon war „Berufung". Diesen religiösen Begriff führten die Arbeiter selbst ein (einige von ihnen lehrten regelmäßig an der Sonntagsschule). Sie sprachen ganz ohne Hemmung davon, dass sie eine letzte Chance hätten, ihre „Berufung" zu finden. Andere Wörter wie Mission, Vision oder Aufgabe oder gar Suche tauchten auch auf, aber der eine Ausdruck, der an uns hängen blieb und der uns während der gesamten Entwicklung unserer langen Geschichte blieb, war einfach: eine Arbeit tun, die man wirklich, wirklich tun möchte. Das schien die beste und kompakteste, zugleich seriöse und auch humorvolle Zusammenfassung dessen zu sein, worum es ging.

Zum anderen ließen wir nichts unversucht, um sicherzustellen, dass diese Neue Arbeit bezahlt wurde und zu einer substantiellen Einkommensquelle für die Arbeiter wurde. Es ging nicht nur um ein paar Cent hier und da, sondern um Geld, das eine Summe ausmachte, mit der sie rechnen konnten. Wir betonten sogleich, dass es mehr als einen Weg gebe, um ebendieses Ziel zu erreichen. Der erste Gedanke, der einer beträchtlichen Anzahl der Arbeiter bei ihren Überlegungen kam, war der, dass sie gern einen kleinen Betrieb aufmachen würden, und viele brachten auch sehr bald recht plausible und in manchen Fällen sogar profitable Vorschläge vor. Aber wir ließen uns nicht so schnell überzeugen, nicht zur Zeit der Entstehung der Neuen Arbeit und auch nicht während der 20 Jahre ihrer weiteren Entwicklung. Wir insistierten, dass ein kleiner Betrieb nur *eine* Möglichkeit sei. Eine mit Vorteilen, aber auch eine mit vielfältigen Gefahren und Nachteilen. „Alternativen" war das Wort, mit dem wir unsere Vorschläge einbrachten, und auch in dieser Frage blieben wir dabei, dass es „Alternativen" gebe, und zwar nicht nur eine, sondern viele. Die zweite Aufgabe des Zentrums sollte es sein, solche Alternativen zu erforschen und auszuprobieren.

Das Zentrum für Neue Arbeit bot also ein Forum für den Austausch. Niemand wurde hier zu etwas überredet, aber die Arbeiter erhielten die Option, sechs Monate ihrer Arbeitszeit gegen sechs Monate Neuer Arbeit einzutauschen. Das unterschied sich ganz wesentlich von all den anderen Programmen und Entwürfen, die von den Arbeitern verlangten, ein *Opfer* zu bringen und einen Teil ihrer Arbeit und ihres Einkommens einfach aufzugeben, und zwar im Namen der „Solidarität" oder aus reiner Herzensgüte zum Wohle und Nutzen anderer Arbeiter, die weniger hatten. Meiner Ansicht nach ist es kein Wunder, dass keines dieser Programme (Volkswagen, Volvo) überlebt hat. Sie alle kamen ins Stocken, wurden nicht weitergeführt oder frühzeitig abgebrochen.

Der Kontrast ist sogar noch größer, als es auf den ersten Blick scheinen mag. Denn es war unser Ziel, die Neue Arbeit niemals als Beschwichtigung anzubieten, als eine Art Trostpflaster. Keineswegs. Der in unserem Kopf wie auch im Kopf der Arbeiter im Vordergrund stehende Vergleich war der zum Lebens- und Arbeitsstil von Erfindern, Malern, Schriftstellern und allen möglichen anderen, die eine persönliche Aufgabe oder Vision haben. Während der letzten 200 Jahre (grob gerechnet, also seit Beginn der industriellen Revolution) haben viele dieser Menschen ihre „wirkliche“ Arbeit – ihr Komponieren oder ihre Forschung – getan, während sie nebenbei, sozusagen mit der linken Hand, noch einen Job gehabt haben. Sie haben das der Not gehorchend getan, fürs Geld, also um die sprichwörtlichen Rechnungen begleichen zu können. So etwa war die Idee, die Bewertung, die von Anfang an in die Prämissen des Unternehmens, das wir in Gang gesetzt hatten, eingebaut war. Der wichtigste Punkt, den wir zu erreichen hofften, war, dass die Arbeiter ihre Neue Arbeit als ihre „eigentliche“ und „wichtige“ Arbeit ansehen würden, als eine Aufgabe, der sie sich verpflichtet hatten, als ihre „Berufung“ – wie es so viele andere vor ihnen bereits getan haben.

Es war Teil unseres Ziels, zu einem Punkt zu gelangen, an dem die Arbeiter wie Wissenschaftler oder Künstler oder eben alle echten Profis eine Aufgabe haben, die sie mit Leidenschaft, Hingabe und Interesse verfolgen – so engagiert, dass sie auf jede Störung oder Einschränkung dessen, was sie als ihre „wahre“ Arbeit ansehen, mit Irritation oder Unmut reagieren. Würden sie so reagieren wie jemand, der, gerade in ein spannendes Buch vertieft, über die Unterbrechung schimpft, wenn es an der Tür klingelt, dann wäre das das genaue Gegenteil der Einstellung zu ihrer „alten“ Arbeit. Wenn sie der nämlich irgendwie entgehen können, empfinden sie das als Wohltat, als Erleichterung einer Bürde. Bevor wir unseren Vorschlag ausformulierten, hatten wir in den vielen Monaten der Vorarbeit wieder und wieder das Wort „Talent“ gehört. Für die Art und Weise, wie die Arbeiter ihre Arbeit erfuhren, sowie dafür, worüber sie klagten, war dies ein Dreh- und Angelpunkt: Unzählige Male wiederholten sie, dass sie Talente hätten, um die General Motors sich einfach nicht kümmere, dass die Schwierigkeiten, in denen sich die Firma befände, vielleicht nicht so gravierend wären, wenn man ihre Begabungen erkennen und sie sich zunutze machen würde, dass die Missachtung ihrer Talente sie auf eine Weise demütige und wütend mache, die mit einigen Cent Lohnerhöhung nicht wettzumachen sei. Die Entfernung zu jener Grundeinstellung, über die wir gerade gesprochen haben, ist also gar nicht so groß, wie jemand denken möchte, der die Situation nur anhand von Stereotypen einschätzt.

Die Armut der Begierde

Die eine Frage, die in jeder Diskussion über das Flint-Projekt fast immer zuerst gestellt wird – und zwar mit einem solch dringenden Interesse, dass alles andere zurücktreten muss –, wird seltsamerweise immer vom Standpunkt der „Arbeiter" aus gestellt. Ihr geht in der Regel heftiges Kopfschütteln voraus, und dann kommt etwa Folgendes: „Was in aller Welt lässt Sie glauben, dass ein Arbeiter, der 20 Jahre lang am Fließband gestanden hat und durch diese monotone Arbeit abgestumpft ist, immer noch weiß, was er wirklich und wahrhaftig tun *möchte*? Sind Sie da nicht hoffnungslos romantisch oder naiv?"

Auf diese Frage haben wir eine fertige und lange vorbereitete Antwort. Lange vorbereitet nicht nur deswegen, weil wir diese Frage schon so oft gehört haben, sondern lange vorbereitet, weil die Antwort Wurzeln hat, die bis in das Denken des großen deutschen Philosophen Georg Wilhelm Friedrich Hegel zurückreichen. Die Standardantwort lautet: „Es ist nicht nötig, sich derart auf die Arbeiter zu konzentrieren. Es ist durchaus nicht so, dass in diesem speziellen Fall 20 Jahre Arbeit am Fließband das, was die Arbeiter wirklich, wirklich wollen, unter dicken Ascheschichten begraben liegt. Ganz im Gegenteil: Nicht zu wissen, was man wirklich und wahrhaftig möchte, ist ein viel allgemeineres Leiden. Es ist in der Tat Teil des menschlichen Lebens, des allgemeinen Schicksals oder, wenn Sie so wollen, des Fluchs, unter dem unser Leben steht. Wenn man Menschen ganz spontan fragt, was sie wirklich und wahrhaftig möchten, dann halten die allermeisten den Atem an, schauen betroffen drein und zucken die Schultern. Nicht nur Arbeiter, sondern die meisten von uns können diese Frage nicht beantworten. Dies ist in der Tat so verbreitet, dass wir uns in den Gruppen für Neue Arbeit daran gewöhnt haben, dieser häufigen menschlichen Schwäche einen Namen zu geben; wir nennen sie „die Armut der Begierde".

Es gibt eine relativ undramatische, ganz und gar nicht ungewöhnliche Begebenheit, welche illustriert, wie üblich und weit verbreitet die Armut der Begierde tatsächlich ist. Sie zeigt auch, dass es hier nicht um ein subtiles, kaum greifbares Phänomen geht, sondern dass es vielmehr offensichtlich und faktisch ist. Sie stammt aus der

Geschichte eines Menschen in Therapie. Greifen wir nur eine kurze Sequenz aus einer einzigen Sitzung heraus. Der Klient kommt seit etwa zwei Jahren zur Therapie, aber diesmal kommt er völlig enthusiastisch hereingestürmt und platzt, kaum hat er sich hingesetzt, schon heraus: „Am Mittwoch, ich glaube, es war vier Uhr nachmittags, habe ich zum ersten Mal nicht das getan, was meine Eltern mir auf subtile Weise einprogrammiert haben und was ich sonst immer tat, weil ich Angst davor hatte, was meine Lehrer, meine Kollegen oder meine Frau sagen könnten. Es war wie ein Platzregen an einem heißen Sommertag. Plötzlich schien alles sauber und kühl und ganz frisch und neu zu sein. Ganze Schichten festgebackener Ansichten, was ich tun sollte und müsste, waren einfach weggespült. Wie nach einem erfrischenden Bad habe ich ganz einfach und direkt gehandelt. Ich glaube, es war das allererste Mal in meinem Leben, dass ich nicht das getan habe, was jemand von mir verlangte, sondern das, was ich mit ganzem Herzen selbst tun wollte."

Diese kurze Szene ist gleichsam eine Zusammenfassung des Problems. Es ist durchaus vorstellbar, dass es mehrere Jahre intensiver Therapie braucht, bis wir wirklich einmal etwas „ganz aus uns selbst" zu tun vermögen. Dass wir es einfach und geradeheraus und direkt tun können, einfach weil es das ist, was wir *wollen.* Gewöhnlich handeln wir aufgrund von Überlegungen, aus Vorsicht, aus Beweggründen, die uns eingehämmert worden sind. Was wir uns von alldem einmal abgesehen tatsächlich *wünschen*, das kommt kaum in unser Blickfeld.

Ich habe auf den Philosophen Hegel angespielt, weil wir uns hier einem Verständnis der menschlichen Natur gegenübersehen, das dem Verständnis, mit dem die meisten von uns aufgewachsen sind, diametral ist. In den verschiedensten Zusammenhängen – von der Kindererziehung bis hin zu Moral und Religion – erzählt man uns gewöhnlich, die menschliche *Natur* sei eigenwillig und widerspenstig, die meiste Zeit sogar gefährlich und wild, von Natur aus seien wir im Grunde sogar regelrecht raubgierig. Wenn diese Natur nicht irgendwie beherrscht und gezähmt werde – „gezähmt" ist hier der Schlüsselbegriff –, dann bestehe die Gefahr, dass der Fahrgast neben uns im Bus uns plötzlich eine Hand abbeißt.

In dieser Geschichte begegnen wir nun einem ganz anderen Bild, nämlich der Vorstellung, dass wir von Natur aus zerbrechlich, schnell eingeschüchtert, unterdrückt und allzu leicht manipulierbar und verführbar sind; dass die meisten von uns über große Strecken nicht weit davon entfernt sind, sich zu unterwerfen, zu kapitulieren und sich selbst aufzugeben.

Wenn dem so ist, dann besteht die notwendige und dringende Aufgabe darin, uns Kraft zu geben und uns dazu zu ermutigen, dem Zustand näher zu kommen, in dem das, was wir *wollen,* einen gewissen Einfluss auf das hat, was wir meistens tun, einem Zustand, in dem unser Tun nicht mehr aus einer zynischen oder distanzierten Haltung heraus erfolgt, so dass wir blitzschnell schon nichts mehr damit zu schaffen haben, auch wenn wir erst halb fertig sind, sondern in dem wir zu dem, was wir getan haben, stehen und die Verantwortung dafür übernehmen können.

Man kann diese kleine Szene auch als eine Parabel ansehen, die uns in einem einzelnen Sandkorn ein Gefühl gibt für die große Spanne Zeit sowie für die vielfältigen Mühen, Risiken und Abenteuer, die nötig sein mögen, bevor wir uns „finden" – oder genauer gesagt, bevor wir unser Selbstbild aus den von uns gefundenen Stücken zuammen geklebt haben. Diese Geschichte zeigt in einer Nussschale die ungeheuerliche Distanz auf zwischen der Verblendung, der Phantasie, der machiavellischen Lüge, die uns vormacht, wir alle seien frei *geboren,* und der unbequemeren, aber wesentlich wahreren Sichtweise, dass hoch droben auf einem Berg uns die Möglichkeit erwartet, eine Person zu *werden,* frei zu *werden.*

Es gibt ein weiteres scheinbar banales Ereignis, das sich in meinem Leben viele Male wiederholt hat und in dem ich der Armut der Begierde in ihrer harschesten und rohesten Form begegnet bin. Das geschah häufig dann, wenn ich Studenten beraten habe, die sich ihrer Graduierung näherten. Eine Legion hat vor meinem Schreibtisch gesessen, einer nach dem anderen. Sie erleben die Graduierung als ein abruptes Ende; der Bulldozer der Zeit schiebt sie Tag für Tag näher an diesen Abgrund heran. Was sollen sie tun nach der Graduierung? Welchen der 300 möglichen Wege, die sich anbieten, werden sie einschlagen? Wir gehen Listen durch, wir betrachten eine Fülle wettstreitender Kriterien. Während des fünften Gesprächs frage ich dann: „Nachdem wir uns nun einen Überblick über die Möglichkeiten verschafft haben – gibt es da irgendetwas, das Sie einfach gern tun *wollen*? Etwas, das zu werden es Sie drängt, das Sie sich wünschen, wonach Sie sich sehnen?" Die Zahl derer, die dann den Blick senken und mit gequälter Stimme sagen: „Nein, da gibt es nichts, was ich wirklich ernsthaft und von Herzen tun möchte", ist von philosophischer Bedeutung. Wenn ich einen öffentlichen Vortrag halte und die Stimmung danach ist, füge ich noch hinzu, dass der Student dann ziemlich oft sagt: „Ich glaube, ich werde Jura studieren." Das bringt fast immer einen Lacher.

Das Phänomen, das ich zu beschreiben versuche, präsentiert sich nicht immer auf solch eklatante Weise; oft bleibt es sehr viel versteckter, aber es ist dennoch sehr häufig und weit verbreitet. Es lässt sich mit vielen verschiedenen Begriffen benennen, aber der Ausdruck „die Armut der Begierde" scheint mir ein besonders wenig beschönigender und buchstäblich treffender zu sein. Wie auch immer, viele der Neue-Arbeit-Gruppen scheinen ihn übernommen zu haben, und er gehört heute zu ihrem Sprachgebrauch.

Ich habe diesen Ausdruck das erste Mal 1984 in einem längeren Aufsatz über Straßenkinder und Obdachlose verwendet („Proposal for the Poor"), in dem ich aufzeigen wollte, dass alle Versuche, diese jungen Leute in irgendwelche Projekte einzubinden, zum Scheitern verurteilt sind, wenn man nicht in Rechnung stellt, dass diese Jugendlichen seitens der Gesellschaft eine spezifische Verletzung erlitten haben. Wir nennen es Apathie, Gleichgültigkeit, Langeweile, Zynismus, Entmutigung, Hoffnungslosigkeit, Verzweiflung und Depression. Aber genauer gesagt ist es ein ganz bestimmtes Organ, das bei ihnen verletzt wurde, nämlich ihre Fähigkeit, zu *wollen*, Wünsche zu haben. Dieses Organ wurde zerstört, wurde amputiert. Sie sind nicht imstande, einen Wunsch zu formulieren, diesen in ihrem Geist zu fixieren und dann eine Abfolge von Handlungen zur Erfüllung dieses Wunsches in Gang zu setzen.

Ich schlug damals eine Vorgehensweise vor, die inzwischen für die Neue Arbeit typisch geworden ist. Ich behauptete nämlich, dies sei das erste Problem, um das man sich kümmern müsse. Auch wenn das großer Anstrengungen und großen Erfindungsreichtums bedurfte – in irgendeiner Weise musste es gelingen, etwas zu finden, das diese Menschen wirklich, wirklich wollten. Nicht nur eine Laune, einen Impuls oder eine momentan auflodernde Hoffnung, sondern etwas, das auch nach sorgfältiger Prüfung noch ihrem kritischen Blick, ihrem Zweifel und ihrer Wankelmütigkeit standhalten würde. So anspruchsvoll der notwendige Aufwand auch wäre, so argumentierte ich, wenn man eine solche solide Grundlage nicht finden und darauf bauen könnte, würden alle folgenden Bemühungen umsonst sein, würden sie versickern wie Wasser im Sand.

Ich habe dieses Syndrom der Armut der Begierde in vielen verschiedenen Kontexten erfahren: von den Arbeitern der Autofabriken in Flint bis hin zu Pensionären, die im Alter von 68 zu ihrem großen Entsetzen erkennen, dass sie ihr ganzes langes Leben lang bis zum heutigen Tag nicht eine einzige Handlung unternommen haben, die sie wirklich und wahrhaftig aus tiefstem Herzen und mit aller Hingabe tun wollten. Das ist mir begegnet bei Managern aus der Chefetage, die in ihren späten Vierzigern plötzlich unruhig, ja geradezu krank werden, weil es in ihren langen, komplexen, mit Terminen voll gepackten und ermüdenden Tagen nicht einen einzigen goldenen Lichtblick zu geben scheint, etwas, das sie tatsächlich tun *möchten*, bis hin zu den Stammesmitgliedern amerikanischer Indianerreservate, die in einen Zustand tiefer, katatonischer Lähmung versunken sind, einfach weil es in ihrer Welt nichts mehr zu tun gibt, das ihnen auch nur einigermaßen sinnvoll erscheint.

In all diesen unterschiedlichen Gruppen gibt es viele Menschen, die an dieser Armut der Begierde leiden. Sie können selber ein kleines Experiment machen. Fragen Sie bei irgendeiner Versammlung an irgendeinem Ort in einem günstigen Moment, wie viele der Anwesenden sich daran erinnern, etwas getan zu haben, das sie wirklich, wirklich tun wollten. Wahrscheinlich wird dann ein beträchtlicher Teil zugeben, dass er bis jetzt vielleicht noch nie etwas getan hat, von dem er das mit Sicherheit sagen könnte.

Das führt uns zu einem für viele überraschenden Bild: Menschen, die wirklich, wirklich etwas wollen, sind nicht so zahlreich wie Sandkörner am Strand. So etwas ist vielmehr selten, außergewöhnlich und kostbar. Gehen Sie noch einen Schritt weiter und fragen Sie die Myriaden, denen diese Fähigkeit fehlt, was sie dafür geben würden, wenn sie einfach nur *wünschen* könnten! Viele, denen ich begegnet bin, hätten nicht nur alle ihre Taschen ausgeleert, sie wären bereit gewesen, ihr Innerstes nach außen zu kehren, wenn das geholfen hätte. Dass diese Bereitschaft, diese Sehnsucht in vielen unterschiedlichen Gruppen so stark und so weit verbreitet ist, ist aus Sicht der Neuen Arbeit ein ganz wesentlicher Faktor. Die Armut der Begierde ist in der Tat das genaue Gegenteil von dem „Wirklich, wirklich-etwas-Wollen“, und eben weil so viele an der Armut der Begierde leiden, reagieren auch viele mit hellwachem Interesse auf das, was die Neue Arbeit ihnen anzubieten hat.

Der Begriff Armut der Begierde hat eine beträchtliche Auswirkung auf den Tonfall oder den Geist, man könnte auch sagen auf die Stimmung der Gespräche, in denen die Vertreter der Neuen Arbeit herauszufinden versuchen, was jemand wirklich und wahrhaftig will. Dieser Tonfall ist meilenweit von dem arroganten Tonfall entfernt, in dem jemand Ihnen von oben herab erzählt, was Sie in Wirklichkeit suchen. Er unterscheidet sich ebenso stark von dem distanzierten Tonfall und der Haltung, in der ein unbeteiligter Psychoanalytiker, der meistens nur mit dem Kopf nickt, um Sie zum Weiterreden zu ermutigen, mit Ihnen kommuniziert. Die grundlegende Tatsache in solchen Neue-Arbeit-Gesprächen ist vielmehr, dass *beide* Gesprächspartner sich in derselben Situation befinden. Diese existentielle Gleichheit zwischen ihnen ist von wesentlicher Bedeutung – du weißt es nicht, aber ich weiß es auch nicht. Wir beide haben keine Ahnung, was wir wirklich, wirklich wollen. Darin gleichen wir der überwiegenden Zahl der Studienabgänger. Aber dass es uns beiden so ergeht, ist Hoffnung und Ermutigung. In Hunderten von Gesprächen habe ich das erfahren – weniger an der Universität als in Zentren der Neuen Arbeit. Es hat eine ganz beträchtliche Wirkung, wenn jemand nicht mehr das Gefühl hat, dass er allein verdammt ist, dass es „ihm allein“ anders ergeht, während alle anderen in seiner Umgebung sich geführt und bestätigt fühlen und sich deshalb voller Selbstvertrauen bewegen, und wenn man in scharfem Kontrast dazu von dem offenen und ausgesprochenen Eingeständnis ausgeht, dass *keiner* von uns Bescheid weiß, dass wir alle in tiefem Unwissen um uns selbst befangen sind. In einem ersten Interview jemandem gegenüberzusitzen, der einem sehr bald bestätigt, dass nicht zu wissen, was man will, so üblich ist wie Wolle auf einem Schaf, hat etwas Tröstliches. Und wenn man dann dem „Besucher" (nie „dem Klienten") ein wenig mehr von dem erklärt, was ich eben ausgeführt habe, dann verschwindet die bedrückende Atmosphäre solcher ersten Gespräche oft ganz schnell, und die bei jedem anzutreffende Erwartung, dass jetzt gleich etwas Unheimliches, leicht Mystisches, ja geradezu ans Okkulte Grenzendes geschieht, wird der Boden entzogen.

Das ist eines der krassesten Missverständnisse in Bezug auf die Neue Arbeit. Ja, wir machen ernsthafte Anstrengungen, um den Menschen zu helfen, herauszufinden, was sie wirklich wollen. Aber oft wird damit eine völlig falsche, gegenteilige Vorstellung verbunden. Unser Ausgangspunkt ist nämlich, dass die Wünsche nur *schwach* ausgeprägt sind! Dass wir unter Armut der Begierde leiden, impliziert zwei Dinge: erstens dringen wir in dem Moment, wo wir uns fragen, was wir wollen, in einen Nebel ein, in eine Höhle verwirrender Schatten, in die Dunkelheit; zweitens zeichnen sich die Wünsche vieler Menschen nicht gerade durch Kraft und Stärke aus. Fragt man einen Doktoranden: „Wollen Sie Ihre Dissertation wirklich über *dieses* Thema schreiben?", mag es genügen, diese Frage mit einem Stirnrunzeln oder dem Heben einer Augenbraue zu begleiten, und schon macht der Student einen Rückzieher: „Sie halten wohl nicht viel von meinem Vorschlag?" Eine beiläufige Bemerkung, und der Verlauf eines ganzen Lebens kann dadurch verändert werden. Wir geben unsere Wünsche nur allzu leicht auf und wir lassen viele von ihnen einfach unbeachtet; die Kraft, mit denen sie unser Denken und Trachten beeinflussen, scheint nicht sehr mitreißend zu sein. Im Vergleich zu der Kraft äußerer Einflüsse ziehen uns die eigenen Wünsche nicht mit starken Tauen, sondern hängen an einem dünnen und schnell reißenden Faden.

Aus unserer Sicht stellt diese Armut der Begierde eine ernste Gefahr dar. Viele Menschen sind wie Treibholz, das in starker Brandung hin und her geworfen wird. Bei ihnen haben die äußeren Kräfte fast immer das letzte Wort. Das Resultat kann erschreckend sein: ein Mensch kurz vor der Pensionierung betrachtet sein Leben nicht selten als eine Anhäufung von Ausflüchten in die ständig wechselnden Richtungen des geringsten Widerstands, aber nicht als – *Leben.*

Das verbreitete Missverständnis stellt diese Sicht praktisch auf den Kopf. Viele Menschen haben (wenn überhaupt) erst ganz nebenbei von dieser Prämisse der Neuen Arbeit gehört. Unter dem Einfluss vieler süßlicher Modetrends („New Age" etwa) werfen sie unsere Ideen in einen Topf mit gängigen Phantasien, die mit einem Bein in der „Esoterik" stehen und in dem dümmlichen Selbstbetrug schwelgen, etwas zu wollen oder sich zu wünschen wäre so machtvoll, dass Wünsche die geheimnisvolle Kraft besäßen, die Realität in ihre Richtung zu lenken. Ein typisches Beispiel: Visualisieren Sie mit voller Konzentration, dass Sie ein dickes Bankkonto besitzen. Und schwupps! – schon sind Sie ganz nahe dran, reich zu sein.

Die Sichtweise der Neuen Arbeit ist buchstäblich das Gegenteil: es geht um die *Armut* der Begierde, nicht um ihre merkwürdige, magische *Macht.* Die Haltung der Vertreter der Neuen Arbeit ist deshalb eine ganz andere als die so vieler anderer Berufsberater und Trainer. Diese suggerieren einem nämlich, dass man sich mit ihrer Hilfe klarer auf das konzentrieren kann, was man will, und dass die Erfüllung dann praktisch von allein kommen wird. So ist es beleibe nicht. Der Gedanke der Armut der Begierde beeinflusst nicht nur *Tonfall* und Haltung bei den Gesprächen über Neue Arbeit. Der Begriff leistet sehr viel mehr: Oft bestimmt er schon die Richtung dessen, was ein Sich-Einlassen auf die Neue Arbeit bedeuten wird. Die Geschichte, man könnte auch sagen das Drama eines solchen Engagements, geht von diesem beklagenswerten Zustand aus und hat darin ihre Raison d'être; das Ergebnis, das mögliche Ziel oder der Erfolg, ist als die Überwindung dieses Zustands definiert. Die Betonung dieses Mangels, der Tatsache, dass wir in allem Ernst und buchstäblich unsere eigenen Wünsche nicht kennen, hat also einen unmittelbaren Einfluss auf unsere Praxis. Wenn es nicht um ebendiese Schwierigkeit ginge, wozu dann all die mühevollen kleinen Schritte, um zum klareren Erkennen der Natur der Wünsche zu gelangen, wozu dann überhaupt Zentren für Neue Arbeit?

Finanzen, Gewerkschaft und Management

Fragen wie „Und wer hat das Ganze bezahlt?" werden oft mit einiger Aggressivität gestellt, ganz besonders in Bezug auf das Projekt in Flint (vielleicht weil die Fragesteller sich vorstellen, dass irgendein Organ, vielleicht der Staat, den Arbeitern in den sechs Monaten, in denen sie nicht in der Fabrik waren, den Lohn bezahlt haben muss). Im selben Ton wird diese Frage auch oft in Bezug auf alle anderen Projekte der Neuen Arbeit gestellt (vielleicht weil die Fragesteller überzeugt sind, dass man Geld natürlich nur mit einer Arbeit verdienen kann, die man nicht will, und niemand jemals mit einer Arbeit, die er wirklich liebte, Geld verdient hat). Die finanzielle Dimension war im Falle von Flint ganz außergewöhnlich und mit keinem anderen Projekt vergleichbar. Diese Tatsache wird leider oft vergessen. Die Automobilarbeiter werden in den Vereinigten Staaten im Allgemeinen sehr gut bezahlt, und in Flint gehörte es zur Tradition, dass dazu noch zwei oder drei Mitglieder einer Familie „in den shops" (wie die Arbeiter zu den Fabriken abfällig sagen) arbeiteten. Damit war das Gesamteinkommen oft so hoch, dass die Familie noch mehr als genug hatte, selbst wenn ein Mitglied nur den Lohn für sechs Monate erhielt. In vielen Fällen waren die Arbeiter, die die 6 : 6-Lösung wählten, schon in den späten Fünfzigern oder älter. Ihre Kinder waren also bereits erwachsen, und die Eltern mussten nicht mehr für sie sorgen; deshalb war der Lohn für sechs Monate alles, was sie an Geld brauchten. In dieser Hinsicht ist Flint keine Ausnahme. Ganz im Gegenteil: Arbeiter würden sehr gern nur Teilzeit arbeiten, aber es gibt Regeln, die das verhindern, und wenn es keine Regeln gibt, dann gibt es Vorurteile. Insbesondere das Vorurteil, dass Teilzeitarbeiter nicht wirklich engagiert sind, nicht richtig motiviert und im Grunde faul. Das ist natürlich grundfalsch. Einer der Nebeneffekte der Neuen Arbeit ist, dass sie den Schaden, der durch diese bornierte Sichtweise entstanden ist, eindämmt.

Der hauptsächliche Impetus für die Neue Arbeit war jedoch mit allem Nachdruck ein ganz anderer. Ein Gutteil der Menschen hatte schon immer Interesse daran, ein kleines Unternehmen zu gründen. Das war es, was sie „wirklich, wirklich" tun wollten. Von Anfang an haben wir diese Leute dabei zu allerhöchster Vorsicht ermahnt. Wir haben dafür gesorgt, dass sie sich über den sehr hohen Prozentsatz an Pleiten wirklich im Klaren waren (etwa 80 Prozent innerhalb der ersten zwei Jahre) und brachten sie auch mit jungen Unternehmern zusammen, die sich darüber beklagten, dass sie seit der Gründung ein hektisches Leben führten und ständig unter Druck stünden. Dennoch unterstützten wir natürlich kleine und auch größere Unternehmensneugründungen in der frühen Phase, und ein höherer Prozentsatz von ihnen als üblich war erfolgreich, wodurch sich dann die sechs Monate in der Tat bezahlt machten.

Aber selbst dieser Weg, also das, was man wirklich und wahrhaftig will, profitabel zu gestalten, ist nicht der Punkt, um den es bei der Neuen Arbeit wirklich geht und was sie in der heutigen Situation für das Optimale hält. Die Neue Arbeit erliegt ganz gewiss nicht der Vorstellung, dass eine ausreichend große Anzahl erfolgssüchtiger Unternehmer das Zunehmen der Arbeitslosigkeit oder eine andere Krankheit des Lohnarbeitssystems kurieren könnte. Allerdings schlug schon einer der ganz frühen Versuche die allgemeine Richtung ein, die wir in der Zwischenzeit entwickelt haben und die wir heute zu fördern versuchen. Schon in Flint schlugen wir vor, dass man ein quid pro quo einführen sollte. Wir argumentierten (die meiste Zeit *gegen* die Gewerkschaft), dass ein Kampf „bis zum letzten Blutstropfen" gegen die Schließung veralteter Fabriken beziehungsweise gegen die Streichung nutzloser Arbeitsplätze keine vielversprechende Strategie sei. Man solle General Motors vielmehr vor eine andere Wahl stellen: Wir werden uns der Streichung von Arbeitsplätzen *nicht widersetzen*, WENN das Unternehmen dafür eine zu vereinbarende Summe zahlt, welche es dem Zentrum für Neue Arbeit möglich macht, die Arbeiter zu schulen und sie allmählich in die Lage zu versetzen, das tun zu können, was sie wirklich wollen.

Noch näher an der Strategie, die wir heute verfolgen, waren unsere Vorschläge an verschiedene Stiftungen, eine neue Abteilung zu etablieren – eine, die Stipendien nicht an Dichter, Gelehrte oder Filmemacher vergibt, sondern an Arbeiter oder ganz einfach an Menschen, die demonstrieren könnten, dass sie die ihnen zugesprochene Summe tatsächlich dazu verwenden, eine Arbeit zu tun, die sie ernsthaft tun wollten. Etwas später, nicht in Flint, sondern im Kontext anderer Projekte, entwickelten wir einen Vorschlag unter dem Titel „Stipendien für Arbeitslose". Die Gelder, die jetzt von den Arbeitsämtern für problematische „Arbeitsbeschaffungsmaßnahmen" ausgegeben werden, sollten stattdessen gezielt an Menschen verteilt werden, die eine aus sich selbst heraus entwickelte Idee haben und wirklich, wirklich etwas tun wollen.

Was wir von unseren ersten Anfängen bis auf den heutigen Tag indes immer vermieden haben, war das Auszahlen von Geldern als eine Art Almosen. Unsere verschiedenen Vorschläge orientierten sich stets daran, dass gute Arbeit, Arbeit, die die Leute ernstlich tun wollten, *höher* bezahlt sein sollte als die Fülle von Arbeit, bei der die Leute nur den Anschein erwecken, als würden sie ernsthaft arbeiten.

Die häufig als zweite gestellte Frage betrifft das Management des Unternehmens: „Wie hat das Management auf die 6 : 6-Lösung reagiert?" Diese Frage taucht bei jeder Diskussion von Neue-Arbeit-Projekten unweigerlich auf, auch wenn beim jeweiligen Projekt ganz anders strukturierte Vorschläge im Vordergrund stehen. Um der Antwort die richtige Bühne zu bereiten, sollte man zuerst mit einem Schmunzeln zurückfragen: „Was stellen Sie sich denn vor? Wie sollten Manager denn reagieren?" Unser Vorschlag ersparte ihnen die Unannehmlichkeit, Leute entlassen zu müssen. Stattdessen würden die Leute glücklich und freudig (zumindest für einen Teil der Zeit) einer Arbeit nachgehen können, die sie schon immer tun wollten. Arbeitskräfte zu entlassen ist für viele Manager schwierig, ja peinlich und oft auch extrem teuer – je nach den im Arbeitsvertrag festgelegten Abfindungen. Wenn Leute so entlassen werden, demoralisiert das die Kollegen. Mit hochgezogenen Schultern und eingezogenem Kopf stehen oder sitzen sie fortan an ihrem Arbeitsplatz und fragen sich: „Wann wird es mich treffen? In zwei Wochen oder vielleicht schon morgen?"

In Flint gab es außerdem noch eine Reihe weiterer Argumente, die wir geschickt ins Spiel zu bringen verstanden. Das zu jener Zeit äußerst feindselige Verhältnis zwischen Management und Arbeiterschaft musste grundlegend geändert werden. Also sagten wir: „Ihr könnt nicht erfolgreich mit den Japanern konkurrieren, wenn ihr nur *zwischen* den Arbeitskämpfen, quasi bei Waffenstillstand, produzieren könnt. Einige wenige sehr phantasiereiche Manager vermochten sogar leicht über diese Punkte hinauszuschauen und klar einige der weiter reichenden Überlegungen nachzuvollziehen, die uns so beflügelten und mit Enthusiasmus erfüllten. Sie sahen deutlich die Verschwendung unserer Wirtschaft als Folge der Zwänge des Lohnarbeitssystems. Sie wussten, dass viele der Talente ihrer Angestellten ungenutzt blieben. Auf einer intuitiven Ebene verstanden natürlich viele Manager, dass wir auf ein besseres, wettbewerbsfähigeres und gleichzeitig wesentlich humaneres und intelligenteres System hinarbeiteten, und so gewährten sie uns (oft verdeckt und außerhalb des Blickfeldes ihrer Vorgesetzten) ein gewisses Maß an Unterstützung. Prägnanter, klarer und sehr viel lebhafter war jedoch die eine wesentliche Einsicht, die alle Manager anerkannten: Menschen arbeiten in jeder Hinsicht auf einem wesentlich höheren Niveau – ob es Präzision, Geschwindigkeit, Verstehen des Arbeitsvorgangs oder anderes anbelangt –, wenn sie eine Arbeit leisten, die sie tun möchten, an der sie Freude haben, die sie interessant, spannend und faszinierend finden. Ich würde sagen, dass jeder Manager, Chef, Vorgesetzte auf einer tiefen emotionalen Ebene davon absolut überzeugt ist. Genau diese Ebene sprachen wir unermüdlich an, immer und immer wieder, und alle Manager, wirklich alle, hörten das wenigstens mit *einem* Ohr!

Auch in der Gewerkschaft meinten einige, es gäbe gute Gründe dafür, uns zu unterstützen. Die Gewerkschaft hatte kein nach vorn gerichtetes Ziel, sie verschliss sich vielmehr in Rückzugsgefechten gegen ihren allmählichen Abstieg. Sie hatte den Anschluss an die jüngere Generation und an die enormen Veränderungen in der Kultur verloren. Viele aus der Bürokratie, aber auch einige, die in der Hierarchie ganz oben standen (etwa Stan Marshall, damaliger Vorstand der Region C1 der UAW, der sich für unsere Vorschläge auch im Fernsehen und Radio einsetzte) meinten, dass die Neue Arbeit hier vielleicht Abhilfe schaffen könnte.

Das Verhältnis zwischen der Neuen Arbeit und den Gewerkschaften ist eine lange, komplexe und stellenweise dramatische Geschichte. Manche Gewerkschaftsfunktionäre hielten die Neue Arbeit für gefährlich und destruktiv, meinten, das würde Spaltungen herbeiführen und die bereits brüchige, aber doch so wichtige Solidarität untergraben. 1997 veröffentlichte ich in den *Monatlichen Gewerkschaftsheften* einen Artikel mit dem Titel „Einladung zu einem Gespräch". Dahinter stand die Auffassung, dass wir ganz gewiss keine feindselige Atmosphäre brauchen konnten, sondern vielmehr eine sehr enge Zusammenarbeit zwischen den Gewerkschaften und der Neuen Arbeit angebracht und auch der nächste logische Schritt wären. Die Hoffnung, die wir nicht nur in diesem Artikel, sondern auch bei vielen anderen Gelegenheiten zum Ausdruck brachten, war die, dass die Neue Arbeit vorübergehend die Rolle einer experimentellen Avantgarde der Arbeiterbewegung spielen könne. Dass wir so etwas wie Pfadfinder und Kundschafter sein könnten, die das vorausliegende und als Nächstes zu durchquerende Gebiet erforschen. Bis heute hat es wenig von dieser engen, brüderlichen Zusammenarbeit zwischen den Gewerkschaften und den Neuen Arbeit gegeben, aber es steht außer Frage, dass diese Hoffnung noch immer mit hellem Licht brennt.

Die Frage, die nach diesen dreien dann oft mit großer Heftigkeit und offenbar brennender Neugier in den Raum gestellt wird, ist die folgende: „Ganz offensichtlich ist das Bemühen, Menschen in dem Versuch zu unterstützen, eine Arbeit zu leisten, die sie wirklich, wirklich tun möchten, der Kern des Ansatzes der Neuen Arbeit. Aber Sie müssen uns unbedingt sagen, welche Art von Arbeit dann für die Leute am Ende herauskommt. Was genau machen die Leute auf der anderen Seite dieser Wasserscheide? Wie fühlt es sich an, wie sieht es aus, und wie ist es konkreter zu begreifen und zu verstehen?"

Zwei Beispiele

Ich will von vielen möglichen Beispielen zwei herausgreifen und sie bewusst detaillierter darstellen. Ein Automobilarbeiter, der schließlich zu einem meiner Freunde wurde, arbeitete nicht *am*, sondern *unter* dem Fließband. Den ganzen Tag lang rollten Autos über seinem Kopf dahin, so dass er am Abend von Kopf bis Fuß mit schwarzem klebrigem Öl bedeckt war. Das war von Bedeutung, denn schon in unserem ersten Gespräch wurde klar, dass „sauber sein" für ihn einen überaus tiefen Sinn hatte, der über das rein Physische hinausging. Wir hatten ziemlich am Anfang ein kurzes Gespräch, das alle folgenden beeinflusste. Ich erinnere mich noch, dass ich mich ihm gegenüber dabei zunächst etwas befangen fühlte und meine gewohnte Art zu reden kontrollierte. Ich wollte mich nicht anhören wie ein Philosoph, sondern wollte ganz praktisch bleiben. Ich glaube, ich vermied sogar einige abstrakte Begriffe, wodurch meine Sätze etwas unbeholfen wurden. Auf jeden Fall merkte er das, hielt inne und sagte: „Diese profanen Fragen, die Sie da ansprechen, finde ich, mit Verlaub gesagt, gar nicht interessant. Ich weiß, wer Sie sind, und ich hatte gehofft, dass wir über Nietzsche und Blake sprechen könnten. Tatsächlich finde ich die ‚Sprichwörter' von Blake ganz besonders faszinierend."

Ich erzähle dies auch deshalb, weil dadurch ein Stereotyp korrigiert wird. Viele, die in den Fabriken arbeiteten, hatten an einer Universität einen Master-Abschluss gemacht, viele andere an höheren Schulen oder an der Sonntagsschule unterrichtet. Das hatte unter anderem eine besondere Konsequenz: Bald nachdem das Zentrum für Neue Arbeit seine Pforten geöffnet hatte, erreichte die Zahl der Immatrikulationen an der Universität von Flint einen neuen Höhepunkt. Es wäre natürlich methodologisch absurd, dies hauptsächlich dem Zentrum zuzuschreiben. Dazu trugen ganz offensichtlich auch zahlreiche andere Entwicklungen bei. Einen konkreteren und praktischeren Eindruck vermittelt die Tatsache, dass ihr Vertrag vielen Arbeitern einen längeren Ausbildungsurlaub zugestand. Im Jahr 1980/81, also kurz *vor* der Gründung unseres Zentrums, nahmen weniger als 10 Prozent diese Gelegenheiten wahr. Doch etwa die Hälfte der Arbeiter, mit denen wir sprachen, gelangte zu der Überzeugung, dass sie weiterer Ausbildung bedurfte, wenn sie auch nur in die Nähe ihrer eigentlichen Berufung kommen wollte. Deshalb nahmen sie die vertraglich zugesicherte Möglichkeit wahr und schrieben sich an der Uni ein.

Der Arbeiter, dessen Geschichte ich gerade erzähle, entschloss sich, ein Yoga-Studio aufzumachen. Ich brauchte eine Weile, bis mir klar wurde, wie fortgeschritten er auf diesem Gebiet bereits war. Er war der geborene Lehrer, und das Ethos des Yoga schien das perfekte Gegengewicht zu dem schwarzen Öl an seinem Arbeitsplatz in der Autofabrik zu sein.

Ein anderer, der sich auch mit beißender Ironie als „shop-rat“, als Fabrikratte bezeichnete (viele Arbeiter beschreiben *sich selbst* mit diesem Ausdruck, um das Bild, das man von ihnen hat, zu karikieren!), brachte sich selbst das Schreibhandwerk bei, während er am Fließband arbeitete. Seine Arbeit bestand darin, drei Nieten in eine der Schalldämpferhalterungen jedes Autos zu schießen, das an ihm vorbeirollte. Richard Gull (ein Kollege von mir, der mit am Aufbau des Zentrums arbeitete) und ich interviewten ihn in einer unserer Radiosendungen, und er hatte einen wunderbaren Humor, sardonisch und hyperbolisch zugleich. Er erzählte uns, dass er eigentlich nichts gegen die Arbeit selbst hatte, die er tun musste; was ihm wirklich auf die Nerven ging, das waren die *Pausen* dazwischen. Er hasste es, mit dem Nietenschussgerät in der Hand dazustehen und auf das nächste Auto zu warten. Er bastelte sich deshalb ein Stehpult wie das, an dem Kierkegaard zu schreiben pflegte, und stellte es so auf, dass er sich vom Fließband abwenden und schnell einen Satz niederschreiben oder ein Semikolon korrigieren konnte, das nicht am richtigen Platz stand. Anfangs schrieb er kleine Artikel für die Lokalzeitung. Ein wenig später hatte er es schon so weit gebracht, dass seine Artikel im *Harper's Magazine* und im *Wall Street Journal* erschienen. Die Krönung seiner Karriere kam, als er den Bestseller *Rivethead* („Nietenkopf“) veröffentlichte.

Es gibt viele andere weniger spektakuläre Fälle. Übrigens waren nicht alle, die zum Zentrum kamen, Automobilarbeiter, und sie kamen nicht alle aus Flint, sondern aus Dörfern und Städten in der Umgebung. Ich will mich noch einmal auf eine enge Auswahl beschränken und zwei, drei allgemeinere Strukturen beschreiben, die sich im Laufe der Jahre herauskristallisierten.

Bei einer ging es um Arbeiter*innen.* Viele Gründungsideen der Neuen Arbeit stießen bei Frauen schon immer auf mehr Sympathie als bei Männern. Ganz oben auf dieser Liste stand in der Regel die Aussage, dass Lohnarbeit nur eine von vielen Formen der Arbeit sein sollte und keineswegs die wichtigste oder die befriedigendste. Für die meisten Männer war dies eine unmittelbare Hürde; ihre Selbstachtung und ihre Identität zugleich standen auf dem Spiel. Nicht so für die Frauen. Für sie war das eine Selbstverständlichkeit, lange bevor irgendjemand etwas von Neuer Arbeit gehört hatte. Der Einstieg in die Grundstruktur unseres Ansatzes, nämlich dass verschiedene Kulturen unterschiedliche Arbeitssysteme haben und dass das System der Lohnarbeit nur eines und dazu eines der problematischsten, war für nahezu alle Frauen die leichteste Übung. Damit hatten sie keinerlei Probleme!

Die Frauen, die in den Fabriken arbeiteten, spielten deshalb in Flint eine entscheidende Rolle. Ohne sie wären wir wahrscheinlich schon innerhalb weniger Monate gescheitert. Sie standen in den ersten und kritischsten Wochen an vorderster Front. Wir stellten in mehreren Fernsehshows einen Kreis von Frauen vor, und sie machten sich auf großartige Weise über die Einschränkungen, Absurditäten und die Ineffizienz des Lohnarbeitssystems lustig; dadurch öffneten sie uns viele Türen und Ohren.

Eine weitere langfristige Entwicklung war vorauszusehen. Jede Familie in Flint hatte nicht nur ein Familienmitglied, sondern oft zwei oder drei, die mit der Arbeit an Autos zu tun hatten. Viele waren stolz auf ihre Begabungen, und das mit gutem Grund, hatten sie doch eine oder mehrere hochintelligente und oft innovative Ideen entwickelt, die mit der Herstellung von Autos zu tun hatten. Wir taten alles in unserer Macht Stehende, um diesen Ideen zur Verwirklichung zu verhelfen. Sehr bald sickerte die Nachricht über diese Bemühungen zu den Informations- und Diskussionsgruppen durch, die in einer Reihe anderer Autostädte entstanden waren. Experten wurden hinzugezogen, die diese Erfindungen beurteilen konnten, und ebenso Rechtsanwälte, denn die Furcht, man könne ihnen diese Konzepte stehlen, war so groß, dass viele faszinierende Innovationen unter einer Decke strengster Geheimhaltung erstickt wurden.

Ich lernte sehr viel aus diesem Prozess – nicht nur über Autos, sondern über die intensiven Emotionen, die bei vielen Arbeitern dadurch hervorgerufen wurden, dass sie ihr Leben damit verbrachten, Autos herzustellen, deren Design sie schäbig fanden und die oft ausgesprochen schludrig gefertigt waren, so dass es gefährlich sein konnte, sie zu fahren, ganz zu schweigen von ihrer zerstörerischen Wirkung auf die Umwelt. Dies erwies sich als einer der vielen Einstiege in jenen Bereich, um den es uns ganz besonders ging. Wenn sie es hassten, an den beklagenswert mangelhaften Autos zu arbeiten, wie anders würden sie ihre Arbeit erfahren, wenn Verbesserungen bei der Fertigung eingeführt wurden? Wären sie darüber hinaus vielleicht sogar daran interessiert, etwas zu der laufenden Diskussion über *radikal andere Autos* als den derzeit produzierten beizutragen? Einige dieser ganz frühen Schritte führten schließlich zu den Ideen über die selbst zusammengebauten Autos, die wir später noch ausführlich beschreiben werden.

Einige Arbeiter spezialisierten sich. Andere erhielten Preise und Stipendien. Einige gründeten neue Unternehmen. Wie zu erwarten, unternahmen manche Ausflüge in andere Bereiche, und bisher nicht beachtete Branchen wurden erkundet. Schließlich gab es in der Welt noch andere Dinge als Autos, und man konnte sich daran versuchen, mehr als nur die Mängel an Autos zu analysieren und hier und da Verbesserungsvorschläge zu machen. In einem sich entwickelnden Prozess, der wiederum in Flint begann, entstand nach vielem Auf und Ab schließlich als eines der großen Projekte, mit denen die Neue Arbeit identifiziert wurde, die Idee von grundsätzlich intelligenteren, verbesserten Fließbändern und, damit verbunden, von einer gänzlich neuen Generation von Produkten.

Wir begannen also damit, dass wir den Menschen, die zu uns kamen, einen bunten Strauß verschiedener Unternehmungen und Projekte vorschlugen, die wir für mehr als interessant und verfolgenswert hielten. Wir hielten sie sogar für ausgesprochen *spannend*, und wir hofften, dass sie andere Menschen dazu anregen könnten, herauszufinden, was sie wirklich, wirklich tun wollten. Was dann zu unserer Überraschung wirklich geschah, war eine Art beidseitiger Annäherung. Natürlich gab es viele Menschen, die eine Dienstleistung erbringen wollten. Unterrichten stand dabei sehr hoch im Kurs, und wir unterstützten viele Männer und Frauen, die das nie zuvor gelernt hatten. Tonbänder und Diapositive erwiesen sich dabei als außerordentlich hilfreich. Längerfristig gesehen interessierten sich die Menschen jedoch für die Erfindung greifbarer Dinge und Produkte und insbesondere für Projekte, bei denen es um den *Gebrauch* innovativer Produkte ging, die sehr oft ökologisch vernünftiger oder wirksamer waren.

Auch dies ist wiederum eine Entwicklung, für die es zweifellos eine ganze Menge Ursachen gibt. Natürlich möchte ich nicht bestreiten, dass dies unter anderem mit unserem nie ganz zufrieden zu stellenden Drang zusammenhing, in jedem Neue-Arbeit-Zentrum einen Raum einzurichten, in dem all die wundervollen Erfindungen ganz konkret betrachtet, ja bestaunt werden konnten – unserem Drang also, „*Räume der Möglichkeiten*" zu eröffnen, wir wir das nannten. Der Anstoß zu vielen dieser Erfindungen – sei es nun eine Mikro-Klimaanlage oder Kopfhörer, die eine wirklich erholsame Stille erzeugten, um nur zwei Beispiele zu nennen – war wahrscheinlich die Hoffnung, dass man sie in solchen künftigen Räumen würde ausstellen können. Besonders viel Beachtung fand unser Vorschlag, die High-Tech-Eigen-Produktion zu entwickeln. Der Grundgedanke zur damaligen Zeit war, den Versuch zu machen, eine gewisse Form materieller Unabhängigkeit dadurch zu erreichen, dass man angemessene Technologien der Eigen-Produktion entwickeln und benützen könnte. Diese Idee verwies in die Zukunft und öffnete einen weiten Horizont für neue Erfindungen. Dazu musste man erst einmal bestimmen, wie weit man zum gegebenen Zeitpunkt in dieser Hinsicht bereits gekommen war. Welche Produkte, Werkzeuge oder Geräte konnte man bereits selber herstellen? Und in welche Richtung musste der nächste Schritt gehen? Konnte man die Entwicklung vorantreiben und um eine weitere hilfreiche und notwendige Technologie der Eigen-Produktion bereichern?

Während die Jahre vergingen und die einzelnen Mosaiksteine, die schließlich die Neue Arbeit ausmachen sollten, langsam ein Bild ergaben, schien die Sehnsucht nach einem Gefühl von Sinn und Zweck immer mehr zuzunehmen. Dies wurde immer deutlicher zu einem klaren Unterscheidungsmerkmal: Die alte Arbeit bestand darin, Schicht um Schicht Stöße staubiger Akten abzutragen oder irgendwelche Abläufe mechanisch zu erledigen; es ging darum, den Weg des geringsten Widerstandes zu gehen und sich in der Sicherheit der Routine zu wiegen. Doch was eine zunehmend größere Zahl Menschen, denen wir begegneten, *vor allem* wollte, war eine Arbeit, die einen Sinn hatte, einen Zweck, Arbeit, deren man sich letzten Endes nicht schämen musste.

Unsere Gespräche mit den Arbeitern in Flint liefen immer wieder auf einen klar erkennbaren Punkt hinaus. Nachdem sie ihre Skepsis und ihre Zweifel abgelegt hatten, schälte sich aus all dem inneren Tumult immer wieder heraus: Sie sagten, bevor wir in die Stadt gekommen seien, hätten sie niemals ernsthaft darüber nachgedacht, was sie eigentlich wirklich tun wollten. Dafür war einfach keine Zeit gewesen. Alles hatte dagegen gesprochen. Wenn sie überhaupt über das Leben nachdachten, dann allenfalls am Sonntagmorgen. Aber was sie, in welcher Kirche auch immer, einmal in der Woche mitmachten oder über sich ergehen ließen, gab ihrem täglichen Leben keinen Sinn mehr. Ein Arbeiter sagte einmal: „Das fühlt sich an, als ob man leere Schachteln auf dem Fußboden hin und her schiebt." Es war ein völlig neuer Gedanke für sie, dass nicht der Sonntag, sondern die *Wochentage* sinnvoll sein könnten. Dass Arbeit etwas sein könnte, durch das man nicht nur hindurchwatet wie an Wintertagen durch nassen Schneematsch – das war für viele eine Offenbarung.

Sie berichteten, dass sie bisher noch niemand direkt und in allem Ernst gefragt habe, was *sie* denn eigentlich wollten. Doch als man sie erst einmal gefragt hatte, und das nicht nur einmal, sondern immer und immer wieder, wurde ihnen eines klar: Sie wollten *irgendetwas* beitragen! Und sie waren bereit, ihre Energie einzubringen, ihre Kraft und sogar ihre Gesundheit. Solange es nur irgendein Ziel, einen Sinn, einen Zweck gab, dem ihre Arbeit diente.

Das Entscheidende daran war, ob es um eine Arbeit ging, die man erlebte wie eine milde Krankheit, oder eine, die zugleich Berufung, Aufgabe, Mission war. Die regelmäßigen kleinen Lohnerhöhungen, die genau bemessenen Erfrischungspausen, das war alles gut und schön, aber das war nicht das, was sie wirklich wollten. Sie wollten eine *anständige* Arbeit, eine ehrliche gute Arbeit, die etwas bedeutete und die einen Sinn ergab.

Unser zentrales Anliegen

Die Frage, was die Teilnehmer unserer Projekte am Ende tatsächlich *tun*, wenn sie erst einmal herausgefunden haben, was sie wirklich, wirklich wollen, ist zwar mit dem, was die Projektinitiatoren am meisten und heftigsten diskutierten, nicht *identisch*, aber nur einen kleinen Schritt davon entfernt. Wenn wir hier nun eine Reihe von Dingen einander gegenüberstellen, sollte einigermaßen deutlich werden, was unser eigentliches Anliegen war.

Angesichts der geradezu spektakulären Vergangenheit der Stadt Flint als Geburtsort der Gewerkschaftsbewegung kamen viele verschiedene Gruppen mit vielen verschiedenen Anliegen in diese Stadt, da sie sich hier ein Publikum mit einem offenen Ohr für ihre jeweiligen Vorschläge erhofften. Ich erinnere mich noch daran, wie alle paar Wochen ein dynamischer und inzwischen sehr bekannter Mann in Flint auftauchte, nämlich Ralph Nader, der in seiner Funktion als Verbraucheranwalt der Autoindustrie bereits zu Beginn der sechziger Jahre neue Sicherheitsstandards aufgezwungen hatte. Die Reaktion auf ihn war eher bescheiden. Die Arbeiter nickten, zuckten mit den Schultern und schlichen sich unauffällig aus dem Saal. Was uns mehr interessierte, war die Reaktion auf die Hand voll unermüdlicher Marxisten, die damals im tiefsten Winter von Tür zu Tür gingen. Wenn sie den Arbeitern zu erklären versuchten, dass sie im Grunde ausgebeutet wurden und dass sie, die Marxisten, gekommen waren, um das zu ändern, kam es nicht selten vor, dass diese kräftigen, breitschultrigen Männer sie am Arm zu ihrer Garage zogen, wo sie ihnen ihre zwei Personenwagen, ihren Pick-up und ihr Snowmobil zeigten. Was denn, ausgebeutet? – sagten sie, bevor sie die Marxisten wieder fortschickten. Dass die Arbeiter uns nicht auf die gleiche Weise begegneten, war für uns das alles entscheidende Signal.

Die Kritik am Lohnarbeitssystem war gleichzeitig unsere Rückendeckung und unsere Grundlage, der Boden, auf dem wir standen. Den Gedanken, dieses System reparieren zu *wollen*, haben wir weit hinter uns gelassen. Ebenso die Kritik an Marx. Und damit nicht nur das für mich entscheidende Erlebnis in den Ländern hinter dem Eisernen Vorhang, in denen der Geist, der Wille, die elektrisierende Freude am Arbeiten systematisch erstickt worden war, sondern auch die über viele Jahre hinweg entwickelte Kritik an der Marx'schen Theorie, der ich in Princeton, Stanford, Berkeley, Chicago und schließlich Michigan regelmäßig eine meiner Hauptveranstaltungen widmete. Hier will ich diese aus vielen Schichten aufgebaute Analyse nur mit einem einzigen, geballt formulierten Gedanken streifen. Es mag unglaublich und ganz bestimmt unverschämt klingen, aber Marx hat das *Erlebnis* der Arbeit, die eigentliche Erfahrung der Menschen, die sie mit ihren eigenen Händen und mit ihrem eigenen Kopf tun, glatt *missverstanden*. Er hat sich nicht die Mühe gemacht, sie mit Sorgfalt und klaren Augen zu beobachten und zu studieren. Er hat mit abstrakten Begriffen theoretisiert. Wieso? Weil ihm sonst eine einfache, aber entscheidende Tatsache hätte auffallen *müssen*; die Tatsache nämlich, dass das Erlebnis, die Qualität, der Rhythmus der Arbeit *nicht* vom abstrakten Begriff des *Eigentums* bestimmt wird. Eins von hunderten möglichen Beispielen ist die Greyhound Bus Co. (die größte *private* US-amerikanische Autobustransport-Firma) einerseits und Amtrack (die dem *Staat* gehörende und vom *Staat* betriebene Eisenbahn in den USA) andererseits. Wem diese Betriebe gehören, hat keinen erkennbaren Einfluss auf die Qualität der Arbeit in diesen Betrieben. Die Schaffner in den Eisenbahnen sehen genauso deprimiert und apathisch aus wie die Busfahrer bei Greyhound. Dass die ganze Eisenbahn im weitesten Sinn des Wortes den Schaffnern *gehört*, ihr *Eigentum* ist, hebt die Stimmung der Schaffner auch nicht um ein Lot.

Man kann das natürlich auch in einem anderen Vokabular ausdrücken. Die Entfremdung der Arbeit kann nicht durch eine Änderung auf der abstrakten Ebene des Eigentums aufgehoben werden. Diese Ebene ist zu *schwach*, zu fadenscheinig, zu dünn. Es fehlt ihr die dazu nötige Kraft. Die Entfremdung kann nur auf der viel konkreteren, viel detaillierteren, viel individualisierteren Ebene des Erlebens und des Erfahrens der Menschen, die diese Arbeit tun, aufgehoben werden. Deshalb lautet die direkt an die Arbeiter gestellte Frage: Ist es das, was ihr wirklich, wirklich tun wollt?

Daraus folgte das für unsere weitere Entwicklung Entscheidende – bei dem Projekt in Flint und bei letztendlich allen nachfolgenden Projekten: Die Arbeiter reagierten etwas erstaunt, aber auch mit gebannter Faszination auf den Kerngedanken, auf das Konzept in seiner rohen und nackten Form – nämlich die Möglichkeit, an etwas arbeiten zu können, das sie sich leidenschaftlich und zutiefst wünschten. Viele sahen darin eine Art Lichtung, einen leeren Raum und eine anhaltende Stille – die Chance eines kompletten Neubeginns auf einer buchstäblichen Tabula rasa. Dieser Gedanke ließ sie nicht wieder los. Er blieb bei ihnen, nistete sich ein – und wuchs!

In der langen Reihe späterer Projekte, ob wir nun mit Indianern arbeiteten oder mit ultramodernen Informationstechnologiefirmen, mit Langzeitarbeitslosen oder gar, wie in letzter Zeit, mit Regierungen – überall hatten wir es mit zwei einander ergänzenden Hälften zu tun: einerseits mit der Einfachheit, der gänzlichen Unverblümtheit unserer Herz-und-Nieren-Frage, andererseits in jedem einzelnen Fall auch mit einer Vielfalt oft einzigartiger, manchmal auch seltsamer und ungewöhnlicher Umstände. Offenbar war es immer die Wechselwirkung zwischen diesen beiden Seiten, zwischen der Frage und der konkreten Situation, in der wir sie stellten, die uns voranbrachte.

Die Atmosphäre in Flint war spannungsgeladen. Wir hatten eine wöchentliche Fernsehshow mit dem Titel „Die Zukunft der Arbeit und die Zukunft von Flint" ins Leben gerufen. Und mein schon erwähnter Kollege Richard Gull und ich machten zusammen zweimal wöchentlich eine Radiosendung. Im Fernsehen und im Rundfunk erklärten wir immer wieder die Grundzüge unseres Konzepts. In beiden Sendungen ließen wir so viele Fragen wie möglich zu, und das brachte endlose Unklarheiten und Missverständnisse zutage. Es wurde zunehmend schwieriger für mich, in einem der örtlichen Supermärkte einzukaufen. Unweigerlich stellte sich dort irgendjemand vor meinem Einkaufswagen hin, um mir zu sagen, dass ich in der letzten Radiosendung wirklich zu weit gegangen sei und dass dieser Punkt jetzt, auf der Stelle, geklärt werden müsse.

Eine unserer fruchtbarsten Unternehmungen war die Vorbereitung und Einrichtung eines Neue-Arbeit-Kurses nicht nur in einer, sondern in allen Highschools von Flint. Hier kamen uns mehrere Zufälle zu Hilfe. Durch einen verwaltungstechnischen Akt wurde unser Kurs in Neuer Arbeit völlig unbeabsichtigt mit einem Pflichtvorbereitungskurs auf die theoretische Fahrprüfung, der „Driver's Education", gekoppelt. Mit dem Ergebnis, dass kein Student seinen Führerschein erhielt, ohne an dem Kurs in Neuer Arbeit teilgenommen zu haben. Die Zahl Studenten in Flint, die sich *nicht* mit Neuer Arbeit befasst hatten, konnte man daraufhin an den Fingern einer Hand abzählen. Das wiederum brachte absolut unverhofft den großen Vorteil mit sich, dass die Ideen der Neuen Arbeit in die Familien der Studenten hineingetragen und am Esstisch oft heiß diskutiert wurden. Und der eine oder andere Vater gehörte zum Management von General Motors!

Der Kurs war allerdings nur eines unserer Werkzeuge. Ebenso wirksam mag es gewesen sein, dass Gull und ich wie Stegreifkomiker agierten. (Seitdem habe ich geheime Sympathien mit Politikern.) Wir gaben unentgeltlich Auftritte nach dem Frühstück, nach dem Mittagessen, nach dem Abendessen, und da die Neue Arbeit bei weitem das kontroverseste Thema in der Stadt war, wurden wir in jeden Verein, jede Parteiversammlung, jeden Kirchensaal, jeden Volkshochschulkurs und jedes Nähkränzchen eingeladen. Aber natürlich gingen wir auch zu den großen Jahresversammlungen der Gewerkschaften und Arbeiterverbände, im Laufe der Zeit in jede einzelne der vielen verschiedenen Fabriken und nach Feierabend natürlich in die Gasthäuser, Clubs und Kneipen.

Auch luden wir einmal in der Woche jeden, der kommen wollte, zum Mittagessen ein. Anfangs schlugen die Wogen dabei oft hoch, wenn irgendein begabter Rhetoriker von der Gewerkschaft oder aus dem Management von General Motors aufsprang und eine feurige Rede hielt, so dass nach zehn Minuten andere irritiert und zornig im selben Ton antworteten, und es des Öfteren zu beinahe handgreiflichen Auseinandersetzungen kam. Also begannen wir Suppe zu servieren, gewöhnlich sehr heiß und in sehr vollen Schalen. Das hatte eine wundersam beruhigende Wirkung, denn keiner wollte natürlich, dass ihm die Suppe auf den Schoß schwappte.

Damit man die Natur und Dimension des Flint-Projekts wirklich einzuschätzen vermag, muss man sich vergegenwärtigen, dass für einen Zeitraum von vier Jahren, von 1982 bis 1986, die Augen der ganzen Stadt auf uns gerichtet waren. Für mich war das „Flint-Modell" jedoch nie ein Patentrezept oder eine Art Generallösung. Das Konzept von sechs Monaten Arbeit in der Fabrik und sechs Monaten Neuer Arbeit konnte nur aufgehen, wenn es Fabriken gab und die Leute sechs Monate bezahlte Arbeit in diesen Fabriken hatten. Langzeitarbeitslose, Jugendliche, die noch nie einen Job bekommen hatten, die Obdachlosen in der Stadt oder Indianer aus den Reservaten waren offensichtlich *nicht* in dieser Situation. Also konnte die 6 : 6-Lösung keine Lösung für ihre Notlage sein. Der Vorschlag, ihre Arbeit zu halbieren, wäre ihnen reiner Hohn gewesen, denn sie hatten keine Arbeit, die sie hätten teilen können.

Die Macher der Schlagzeilen übergingen unser Wissen um diese Einschränkung, und so konnten sie unsere grundlegende Botschaft mit einer einzigen Wendung *auf den Kopf stellen.* Zu jener Zeit hatte ich bereits fünf Jahre an den Konzepten der Neuen Arbeit zur Überwindung des Lohnarbeitssystems gearbeitet. Die veröffentlichte Meinung über das Flint-Projekt nährte indes die Vorstellung, dass dies das Lohnarbeitssystem *retten* könnte.

Es wäre natürlich lächerlich zu behaupten, dass alle Missverständnisse zu Lasten der Medien gingen. Das war ganz gewiss nicht der Fall! Ich bin mir bewusst, dass ich mich manchmal nicht klar genug ausgedrückt habe, dass ich nicht schlagfertig genug, dass ich verwirrt oder zu euphorisch gewesen bin. Aber ich würde meinen, dass die Medien und die Mängel unseres Konzepts letztlich nur eine oberflächliche

Rolle gespielt haben. Die tiefer gehenden und wesentlicheren Punkte, die es zu erklären gilt, liegen viel näher und sind viel stärker mit der Substanz dessen verwoben, was wir vorstellten. Im Grunde waren viele der Ideen, von denen Sie hier jetzt in weiterentwickelter Form lesen, zu der Zeit, als wir in Flint arbeiteten, noch recht unreif und abstrakt. Insbesondere war viel von dem, was das Knochengerüst des Konzepts der High-Tech-Eigen-Produktion später mit Fleisch umkleiden sollte, damals einfach noch nicht *erfunden.* Die dezentralisierte computergesteuerte Herstellung von Produkten in Nachbarschaftszentren war 1985 noch völlig unvorstellbar, nichts deutete auch nur in diese Richtung. Damals standen Computer noch hauptsächlich in Fabriken und nicht in Privatwohnungen. Doch dies ist nur ein Beispiel. Viele andere Dinge, die inzwischen konkrete Gestalt angenommen haben, waren damals noch nebulös, und das machte für die Entwicklung des Projekts natürlich einen enormen Unterschied.

Aber da gibt es noch die andere Hälfte. Wesentlich war nicht nur, was wir vorbrachten, vorzeigen konnten und *nicht* vorzeigen konnten, sondern da war auch der Zeitgeist. Wir haben viele Entwicklungen vorhergesehen, und viele unserer Freunde in Flint taten das auch, aber das emotionale Klima, die Stimmung im ganzen Land war damals völlig anders. Natürlich haben wir viele Male gesagt, dass Flint dem Rest des Landes voraus sei. Angesichts der vielen zugenagelten Ladeneingänge in der Hauptstraße von Flint gebrach es dieser Aussage nicht an einem gewissen schwarzen Humor. Wir haben ebenso oft wiederholt, dass wir die Grundlagen für eine neue Kultur legen wollten, und das betont in dem oft belächelten „Mittleren Westen", dessen Sinnbild nicht Kultur, sondern Maiskolben sind.

Den Arbeitern in Flint war wohl bewusst, woran das Lohnarbeitssystem krankte. Sie dachten keineswegs, dass sie hier mit einem „Modell" experimentierten, das dieses System *reparieren* würde, und sie glaubten schon gar nicht, dass wir ihnen etwas vorschlugen, das Vollbeschäftigung garantieren würde. (Es mag sich brutal anhören, aber tatsächlich dachten die meisten Arbeiter der Autofabriken kaum an die Arbeitslosigkeit in der ärmlichen Hälfte von Flint, der so genannten „Northside") Die Arbeiter sprachen vielmehr davon, dass sie kein „wirkliches Leben“ mehr hätten: Sie hätten nicht einmal freibekommen, um bei der Geburt des einzigen Kindes dabei zu sein, sie seien „Fabrikratten“, im „goldenen Käfig“ ihrer hohen Löhne gefangen – Löhne, die sie im Austausch gegen irgendwelche Dinge, die sie sich nicht ernsthaft wünschten, ihres Lebens beraubten. Das waren ihre wirklichen Sorgen. Und deshalb reagierten sie auf unsere grundlegenden Ideen mit einem Enthusiasmus und einem Hunger nach Veränderung, die uns viele schlaflose Nächte bescherten. Diese Dinge interessierten sie mehr als alles andere, ganz persönlich, ganz individuell; das hatte nichts mit einer abstrakten Überzeugung zu tun, sondern betraf ganz unmittelbar ihr eigenes Leben. Sie wollten Arbeit, die ihnen sinnvoll erschien, Arbeit, an die sie glauben konnten, Arbeit, derer sie sich nicht zu schämen brauchten. Das war für sie nichts Abstraktes, kein Impuls, der aus irgendwelchen rosaroten Wolken kam, sondern aus ihrem tiefsten Innern. Das gefiel uns sehr und – es gab uns Kraft; es spornte uns an, wenn wir entmutigt waren und uns verloren vorkamen; es bestätigte, dass wir auf einem sinnvollen Weg waren.

Die Idee, ein System auf die Beine zu stellen, in dem Maschinen die monotone, geisttötende Arbeit erledigten, fand besonders begeisterten Widerhall. Das eine Wort, das wir in den Räumen unseres Zentrums immer und immer wieder gehört haben, war das Wort „Talent“. Sie sprachen mit Wut und Entrüstung über die Talente, die sie besäßen und von denen General Motors nicht den geringsten Gebrauch mache – Talente, die in der Tretmühle ihrer endlosen alltäglichen Arbeit einfach zerrieben würden. – Ja, die Arbeiter hörten sehr wohl, was wir sagten, und sie reagierten darauf.

Sie reagierten, weil ich mit zwei Fragen nach Flint gegangen bin, die, auf der Grundlage meiner bisherigen, in diesem Kapitel beschriebenen Erfahrungen, stärker an der Praxis orientiert waren. Die erste hatte mit der Polarität der Arbeit zu tun. Ganz offensichtlich wussten die Arbeiter, was es bedeutet, Arbeit als eine milde Krankheit zu erfahren. In Frage stand der extreme Gegensatz in dieser Polarität. Ergab der Gedanke, dass Arbeit eine Berufung, ein „calling,“ eine Erfüllung sein könne, für sie wirklich einen Sinn, oder würden sie konsterniert oder zynisch abwinkend darauf reagieren? Und wenn ja, würde die von uns entwickelte Vorgehensweise funktionieren? Nicht im einzelnen Detail, aber wenigstens grundsätzlich? Würde die Präsentation eines wachsenden Kreises anderer Möglichkeiten ihre Aufmerksamkeit gewinnen? Würde es sie neugierig machen, wäre es für einige über kurz oder lang sogar verlockend oder würden sie unseren ganzen Ansatz für kindisch und belanglos halten?

Die zweite Frage bestand in einer breiteren, umfassenderen Betrachtungsweise der ersten Frage. Wie würden die Arbeiter auf die *Gestalt* der drei bis fünf grundlegendsten Konzepte der Neuen Arbeit reagieren? Wie würde eine Gruppe von Arbeitern also auf den Gedanken reagieren, dass der größte Teil der Menschheit bisher durch die Arbeit, die zu tun sie gezwungen war, verkrüppelt worden war? Und auf den Gedanken, dass die unglaubliche Vielfalt der technologischen Möglichkeiten (die sie aus eigener Anschauung kannten) dazu benutzt werden könnte, die Menschen von dieser sie verkrüppelnden Arbeit zu befreien, so dass sie die Möglichkeit hätten, eine Arbeit zu tun, die sie wirklich, wirklich tun wollten?

Ein drittes Thema betraf die Idee, dass eine solche Arbeit wie ein Motor oder eine Lokomotive wirken könnte. Sie würde die Kraft haben, uns aufwärts zu ziehen in eine neue Kultur, die viel menschlicher, viel intelligenter und viel fröhlicher wäre. Was also würde eine Gruppe von Arbeitern, die zusammen in einer Kneipe sitzen, von diesem Tripel halten? Würden sie in Gelächter ausbrechen und mit den Schultern zucken oder würden sie eine intensive und turbulente Diskussion beginnen?

Bevor ich diese letzte Frage direkt beantworte, lassen Sie mich eine allgemeine Beobachtung dazwischenschieben. Ich könnte auch sagen, lassen Sie mich eine Lektion erwähnen, die ich gelernt habe. Ganz gleich, mit wem ich im Verlauf der 25 Jahre bei den Projekten gearbeitet habe, ob es dauerarbeitslose Obdachlose waren oder Frauen auf Sozialhilfe, ehemalige Sträflinge, die sich über U-Bahn-Schächten wärmten oder verloren aussehende Angehörige eines Indianerstamms, Saisonarbeiter aus der Landwirtschaft oder pensionierte Fabrikarbeiter – das lebhafte Interesse an *Ideen* gerade bei Menschen, die wir von unserem hohen Ross des Snobismus „einfache" Leute nennen, hat mich immer erstaunt und war darüber hinaus eine Quelle überschäumender, jubelnder Freude. Es ist ein schrecklicher Fehler, anzunehmen, dass nur Akademiker und Intellektuelle von Ideen fasziniert sind. Beinahe das Gegenteil ist der Fall: Akademiker und Intellektuelle *spielen* mit Ideen. Es ist, als seien die Ideen Züge in einem Schachspiel oder auf Karten gedruckte Sprüche. Will man als Akademiker wieder ein Gefühl für die magische Kraft bekommen, die Ideen von ihrer Natur her innewohnt, dann muss man sich anschauen, wie jene Menschen, die diese Ideen kaum aussprechen können, sie gleichsam anfassen und ins Licht halten.

In der langen Reihe von Projekten zur Neuen Arbeit war wahrscheinlich keine andere „Idee" so zentral wie der Kontrast zwischen der Erfahrung von Arbeit als „milde Krankheit" einerseits und der Erfahrung von Arbeit als „Berufung" andererseits, also das, was unsere Mission ist und was wir wirklich, wirklich tun wollen. Wenn diese Polarität diskutiert wurde, saßen die Arbeiter zu Hunderten dicht gedrängt in den Hallen von Flint. Man könnte sagen, dass das Feuer der Diskussionen über diese Polarität den Himmel über der Stadt etliche Monate erhellte.

Arbeit, die Menschen, die im Elend leben, wirklich, wirklich wollen

Während der Jahre, in denen das Flint-Projekt am aktivsten war (von 1982 bis 1986), starteten wir auch etliche weitere Neue-Arbeit-Initiativen. Einige davon ebenfalls, jedoch andernorts in der Automobilindustrie (z. B. bei Chrysler in Kenosha, Wisconsin), die meisten aber in völlig anderen Industriebereichen (u. a. bei kleinen Computer- und Software-Firmen im Silicon Valley, die zum Teil von meinen früheren Studenten aus Stanford und Berkeley gegründet worden waren). Besonders intensiv arbeiteten wir auch mit Gruppen zusammen, die keine direkte Verbindung zur Industrie hatten. Die vielen Projekte sollten eine enorme soziale Spannweite haben, weil wir herausfinden wollten, wie verschiedene Bevölkerungsgruppen auf unsere Vorschläge reagieren.

Einige Projekte waren in Schulen angesiedelt, andere in diversen Regierungsbehörden amerikanischer Bundesstaaten, bei wieder anderen ging es um die Beratung von Stadtverwaltungen oder regionalen Organisationen. Bei einer besonderen Gruppe von Projekten arbeiteten wir mit Jugendlichen, die man als „gefährdet" bezeichnet, also bereits mit einem Bein in der Welt der Drogen und der Kriminalität standen. In einer Großzahl anderer Projekte ging es um so genannte Senioren. Was sie angeht, betone ich immer wieder, dass der Begriff „Reife" besser zu ihrer Charakterisierung geeignet ist, und dass reife Früchte, ebenso wie die „Senioren", im Gegensatz zu den grünen und harten jungen Früchten gewöhnlich süß und saftig sind. Viele Senioren gestanden uns schon in den ersten Gesprächen, dass sie in ihrem Leben bisher noch nie etwas getan hatten, das sie wirklich, wirklich tun wollten. Unsere Antwort in solchen Fällen lautete zumeist, dass es dann keine Zeit mehr zu verschwenden gäbe und wir uns schnell um einen Neuanfang bemühen sollten. Einige der Projekte, um die wir uns ganz besonders intensiv kümmerten, waren bemüht, Gruppen von Frauen zu unterstützen, die von der Sozialhilfe lebten, andere waren in Gefängnissen angesiedelt oder arbeiteten mit Langzeitobdachlosen oder Langzeitarbeitslosen. Nicht zuletzt gab es auch Ansätze der Neuen Arbeit, die mit verschiedenen nordamerikanischen Indianerstämmen arbeiteten.

All diese Projekte zu beschreiben wäre ermüdend und würde nicht viel zur Sache tun. Ich will deshalb einige wenige allgemeine Züge und Ereignisse herausheben und werde mit einem Projekt beginnen, das in Vancouver in Kanada durchgeführt wurde.

1. Gärten auf den Dächern

Nachdem die Leute gehört hatten, dass es bei unserem Ansatz darum ging, herauszufinden, was die Menschen „wirklich und im Ernst" tun wollen, erwarteten sie genau das und luden mich ein. Die Aufgabe bestand darin, Jugendliche von der Straße für eine Sache zu engagieren. Die zuständigen amtlichen Stellen und auch die verfügbaren Kohorten von Sozialarbeitern hatten hier alles nur Denkbare versucht – ohne jeden Erfolg. Ich beschreibe diese Umstände gern mit einer kleinen Pointe: „Die Situation war so verzweifelt, dass die Leute gezwungen waren, sogar einen *Philosophen* um Hilfe zu bitten!"

Ich erinnere mich noch lebhaft daran, dass ich diesen jungen Leuten bei unserer ersten Begegnung sofort sagte, ich sei *nicht* gekommen, um mit ihnen über *Jobs* zu sprechen. Nach einem halbstündigen Diskurs über die Mängel des Lohnarbeitssystems und darüber, was das für sie bedeutete – nämlich dass es keine Jobs für Leute mit ihrer Lebensgeschichte und ihren Lebensgewohnheiten gäbe (eine Tatsache, die viele Sozialarbeiter nicht offen aussprechen) –, war ein Gutteil des Eises zwischen uns geschmolzen, und wir begannen die Frage zu stellen, was sie denn wirklich gern tun würden.

In diesem Fall bedurfte es mehrerer Monate intensiver Bemühungen meiner selbst sowie anderer Menschen, bevor sich herauszuschälen begann, was diese Gruppe wirklich, wirklich wollte. Ich hatte einfach großartige Hilfe (von Betty Tully und später von Anna Kambel) und wir kamen unermüdlich mit neuen Vorschlägen und neuen Möglichkeiten an, die wir mit den Jugendlichen diskutierten. Der allgemeine Rahmen war, dass wir ein „Unternehmen", ein Business aufbauen wollten in der Hoffnung, dass es sich zu einem echten, geschäftlichen Profit abwerfenden Unternehmen entwickeln würde. Die Möglichkeit, Gewinne zu erzielen, war jedoch, wie wir sehr betonten, nur eine von vielen relevanten Überlegungen. Weit mehr im Vordergrund stand die Frage, ob die Jugendlichen bei diesem Unterfangen wirklich ernsthaft *bei der Stange bleiben* würden, wenn es einmal angelaufen war. Kurz: War es etwas, dem sie wirklich und wahrhaftig nachgehen *wollten*?

Viele dieser jungen Leute waren engagierte Umweltschützer, was zu jener Zeit unter Jugendlichen von der Straße durchaus üblich war, und nachdem sie 50 andere Ideen diskutiert und festgestellt hatten, dass sie zu wünschen übrig ließen, war die eine Idee, die alle Tests überstand, die Idee, auf den Dächern mehrerer Hochhäuser in der Innenstadt von Vancouver Gemüse anzubauen, und zwar in ungewöhnlich effizienten Containern, so genannten Bio-Blocks, welche die Jugendlichen selber zu bauen lernten. Das Projekt wäre wohl nicht erfolgreich gewesen, hätten die Container nicht so schön ausgesehen. In der Tat wurden diese Hausdächer, auf denen Mais, Bohnen, Brokkoli und auch Blumen wuchsen und von denen seitwärts Schlingpflanzen herabhingen, bald zu einem Markenzeichen, zu einem der oft zitierten Symbole der Neuen Arbeit. Es gab viele Fotos in der lokalen Presse, und die jungen Leute sonnten sich natürlich im Licht der öffentlichen Aufmerksamkeit.

Eine Lehre aus diesem Projekt möchte ich besonders betonen: Arbeitet man mit einer wirklich schwierigen Gruppe, mit Menschen, die schon in den verschiedensten Gefängnissen und Erziehungsheimen gewesen sind, dann gibt es keine andere Möglichkeit: Will man wirklich etwas verändern, dann *muss* man unbedingt etwas finden, das diese Menschen wirklich, wirklich wollen. Sie zu irgendwelchen anderen Beschäftigungen zu überreden, das ist – auch wenn man es mit Humor und Phantasie tut – verlorene Liebesmüh. Wenn diese Menschen nicht das deutliche Gefühl haben, dass dies etwas anderes ist, weil es nämlich etwas ist, das sie wirklich *wollen*, dann fließen alle Anstrengungen dahin wie Wasser in einen Ausguss.

Hierzu möchte ich ein Projekt schildern, das wir in einem Hochsicherheitsgefängnis für junge Männer intiierten. Der Direktor des Gefängnisses nahm Kontakt mit mir auf und schilderte mir die Situation. Er hatte bereits das ganze Spektrum von Disziplinar- und Kontrollmaßnahmen durch, die seiner Meinung nach auch nicht total versagt hatten. Aber das Ganze war komplizierter. Immer wieder kam es zu Gewaltszenen, Kämpfen, kleinen Revolten. Was ihm besondere Sorgen machte, war die Tatsache, dass die „guys“, wie er sie nannte, sich bei jeder Gelegenheit prügelten. Darüber hinaus schien es keine Strukturen zu geben, keine Fraktionen oder kohärenten Gruppen, die sich vorhersehbar bekämpften. Für den Gefängnisdirektor hingen die Gewaltausbrüche ständig in der Luft und schienen sich vollkommen spontan zu entzünden. Also hatte er sich entschlossen, es einmal mit dem genauen Gegenteil der bisherigen Methoden zu versuchen. In seiner Haltung war eine deutliche Bereitschaft zum Experiment zu erkennen. Er war sehr neugierig und konnte meine Ankunft kaum erwarten. Er wollte wissen, was geschehen würde, wenn man diesem Gemisch ein Element hinzufügen würde, das diese jungen Strafgefangenen sich wirklich wünschten. Die Einzelzellen, die Ernährung und alles andere sollten unverändert bleiben, aber die Gefangenen sollten eine gemeinsame Aufgabe erhalten, die so *neu* sein sollte, wie man es sich nur vorstellen konnte.

Obwohl dieses Projekt von dem Dachgarten-Projekt in Vancouver sowohl räumlich wie kulturell meilenweit entfernt war, war die grundlegende Struktur, das Muster, das sich herauskristallisierte, dem von Vancouver erstaunlich ähnlich. Ich kam viele Male mit Fotos und Postern, Modellen, Katalogen und Zeitschriften in das Gefängnis, und es gab viele Momente, in denen ich das Gefühl hatte, mit meinem Latein am Ende zu sein. Einfach nichts wollte Form annehmen, keiner meiner Vorschläge schien auch nur annähernd geeignet, zu einem Konsens zu führen.

Dann brach, wie so oft in solchen Geschichten, kurz vor dem Punkt, an dem ich das Handtuch werfen wollte, ein Sonnenstrahl durch die Wolken. Ich war auf ein kleines, um sein Überleben kämpfendes Unternehmen gestoßen, das Bausätze herstellte, mit denen man Motorräder zusammenbauen konnte, die mit sehr viel Chrom besetzt waren. Wie sich herausstellte, stand die Firma kurz vor dem Bankrott und machte uns deshalb einen besonders günstigen Preis. Auf jeden Fall stieß die Idee, Motorräder zusammenzubauen und sie gewinnbringend zu verkaufen oder bis zur Vermarktung zu lagern, sofort und allseits auf begeisterte Zustimmung. Der Enthusiasmus der jugendlichen Gefängnisinsassen war kein Strohfeuer. Viele von ihnen arbeiteten in jedem freien Moment an ihren Motorrädern. Man kann sich leicht vorzustellen, wie dramatisch sich die Atmosphäre in dem Gefängnis daraufhin veränderte. Das Projekt war in der Tat dermaßen erfolgreich, dass man es auf keinen Fall anderswo wiederholen wollte. Warum? Einfach deshalb, weil die Gefängnisse in Detroit im Vergleich zu den extrem unsicheren Straßen der Stadt nicht unbedingt schlimmer zu sein schienen und die Aussicht, hier einzusitzen, also nicht unbedingt etwas „Abschreckendes“ hatte. Drei Mahlzeiten am Tag und ein Dach über dem Kopf, das war nicht ohne Reiz.

Unsere Unternehmung mit den Motorrädern und ähnliche Versuche, den Gedanken von echter Arbeit – und nicht nur die Herstellung von Nummernschildern (der Hauptbeschäftigung in fast allen amerikanischen Gefängnissen) – in die Gefängnisse hineinzutragen, von Arbeit, die die Insassen wirklich ernsthaft leisten wollten, stieß vorhergesehenermaßen auf Widerspruch. Es hieß, dies könne den Strafvollzug zum Umkippen bringen. Denn wenn zu den anderen „Vorzügen“ der Gefängnisse auch noch sinnvolle Arbeit hinzukäme, würden sich vor den Gefängnistoren bald Schlangen von Menschen bilden mit nur einem Wunsch, nämlich hinter Gittern leben zu dürfen.

Ein anderes Projekt mit jungen Menschen betraf Highschool-Schüler in der härtesten Schule in der Innenstadt von Detroit. Auch hier war die Situation Grau in Grau. Eine lange Reihe von Zwischenfällen hatte dazu geführt, dass man mich einlud, es nicht nur mit einer Klasse, sondern mit der gesamten Schule zu versuchen: Schüler, Lehrer, Berater, Hausmeister, Trainer und der Direktor eingeschlossen. Wie man sich denken kann, war die Phase, in der wir herauszufinden bemüht waren, was in aller Welt eine ganze Schule gemeinsam unternehmen könnte, äußerst anstrengend, und manchmal waren wir kurz vor dem Aufgeben. Nach vielen Versuchen und Fehlschlägen, hauptsächlich Fehlschlägen, kamen wir gemeinsam auf den Gedanken, auf dem schon seit langem leer stehenden, großen Grundstück hinter der Schule einen der durch Buckminster Fuller berühmt gewordenen Kuppelbauten zu errichten.

In diesem Fall war es ziemlich einfach, Firmen zu finden, die Bausätze herstellten, mit denen man solche Kuppelbauten erstellen konnte und eine davon erschien uns besonders interessant. Die Teile, aus denen diese Kuppeln gebaut wurden, waren so konzipiert, dass sie einfach ineinander gesteckt werden konnten, und bestanden zudem aus einem sehr leichten und biegsamen Material. Das bedeutete, dass die Schüler in Begleitung ihrer Lehrer selbst aktiv am Bau teilhaben konnten.

Sobald die Entscheidung gefallen war, elektrisierte die freudige Erwartung die gesamte Schule. Es gab nicht ein Lehrfach, in dem nicht irgendein Aspekt, irgendeine Dimension des Kuppelbaus gelehrt werden konnte. Ich erinnere mich, dass er zum Beispiel in den Mathematikstunden eine große Rolle spielte, da die Grundrisse berechnet werden mussten, aber auch in Geschichte und Sozialkunde, und natürlich auch in Literatur und Kunst. Der beste Teil war, dass die Schüler zudem aufgefordert wurden, Pläne für die Innenausstattung und die Möblierung zu entwickeln, und sich, besonders wichtig, Gedanken über die künftige Funktion des Gebäudes zu machen. Schüler, die bislang geistesabwesend herumgelaufen waren, schlugen sich plötzlich vor Begeisterung gegenseitig auf die Schulter. Auf diesem abgesteckten Areal ähnelte ihr Einfallsreichtum einer Ölquelle, die nach langer Bohrzeit plötzlich ausbläst und eine schwarze Fontäne hoch in den Himmel schießen lässt.

Zu den vielen Dingen, die die Schüler sich zunutze machen wollten, gehörte die Form der Kuppel. Sie wollten ein Abbild des Sternenhimmels auf die Innenseite der Kuppel projizieren, aber sie wollten sich auch der Höhe der Kuppel bedienen, um darin Pflanzen und sogar Bäume hochzuziehen. Wenn ich heute daran zurückdenke, habe ich den Eindruck, dass wahrscheinlich die Mehrzahl der möglichen Funktionen, vom Sport über Kunst und Zirkus bis zu Werkstätten und zur Herstellung von Dingen, irgendwann einmal im Lauf der Diskussion an dieser Highschool angesprochen wurde.

Eine absolut unerwartete Wendung in der Entwicklung dieses Projekts wurde zu seinem bittersten Moment. Ich erinnere mich noch besonders gut daran. Die ganze Schule summte vor Aufregung, als plötzlich ein neuer Schulrat ernannt wurde. Nach etwa einem Monat wurden wir in sein Büro bestellt, um zu erklären, was wir vorhatten. Er schien nicht die geringste Ahnung davon zu haben. Nach vier Sätzen, nicht mehr, unterbrach der Schulrat den leitenden Lehrer unserer Gruppe mit einem einzigen, abrupten Satz: „Das werden wir nicht tun." Das genau waren seine endgültigen Worte.

Für mich war das nur eine in einer langen Reihe von Erfahrungen mit den diktatorischen Mächten in Verwaltungsgremien. Aber es war auch eine willkommene weitere Bestätigung, denn ein einziges „Ja oder Nein“ zog sich für mich wie ein roter Faden durch die ersten acht bis zehn Jahre der Neuen Arbeit: Schätze ich den Sog, die nach oben ziehende Kraft einer Arbeit, die Menschen wirklich, wirklich wollen, richtig ein, oder irrte ich mich in Hinsicht auf diesen archimedischen Angelpunkt? Dass die Menschen skeptisch und auf der Hut sein würden, war mir von Anfang an klar. Sie hatten die besten Gründe, auf Distanz zu bleiben, schließlich waren sie alle gebrannte Kinder. Und doch blieb die Frage, ob eine Arbeit, die sich vollkommen von der Schufterei unterschied, die zu ertragen sie sich angewöhnt hatten, eine echte Alternative für sie sein könnte. Wenn sie nur überzeugt waren, dass so etwas tatsächlich in Reichweite für sie war, wie würden sie dann reagieren? Würde eine solche Arbeit in diesem Fall tatsächlich als Seilwinde funktionieren, die sie auf ein höheres Niveau zu heben vermag? Würde sie eine solche Arbeit aus dem Sumpf ihrer Erschöpfung und ihrer Enttäuschungen ziehen können – oder war das zu viel der Hoffnung?

Die Fuller'sche Kuppel für die Highschool in Detroit wurde zur bitteren Enttäuschung der Schüler nie gebaut. Und doch war das Projekt, aus meiner sich vorsichtig entwickelnden Perspektive gesehen, ein ermutigender *Erfolg*. Denn es hatte doch etwas bewiesen. In den drei Monaten vor der Einsetzung des neuen Schulrats hatten die Schüler, ja hatte in der Tat die gesamte Schule eine Erfahrung mit dieser Art von Arbeit gemacht, und dabei war zweifellos zu beobachten, dass deren magnetische, aufwärts ziehende Kraft sogar noch stärker war, als ich gehofft hatte.

Während des Kuppel-Projekts arbeitete ich auch in der Innenstadt (besonders auf der so genannten „Eastside“) von Detroit sowie in einigen ländlichen Gemeinden und Kleinstädten. Eine Einladung kam von einer sehr straff organisierten, ziemlich umfangreichen Gruppe von Kirchen, der „Detroit East Side Coalition of Churches“, kurz DECC. Der Entscheidung, mich einzuladen, war eine längere theologische Debatte vorausgegangen: Beschränkte das Aufgabengebiet der Kirchen sich allein auf das seelische Wohlergehen der Gemeindemitglieder oder waren sie auch für deren physisches Wohlergehen verantwortlich? Schließlich setzten sich jene durch, die der Meinung waren, dass die Gemeindemitglieder ohne einen Körper auch keine Seele besäßen, und ein langer Prozess wurde in Gang gesetzt. Ich war etwa drei Jahre lang daran beteiligt.

Ein Höhepunkt war eindeutig die Ausrichtung auf den städtischen Gartenbau. Gartenarbeit in der Stadt. Den Hintergrund bildete das Dachgarten-Projekt in Vancouver. Das Thema lag inzwischen sehr viel mehr in der Luft, und die Neue Arbeit war keineswegs die einzige Bewegung, die diese Idee unterstützte. In Detroit hatte sich der Gartenbau in der Zwischenzeit auf erstaunliche Weise weiterentwickelt. In manchen Stadtteilen hatte sich das Straßenbild sehr verändert: Auf den verlassenen Grundstücken, wo einst eingestürzte Häuser standen und jahrelang Unkraut wucherte, sieht man jetzt viele eingezäunte und wohlgepflegte kleine Gärten.

Dass wir täglich mit einer Gruppe von etwa 20 Kirchen zusammenarbeiteten, war sehr wichtig. In Flint wie an vielen anderen Orten hatten wir „Berufung“ als eine der vielen Bezeichnungen für eine Arbeit gewählt, die die Menschen wirklich und wahrhaftig tun wollen. Doch aus dem Mund von Priestern nahm dieses Wort einen noch tieferen und überzeugenderen Klang an. Dass es unser ausdrückliches Ziel war, den Menschen zu helfen, ihre Berufung – ihr „calling“ – zu finden, bekam hier eine feste religiöse Bedeutung. Andernorts hatten wir darum gerungen, den Menschen klar zu machen, dass nicht jede Arbeit den Menschen verschleißen muss, dass es auch eine Arbeit gibt, die unsere Energie vergrößern und uns „lebendiger“ machen kann. Das war natürlich ein Vokabular, mit dem diese Seelsorger schon seit langem vertraut waren. Ich erinnere mich an Predigten, in denen sie sogar noch einen Schritt weitergingen.

Dieser Bezirk von Detroit war einer der Stadtteile mit den größten Drogenproblemen. Auf verlassenen Grundstücken und an vielen Straßenecken traf man auf Gruppen von Süchtigen, die so geschwächt waren, dass sie nur noch zusammengekauert dasaßen oder auf Zeitungspapier auf dem Boden lagen, so dass man den Eindruck bekam, sie seien dem Tod näher als dem Leben. In diesem Kontext sprachen einige der Geistlichen, mit denen ich zusammenarbeitete, von einer Arbeit, die man als eine „Auferstehung“ betrachten könnte!

Gartenarbeit war hier vielleicht die einzige verfügbare Art von Arbeit, die Drogensüchtige von ihrer Ausbildung und ihren Fertigkeiten her bewältigen konnten. Außerdem gibt es die inzwischen gut erforschte und wohldokumentierte Tatsache, dass Gartenarbeit einen therapeutischen Wert hat. Das alles vermischte sich zu einer für uns wirklich beeindruckenden Erfahrung – nämlich dass einige Menschen, die wirklich sehr krank ausgesehen hatten und die auf Anregung ihrer Seelsorger in den Gärten arbeiteten, diese Arbeit wirklich als ihre Berufung ansahen und mit großen Erwartungen an diese Arbeit herangingen. Ohne Zweifel verbesserten sich die Gesundheit, die Haltung und die gesamte Geistesverfassung vieler der Beteiligten ganz beträchtlich dadurch, dass sie eine Arbeit leisteten, an die sie glaubten.

Doch nicht alles an dem Projekt in Detroit war gleichermaßen inspirierend. Wir legten nicht nur Gärten an, sondern stellten auch in einigen Gemeindehäusern Computer auf. Die Menschen konnten dort unter der Anleitung von Computerkundigen medizinische Informationen abrufen, Termine mit Sozialarbeitern vereinbaren oder, was besonders wichtig war, Waren einkaufen, die auf elektronischem Wege günstiger zu bekommen waren als in den Läden der Innenstadt.

Auch hier begegneten wir dem inzwischen bekannten Phänomen. Die Menschen reagierten unverkennbar auf das Angebot, etwas zu finden, das sie ernsthaft tun wollten. Und das war keineswegs eine kleine Sache. Es wäre wirklich ein Fehler, das nur als eine Form von „Motivation" zu bezeichnen. Die Priester und Pfarrer von Detroit kamen dem Kern der Sache in dieser Hinsicht viel näher: Es ging nicht um das, was man gewöhnlich „Menschen motivieren" nennt, sondern um etwas, das den Unterschied zwischen „Tod oder Leben" ausmacht.

Zu diesem Zeitpunkt war die ökonomische Wirkung von dem, was wir machten, keineswegs angemessen oder ausreichend. Im Rahmen dieser verschiedenen Projekte *erklärten* wir das Konzept der High-Tech-Eigen-Produktion, und die Menschen verstanden es sofort und wollten die Ärmel hochkrempeln und an die Arbeit gehen. Aber damals fehlten uns noch die Technologien (und natürlich auch die finanziellen Mittel und das Know-how), mit denen dieser Aspekt unserer Projekte eine Ebene hätte erreichen können, die den Erwartungen der Menschen, mit denen wir arbeiteten, und unseren eigenen entsprach. Kurz gesagt: Wir waren unserer Zeit voraus. Die technologische Entwicklung musste noch um etliche Jahre fortschreiten.

Ich habe mich trotzdem entschlossen, diese Versuche als Beispiele anzuführen, weil in allen Fällen die Beziehung zu unserem zentralen Konzept ganz klar und direkt ersichtlich ist. In jedem dieser Fälle waren Geduld und Information notwendig, aber das Wichtigste ist, dass diese Fälle verdeutlichen, dass an der Art und Weise, auf die wir aufdecken, was die Menschen in der einen oder anderen Gruppe ernsthaft tun möchten, absolut nichts Esoterisches oder Geheimnisvolles ist. Da wird nicht aus dem Kaffeesatz gelesen oder mit einem Kristall an einem Faden ausgependelt. Der Prozess ist vor allem ein „Versuch und Irrtum"-Verfahren – ein Prozeß, den wir jedoch mit unnachgiebiger Hartnäckigkeit verfolgen.

2. Stümpfe im Schnee

Die folgende Geschichte unterscheidet sich sehr stark von den bisher erzählten. Im Zentrum steht die Gegenüberstellung der normalen, üblichen Hilfsmaßnahmen seitens der Regierung und des völlig anderen Ansatzes, der von der Neuen Arbeit entwickelt wurde. Das Projekt wurde für mich zu einer der lebhaftesten Demonstrationen dafür, warum die althergebrachten, zur alten Kultur gehörenden Ansätze einfach scheitern müssen. Indirekt bekamen wir dadurch eine weitere Bestätigung, dass wir uns vielleicht auf dem richtigen Wege befanden. In diesem Sinne war das Projekt von entscheidender Bedeutung für die Entwicklung der Neuen Arbeit.

Die überzeugende Demonstration dieser Lektion wurde mir von zwei nordamerikanischen Indianerstämmen zuteil, von den Gitskan und Wettsuetsen im hohen Norden Kanadas. Ich möchte mit einer zusammengefassten Geschichte meiner ersten Begegnungen mit ihnen beginnen.

Im frühen Oktober kam ich mit einem sehr kleinen Flugzeug auf dem sehr kleinen Flughafen von Hazelton in British Columbia an. Der Schnee war bereits sehr tief, und zu Anfang fuhren wir mehrere Stunden lang mit einem Kleinlaster durch unglaublich schöne, in der Sonne glitzernde Berglandschaften. Als wir ankamen, saß ein, wie mir schien, größerer Teil der Stämme im Kreis in einem Raum mit niedriger Decke, der hinter einem Restaurant lag, welches in einem Trailer untergebracht war. Als ich eintrat, ging eine Bewegung durch die Runde, aber niemand sprach auch nur ein einziges Wort. Ich setzte mich in diesem Schweigen nieder und wartete. Nach einigen Minuten begann die Älteste der Gitskan, eine Frau von legendärer Kraft und Intelligenz, endlich zu sprechen. Indem sie jedes Wort sehr langsam und deutlich aussprach, sagte sie: „Alles, was wir in den letzten 20 Jahren getan haben, war falsch!"

Und dann, nach dieser ersten Aussage, wiederum Schweigen. Nach einer Weile begann langsam ein Gespräch unter den Sitzenden, und nicht lange danach gingen wir alle schlafen, ohne dass jemand nur noch ein Wort zu der „Eröffnungsansprache" von Val Napoleon, so der Name der Frau, gesagt hatte. Am nächsten eiskalten sehr frühen Morgen wartete Val in ihrem Truck auf mich, und wir fuhren wieder mehrere Stunden, wobei wir kaum an einem Haus und natürlich erst recht nicht an einem Dorf vorbeikamen. Schließlich bog sie abrupt ab, fuhr einen Hügel hinauf und hielt unerwartet am Rand eines ziemlich großen Dorfplatzes an. Es gab dort eine Schule und mehrere Häuser.

In gewissem Abstand voneinander standen dort, in Decken gehüllt, die Männer der Stämme. Schweigend, unbeweglich. Auch Val sagte nichts, aber nach einer Weile fand ich den Mut, sie zu fragen, was diese Männer da taten. „Sie warten auf die Post", antwortete sie. Nach einer weiteren Pause fragte ich: „Wann kommt denn der Postbote gewöhnlich?" Sie antwortete: „So um zwölf Uhr mittags." „Um zwölf Uhr?", fragte ich erstaunt, „und wie spät ist es jetzt?" Val sagte: „Zehn nach acht." Ich bohrte weiter: „Und wie oft bekommen die meisten dieser Männer einen Brief?" Die Antwort lautete: „Gewöhnlich einmal im Monat, und es ist auch kein Brief, sondern der Scheck, den sie von der Regierung erhalten."

Zwei Tage später brach sie schließlich ihr Schweigen und erklärte: Der große Fehler, der nun schon 20 Jahre lang andauerte, kulminierte in dieser Gruppe von Männern, die im Schnee standen. Sie standen dort, weil sie sonst nichts zu tun hatten. Die Arbeit im Wald und in der Sägemühle gibt es schon lange nicht mehr, und auch das Fischen und Jagen ist völlig vorbei. Deshalb kam die kanadische Regierung, die ganz anders mit den Indianern umgeht als die Regierung der Vereinigten Staaten, für alle Bedürfnisse auf. Sie erhielten nicht nur Essen, Kleidung und Unterkünfte, sondern auch Berater, Sozialarbeiter, Krankenschwestern und spezialisierte Therapeuten für jedes nur vorstellbare Problem: für Alkoholismus, für häusliche Gewalt, für Kindesmissbrauch, für die Alten und Sterbenden, wenn sie chronisch depressiv oder in einer Rehabilitation waren, wenn sie aus dem Gefängnis kamen und so weiter. Es schien hier mehr Sozialarbeiter als Stammesmitglieder zu geben.

Sie sagte, es gäbe für die Männer überhaupt nichts mehr zu tun, und deshalb würden sie sich nicht mehr bewegen; sie seien so total abhängig von der Fürsorge geworden, dass es für sie schon mühsam sei, auch nur zu essen. Manchmal wären sie so tief in ihren Ruhezustand versunken, dass sie sogar das nicht mehr schafften.

Das Bild der Männer des Stammes, die in ihre Decken gehüllt stocksteif in der Kälte und Stille des Winters standen, ist mir seither nicht aus dem Kopf gegangen. Sie warteten, weil sie sonst nichts zu tun hatten. All ihre Arbeit, der kleinste Bruchteil, war ihnen genommen worden. Sie konnten nur noch warten. Aber man konnte es auch andersherum sehen: Sie standen auch da und warteten, und bewegten sich nicht mehr, *weil* die Regierung für jedes einzelne ihrer Bedürfnisse sorgte! Es war dieser doppelte Aspekt, auf den Val mich hinweisen wollte: die Tatsache, dass die *Abhängigkeit* ihnen ebenso schadete wie der Mangel an Arbeit. Der große, 20 Jahre andauernde Fehler, den sie begangen hatten, war das Annehmen dieser schier endlosen Kette von Almosen.

In den darauf folgenden Tagen lernte ich mehr über ihre Kultur, aber auch über die Einzelheiten ihrer gegenwärtigen Situation. Sie zeigten mir das gigantische Sägewerk, das inzwischen so weitgehend automatisiert war, dass ich dort sage und schreibe nur noch eine einzige Person arbeiten sah. Er saß in einer hermetisch abgeschlossenen kleinen Glaskabine vor einer Konsole und drückte auf Knöpfe. Damit kontrollierte er ungewöhnlich große Maschinen, die eine Einheit frisch geschlagener Bäume mit einem Griff anhoben, wie wir mit einer Hand Streichhölzer aufheben würden. Die Indianer erklärten, dies sei einer der letzten Schritte gewesen: Die letzten noch verbleibenden Arbeitsplätze hätte man ihnen unter den Füßen wegrationalisiert.

Natürlich fragte ich sie, mit welchen Unternehmungen sie es dann versucht hätten. Einer ihrer letzten Versuche bestand in der Herstellung von Holzsärgen, aber der Transport aus dem hohen Norden in die Ballungszentren war zu kostspielig gewesen. Außerdem hatten sie keinen Zugang zu anständigen Holzbrettern mehr. Die internationale Holzfabrik Weyerhaeusser hatte ihnen gesagt, sie dürften sich nur noch das Abfallholz nehmen, das heißt die Reste und die Bäume, die zu klein für Bauholz waren.

Während meiner folgenden Besuche verwandten wir viel Zeit darauf, eine Vorstellung von einem anderen Unternehmen heranzubilden, das sie innerhalb der engen Grenzen ihrer gegenwärtigen Situation vielleicht aufbauen konnten. Nachdem wir sehr viele Vorschläge zusammen erkundet und verworfen hatten, schien eine Idee jedwedem Einwand standzuhalten. Ich war wieder einmal an einem Punkt angelangt, wo ich das Gefühl hatte, es sei völlig unmöglich, auf noch eine weitere „Möglichkeit“ zu kommen, als ich vorschlug, sie könnten eine kleine Firma für Baumaterial aufbauen. Ich war nämlich inzwischen auf ein Bausystem gestoßen, das so ähnlich funktioniert wie das weltbekannte Lego-Spiel – mit dem Unterschied, dass die Bausteine etwa 60 mal 25 Zentimeter groß waren und ganz aus behandelten Spanplatten bestanden. Der Markenname dieser Bauteile war „Ability Blocks“. (Mit genau diesen Bausteinen hat sich eine Gruppe Obdachloser in Ann Arbor, Michigan, wo ich seit vielen Jahren lebe, vor etwa zwei Jahren selbst zwei Doppelhäuser gebaut.)

Es gab viel zu diskutieren, es musste ja nicht nur ein Geschäftsplan entwickelt werden, aber schließlich beschlossen die Mitglieder kollektiv, dass dieser Vorschlag eine weitere Prüfung bestanden hatte: sie mochten ihn, sie fanden die Idee aufregend und sie glaubten daran. Dies war endlich etwas, das sie wirklich und wahrhaftig tun *wollten.*

Die beiden Indianerstämme erhielten einen Kredit, und eine Zeit lang verdienten einige wenige Angehörige auch damit Geld, dass sie diese Bausteine herstellten. Das war ein zwiespältiges Ergebnis, und das Bild war dasselbe wie bei den anderen Stämmen, mit denen ich in Süd- und Norddakota gearbeitet hatte. Keines der gegründeten Unternehmen gedieh auch nur annähernd so weit, dass es Arbeitsplätze für den ganzen Stamm bereitstellen konnte. Ich hatte also eine weitere Lektion gelernt: Es war einfach nicht möglich, genug Arbeitsplätze für die Stämme zu schaffen, die so isoliert hoch oben in den Bergen lebten.

Seltsamerweise glich diese Situation in mancher Hinsicht sehr der der Obdachlosen in New York. Dort hatte sich herausgestellt, dass eine moderne Form der Selbstversorgung sogar in der dicht besiedelten Stadt der einzige Weg heraus aus einer dauerhaften Randexistenz sein konnte. Bei den Indianerstämmen kamen wir unausweichlich zu demselben Schluss. Fraglos konnten sie etwas Geld verdienen – so wie die Bauern zu der Zeit, in der der Ackerbau vorherrschte, mit dem Verkauf eines Teils ihrer Ernte etwas Bargeld verdienen konnten –, aber es war längst nicht genug Geld, damit sie sich davon auch nur das Nötige kaufen konnten.

Das Muster, das sich herausschälte, hatte viel mit der Entwicklung in Flint gemein. Man braucht nicht zu betonen, dass „Selbständigkeit" und „Selbstversorgung" Begriffe waren, auf die die amerikanischen Indianer positiv reagierten. Sie organisierten Pow-wows und führten Tänze zur Feier des Neubeginns auf diesem Pfad durch. Sie waren entschlossen und erfindungsreich, und viel wurde unternommen. Aber wie zuvor in Flint fehlte zum damaligen Zeitpunkt einfach noch ein Großteil der inzwischen entwickelten Technologie. So blieb das Konzept der High-Tech-Eigen-Produktion ein bloßer Anfang, aufregend und vielversprechend zwar, aber noch nicht zu verwirklichen.

Für meine eigene persönliche Entwicklung hinterließ das Bild der in Decken gehüllten Männer in der Kälte einen ganz besonders machtvollen Eindruck. Etwas daran ähnelte dem, was ich im Osten gesehen hatte: dem Zustand des Sozialismus kaum zehn Jahre *vor* seinem Tod. Und damit ähnelte es für mich auch dem Bild dessen, was in den Vereinigten Staaten Liberalismus genannt wird. Erinnert man sich an die ursprünglichen Wurzeln des Libralismus, an seinen ursprünglichen Geschmack und seine größere Stärke, dann wird die Ähnlichkeit mit dem, was diesen Indianern widerfuhr, offensichtlich. Es gab Berater für alles und jedes, aber auch Schutz gegen jedes vorstellbare Ungemach; und das Ganze basierte auf einer Form von Zuwendungen, von Almosen. (Dies ist zugegebenermaßen eine besonders *extreme* Ausformung dessen, was die Linke und der Liberalismus, so wie sie in den USA verstanden werden, anstreben, aber es geht doch in die Richtung ihrer Zielsetzung.)

Für mich war das Bild dieser Männer (*nicht* der Frauen, diese hatten Arbeit) ein deutlicher Hinweis darauf, dass keine Variante dieser Strategie, gleich welcher Couleur, in Frage kam. Das führte dazu, dass die Neue Arbeit noch größere Anstrengungen als zuvor machte, die Verbindung zu diesen Wurzeln *abzuschneiden*. Wir waren noch entschlossener und es war uns noch klarer als zuvor: Wir wollten etwas ganz anderes in einen ganz anderen Boden pflanzen.

Die in diesem Bild zum Ausdruck kommenden Wahrheiten wurden im Weiteren zu einem Grundstein der skeptischen Haltung und des Widerstands, den ich gegenüber dem garantierten Mindesteinkommen oder „Bürgergeld" beziehungsweise der „Bürgerarbeit" entwickelte. Das gilt für alle Ansätze und Bestrebungen, die Löcher im Lohnarbeitssystem mit mehr Sozialarbeit zu Gunsten der Bedürftigen, mit mehr „Comfort-Stations", zu stopfen versuchen. All diese Ansätze haben etwas damit gemeinsam, wie die kanadische Regierung mit ihrer „First Nation" (so der offizielle kanadische Begriff) umging. Sie alle haben die Abhängigkeit und den Mangel an Arbeit gemeinsam, und diese Kombination produziert eine Lähmung – sie verwandelt Menschen in gespenstisch gefrorene Stümpfe.

Sieht man diese Tatsache nicht klar und deutlich in hellstem Licht, dann versteht man völlig falsch, was mit der Idee der High-Tech-Eigen-Produktion gemeint ist. Einerseits ist Idee und Praxis von der Attraktivität der Selbstständigkeit und einer hohen Achtung und Bewunderung für diese bestimmt, andererseits spiegelt sie auch die eben beschriebenen Schrecken wider. Es musste etwas in die Welt gesetzt werden, das nicht solche im Schnee stehende Stümpfe erzeugt. Die High-Tech-Eigen-Produktion war von Anfang an der Traum von einem anderen Gebrauch der Technologie, welcher uns Eigenständigkeit ohne allzu viel Schweiß gewähren könnte. Das waren die ursprünglichen Impulse, aber nun wurde sie auch noch etwas anderes: die Hälfte eines gesamtheitlichen Systems, das von Anfang an mit Geigen und Klarinetten betonte, dass es dem Problem der im Elend Lebenden auf eine radikal andere Weise begegnen wollte, als das bisher versucht worden ist. Durch diese Gegenüberstellung lässt sich dieses Ziel der Neuen Arbeit jetzt sehr präzise formulieren. Unsere Frage ist in der Tat: Wie lässt sich die Arbeit, ein oder gar der Angelpunkt unseres Lebens, organisieren, damit das Endergebnis so weit wie nur irgend möglich von diesen gefrorenen Stümpfen entfernt ist? Wie kann man die Organisation der Arbeit angesichts der vielfältigen Funktionen von Arbeit so optimieren, dass sie die Menschen – genau im Gegenteil – so lebendig wie möglich macht?

Von jenem denkwürdigen Bild einmal abgesehen, blieb mir vor allem die spezifische Reaktion dieser Männer auf unsere eine, unvermeidliche Frage im Gedächtnis. Ganz gleich, worum es ging, um eine triviale Entscheidung über die nächste Mahlzeit oder um die Frage, wo die aus Bäumen hergestellten Barrikaden gegen die ankommenden Lastwagen der Holzfirma aufgebaut werden sollten und wie weit sie bei der Verteidigung dieser Barrikaden gehen sollten – (sie befanden sich nämlich in einem sich schon lange hinziehenden Krieg, über den in der Presse und im Fernsehen viel berichtet wurde. So kam es, dass ich einmal, auf einer richtigen Barrikade stehend, eine Ansprache hielt) –, wenn es zu der Frage kam: „Was ist es, das ihr ernsthaft und zutiefst und aus ganzem Herzen tun wollt?“, fiel ein Schatten der Melancholie über sie, den ich nicht einmal in Flint beobachtet hatte. Sie lebten in dem Glauben, dass sie irgendwann einmal, vor langer Zeit, als ihre Kultur noch lebendig gewesen war, die Antwort auf solche Fragen gekannt hatten. Dass sie sie jetzt nicht mehr kannten, war für sie ein Indiz, dass sie entwurzelt waren und nicht mehr wussten, wer oder was sie waren.

Im Rückblick kann ich sagen, dass diese besondere Art Melancholie, das Gefühl dieses Verlustes, nicht nur bei diesen Indianern zu bemerken war. Als ich indische Dörfer besuchte und dort die Rolle, die unsere Hauptfrage in der Neuen Arbeit spielt, von verschiedenen Seiten beleuchtet wurde, wurden alle möglichen Anspielungen auf lokale Traditionen der Vergangenheit, auf Aspekte des Hinduismus und sogar auf Gandhi gemacht. Bei den Bewohnern der städtischen Slums in Mexiko und selbst in Russland oder in der Ukraine war es ähnlich. Für einige war diese Frage vor allem anderen eine Einladung, innezuhalten und nachzudenken. Da sie den Westen mit ständiger Ruhelosigkeit assoziierten, mit einer andauernden exzessiven und zwanghaften Geschwindigkeit, stellte diese Pause für sie etwas *Nicht-westliches* dar. In Flint war die vorherrschende Reaktion gewesen, dass einem nie zuvor jemand diese Frage gestellt habe. Hier wurde die Frage mit dem inzwischen Zerstörten in Verbindung gebracht. Diese Menschen lebten in den Trümmern ihrer dem Boden gleichgemachten Kultur, und die Frage deutete an, dass es vielleicht eine Rückkehr dazu geben könnte. Sie erhaschten einen Blick auf einen Pfad, der sie vielleicht zu der Kultur zurückführen könnte, die sie verloren hatten.

3. Stöhnen vor Neid

Etwa im selben Zeitraum, in dem ich in Detroit und Vancouver arbeitete, war ich auch in zahlreichen anderen Städten tätig. Besonders lang war ich zum Beispiel in New York, wo ich zuerst mit der legendären „Manhattan Bowery Corporation“ zusammenarbeitete, die inzwischen in „Project Renewal“ umbenannt wurde. Meine Bemühungen, mit den im Elend Lebenden zu arbeiten, führten mich allmählich immer mehr auch in Länder der Dritten Welt. Im Laufe der Zeit erweiterten wir in kleinen Schritten den Grundstock an Technologien, die die High-Tech-Eigen-Produktion immer fähiger und praktikabler machten. In jedem einzelnen Fall betonten wir stets, dass wir den Menschen, mit denen wir arbeiteten, nur „Möglichkeiten“ vorschlugen, dass aber entscheidend war, was *sie* wollten, wählten oder sich wünschten.

In New York arbeitete ich vor allem mit Frauen, von denen die meisten schon seit vielen Jahren von der Sozialfürsorge lebten. Die Manhattan Bowery Corporation befand sich gerade in den frühen Vorbereitungen eines großen Wohnungsbauprojekts, und sie baten mich, herauszufinden, welche Art von Architektur und welche Wohnungen diese Frauen sich wirklich, wirklich wünschten. In diesem Kontext war es nicht schwierig, den Kontrast zwischen der üblichen „Bitte um Mitarbeit“ (einer Mitarbeit, die darin bestand, auf einem Blatt Papier Kreuzchen in einige Quadrate zu machen) und dem, worauf wir aus waren, deutlich zu machen.

Wir redeten wochenlang miteinander, aber ich erinnere mich besonders an einen Gefühlsausbruch. Wir diskutierten in vielen ausführlichen Gesprächen eine lange Liste von Themen. Darunter war die Frage der Sicherheit und Privatsphäre überaus wichtig. Wir sprachen allein sieben Mal über die brennende, ja unabdingbare Notwendigkeit von fest verschließbaren Türen. (Jemand, der es gewohnt ist, in einem Bett zu schlafen, kann sich wahrscheinlich nicht vorstellen, welche bis zur scheinbaren Hysterie gesteigerte Wichtigkeit nach Jahren des Schlafens auf irgendwelchen Bänken die einfache Tatsache bekommt, dass einen niemand gebieterisch an der Schulter schütteln und aufwecken kann.) Die Menschen wollten so sehr vor jedem Zugriff geschützt, geradezu unberührbar sein, dass wir uns manchmal fragten, ob wir ein Heim für Obdachlose oder eine geheime unterirdische Festung bauen sollten.

Einige Zeit später kam es zu diesem unvergesslichen Moment. Wie bei den Indianern war die Hauptperson wiederum die Matriarchin der Gruppe. Sie war eine Frau von zwei Metern Größe – zumindest in meiner Erinnerung. Sie war dürr und hager, überragte alle anderen und hatte einen melancholischen Ausdruck – eine richtige Don-Quichotte-Gestalt. Es war ein Abend mit kleinlichen, langwierigen, endlosen, sinnlosen Diskussionen gewesen, und alle Teilnehmer waren ziemlich gereizt. Sie stand auf. Alle schwiegen. Sie schaute aus ihrer gebieterischen Höhe auf uns herab und sagte, dass all dies letztlich nicht bedeutsam sei. Es gebe nur eine Sache, die wirklich zähle: Was immer wir bauen, wie immer es aussieht, wirklich wichtig wird nur eins sein: dass ‚sie', die anderen, angesichts dessen, was wir gebaut haben, *„stöhnen werden vor Neid"*. Was mich, und ich glaube viele andere beeindruckt hat an diesem Ausdruck, ist die absolute, die unüberbrückbare Überlegenheit, vor der man vor Neid „stöhnt". Ich habe weder zuvor noch danach den brennenden Wunsch derer, die „unten leben", endlich absolut und total ÜBERLEGEN zu sein, so geballt ausgedrückt gehört wie in diesem Wort. (Übrigens, man versteht die ganze Kultur der jetzt im Elend Lebenden – Rap, Break Dance, die ins Phantastische übersetzten Kampfsportarten, aber auch das unglaubliche Protzen mit jeder Art von Luxus – Uhren, Schuhe, Autos – ganz und gar nicht, wenn man dieses Sichberauschen am Traum der absoluten Überlegenheit nicht kennt.)

Dieser Ausdruck, der oft in Seminaren und Workshops zitiert wird, ist auch zu einem unserer Wegweiser geworden. Wie auf die anderen Ausdrücke oder Bilder, die für uns wie Leuchttürme im Nebel die Richtung angeben, beziehen wir uns auch auf diesen Ausdruck in den unterschiedlichsten Situationen. Wenn jemand mitten in einer Planungssitzung sagt: Vorsichtig, dass wird niemanden dazu bringen „vor Neid zu stöhnen", dann wissen die meisten Anwesenden, was gemeint ist.

Jeder, der einmal einige Zeit mit den im Elend Lebenden zugebracht hat, weiß natürlich, dass sie wenig Geduld mit Beschwichtigungen, gönnerhaften Gesten oder Bemerkungen haben und sie ziemlich schnell „explodieren". Das hat für die Neue Arbeit jedoch keine besondere Bedeutung. Viele dieser Menschen blicken auf eine scheinbar endlose Geschichte von Geringschätzungen, Zurückweisungen und Niederlagen zurück, aber auch auf eine Geschichte, in der sie ewig behandelt wurden wie Schrottplätze oder Mülleimer. Bei ihnen sind schon so lange Zeit abgetragene Kleidungsstücke, wackelige Möbel und halb verdorbenes Essen abgeladen worden, dass sie oft eine heftige, geradezu allergische Abneigung gegen alles Minderwertige haben, ganz zu schweigen von dem Abfall, aus dem sie sich ein Zuhause basteln. (Ich erinnere mich an Obdachlose, die beleidigt das Geschenk eines Paars getragener Schuhe ablehnten, auch wenn diese in bedeutend besserem Zustand waren als die Schuhe, die sie an ihren Füßen trugen.)

Aber dieser Ausdruck hat noch eine andere Bedeutung, die man am besten als die andere Seite der Medaille versteht. Der Hass darauf, sich ewig mit dem Schäbigen und Minderwertigen zufrieden geben zu müssen, das „ja immer noch gut genug für *uns* ist", hat eine Kehrseite, nämlich eine Lust, einen brennenden Durst nach dem Hochwertigen, dem Schicken, dem Beeindruckenden, nach etwas, das ganz besonders „cool" ist. Wenn man das einmal begriffen hat, dann versteht man, wieso das „Stöhnen vor Neid" zum Schlagwort für eine der Kernstrategien der Neuen Arbeit wurde. Dass Almosen eine Katastrophe sind, dass sie beleidigen und abwerten und am Ende lähmen, ist ein wichtiger Punkt in der Geschichte der kanadischen Indianer. Doch für das Gros dieser Bevölkerung sind auch Arbeitsplätze *keine* Lösung. Unsere Analyse des Lohnarbeitssystems hat sehr deutlich gezeigt, dass in den meisten Fällen einfach keine Arbeitsplätze für diese Menschen vorhanden sind, dass der Graben zwischen Angebot und Nachfrage in diesem Bereich enorm ist und ständig noch breiter wird.

Es gibt jedoch noch eine weitere Komponente, die von solchem Ausmaß ist, dass sie fast eine zweite Hälfte des Problems der im Elend Lebenden ausmacht. Sie wurde bis jetzt noch nicht erwähnt. Was ist diese noch fehlende Hälfte? Um sie sehen zu können, muss man sich darüber klar werden, dass die Nichtexistenz von Arbeitsplätzen für einen großen Teil der wirklich im Elend Lebenden nur die *äußere* Situation darstellt. Die innere, sehr viel persönlichere Seite ist die Tatsache, dass die unaufhörlichen seelischen Verletzungen und Zurückweisungen, aus denen ihr Leben bestanden hat, zusammen mit der Art und Weise, in der sie von ihrer Kultur geformt worden sind, sie zu Kreaturen gemacht hat, die überhaupt nicht in das Lohnarbeitssystem *hineinpassen.* Angefangen von ihren Schlafgewohnheiten über ihre Anfälligkeit, abgelenkt zu werden, bis hin zu dem Geruch ihrer Kleidung und ihres Körpers – niemand würde sie einstellen, selbst wenn Arbeitsplätze vorhanden wären. Sie könnten im Strukturrahmen eines Arbeitsplatzes einfach nicht funktionieren, selbst wenn sie durch Zufall einen Job fänden. Und darüber hinaus gibt es noch eine weitere entscheidende Tatsache: Viele würden die Art von Arbeitsplatz, den sie vielleicht bekommen könnten, schlichtweg *nicht akzeptieren.*

Es ist leicht zu verstehen, weshalb sie solche Arbeitsplätze der primitivsten Art nicht wollen, sie oft geradezu hassen. In sehr vieler Hinsicht unterscheiden sich die im Elend Lebenden nämlich beträchtlich von den unterwürfigen Bauern, die sich mit ihrer Kappe in der Hand vor den Gutsherren verneigt und von Tagesanbruch bis zur Abenddämmerung wie die Tiere für diese geschuftet haben. Zum einen kommen viele von ihnen aus der Stadt. Und sie sind mit modernen Technologien und modernen Ideen aufgewachsen, sie sind zynisch und wissen um die Korruption. Sie wissen, dass jene, die einfach nur arbeiten, arm bleiben, und dass praktisch alle Reichen nicht durch Arbeit, sondern durch eher dunkle und zweifelhafte Machenschaften zu ihrem Reichtum gekommen sind. Aber noch entscheidender und auf den Punkt gebracht ist, dass, da sie das Billige, Gemeine, Schmutzige und Niedrige hassen, dieser Hass auch ihre Einstellung gegenüber *Arbeitsplätzen* mit einschließt.

Dies ist ein weiterer dicker schwarzer Strich, den wir zu unserem zuvor gemalten Panoramabild vom Zusammenbruch des Lohnarbeitssystems hinzufügen müssen. Viele Jahre lang hat der industrialisierte Westen alles Mögliche versucht, um das Lohnarbeitssystem auszuweiten, damit die Masse der Ausgeschlossenen wieder einen Platz darin finden könnte. Wir haben kläglich versagt und einen horrenden Preis dafür bezahlt. (Erinnern Sie sich daran, dass die enorme weltweite Migration der Bauern aus ihren Dörfern in die Städte nur eine Facette dieses umfassenden Wandels ist.)

Was wir nun sagen, gibt dieser Kritik am Lohnarbeitssystem eine neue Achse, um die sie kreisen kann, und uns die Chance, sie aus einer anderen Perspektive zu sehen. Das Drama, in das wir verwickelt sind, ist nicht nur unnütz und traurig, es ist, wie wir heute gezwungen sind anzuerkennen, auch lächerlich, ja geradezu grotesk. Denn der ganze Aufwand unserer kostspieligen Bemühungen, Arbeitsplätze zu schaffen, war zudem noch naiv, war eine einzige Selbsttäuschung.

Diese Bemühungen basierten alle auf der Prämisse der vermessenen Überzeugung, es würde *ausreichen*, schlichtweg genügend Arbeitsplätze zur Verfügung zu stellen. Ihre Betreiber preschten voran und gestatteten sich, in dieser Gewissheit zu schlafen, ohne sich die große Masse jemals wirklich genauer angesehen zu haben (das heißt die Millionen, ja beinahe die Hälfte der ganzen Menschheit), von der sie glaubten, diese warte sehnsüchtig und dankbar auf diese Arbeitsplätze. Sie wiegten sich in der Illusion, dass jedermanns Hoffnungen und Erwartungen zu befriedigen seien, wenn sie nur einen Taubenschlag mit einer unendlich großen Zahl zusätzlicher Löcher bauten. Dann, so glaubten sie, würden die riesigen Schwärme alle hier einfliegen und zufrieden gurrend glücklich bis an ihr Lebensende in ihrem engen Verschlag leben. Aber das ist natürlich ein grausig dummer Irrtum.

Der Punkt ist, dass das Lohnarbeitssystem *erneut* auf eklatante Weise versagt. Man könnte auch sagen, dass es ein *zusätzliches* Stockwerk gibt, eine andere Ebene des Unheils seiner Mängel. Zu der komplexen Pathologie, die wir zuvor analysiert haben, kommt heute die alles ausfüllende Tatsache hinzu, dass das Lohnarbeitssystem im Laufe der Jahre eine enorme Menschenmenge erzeugt hat, die so zusammengesetzt und beschaffen ist, dass sie unter keinen Umständen in das System aufgenommen werden könnte, selbst *wenn* es Scheunen gäbe, die mit nichts anderem angefüllt wären als mit endlosen Taubenschlägen von Arbeitsplätzen. Es ist also nicht nur ein System, in das die Großzahl Menschen unglückseligerweise nicht mehr hineinpasst. Es ist auch ein System, das eine ständig zunehmende Zahl Menschen dermaßen verkrüppelt, dass es überhaupt keine Verwendung für sie haben *könnte.* (Unser Erziehungssystem ist wahrscheinlich eines der ganz wenigen anderen auf analoge Weise Menschen zerstörenden Systeme.)

Hier kann man mit Recht einmal von einer komplexen Konfiguration sprechen. Im ersten Kapitel sprachen wir über die Slums in Südafrika, Indien und anderen Teilen der Welt und darüber, dass die Erfahrung dieser Orte uns mit einem unmittelbaren Schockerlebnis davon überzeugt, dass niemand ernsthaft annimmt, all diese Millionen Menschen könnten in absehbarer Zeit einen gut bezahlten und sicheren Arbeitsplatz bekommen. Jetzt, nach vielen Wegkehren und Aussichtspunkten, sind wir wiederum zu derselben Erkenntnis gelangt. Es ist, als hätten wir beim Erklimmen eines Berges genau dieselbe

Aussicht, nur sehr viel höher gelegen. Und genau diese Höhe gestattet es uns, genügend von dem Panorama zu erblicken, den Kontext klar genug zu erkennen, um diesen wesentlichen Punkt zu sehen.

Es kann keinen Zweifel daran geben, dass die Millionen, die in wirkliches Elend herabgesunken sind, von so viel Entbehrungen und Entstellungen heimgesucht sind, dass vor nahezu allen die Tür zum Lohnarbeitssystem zugeschlagen ist. Doch sich vorzustellen, dass sie ausgeschlossen sind, ist immer noch arrogant, verblendet und selbstbetrügerisch. Dass sie nicht *können*, ist in ihrem Fall unauflöslich damit verknüpft, dass sie nicht *wollen*. Viele von ihnen würden niemals einen der Arbeitsplätze akzeptieren, die ihnen vielleicht einmal jemand anbietet – nicht die *Art* von Arbeit, die angesichts ihrer Vergangenheit und ihres gegenwärtigen Lebens für sie in Frage käme.

Darin liegt die große Bedeutung des Satzes, den die Don Quichotte ähnelnde Frau aussprach: „Sie werden angesichts dessen, was wir gebaut haben, vor Neid stöhnen." Die Einstellung, die Haltung, und, man könnte auch sagen, die hoch hinauswollenden Wünsche, die sie in diesem Satz zum Ausdruck brachte, läuft nicht nur wie ein roter Faden, sondern geradezu wie ein breiter roter Teppich durch die Mentalität der Ghetto- und Slumbewohner.

Und genau hier liegt der Friedhof oder Müllplatz zahlloser wohlgemeinter Programme für verwahrloste Jugendliche, für Frauen auf Sozialhilfe, für Menschen, die aus dem Gefängnis kommen, chronisch arbeitslos oder ganz allgemein einfach arm sind. Diese Programme versagen und verschwenden große Summen Geldes, weil sie die Erlangung eines Arbeitsplatzes als Belohnung versprechen – im Austausch gegen Unterwürfigkeit, regelmäßiges Erscheinen und dafür, dass man sich gehorsam der angebotenen Ausbildung unterzieht. Aber die Art von Jobs, die hier als Köder hochgehalten werden, stellen *wahrlich keine* Belohnung dar. Sie sind eine Beleidigung, ein Schlag ins Gesicht, oft wegen der Qualität der Arbeit, aber auch, weil sie miserabel bezahlt sind. Jeder, der einmal eine Weile in dem Milieu zugebracht hat, hat nach wenigen Tagen gelernt, dass diese Menschen mit Drogen oder durch Verbrechen mehr Geld verdienen können als mit solchen Jobs.

Dies wirft ein schnelles, grelles Licht auf das größere Bild der Art und Weise, wie die Neue Arbeit sich entwickelt hat. Nicht nur einige wenige Sozialarbeiter, sondern wahrscheinlich der größte Teil derer, die einmal in einem solchen Programm gearbeitet haben, würde wohl jedem der harten Worte, die ich hier gebraucht habe, rückhaltlos zustimmen. Doch nachdem sie bejahend mit dem Kopf genickt haben, werden sie dann gewiss aufbegehren und entgegnen, dass es eben *nichts anderes* gibt, was sie tun könnten! Was ist denn die Alternative dazu, die Menschen auf Arbeitsplätze vorzubereiten, selbst wenn wir wissen, dass diese Arbeitsplätze gar nicht existieren und zudem unsere Klienten *die* Arbeitsplätze, die wir ihnen anbieten können, gar nicht haben *wollen.* Was sollen wir denn tun? Ihnen beibringen, still im Schnee zu stehen und den ganzen Monat auf ihren Scheck zu warten wie die kanadischen Indianer?

Diese Frage trifft den Nagel genau auf den Kopf und umreißt das Ziel der Neuen Arbeit, von den Tagen von Flint bis heute: Stück für Stück eine *Alternative* zum Lohnarbeitssystem aufzubauen, und das zum Teil auch deshalb, weil heute nirgendwo irgendeine Alternative sichtbar ist.

Die erwähnte „Einstellung" zieht sich durch weite Teile des Lebens der im Elend Lebenden. Jeder kann es an der Art und Weise, wie sie sich kleiden, ablesen. Selbst die, die in den baufälligsten und heruntergekommensten Hütten leben, gehen wahrscheinlich in einem Paar verblüffend eleganter Schuhe aus. Die Kostüme sehr vieler Straßenkinder, denen ich begegnet bin, sind so prächtig und eindrucksvoll wie das Federkleid der Krieger während des Dreißigjährigen Krieges. Oder nehmen wir das Beispiel, das bereits zu den geläufigsten Klischees gehört: Gehen Sie durch die schrecklichsten Slums und zählen Sie die Zahl der Fernsehantennen! Die Bewohner haben vielleicht keinen Herd, sondern nur eine Kochstelle über den sprichwörtlichen „drei Steinen", aber der Fernsehempfänger ist wahrscheinlich ziemlich groß und vielleicht ist es sogar ein Farbfernseher.

In anderen Bereichen ist es ähnlich: Sehen Sie nur, wie erstaunlich weiß die Hemden der Schuluniformen der kleinen Jungs sind. Oder schauen Sie sich die Gastfreundschaft dieser Menschen an oder sogar die Sexualmoral junger Frauen bei vielen der ärmsten Bevölkerungsschichten. Die ist sehr oft weit entfernt von einer laxen, liberalen und informellen Einstellung. Sogar die Tischmanieren können sehr gepflegt sein und genau eingehalten werden, was inmitten des Chaos und des Schmutzes im Umfeld dieser Menschen geradezu absurd oder grotesk erscheinen mag. Und warum ist das so? Weil es ihnen wichtig ist, sich zu unterscheiden, sich abzuheben – die *Würde* muss gewahrt bleiben.

Oh ja! Sie *sollen* stöhnen vor Neid! Dieser brennende Wunsch lodert sogar in denen, die sich ihren Lebensunterhalt auf Müllkippen zusammensuchen.

Man wird die Neue Arbeit missverstehen, wenn man zwei Dinge nicht auseinander zu halten versteht: Das eine ist am Ende eine Beobachtung, die wir inzwischen für eine schlichte *Tatsache* halten, nämlich dass viele im Elend lebende Menschen diese Einstellung *haben* – wenigstens heute, in unserer Kultur, ganz gleich wie ergeben, geduldig und leidensfähig sie waren, als sie noch Bauern in Russland, China oder sonstwo waren oder versklavte Arbeiter in Kohlen-, Kupfer- oder Kohlebergwerken. Sie geben sich nicht zufrieden mit dem Minderwertigen, Weggeworfenen, Zweitklassigen. Sie wollen Dinge haben, die Qualität besitzen und ihnen Freude machen, und ganz besonders Dinge, die sie von *ihrem eigenen Wert* überzeugen. Das ist etwas, nach dem sie verständlicherweise mehr hungern als wir, die wir vor Selbstbewusstsein strotzen.

Etwas ganz *anderes* sind dagegen die *Empfehlungen*, die wir von der Neuen Arbeit machen, die Projekte, die wir ins Rollen gebracht haben, die Vorgehensweisen, die wir verschiedenen Regierungen auf unterschiedlichen Ebenen auf dem heutigen Stand der Dinge vorschlagen. Dass viele der Armen, auch in den Ländern der Dritten Welt, genau die Dinge haben wollen, die wir selbst besitzen und die wir offensichtlich genießen, ist eine Tatsache. Was für die Neue Arbeit kennzeichnend ist und sie deutlich von anderen Ansätzen unterscheidet, ja sie geradezu *definiert*, ist die Tatsache, dass wir dieses Faktum nicht etwa missgünstig, sondern mit Geigen und Klarinetten bejahen. Wenn wir an diesen Punkt gelangen, dann zucken wir nicht zurück, heben nicht die Augenbrauen oder winken beschwichtigend ab. Wie wir uns hier verhalten, damit steht und fällt nämlich eines unserer Prinzipien. Es geht nicht allein darum, diesen Menschen zuzugestehen, dass sie natürlich berechtigte Wünsche haben, sondern auch darum, alle Hebel und Räder in Bewegung zu setzen, um diese Wünsche tatsächlich zu erfüllen. Das ist eine andere Weise, unserem „Hier stehe ich, ich kann nicht anders" Ausdruck zu geben: nämlich dass wir uns von dem leiten lassen, was die Menschen wirklich und aus tiefster Seele *wollen*!

Was ich hier sage, mag sich vielleicht banal anhören, ist es aber keineswegs. Nehmen wir doch einmal den Solarkocher, der in der Dritten Welt schon fast zur Legende geworden ist. Er ist ein treffendes Beispiel dafür, wie kontrovers und provokativ diese scheinbare Plattitüde in Wirklichkeit ist. Dieser Kocher ist inzwischen geradezu zu einem Witz geworden, aber er ist nur eines von Tausenden Beispielen für ideologisch befrachtete Konzepte. Für manche Menschen ist das Konzept der Solarenergie dem Konzept des Göttlichen so nahe, dass sie diesen Sonnenkocher mit einer missionarischen Inbrunst verbreitet haben wie andere die Heilige Schrift. Die erste Frage, die ihnen gestellt wurde, war dann natürlich: „Ist dieser Blechtopf das, was die Menschen in Ihrem Land benutzen? Nein? Nun, warum geben Sie uns dann nicht dieselben Mikrowellengeräte, die Sie selbst benutzen, und bitte, mit allen Knöpfen und Drehschaltern?"

In den Massengräbern der gescheiterten „Entwicklungsprojekte" liegen auch viele Projekte, deren ideologische Voreingenommenheit weniger sichtbar ist – wenigstens für *uns*. Wie viele „Workshops" in abgelegenen peruanischen Dörfern gehen gedankenlos davon aus, dass die „Herstellung eines Dialogs", die „Verstärkung des Problembewusstseins", die „Ermutigung zu mehr Teilnahme" und die Pflege des kleinen Schößlings *unseres* Demokratieverständnisses ganz offensichtlich und selbstverständlich der Beginn einer jeden Entwicklung *sein muss*. Die Entwicklungshelfer sind oft dermaßen von ihrem eigenen Stand der Gnade geblendet, dass sie nicht einmal wahrnehmen, wie müde, passiv und gelangweilt ihre Zuhörer aussehen und mit welch abgrundtiefer Resignation noch ein weiteres Komitee eingerichtet wird.

Trotz der großen Zahl misslicher Fehler, die auch wir gemacht haben, versuchen wir doch in dieser Hinsicht so wach und aufmerksam zu sein wie nur irgend möglich. Wie *reagieren* die Menschen, mit denen wir arbeiten, wenn wir ihnen eine der „Möglichkeiten“ vorstellen, die wir im Laufe der Jahre zusammengetragen haben? Es ist vielleicht sogar eine der wenigen „Voraussetzungen“, die wir von unseren Associates verlangen, nämlich dass er oder sie mit äußerster Feinfühligkeit auf alle Nuancen und Schattierungen in der *Reaktion* der Menschen achtet. Das heißt natürlich, dass wir aus Erfahrung klug geworden sind.

Der plötzliche Ruck, der durch viele Slumbewohner geht, wenn sie zum ersten Mal sehen und hören, dass die Herstellung echter „Konsumgüter“ eine „Möglichkeit“ ist, die durchaus nicht außerhalb ihrer Reichweite liegt, ist unübersehbar. Sie sehen, wie weit das von der Art von „Manufaktur“ entfernt ist, die man ihnen gewöhnlich andient, sei es nun Korbflechten, Stricken oder die Herstellung von Christbaumschmuck. Das alles scheint weit entfernt von der Möglichkeit zu sein, ein Radio, einen kleinen Kühlschrank, ein Mikrowellengerät, eine Espressomaschine oder sogar die eigenen schicken und maßgefertigten Schuhe herzustellen.

Wir betonen mit Absicht solche Beispiele, weil wir uns schon seit langer Zeit und sehr hautnah dieser Differenz bewusst sind. Das hat auch wieder etwas damit zu tun, dass „sie“, die anderen, vor Neid stöhnen sollen. Bis jetzt standen diese Menschen auf der falschen Seite; es waren sie, die voller Neid auf unseren Wohlstand blickten. Der Gedanke, dass es ihnen möglich sein könnte, Konsumgüter *herzustellen*, elektrisiert sie, denn sie möchten diese Verhältnisse *umkehren*. Sie möchten endlich einmal selber Dinge besitzen, bei deren Anblick „wir,“ die anderen, vor Neid stöhnen werden. Das Spektrum der Aufgaben, die ihnen normalerweise angeboten werden, ist geradezu beleidigend. Man behandelt sie wie Kinder, und im Grunde geht es nur darum, sie „irgendwie“ zu beschäftigen. Doch wenn man ihnen die Möglichkeit gibt, Konsumgüter herzustellen, vorzugsweise Haushaltsmaschinen, und nicht Holzmöbel oder Lampenschirme, dann hebt sie das auf eine andere Ebene.

Dies ist einer der wesentlichen Punkte, für die besonders relevant ist, dass die High-Tech-Eigen-Produktion noch in den Kinderschuhen steckt. Vor nur zehn Jahren war die Idee, den Versuch zu machen, Generatoren, Kochplatten oder Ventilatoren, ganz zu schweigen von Kühlschränken oder Mikrowellengeräten, in einer kleinen Werkstatt selber herzustellen, noch etwas total Unerhörtes. Aber der entscheidende Gedanke geht noch darüber hinaus: Die Tatsache, dass das Design dieser Waren den nächsten Schritt in die Zukunft darstellt und deshalb viel einfacher und dabei eleganter ist als das der Kühlschränke, die wir jetzt noch gebrauchen (und das Design *muss* so einfach sein, denn sonst könnten diese Dinge nicht dezentralisiert in kleinen Werkstätten hergestellt werden), trägt noch zu dem Glanz bei, der sie umgibt. Ein Beispiel sind die kleinen Kühlschränke, deren Funktionsprinzip frappierend einfach ist: es besteht im Grunde aus nicht mehr als zwei elektrisch geladenen Metallplatten. Ein Teil der Attraktivität dieses Geräts, die zum Stolz dieser Menschen beiträgt, ist die Tatsache, dass es ursprünglich für den Gebrauch in Raumstationen entwickelt wurde. Sie streichen das bei jeder sich bietenden Gelegenheit heraus – dass die Geräte, die sie herstellen, „Raumfahrttechnologie" sind.
Ein Verdacht, der uns gegenüber immer wieder laut wird, ist der hartnäckige Glaube, dass letztlich nur Künstler und Intellektuelle eine Arbeit haben, die sie fasziniert und fesselt und der sie gern nachgehen. Man sagt uns immer wieder, dass die Menschen an die Plackerei gewöhnt sind, dass sie alles ist, worauf sie hoffen und was sie erwarten. Weiterhin erzählt man uns dann, das dies ganz besonders für die im Elend Lebenden zutrifft: Sie zu fragen, was sie wirklich, wirklich tun wollen, das sei Zeitvergeudung.

Für meine Ohren hört sich das an wie das berüchtigte Lied, das viele mit der früheren Sklaverei im Süden der Vereinigten Staaten assoziieren. Die Schlüsselzeile ist jene, die erzählt, dass man „die ‚*darkies*' singen hört" – was heißen soll, dass sie ganz anders sind als wir und sich deshalb in ihren elenden Hütten und ihrem Sklavendasein glücklich fühlen.

Ich bin zu der entgegengesetzten Überzeugung gelangt: Wir leben in unserer Zeit, und in unserer Zeit gibt es einen krassen Gegensatz zwischen den Dingen. Man kann gut gemeinte und fürchterlich teure Programme für die im Elend Lebenden inszenieren, aber es wird eine riesige und erbärmliche Zeitvergeudung sein, wenn man die Menschen nicht fragt, was sie „wirklich und wahrhaftig wollen". Das war *nicht schon immer* die eine, unabdingbare Voraussetzung. Anscheinend gab es einmal eine Vergangenheit, in der es ausreichte, Almosen zu verteilen. Aber dem ist heute nicht mehr so. Wenn es zu irgendeiner Art von Aufstieg kommen soll, dann ist dieser jetzt nur noch möglich, wenn die Menschen selbst die Entscheidungen treffen und das tun, was ihren Wünschen entspricht.

Um es ganz hart und direkt zu sagen: In der Neuen Armut sprechen wir von der „Armut der Begierde". Das ist noch ein milder, fast poetischer Ausdruck. Denn bei einem riesigen Teil der Menschheit ist das Vermögen, etwas zu *wollen*, verkümmert. Das Leben der „großen Masse der Menschen" (Thoreau) hat das Organ in ihnen, mit dem man Hoffnungen und Pläne hervorbringt, zum Absterben gebracht. Ich habe neben jungen Männern auf Bordsteinen gesessen, die ihre Beine auf die Straße ausgestreckt hatten. Und ich war mir nicht sicher, ob sie ihre Beine zurückgezogen hätten, wenn ein Lastwagen auf uns zugekommen wäre. Wir leben in einer Welt, die eine derartige Passivität in den Menschen hervorruft. Sie zu fragen, was sie ernsthaft und aus tiefstem Herzen möchten, ist nicht „zu viel des Guten" und ist kein „Luxus". Wenn überhaupt irgendetwas eine Flamme in ihnen entzünden kann, dann ist es ihre verschwommene Wahrnehmung, dass es irgendwo doch noch etwas gibt, das sie tatsächlich *wollen*.

Die zwei Hauptformen der Neuen Arbeit passen nicht nur zusammen, sie ergänzen sich gegenseitig; man könnte auch sagen, sie umschlingen sich gegenseitig wie Yin und Yang. Das Wirklich-wirklich-Wollen ist der Versuch, das Seelische, das Geistige – besonders die seelische *Kraft* – endlich in allen Menschen, nicht nur in einer auserlesenen Elite *lebenslang* zu stärken und zu entwickeln. Es ist von zentraler Bedeutung für die Neue Arbeit, dass das Wirklich-wirklich-Wollen auch bei den im Elend Lebenden „greift" – dass es auch bei jenen nötig ist, ihnen hilft und bei ihnen wirkt. Die Neue Arbeit will den jetzt im Elend Lebenden die Möglichkeit schaffen, sich *gleichzeitig* aus ihrem materiellen und auch aus ihrem psychischen Elend selber herauszu*arbeiten.*

Beides muss gleichzeitig geschehen, denn eines allein ist nutzlos, versagt. Und es muss ein Sich-selbst-Heraus*arbeiten* sein, weil die alten, Almosen verteilende „Betreuung" oft „Stümpfe im Schnee" erzeugt. Beide ziehen aneinander hoch, sie umschlingen sich, stützen sich gegenseitig und wachsen empor wie eine Säule aus Efeu.

In diesem Kapitel haben wir einen ersten Anfang unserer Versuche beschrieben, der seelischen Kraft das Emporranken zu ermöglichen. Das folgende Kapitel fügt die zweite, die materielle Seite hinzu. Die grundlegend andere Wirtschaftsform, die sich mühsam, aber doch deutlich vor unseren Augen entwickelt, hat dieselbe Haupteigenschaft. Im Gegensatz zu der Wirtschaftsform, die jetzt stirbt, ermächtigt sie die Menschen, sich auch durch das Materielle nach oben zu entwickeln, hin zu einem kräftiger und intensiver gelebten Leben.

Kapitel IV

Die Wirtschaftsform der Neuen Arbeit

Es wird keine Alternative zu unserer gegenwärtigen Kultur geben, solange wir keine alternative Wirtschaftsform schaffen, auf deren Basis sich die neue Kultur entwickeln kann.

Nicht selten spricht mich jemand an, lädt mich zu einer Party zu sich nach Hause ein und fragt mich dann im Laufe des Gesprächs, ob ich wohl am Beispiel von drei oder vier Gästen zeigen wolle, was genau ich tue, wenn ich Menschen helfe herauszufinden, was sie wirklich, wirklich wollen. Das ist beinahe so, als bäten sie einen Amateurzauberkünstler, bei einer Party einigen Geburtstagsgästen Münzen oder Eier aus der Nase zu ziehen. Bevor ich fortfahre, möchte ich in aller Bescheidenheit sagen, dass Menschen zu helfen herauszufinden, was sie wirklich, wirklich wollen, auch nicht das Geringste mit „Eiern aus der Nase ziehen" zu tun hat. Hat sich jemand ein paar chiropraktische Kunstgriffe erhofft, ein einfaches und kurzes Rezept, ist es für ihn enttäuschend zu hören, dass es oft ein langsamer und anstrengender Prozess mit unerwarteten Wendungen ist, vielleicht ein Unterfangen, für das man bedeutend mehr als zwei Wochenendseminare in einer idyllischen ländlichen Umgebung braucht. Es hilft vielleicht, sich daran zu erinnern, dass es nicht unser Ziel ist, Menschen dabei zu helfen, einen Job zu finden, der nicht allzu lästig ist und vielleicht sogar Spaß macht. Ohne arrogant oder überheblich sein zu wollen: Wir wollen einfach sehr viel höher hinaus! Wir packen das gern in folgende Formulierung: Spaß ist beliebig, reichlich vorhanden und leicht zu bekommen. Was jemand wirklich, wirklich will, ist selten, exklusiv und anspruchsvoll. Und viel mehr als das: Wir versuchen nicht, für die Menschen einen Job zu finden, der sozusagen in einem aufreizenden Minirock daherkommt. Nichts käme uns weniger in den Sinn. Ganz im Gegenteil. Unser Ziel ist allmählich eine Form der Arbeit zu etablieren, die den herkömmlichen Jobs völlig entgegengesetzt ist und von ihnen so verschieden wie nur möglich. Was wir anbieten, ist Hilfestellung bei diesem Übergang, beim Aufstieg vom Lohnarbeitssystem zu einem nächsten, intelligenteren und menschlicheren *System* der Arbeit.

Allein aus der Tatsache, dass wir den Menschen helfen, Arbeit zu finden, die *sie* sich zutiefst wünschen, folgt, dass die Gesprächssequenzen, die wir mit diesen Menschen, unseren Associates, führen, höchst persönlich und individuell sind. Diese Reihe von Gesprächen erstreckt sich manchmal über viele Monate, ja vielleicht sogar über ein ganzes Leben, manchmal sind sie auch sehr viel kürzer. Auf jeden Fall berühren sie verschiedenste Bereiche und springen zwischen vielen verschiedenen Themen hin und her, weil es darum geht, rasch auf eine Intuition, einen Vorschlag, eine Assoziation einzugehen. Spontaneität und Reaktionsschnelligkeit gehören zu ihrem Wesen, und vor allem folgen sie mit größtmöglichem Feingefühl den Konturen des jeweiligen Individuums. Ich will hier einige Phasen, die üblicherweise in einer solchen Gesprächssequenz vorkommen, umreißen. Die Art und

Weise, wie diese Phasen aufeinander folgen, ist kohärent und logisch, im Einzelfall halten wir uns jedoch keineswegs sklavisch an diese Abfolge. Die Benennung dieser Phasen hilft uns vor allem, darzustellen und zu erklären, wie man Neue-Arbeit-Gespräche im *Nachhinein* überschauen und strukturieren kann. In den tatsächlichen Gesprächssituationen werden sie nicht unterschieden.

Nach einem öffentlichen Vortrag werde ich oft gebeten, wenigstens auf die Schnelle eine Vorstellung davon zu vermitteln, was der Prozess, jemandem zu helfen herauszufinden, was er oder sie wirklich, wirklich will, beinhaltet. Aus der Art und Weise, wie diese Frage gestellt wird, ist zumeist ersichtlich, dass ein konkretes Beispiel, eine erhellende kurze Geschichte erwartet wird. Es wäre dumm und überheblich, sich dieser Bitte zu entziehen. Aber ich weise zuvor stets darauf hin, dass der wirkliche Prozess sehr komplex und persönlich sein kann. In den zwei Jahrzehnten des Experimentierens mit der Neuen Arbeit haben sich viele denkwürdige Geschichten ereignet, und es haben sich selbstverständlich einige typische Ansätze herauskristallisiert, die man auch ohne Kontext und viel Erklärung anführen kann. Einer dieser Ansätze ist, die Woche, die jemand gerade durchlebt hat, rückwärts durchzugehen, vom Freitag zum Donnerstag, vom Donnerstag zum Mittwoch und so weiter. Dabei fordern wir die Menschen auf, dies mit viel Aufmerksamkeit und Konzentration zu tun und sich dabei wirklich echte Mühe zu geben, einen Punkt ausfindig zu machen, an dem sie einen Moment intensiver „Lust" erfahren haben. Gewöhnlich erkläre ich dann noch in einigen Sätzen, welche Art von Lust wir in diesem Falle meinen und dass in diesem Kontext keinesfalls die Lust im Bett oder am Esstisch gemeint ist. (Wenn ich in Deutschland bin, betone ich, dass es sich nicht um „Freude" handelt, denn Freude wird zu oft augenblicklich mit Schiller und Götterfunken und Beethoven in Verbindung gebracht, während wir im Gegensatz dazu nach etwas suchen, was wir im Englischen mit „pleasure" bezeichnen, einer sehr impulsiven, körperlich spürbaren und plötzlich aufbrechenden „Lust".) Aber einen Moment intensiver Lust bloß aufzuspüren ist nicht genug. Das Wichtigste ist, dass es sich dabei um eine *Überraschung* handelte, man einen solchen Moment überhaupt nicht erwartet hatte. Idealerweise sollte man im Rückblick darüber erstaunt und geradezu verwundert sein, dass die Reaktion in diesem Moment und unter diesen Umständen in intensiver Lust bestand. Wir versuchen einen ersten Hinweis darauf zu finden, welche Art von *Arbeit* ihnen ein überraschendes Gefühl freudiger Erregung vermitteln könnte.

Es gibt natürlich Fälle, in denen man damit keinen Erfolg hat, aber im Großen und Ganzen hat es viele Situationen gegeben, in denen das Resultat spannend, vielsagend und hilfreich war. Hier einige Beispiele. Stellen Sie sich den Fall einer außerordentlich schüchternen und zurückhaltenden Sekretärin vor, die gleich zu Beginn darauf bestand, dass ihr „calling" etwas außerordentlich Zurückgenommenes und Stilles sein müsse, das sich möglichst abseits in einer Ecke abspiele, vorzugsweise hinter einer Trennwand. Zu ihrer größten Überraschung entdeckt sie nun, dass in der vergangenen Woche der Moment intensivster Lust der Moment gewesen war, in dem sie völlig die Kontrolle verloren und einen Taxifahrer in einem Ausbruch ungebremster Wut drei Minuten lang angeschrieen hatte. Die Tatsache, dass sie sich bei genauerem Hinsehen davon überzeugen konnte, dass sie bei dieser Begebenheit eine plötzliche und unerwartete Woge echter *Lust* erfahren hatte, ist natürlich ein Hinweis. Geht man diesem Hinweis und etlichen anderen nach, dann könnte man vielleicht herausfinden, dass die schüchterne Sekretärin in Wirklichkeit ein brennendes Verlangen danach hat, beachtet zu werden, mitten im gleißenden Rampenlicht zu stehen und vielleicht Managerin zu sein oder auf einer Bühne aufzutreten.

Im Laufe der Jahre bin ich natürlich sehr vielen ähnlichen Beispielen begegnet, und es trifft zu, dass die Geschichten einzelner Menschen, welche die Arbeit entdeckten, die sie wirklich, wirklich tun wollten, das, was wir anstreben, oft mit größerer Kraft und Klarheit zu kommunizieren vermögen als jede sorgfältig durchdachte theoretische Diskussion. (Die ungewöhnlichsten und seltsamsten Entdeckungen, an denen ich auf diese Weise teilnehmen durfte, möchte ich noch in einem Buch zusammenfassen.)

Gewöhnlich erzähle ich in diesem Zusammenhang noch zwei oder drei andere Dinge: Das eine ist die Anekdote über einen Klienten, der seit drei Jahren in Therapie ist und seinem Therapeuten voller

Begeisterung erzählt, er habe am vergangenen Mittwoch gegen vier Uhr nachmittags endlich einmal etwas getan, das er wirklich, wirklich tun wollte. Wir haben diese kleine Geschichte schon benutzt, um die Armut der Begierde zu illustrieren, aber sie hat noch einen anderen Aspekt. Wenn wir über einen langen Zeitraum, vielleicht über Jahre hinweg etwas tun, treffen wir natürlich Entscheidungen. Allerdings laufen viele dieser Entscheidungen, wenn wir sie genauer unter die Lupe nehmen, auf eine Kapitulation hinaus. Wir tun das, was Eltern oder Lehrer von uns erwarten. Häufig unterwerfen wir uns auch einfach nur einem Stereotyp, einer Vorstellung davon, wie ein „wirklicher Mann" oder eine „wahre Frau" sich zu verhalten hat. Es ist also von entscheidender Bedeutung, dass wir einen deutlichen Unterschied machen zwischen einer solchen Kapitulation und einer Handlung, in der wir voller freudiger Begeisterung „genau das tun, was ich selbst wollte, und nicht das, was irgendjemand anderer wollte". Das verhilft vielen Menschen dazu, etwas zu begreifen, denn ich erkläre, dass viele ihr Leben lang eine Arbeit leisten, um irgendeiner an sie gestellten Erwartung zu entsprechen. Und diese Arbeit ist, wie in der Therapie-Geschichte, eben nicht das, was sie selbst wirklich tun möchten.

Oft ziehe ich auch eine Metapher heran, die die meisten Leser vielleicht schon kennen, da sie in vielen grundlegenden Einführungen in die Neue Arbeit auftaucht: Wir nennen sie sarkastisch die „Wahl des Vegetariers". Was wir damit meinen, ist, dass man einem Vegetarier die Wahl zwischen Schweinefleisch und Rindfleisch, also zwischen zwei Dingen, die er überhaupt nicht will, geben kann. Das soll den Punkt illustrieren, dass ein großer Unterschied besteht zwischen „eine Wahl haben" (was viele Philosophen fälschlicher Weise mit „Freiheit" gleichsetzen) und einer Situation, in der man tun kann, was man „wirklich, wirklich will". Und das ist natürlich der Unterschied, den wir in Bezug auf die Arbeit machen.

Da es vielen Menschen, die sich ehrlich um ein Verständnis der Neuen Arbeit bemühen, schwer fällt, diesen Unterschied zu begreifen, greife ich manchmal zu folgender Parabel. Stellen Sie sich einen schon sehr betagten Diener vor, dessen Rücken und Hände von Arthritis stark verkrümmt sind. Fast sein ganzes Leben lang hat er einem überaus anspruchsvollen und nörglerischen Herrn gedient. Wenn etwa die Blumen auf dem Klavier dieses Meisters nicht frisch waren, dann pflegte er einen Wutausbruch zu bekommen, und er war auch sehr empfindlich, was Sonnenlicht und Schatten anging. Sobald die Sonne durch die Wolken brach, musste der Diener augenblicklich die Vorhänge schließen, verschwand die Sonne dann wieder, wollte der Herr, dass die Vorhänge augenblicklich wieder geöffnet wurden. Eines Tages starb der Meister, der noch älter war als sein Diener, plötzlich und unerwartet. Aber der Diener machte weiter. Er erfüllte seine Pflichten so penibel, wie er es zu Lebzeiten seines Herren getan hatte. Viele Jahre vergingen, und er wechselte immer noch jeden Tag die Blumen und beeilte sich immer noch, rechtzeitig die Vorhänge zu schließen und zu öffnen. An diesem Punkt halte ich dann inne und sage: Wie die Geschichte nun weitergeht, müssen Sie sich selbst ausdenken, und zwar jeder für sich. Aber natürlich können Sie sich alle vorstellen, wie die Neue Arbeit in diese Geschichte passt. Die Neue Arbeit ist der Fremde, der Bewegung in das Leben des Dieners bringt – der Diener, das sind wir alle –, indem er ihm sagt, dass er nicht mehr seinem Herrn gefällt, wenn er die Blumen wechselt und die Vorhänge schließt und öffnet. Sein Herr, so sagt ihm der Fremde, ist schon seit vielen Jahren unter der Erde, und er müsse nun herausfinden, was er auf sich allein gestellt tun wolle.

Diese Beispiele sollen darauf hinweisen, dass wir alle viel braver, viel ängstlicher sind, als wir uns die im Allgemeinen vorstellen, und dass die Aufforderung, endlich das zu tun, was wir wirklich, wirklich wollen, im Grunde ein Weckruf ist. Es geht um die Entscheidung, in der Zukunft weniger lauwarm, weniger wie ein folgsames Kaninchen zu leben, wobei im Unterton dieser Geschichten mitschwingt, dass dieses neue und kraftvollere Verhalten keineswegs auf Ablehnung stoßen, sondern für alle Beteiligten etwas Befreiendes und Beglückendes haben wird, das man feiern wird.

Nun, zu keinem dieser Gespräche kommt es natürlich gänzlich aus dem Blauen heraus und ohne Kontext. Das heißt, niemand sieht in den Gelben Seiten nach und klingelt plötzlich an unserer Tür. Bevor jemand sich darauf einlässt, mit uns eine Reihe intensiver Gespräche über seine oder ihre Strebungen zu führen, hat er oder sie schon auf andere Weise mit uns Bekanntschaft gemacht. Diese Menschen haben durch Zeitungen, Rundfunk oder Fernsehen, aber auch durch Vorträge und Seminare schon ein ungefähres Bild von unserer Geschichte gewonnen, kennen unsere Ziele und was wir bisher geleistet haben. All das ist vorausgesetzt und steht im Hintergrund, bevor sich etwas Persönliches abspielt. Tatsächlich zögern wir den Eintritt ins Persönliche und noch viel mehr den ins Psychologische oft absichtlich hinaus. Das kommt für viele, die bis dahin eine sehr begrenzte und enge Vorstellung von der Neuen Arbeit hatten, ziemlich überraschend. Ich lege diesen Menschen nahe, dass die Neue Arbeit etwas viel Weiteres und Umfassenderes ist, als sie wahrscheinlich vermutet haben, und ich deshalb zu Beginn einige der allgemeinen Ideen umreiße, welche die Neue Arbeit definieren, um damit ihre Ausrichtung zu verdeutlichen.

Als allerersten Schritt lege ich den Menschen (am Beispiel der gebundenen Füße der Chinesinnen) die sehr grundlegende Idee vor, dass die Arbeit die Menschen in der Vergangenheit verunstaltet hat und wir deshalb versuchen, ein neues *System* der Arbeit zu etablieren, das die Menschen stärkt und ihre Entwicklung fördert. In den meisten Fällen führe ich auch das Konzept des Lohnarbeitssystems und seiner pathologischen Entwicklung an und lasse auch die überwältigende Macht der Kopplung von Business und Arbeitsplätzen nicht unerwähnt. Mit großer Wahrscheinlichkeit umreiße ich außerdem bei dieser Gelegenheit unsere Vorstellung von den zwei Kulturen und erkläre, dass sich die Neue Arbeit als eine umfassende Mobilisierung versteht, der es darum geht, den Übergang von einer Kultur, die heute im Niedergang begriffen ist, zu einer grund-anderen Kultur, die noch in den Geburtswehen liegt, zu erleichtern.

Als Nächstes versuche ich dann begreiflich zu machen, dass es erst in einem späteren Stadium Übungen und praktische Anleitungen geben wird und sich die Zuhörer erst einmal darauf gefasst machen müssen, dass es zuerst eine Menge zu verstehen und zu *lernen* gibt. Es ist eines der größeren Hindernisse, mit denen die Neue Arbeit sich von Anfang an auseinander setzen musste, dass man sie nicht auf ein paar Slogans reduzieren kann. Sie ist etwas viel Komplexeres, und zu ihrem wirklichen Verständnis muss man einiges an Zeit und Geduld investieren.

Ziemlich früh konfrontiere ich die Versammelten auch einigermaßen abrupt mit den Ergebnissen eines informellen und begrenzten privaten Forschungsprojekts, dem ich von 1988 bis 1992 nachgegangen bin. Ich fragte dabei sehr viele verschiedene Menschen nach den Beweggründen, aus denen sie sich für ihren damaligen Beruf oder ihre damalige Arbeit entschlossen hatten. Das Resultat war traurig, bestürzend und in gewisser Weise schmachvoll. Zuerst einmal war die Zahl derjenigen, die keine wirkliche Wahl getroffen hatten, sondern die durch einen winzig kleinen Schubs in den Kanal hineingestoßen wurden, in dem sie dann für den Rest ihres Lebens abwärts trieben, außerordentlich groß (in meiner kleinen Studie lag sie bei 70 Prozent). Da gab es einen sympathischen Lehrer, ein unerwartetes Angebot, eine zufällige Bemerkung. Ich konnte mich des Eindrucks nicht erwehren, dass viele dieser Menschen ihr Essen im Restaurant mit mehr Sorgfalt und in größerem Bewusstsein der Alternativen wählen, als es bei der Wahl ihrer Arbeit der Fall war. Zum Zweiten ging es um die Palette an Möglichkeiten, derer sich die Befragten bewusst waren. Oft gab es da nicht mehr als den Arzt, den Anwalt, den Prediger und den Feuerwehrmann. Diesen besonderen Mangel zu beheben wurde in den folgenden Jahren eines der Hauptziele der Neuen Arbeit. Einer der wesentlichen Gründe hierfür hatte mit Zeit und Wandel zu tun.

In der Vergangenheit, so versuche ich dann zu verdeutlichen, war die Arbeit etwas ziemlich Stabiles. Es gab nur eine eng begrenzte Zahl von Berufen und Möglichkeiten, und viele davon waren einander recht ähnlich. Diese Zeiten sind vorbei. Seit einigen Jahren verschwinden immer mehr Bereiche der Arbeit wie sinkende Schiffe, und gleichzeitig tauchen neue, zuvor unbekannte Möglichkeiten der Arbeit auf. Sich der Totalität dieses Wandels bewusst zu werden ist keine Aufgabe, die man so nebenbei bewältigen könnte. Es bedarf dauernder, hochkonzentrierter und intelligenter Beobachtung, um in dieser Entwicklung auf dem Laufenden zu bleiben.

Ich habe zahlreiche Vorträge vor Berufsberatern gehalten, mehrmals auf nationalen Kongressen, und mein Thema war nicht gerade schmeichelhaft. Ich behauptete, dass ein neuer Studienzweig, eine neue Disziplin aufgetaucht sei. Die evolutionären Tendenzen im Bereich der Arbeit seien in jeder Hinsicht so komplex und schwer zu verstehen wie die in der Biologie. Deshalb besäßen Menschen, die diese Disziplin nicht studiert hätten, nicht die Kompetenz, andere in Fragen der Berufswahl zu beraten. Es dennoch zu tun sei verantwortungslos, eine Schande. Es wäre etwa so, als beantworte man die Fragen von Touristen, die sich verlaufen haben, ohne die geringste Ahnung vom Stadtplan zu haben – mit dem gravierenden Unterschied, dass hier nicht nur ein Urlaubstag, sondern lebenslange Arbeit auf dem Spiel steht. Dieser ganz neue Aspekt der Struktur der Arbeit hat einige der Projekte hervorgebracht, in die wir involviert waren. So haben zum Beispiel Gruppen mit Verbindung zur Neuen Arbeit Lehrpläne für Kurse ausgearbeitet, in denen künftige Berufsberater sich diese Information aneignen können. Wir haben ähnliche Lehrpläne auch für Schulen geschrieben und diese als Grundlage für den Unterricht als Hauptfach auf Mittel- und Oberschulen vorgestellt. Das war absolut notwendig geworden. Studenten können sich heute nicht mehr an drei Abenden oder in einem Seminar über die Arbeitmöglichkeiten, zwischen denen sie wählen können, informieren. Die Fülle des Materials lässt sich in solch kurzem Zeitraum einfach nicht behandeln.

Die meisten Gruppen beginnen an diesem Punkt zu begreifen, dass der Prozess des Herausfindens, was sie wirklich, wirklich wollen, etwas ganz anderes ist als das, was sie sich zu Beginn vorgestellt hatten. Ich habe ihnen keineswegs nur tief in die Augen geschaut, um ihre verborgenen Wünsche zu erraten, sondern es wird ihnen klar, dass ich bis zu diesem Zeitpunkt schon einiges an Vorbereitung präsentiert habe. Diese Dinge trage ich mit Absicht immer in einem eher undramatischen und beiläufigen Tonfall vor, um die Atmosphäre zu lockern, denn es dauert nicht lange, bis sich der unvermeidliche Schock und die daraus resultierenden Spannungen einstellen.

Wenn ich das Gefühl habe, dass diese Vorbereitung gegriffen hat, dann gehe ich weiter und mache den ersten etwas schwierigeren und schwieriger zu verkraftenden Schritt. Das geschieht meistens, wenn ich eines der Markenzeichen der Neuen Arbeit ins Gespräch bringe, nämlich den Satz von der Arbeit, „die man wirklich, wirklich tun will“. Wahrscheinlich haben unsere Zuhörer schon von dem einen oder anderen unserer Projekte gehört, vielleicht sogar von dem in Flint. Es stimmt natürlich, dass wir in über 20 Jahren einer großen Zahl Menschen diese oft zitierte Frage gestellt haben. Es ist deshalb verständlich, wenn manche zu dem vorschnellen Schluss gelangt sind, dies sei der Kern und die ganze Substanz der Neuen Arbeit und darüber hinaus könne es nur noch einige nebensächliche Details geben, die für sie selbst wahrscheinlich nicht von sonderlichem Belang seien. In der Tat sind die Vorurteile und die Reaktionen unserer Zuhörer oft noch sehr viel extremer. Viele *wollen* ganz offensichtlich und nachdrücklich gar nichts anderes hören. Sie werden wie ungezogene Kinder, die mit dem Fuß aufstampfen und darauf bestehen, dass wir sie an der Hand nehmen und auf dem schnellsten Wege direkt zu der Arbeit (und meist meinen sie damit eine „Lohnarbeit“, einen „job“) hinführen, die sie „wirklich, wirklich wollen“.

Wenn dieses Thema zur Sprache kommt, betone ich stets, dass dieses Ansinnen, diese Art, uns zu „benützen“, die Neue Arbeit von Beginn an begleitet hat. Und dann versuche ich mit dem mir größtmöglichen Nachdruck zu erklären, dass aus unserer Sicht dies die hartnäckigste, die unausrottbarste Trivialisierung der Neuen Arbeit ist und alle Anwesenden Verständnis dafür haben sollten, dass wir uns dagegen mit aller Kraft und allen Mitteln wehren. Ab da lassen wir für gewöhnlich die angenehm plätschernde Vorbereitung hinter uns und befinden uns mit einem schnellen Schritt mitten bei einem der kochend heiß diskutierten Kern-Gegenstände der Neuen Arbeit.

Die ursprüngliche Frage war, auf welche Weise wir versuchen, den Menschen zu dem hin zuverhelfen, was sie wirklich, wirklich wollen. Dass wir es nicht mit unterhaltsamen Tricks tun, dürfte inzwischen klar geworden sein. Wir stehen jedoch noch immer am Anfang, und Folgendes muss ganz allgemein dazu gesagt werden. Ein Teil des Ethos, des Stils der Neuen Arbeit hat immer darin bestanden, Offenheit und Transparenz zu betonen. Wir haben nie versucht, die unangenehmen Tatsachen zu verschweigen – beispielsweise, dass alles, was wir bis heute an Automatisierung erfahren haben, nur die Ouvertüre ist. Ja, mehr noch: Konzepte wie das der „Armut der Begierde" oder die Tatsache, dass wir uns unseres eigenen Innenlebens weitgehend unbewusst sind, haben uns dazu gebracht, dass wir großen Wert darauf legen, „Dinge ans Licht zu bringen" – sie in einen öffentlichen Raum zu stellen, wo sie *sichtbar* werden. In einigen Neue-Arbeit-Gruppen gibt es sogar einen speziellen Ausdruck für diese dezidiert auf Offenlegung gerichteten Wortwechsel und Gespräche. Dabei geht es nicht um Konfrontation, nicht darum, sich Luft zu machen oder seinem Ärger freien Lauf zu lassen – nein, im Rahmen der Neuen Arbeit sagen wir: „Wir brauchen jetzt ein *Kristallgespräch*."

Etwas schon Erwähntes spielt dabei eine Rolle. Wir vertreten vehement die Meinung, dass alles und jedes in einem sanften, gemäßigten *Ton*, im Ton eines wohlwollenden Onkels zu besprechen *nicht richtig und vernünftig*, sondern ganz im Gegenteil krankhaft, feige und unehrlich ist. (In der akademischen und der bürgerlichen Gesellschaft identifiziert man das Vernünftige mit dem Milden und Sanften. Aber diese kastrierte Vernunft hat auch bei den fürchterlichsten Dingen des letzten Jahrhunderts nur sacht den Kopf geschüttelt und damit bewiesen, dass sie nicht *Vernunft* ist, sondern Passivität, die dem Teufel die Welt überlässt.) Nein. Ganz im Gegenteil. Dass das Lohnarbeitssystem ungezählt viele Menschen verkrüppelt hat, das muss man *laut sagen* und sogar *schreien*. Und genauso hier: Wenn Sie wissen wollen, wie wir das mit dem Wirklich-wirklich-Wollen machen, dann gehört auch dazu, dass wir uns in einem ganz *unsanften Ton* von dieser Karikatur der Neuen Arbeit differenzieren.

Deshalb erlauben wir uns in einem *schneidenden und harten Ton* zu sagen, dass die Neue Arbeit unter gar keinen Umständen bloß ein Weg ist, den Menschen zu helfen, das zu entdecken, was sie „wirklich, wirklich wollen". Nein! Und nochmals nein! Wie kann irgendjemand die Neue Arbeit so misshandelnd und verhunzend missverstehen? Das stellt selbst die gröbsten Umrisse der materiellen Situation, innerhalb derer sämtliche Projekte angesiedelt waren, die wir jemals mit einem Unternehmen durchgezogen haben, völlig auf den Kopf. Die Arbeiter der Automobilindustrie in Flint, um dieses Beispiel zu nehmen, waren doch straff gewerkschaftlich organisiert, und General Motors zahlte ihnen außerordentlich hohe Löhne. Die Neue Arbeit wäre nicht im Traum darauf gekommen, vorzuschlagen, eine größere Gruppe von Langzeitarbeitslosen, die tief im Elend stecken, sollte sich im Kreis auf den Boden setzen und Monate damit verbringen, aus jedem Einzelnen herauszukitzeln, was er oder sie wirklich am allerliebsten täte. Erinnern Sie sich noch an unseren Grundansatz für die Dritte Welt: Macht euren *eigenen* Zement, baut eure *eigenen* Häuser, erzeugt euren *eigenen* Strom, baut eure *eigenen* Nahrungsmittel an, stellt eure *eigenen* Werkzeuge und Geräte her. Die Arbeiter in Flint hatten doch ihre sechs Monate Fabrikarbeit als Grundlage. Und bei den meisten anderen Unternehmungen, die wir angegangen sind, gab es ähnliche Grundlagen. Mit einem sicheren Einkommen von sechs Monaten Fabrikarbeit im Rücken die Frage zu stellen, „was ich wirklich, wirklich will" – das ist etwas ganz anderes, als in den leeren Raum hinein zu fragen, wenn man gar nichts hat.

Bevor Sie also sagen: Bitte, zeigt uns einfach nur Arbeit, die wir „wirklich, wirklich wollen", und lasst uns ansonsten in Ruhe, sollten Sie sich wenigsten einige einfache Fragen stellen. Sie erinnern sich, wie krank unser Lohnarbeitssystem ist? Dann fragen Sie sich einmal, was davon wieder *in Ordnung* käme, wenn mehr Menschen einfach darauf bestünden, eine Arbeit zu tun, die sie wirklich, wirklich wollen? Würden wir damit die Arbeitslosigkeit abschaffen? Würde das die immer breiter werdende Kluft zwischen Arm und Reich schließen? Würde das helfen, das Problem des „zwanghaften Wachstums" zu überwinden oder das Problem, das wir das „Verbrennen der Geigen" genannt haben? Eindeutig nicht! Ganz im Gegenteil. Wie so viele Expertenmeinungen, die den Leuten sagen, sie müssten unbedingt *noch* motivierter sein, sie müssten sich *noch* mehr anstrengen, sie müssten sich *noch* kompromissloser einem „seelenauffressenden" Job ausliefern, würde das die ganze scheußliche Situation nur noch *verschlechtern*. Es würde bedeuten, dass einige von denen, die am besten dran sind, *noch mehr bekommen*! Zusätzlich zu den Privilegien, die sie bereits besitzen, würden sie jetzt auch noch eine Arbeit erhalten, die sie sich zutiefst wünschen. Oder, anders herum gesehen, alle befänden sich immer noch in genau demselben Wettrennen – nur dass einige wenige jetzt in den besten luftgefederten Sportschuhen laufen würden, die Nike herstellt. Sie würden ihren Traumjob genießen, während die anderen weiter arbeitslos bleiben oder abtötende Steinklopfarbeit machen. Sie können die Neue Arbeit nicht reduzieren auf den weinerlichen Ausruf: Bitte gebt mir die Arbeit, die mir wirklich, wirklich Spaß macht! Sie können aus der Neuen Arbeit keine Handcreme für Galeerensklaven machen. Rudert weiter, wir wollen nur, dass eure Hände weicher werden, deshalb geben wir euch die appetitlich riechende Vaseline des Wirklich-wirklich-Wollens.

Würde man die Menschen dazu ermutigen, eine Arbeit zu leisten, die sie wirklich, wirklich wollen, und man würde nichts tun als diesen einen Satz zu einem Dogma erheben, würde das keinerlei echte *Alternative* darstellen. Wäre das etwa ein Abspringen von dem verriegelten Zug? Wäre das etwas, das auch nur im Entferntesten das schwarze Loch stopfen könnte, das der Tod des Sozialismus hinterlassen hat? Und um noch tiefer und bis auf den Knochen zu schneiden: Wie in aller Welt könnte die Idee, eine Arbeit zu tun, die man wirklich, wirklich will, für sich allein irgendetwas gegen die enorme Macht der Kopplung von Big Business, Lohnarbeit und Arbeitsplätzen ausrichten? Wie könnte diese Idee jener Macht den Fehdehandschuh hinwerfen und sie auf eine ihr gebührende Größe zurückstutzen? Und wenn Sie erlauben, kann ich das Ganze noch böser formulieren: Wie könnte der Ratschlag, mehr Spaß bei dem zu haben, was zu tun man uns *zwingt*, uns einen Weg aus dem Arbeitslager weisen, in dem wir eingesperrt sind?

Eine kurze Kristall-Rede dieser Art hat oft den Effekt, dass wenigstens einige von denen, die zu uns kamen, nur damit wir sie beim Händchen nehmen und schnell zum nächsten Traumjob hinführen, verblüfft mit den Augen blinzeln. Zur Neuen Arbeit gehört bedeutend mehr. Das, was wir bisher beschrieben haben, und noch etwas Größeres und Bedeutenderes, nämlich *die Entwicklung und Einführung einer anderen Wirtschaftsform.* Ohne diese andere Wirtschaftsform kann das, was wir mit dem Wirklich-wirklich-Wollen meinen, nicht verstanden werden. Die Beschreibung dieser anderen Wirtschaftsform ist also ein Stück des Weges, der zur Erkenntnis dessen, was man wirklich will, gegangen werden muss.

Wir befinden uns als Kultur im Anfangsstadium einer überraschenden und erstaunlichen „Wende". Es ist die Wende hin zur nächsten Wirtschaftsform. Inzwischen sind die meisten von uns zu der Einsicht gelangt, dass die Vorstellung, die postindustrielle Wirtschaft werde eine Wirtschaft der Dienstleistungen sein, ein wirklich putziger, haarsträubender Irrtum war. Ab damit ins Wachsfigurenkabinett! Jeder kann mit eigenen Augen sehen, dass die Automatisierung im Handel, im Bankwesen, im Transportwesen, in der Reisebranche, im Versicherungsgeschäft, in der Rechtsberatung und selbst in der Medizin sogar noch schneller fortschreitet als der Verlust von Arbeitsplätzen in anderen Bereichen. Ironischerweise macht sich das auch im Bereich der Sozialarbeit stark bemerkbar. Es gibt keine einzige gemeinnützige Organisation bis hin zum Roten Kreuz, die nicht von drastischen und fortschreitenden Etatkürzungen betroffen wäre.

Aber das ist Schnee von vor zehn Jahren. Es lohnt sich nicht mehr, das zu diskutieren. Viel wichtiger ist, dass wir auf der Schwelle zu einem neuen *System der Produktion* stehen, und das ist es, was wir brauchen. Wenn es eine Lösung gibt für das Arsenal von Problemen, mit denen wir konfrontiert sind, von der wachsenden Kluft zwischen Reich und Arm bis hin zum Problem des zwanghaften Wachstums, dann ist es ein neues Produktionssystem, *in dem die Produktion nicht mehr von Lohnarbeit abhängig ist.* Ganz gewiss nicht Dienstleistungen, aber vielleicht Produktion! Nahrungsmittel anbauen und Dinge herstellen, das gesamte Spektrum von Mitteln, Werkzeugen und Maschinen, die wir für ein intelligentes, fröhliches, ja sogar wundervolles Leben brauchen, hergestellt auf eine neue, postindustrielle Weise – darin könnte eine Hoffnung liegen.

Das Wissen darum, wie die Arbeit in der Zukunft aussehen wird, ist unerlässlich geworden. Ich werde die albernen Gerüchte nicht wiederholen, die man heute in jedem Bus hören kann. Ich werde also nicht verkünden, dass von jetzt an jedermann sieben Karrieren nacheinander haben wird, und ich werde auch nicht den Rat geben, dass die beste Versicherung gegen Arbeitslosigkeit darin besteht, mit dem Computer umgehen zu lernen. (Stellen Sie sich vor, Sie könnten mit einem Telefon umgehen und würden einem möglichen Arbeitgeber gegenüber betonen, dass Sie die erstaunliche Fähigkeit hätten, Telefonnummern zu wählen.)

Der umwälzende Wandel im System der Produktion, der sich heute vollzieht, wird Auswirkungen haben, die weit über das hinausgehen, was die Erfindung des Fließbandes, der Dampfmaschine, der Elektrizität oder des Computers an Veränderungen mit sich gebracht hat. In der Tat wird der große Übergang in das postindustrielle Zeitalter nicht ein Wandel hin zu einer Dienstleistungsgesellschaft sein, sondern der gigantische Schritt von einem überholten Produktionssystem hin zu dem sich bereits ankündigenden System der Produktion. Dieser Wandel wird uns aus dem Industriezeitalter hinaus und direkt in die postindustrielle Periode hineinkatapultieren.

In den Jahren, in denen ich mit einem Bein zuerst in der Automobilbranche und später in anderen Sparten gestanden habe, habe ich die Kunst und Wissenschaft der Produktion auf sehr intensive und intime Weise kennen gelernt. Und zwar nicht nur aus Büchern, sondern auch aus Hunderten von langen Gesprächen mit Fabrikarbeitern und Managern, die gerade von der Arbeit mit traditionellen Maschinen zu der mit computergesteuerten übergingen. Die Gesamtsumme der aus diesen Gesprächen gewonnenen Einsichten macht mich zuversichtlich, dass wir nur noch wenige Schritte von einem Wandel entfernt sind, der so tiefgreifend und in vieler Hinsicht so vollkommen neuartig sein wird wie der Wandel von der landwirtschaftlichen zur industriellen Produktionsform. In der Tat wird die postindustrielle Art der Produktion von Gefühl und Lebensweise her dem Zeitalter der Landwirtschaft und der Handwerke näher sein als dem auslaufenden Industriezeitalter.

Für die Neue Arbeit ist es von entscheidender Bedeutung, diese nächste Phase der Produktion möglichst spezifisch und im Detail genau vorauszusehen. Zum einen ist es eine unserer großen Aufgaben, Hebamme bei der Geburt der nächsten und neuen Kultur zu sein, und wenn wir das, was vor uns liegt, nicht sehen und verstehen, können wir bei seiner Geburt nicht mithelfen. Zum anderen – ein überaus gewichtiger Grund – waren wir niemals nur eine „Protestbewegung". Wir waren vielmehr von Beginn an überzeugt, dass massive historische Kräfte unsere Gesellschaft in *genau die* Richtung drängen, in die wir selbst sie zu bewegen hoffen. Auf diesem Glauben beruht ein Gutteil unseres Optimismus oder, wie wir es lieber formulieren, unserer *Fröhlichkeit*. Aber wir müssen natürlich die Dynamik dieser gigantischen Kräfte verstehen, wenn wir uns mit ihnen verbünden wollen. Wenn nicht, dann könnten wir ihnen den Weg versperren und von ihnen niedergetrampelt werden wie ein ungeschickter Cowboy, der von einer durchgehenden Herde überrannt wird.

Das System der Produktion in kleinen Werkstätten

Der schnellste und unverblümteste Weg, eine erste Vorstellung von dem kommenden Wandel zu vermitteln, besteht darin, zu sagen, dass unser gewohntes Bild von der Fabrik der Zukunft wahrscheinlich nicht nur falsch ist, sondern sogar ganz und gar in die falsche Richtung weist. Wie in so vielen anderen Fällen schreiben die Bilder, die wir uns ausmalen, einfach die Grundzüge der gegenwärtigen Trends in die Zukunft fort, und das ist gedanken- und phantasielos. Wir stellen uns nämlich im Allgemeinen Fabrikhallen vor, die noch gigantischer sind als die heute vorhandenen und in denen noch weniger Menschen arbeiten, als das heute der Fall ist. Und diese wenigen Arbeiter tragen natürlich alle weiße Kittel und gehen mit einem Klemmbrett in der Hand kilometerlange Reihen von Robotern entlang.

Das Bild vom nächsten Stadium der Produktion, das sich schon heute abzeichnet, sieht ganz anders aus. Lange Reihen von Robotern sind schlichtweg ineffizient. Schon in naher Zukunft werden wir solche Produktionsstätten als Ausdruck eines noch ungeschlachten jugendlichen Stadiums ansehen. Allein schon der bloße visuelle Eindruck sollte genügen, um uns deutlich zu machen, wie verschwenderisch und altmodisch diese Grundanordnung geworden ist. Einhundert Roboter auf beiden Seiten des Fließbandes? Und jeder einzelne sieht aus wie ein langhalsiger Vogel oder eine schwarze Giraffe? Jeder davon beugt sich vor, als wolle er eine einzige Nuss aufpicken? Wie könnte einem die Komik, die schiere Absurdität eines solchen Anblicks entgehen? Allein aus diesem visuellen Eindruck könnte jedes intelligente Kind den Schluss ziehen, dass der nächste Schritt kurz bevorsteht. Dass in Zukunft ein Roboter die „Intelligenz" besitzen wird, die heute 100 Roboter besitzen, so dass man nicht mehr für jede kleine Operation einen eigenen Roboter brauchen wird. Statt der alten Roboter wird es neue geben, die sehr viel komplexer programmiert und die sehr viel flexibler und vielfältiger einsetzbar sind als unsere heutigen, so dass ein einziger die ganze Abfolge von Arbeitsgängen erledigen kann, für die man heute noch ein „Fließband" braucht.

Eine Entwicklung in vergleichbarer Richtung war bei den Computern zu beobachten. Die Entwicklung ging nicht in Richtung immer größerer und plumperer Geräte, sondern im Gegenteil in Richtung der Miniaturisierung, hin zu von immer kompakteren, mobileren und kleineren Geräten. Es scheint völlig plausibel, dass die Entwicklung von Produktionsstätten im Großen und Ganzen den gleichen Entwicklungslinien folgen wird.

Die stereotype Darstellung des Archetyps einer Fabrik dürfte sich daher langsam und auch gründlich verändern. Einiges davon geschieht schon längst. In den Bereichen schneller wirtschaftlicher Entwicklung sind die meisten der neu entstehenden und vielseitigen Produktionsstätten, wie jeder weiß, nicht groß, sondern *klein*. Diese Entwicklung scheint mir in die Zukunft zu weisen, in der wir in der Tat nicht mehr gigantische Fabrikhallen haben werden, sondern genau das Gegenteil. Die ideale Fabrik der Zukunft könnte eine Werkstatt sein, vielleicht sogar nur ein Schuppen oder eine Garage, in der eine einzige Maschine – die anpassungsfähiger und flexibler ist und die von einer weitaus fortschrittlicheren Software gesteuert wird, welche sehr vielmehr Information enthält – einen kompletten Satz verschiedener fertiger Teile eines Produktes erstellen wird.

So etwas hört sich für viele Menschen heute noch recht futuristisch an. Sie glauben, dass es noch zehn bis 20 Jahre dauern wird, bis wir so weit sind, und sie sind der Meinung, dass es zwar ganz interessant und vergnüglich ist, über solche Alternativen nachzudenken, weil sie ja von der Größe her so viel menschlicher wären, vielleicht auch weniger laut und geradezu bukolisch, dass sie aber immer marginal bleiben werden. In vielen Gesprächen habe ich zu hören bekommen, dass diese Idee charmant ist, jedoch wenig ausrichten wird, weil sie sich am Ende nicht gegen den Moloch, das Monstrum der Massenproduktion wird durchsetzen können. Es mag zwar gewisse Stärken und sogar Vorteile dieser verstreuten und dezentralisierten Prozesse geben, aber ihnen gegenüber steht die schlammbraune Flutwelle der Fließbandproduktion. Und diese sei, unter dem Strich, einfach billiger. Und wer billiger produziert, der gewinnt! Ob es uns gefällt oder nicht, alles andere wird davon einfach weggespült werden.

Ironischerweise gibt es eine schnelle und machtvolle Entgegnung auf diese Art von Skepsis. Gewiss setzt sich das billigere Produkt oder die billigste Produktionsweise durch; in diesem Punkt sind wir durchaus einer Meinung. Nein, wir wollen das sogar in ganz großen Buchstaben auf unsere Fahnen schreiben – und die Situation dann einmal genau ansehen. Denn da zeigt sich ein völlig anderes Bild. Den oft wiederholten und inzwischen tief eingeprägten Stereotypen von der Preisgünstigkeit der Massenproduktion zum Trotz wird die künftige Produktion in kleinen Werkstätten mit hoch entwickelter Technologie tatsächlich *viel billiger* und unvergleichlich viel effektiver sein als die industrielle Massenproduktion der vergangenen 200 Jahre. Und genau das wird einer der Gründe dafür sein, warum die Produktion in kleinen Werkstätten langsam, aber in immer schneller wachsenden Schritten den Platz erobern wird, den die Mega-Fabriken heute noch einnehmen.

Nehmen wir als Beispiel einen Lippenstift, aber behalten wir dabei im Hinterkopf, dass wir genauso gut von 500 anderen in Massen produzierten Artikeln sprechen könnten, in Deutschland hat der inzwischen berühmte Fall eines Yoghurtbechers tatsächlich ein ganzes Regalbrett von Literatur hervorgebracht. Ein erster Punkt nun ist einfach die Differenz zwischen den Kosten der *Herstellung* eines Lippenstiftes in der Massenproduktion und dem *Preis*, den man dann in einer Drogerie dafür zahlen muss. Die Herstellungskosten eines

Lippenstifts mögen in der Größenordnung von fünf oder sechs Cent liegen, während der Verkaufspreis im Laden bei zehn oder elf Euro liegen kann. Relevant ist hier die Tatsache, dass die Bilder, die jeden von der überwältigenden Preisgünstigkeit der Massenproduktion überzeugen, immer Bilder aus dem *Inneren* der Fabrik sind, wo die Produkte in einer Größenordnung von 200 Stück pro Minute vom „Fließband" in einen Container fallen.

Der erste vieler Haken besteht darin, dass im System der Massenproduktion dieser Teil nur das erste Glied einer langen und komplizierten Kette von Abläufen ist. Was in diesem Bild nicht enthalten ist, sind die Kosten für die Verpackung, für den Versand, für die Werbung und natürlich für eine Myriade oft versteckter Kosten für die Fabrik und außerdem noch für das komplizierte Vertriebsnetz und die Kosten für die Läden, in denen der Lippenstift schließlich verkauft wird. Und in diesem Bild fehlen noch immer die Steuern und die Versicherungsprämien und, was ganz besonders ins Gewicht fällt, der Gehälter und Löhne nicht nur für die Menschen, die direkt mit der Produktion zu tun haben, sondern für die ganze Hierarchie der Chefs bis hin zu den Sondergratifikationen für das höhere Management und den Dividenden für die Investoren. Der Kernpunkt ist ganz einfach: Wie viel von diesen *zusätzlichen* Kosten, die den ungeheuren Unterschied zwischen den Produktionskosten von sechs Cent und dem Ladenpreis von elf Euro ausmachen, ließen sich in einem System der Herstellung in kleinen Werkstätten eliminieren beziehungsweise *einsparen*?

Seit unserer Kindheit hat man uns unzählige Male vorexerziert, dass jedermann (mit Ausnahme von Königen und Prinzen) ein armes und kärgliches Leben geführt hat, bis das Aufblühen der Industrie es der *Masse der Menschen* möglich gemacht hat, die Fülle von Produkten zu besitzen, die Wasch- und Spülmaschinen und den ganzen Berg anderer „Waren", die unser komfortables modernes Leben definieren. Wir stellen nun eine Frage, die nicht oft gestellt wird, und rücken sie in der Bühnenmitte in gleißendes Scheinwerferlicht: Wir fragen *nicht*, wie ökologisch oder wie verschwenderisch die Massenproduktion in Bezug auf die Rohstoffe oder die zur Produktion benötigte Energie ist. Diese Frage ist schon viele Male gestellt worden – zumindest in der jüngeren Vergangenheit. Die Frage, die wir stellen, ist viel unsensibler und geht direkt an den Lebensnerv: Wie ist es mit den Kosten? Dem Geld? Der *Wirtschaftlichkeit* der Massenproduktion? Wie *billig* ist die Massenproduktion wirklich, wenn all die kumulativen Kosten dazugerechnet sind? Wie preiswert sind die Produkte, die dieses System ausstößt?

Bis zum heutigen Tag konnte man diese Frage niemals ernsthaft stellen, denn das System der Massenproduktion hatte auf seinem eigenen Spielfeld keine Konkurrenz. Eine Produktion mit simplen, primitiven Werkzeugen hätte ganz offensichtlich nicht mithalten können, und deshalb gewann die Massenproduktion, ohne dass es je zum Wettkampf gekommen wäre. Aber genau das ändert sich heute. Ein weitaus überlegeneres, intelligenteres, fortschrittlicheres System der Produktion ist dabei, sich zu entwickeln, und zum ersten Mal bekommt die Massenproduktion einen Konkurrenten. Und wer von beiden gewinnen wird, zeichnet sich jetzt langsam immer deutlicher ab!

In bestimmten Kreisen wurde die Überlegenheit von kleinen Werkstätten natürlich schon vor Jahren erkannt. So sind uns denn auch alle Begriffe wie „Auslagerung", „flache Hierarchien" und Wahlsprüche wie „Ein Unternehmen sollte nur das tun, was es gut kann" bekannt. Einige der größten Unternehmen wie Ford Motor Corporation und General Motors haben bereits so viel in kleinere, oft unabhängige und effizientere Einheiten ausgelagert, dass die Leute im Management sich manchmal, halb im Scherz, fragen: Was ist eigentlich noch *übrig*? Was *macht* die Ford Motor Corporation eigentlich noch?

Dass solche Fragen gestellt werden, ist einer von vielen Hinweisen darauf, dass die gigantische Größe täuscht. Die eigentliche Arbeit, die tatsächliche Herstellung, findet immer mehr in kleinen, schnell wechselnden Werken statt, und das große Unternehmen ist nicht einmal, wie man annehmen sollte, das Knochengerüst, das all diese Elemente an ihrem Platz hält. Nein, selbst die Koordination wird zunehmend von den kleinen Untereinheiten selbst geleistet, und das ursprüngliche Unternehmen ist zu einem erstaunlichen Maße nur noch die Käseglocke, der Markenname, unter dem diese Stücke liegen.

Dies sind nur die ersten skizzenhaften Bleistiftstriche, die nicht mehr als die Umrisse des *nächsten Produktionssystems* andeuten. Schon an diesem frühen Kreuzungspunkt, wenn die Zuhörer im Raum also eine erste Ahnung haben, wie dieses sich neuerdings entwickelnde System funktionieren könnte, kommt es häufig zu zwei unterschiedlichen Reaktionen. Für viele ist das bloße *Bild* eines aus neuen Materialien gebauten, architektonisch innovativen und eleganten Kleingebäudes, das ultramoderne Maschinen enthält und selbst im Freien zwischen grünen Feldern steht, von großer Bedeutung. Um dies zu verstehen, müssen wir uns unsere ursprüngliche Metapher von dem verriegelten Zug wieder vor Augen führen: Die letzten Eindrücke vom Sozialismus kurz vor seinem Ableben waren Fabriken und Städte, die in einem Dämmerlicht von Nieselregen und Ruß verlassen und halbtot dalagen. Seitdem hat es kein schlichtes, treffendes Bild gegeben von einer realistischen Alternative zu den gläsernen Riesenfabriken und Bürogebäuden, den Symbolen unserer gegenwärtigen Wirtschaft. Angesichts dessen sind die ersten Phantasiebilder von den künftigen Produktionsstätten ein vielverheißender Blick hinter einen Vorhang. Wie vorläufig sie auch sein mögen, sie zeigen doch zumindest die Umrisse und die grobe Lokalisierung von etwas, das zu einer Herausforderung für die Türme aus Glas und Stahlbeton werden kann.

Die andere Reaktion vieler unserer Zuhörer ist eine gewisse Überraschung. Sollte dieses kleinere, ruhigere und viel friedlichere Szenario wirklich mit dem System der Mega-Türme konkurrieren können? Wenn am Ende wirklich ganz ähnliche Produkte dabei herauskommen, die nur sehr viel kostengünstiger herzustellen sind, dann erübrigt sich diese Frage sofort. Wenn die Alternative billiger ist, dann ist sie ein „schlanker“ und „harter“ Gegner. Ist sie wirklich billiger, dann verdient sie es, dass wir sie uns näher ansehen.

Was mich persönlich angeht, so möchte ich natürlich stets eine genauere Analyse anbieten, weshalb ich nun auf den zweiten, größeren Teil von Kosteneinsparungen eingehe, der dieses System möglich machen würde. Wir sind nicht nur in der Lage, das ganze aufgeblähte und verschwenderische „Tu- und Mach-Werk“ abzuschaffen, das die überdimensionierten, zentralistisch strukturierten Produktionsstätten mit sich bringen. Die Technologie, die wir heute besitzen, ist fortgeschritten genug, um einen ganzen weiteren Block gleichermaßen unnötiger Verschwendung überflüssig zu machen. Dies erscheint, wie ich zugeben muss, zuerst überraschend, aber es wird dennoch immer deutlicher, dass wir auch den ganzen riesigen Apparat, der für den *Zusammenbau* unserer Produkte nötig war, hinter uns lassen können – ob es sich bei diesen Produkten um ein Auto, einen Kühlschrank oder einen Fernsehapparat handelt.

Das Zusammenbauen irgendwelcher Dinge in riesigen Hallen, die wie Flugzeughangars aussehen, ist offensichtlich alles andere als billig. Wir alle kennen Beispiele hierfür. Warum gewöhnen sich so viele von uns immer mehr daran, zahlreiche Gegenstände *nicht zusammengebaut* in Bausätzen zu kaufen? Nicht nur Bücherregale, auch viel kompliziertere Möbelstücke und alle möglichen Geräte wie Holzkohlegrills, Fahrräder und elektronische Spielzeuge. Die Antwort ist einfach: Der Zusammenbau eines Musikschranks und der Versand und Transport dieses kompletten und zerbrechlichen Möbelstücks sind eine weitere Dimension des alten Systems der Massenproduktion, die kostenintensiv und überholt ist. Sie wäre auch dann noch teuer, wenn pro Woche 1000 Musikschränke zusammengesetzt würden. Darum machen wir das selbst. Bei allem Frust, der uns überkommt, wenn wir bäuchlings auf dem Wohnzimmerteppich liegen und nicht wissen, wo das nächste Teil eingepasst werden soll, lohnt sich dieser Prozess.

Warum? Aus vielen Gründen. Lassen Sie mich einige nennen. Will man Möbel en masse in einer Fabrik zusammensetzen, braucht man dazu eine große Fabrikhalle. Große Hallen sind teuer. Zu den Bau- oder Mietkosten kommen die Ausgaben für Versicherungen, Strom, Hausmeister und so weiter hinzu. Nichts davon ist nötig, wenn man den Musikschrank zu Hause selbst zusammenbaut. Der Raum dafür und die Beleuchtung sind bereits vorhanden. Besonders ins Gewicht fallen natürlich die Löhne. Erfahrung und Können sind selbstverständlich ein Vorteil. Aber das Zusammenbauen, sei es von Möbeln, von Autos oder von Flugzeugen, braucht Zeit. Und die Zeit der Leute, die so etwas professionell gegen Lohn tun, ist wiederum teuer, besonders wenn man nicht nur die Versicherungen und die

Prämien, sondern auch die Cafeteria und den Parkplatz in Rechnung stellt. Es ist für diesen Vergleich wichtig, dass wir den Zusammenbau zu einem von uns selbst gewählten Zeitpunkt erledigen. Am Abend, am Wochenende. Auch das senkt die Kosten.

Die Vorstellung, dass man selbst etwas zusammenbaut, ist also gar nicht so unerhört, radikal oder exotisch. Allerdings ist das bis heute auf eine geringe Zahl von Waren beschränkt, und es sind durchaus nicht nur die von Natur aus einfachen. Wichtig scheint dabei zu sein, dass das Zusammenbauen unkompliziert und sauber zu erledigen ist und man dazu – und das ist ganz entscheidend – nur relativ wenige und ganz gewöhnliche Werkzeuge braucht.

Es ist also sehr wichtig, dass wir begreifen, in welchem Ausmaß die beiden Ideen, die wir hier diskutieren, *zusammenpassen und sich gegenseitig verstärken*: Hat man kleine, separat dastehende Werkstätten, von denen jede einzelne die Kapazität besitzt, zwischen 30 und 50 verschiedene und doch ähnliche Teile herzustellen, dann scheint es geradezu pervers, oder zumindest dumm und traditionsgebunden, all diese verschiedenen Teile von 100 verschiedenen Zulieferern in eine große zentralisierte Fabrik zu senden, wo sie zu einem einzigen Produkt zusammengesteckt, -gelötet oder -geschweißt werden. Wenn man bedenkt, welche verschlungene Kostenkette dieser dubiose Prozess mit sich bringt und welche weiteren Kosten dadurch verursacht werden, dass das klobige Endprodukt nun wieder über zum Teil große Entfernungen transportiert werden muss, um schließlich beim Kunden anzukommen, kann man darüber eigentlich nur staunen und lachen. Wäre da nicht die schockierende Einsicht, dass *wir selbst* uns so verhalten, dass dieses *unser* System in der krankhaft schiefen Lage ist, die es inzwischen erreicht hat.

Wir haben also im Produktionsprozess bereits ein Stadium erreicht, in dem die Herstellung von Teilen nach China, Indonesien oder in die Ukraine ausgelagert worden ist. Das heißt, dass es anachronistisch geworden ist, all diese Teile aus verschiedenen Ecken der Welt zu einer einzigen großen Fabrik in Alabama oder Mississippi zu senden, nur damit sie dort zusammengesetzt werden. Der eine Fuß hält Schritt, während der andere hinterherhinkt.

Relativ wenige und klar ersichtliche Schritte – von denen keiner schwindelerregende Durchbrüche voraussetzt – wären nötig, um uns in Reichweite eines wesentlich intelligenteren und unvergleichlich effizienteren Produktionssystems zu bringen – eines Systems, das sowohl monströse Fabriken *als auch* riesige Montagehallen überflüssig machen würde.

Einen Schritt kennen wir bereits: Wir müssten von den mittelgroßen Unternehmen, in die bereits ein großer Teil der Herstellung ausgelagert worden ist, zu den kleineren und eleganteren Werkstätten fortschreiten, die ich gerade beschrieben habe. Und zweitens müssten wir – was nicht leicht, sondern eine große Herausforderung ist – jedes Produkt derart *neu entwerfen*, dass das Zusammenbauen in der Tat ein unkomplizierter und sauberer Vorgang wird und mit relativ wenigen und ganz gewöhnlichen Werkzeugen zu erledigen ist. Dazu wird es natürlich nötig sein, das Produkt völlig neu zu überdenken und es schlichter und sachlicher zu machen. Das bedeutet, dass manches von dem Luxusschnickschnack wegfallen muss, aber für viele von uns wäre das wohl eher eine Erleichterung als ein Verlust. Viele der Absurditäten, die heute zum Design unserer Produkte gehören, sind nicht im Mindesten funktional, sondern werden den Dingen hinzugefügt, damit man sie besser *verkaufen* kann, damit man in der Werbung irgendetwas, das sich prickelnd oder sexy anhört, darüber sagen kann. Der größte Teil davon könnte wegfallen, wenn wir die Dinge direkt für unseren eigenen Gebrauch selbst herstellen würden und sie nicht Massenprodukte für den Markt wären. Drittens müssten wir die Software und die Infrastruktur entwickeln, die es dem Kunden erlauben würden, einen kompletten Satz der Teile für das gewünschte Produkt möglichst mit einem Klick von einer der etwa 30 Werkstätten zu bestellen – und zwar nicht aus Thailand oder Singapur, sondern aus der Gegend, in der der Kunde lebt. (Das ist einer der großen Vorteile der kleinen Produktionswerkstätten: Sie brauchen nicht die energieintensive Infrastruktur, die für die heutigen riesigen Produktionsstätten nötig ist, sondern sie können fast überall angesiedelt werden.)

Der Schritt, mit dem eigenen Laptop über das Internet Dinge zu kaufen, ist längst nichts Futuristisches mehr. Für die Gruppen, mit denen ich gewöhnlich arbeite, ist dieser Vorgang im Allgemeinen schon so vertraut, dass jeder längere Vortrag über dieses Verfahren sie nur noch langweilen würde. Sie kennen es von www.amazon.com, von Dell Computers, und unter meinen Bekannten gibt es bereits viele, die sich auf diese Weise sogar ihr Auto kaufen. Man wählt die Merkmale aus, die man haben will, „konfiguriert" das Auto nach vorgegebenen Mustern und bestellt es dann direkt bei der Fabrik. Dies ist also eine Entwicklung, die bereits im Gange ist und die in Kombination mit der Herstellung in kleinen Werkstätten wiederum *beide* Seiten stärken würde: Der Kauf über das Internet ist die natürliche *Ergänzung* zur Herstellung in kleinen Werkstätten, und andersherum würden immer mehr Produkte auf diese postindustrielle Weise hergestellt, wenn immer mehr Menschen auf diese Weise *einkauften.* Natürlich ist nicht nur diese Einkaufsmethode von der Computertechnologie abhängig. Die Aufgabe, eine von Grund auf völlig neue Produktpalette zu entwerfen – nämlich intelligentere und schlichtere Produkte, die ausdrücklich auf Dekorationen verzichten –, wäre jedenfalls sehr mühsam, könnten wir das neue Design nicht mit Hilfe von Computern erstellen. Ähnlich ist es auch mit der Herstellung selbst: Ob sich das Produkt leicht zusammenbauen lässt, hängt weitgehend davon ab, ob die Teile auch exakt ineinander passen. Ist das Ziel zum Beispiel, dass die Leute ihre eigenen Mikrowellengeräte zusammenbauen können, müssen diese nicht nur funktionaler und schlichter sein als die Videorekorder oder Mobiltelefone, die wir heute kaufen – also ohne die vielen unnötigen „Extra-Funktionen", die oft nur Verwirrung stiften. Die Teile, die in der kleinen Montagewerkstatt in der Nachbarschaft oder im Dorf ankommen (einer Werkstatt, die sehr wohl Teil eines Zentrums für Neue Arbeit sein könnte), müssten dann auch so exakt hergestellt sein, dass sie genau zusammenpassen – und das lässt sich wiederum viel besser mit Hilfe von Computern erreichen.

In den allermeisten Seminaren oder Workshops zum Thema Neue Arbeit beginnen die Teilnehmer an diesem Punkt eine gewisse Vorstellung von der *Gestalt,* von den allgemeinen Umrissen und der Konfiguration dieses postindustriellen Produktionssystems zu gewinnen. Es ist ja zum Glück ziemlich einfach, und man kann es sich ohne große

Mühen vorstellen: Die Grundlage wird ein Netzwerk kleiner, lokaler Produktionswerkstätten sein. Die Käufer würden die Produkte zum Teil selbst entwerfen, sie vereinfachen und sie nach ihren Wünschen zusammenstellen. Dann würden sie ihre Bestellung per Computer an dieses Netzwerk abschicken, welches die Teile dann in die Montagewerkstatt in der Nachbarschaft liefert, wo den Kunden nicht nur die nötigen einfachen Werkzeuge zur Verfügung stehen, sondern auch Berater, die ihnen beim Zusammenbauen helfen können.

Gewöhnlich halte ich *an diesem Punkt* in meiner Präsentation für einen Moment inne und schlage dann ein wesentlich langsameres Tempo ein. Ich erkläre, dass die bisher umrissenen Teile auf eine allzu dramatisierte, zu abrupte und zu überraschende Weise beschrieben wurden und dass man das Ganze auch wesentlich ruhiger und langsamer betrachten kann. Das Bild, eine lange Reihe von 100 unbeholfenen Robotern der gegenwärtigen Generation durch einen einzigen weitaus intelligenteren und flexibleren Roboter zu ersetzen, half uns, mit einem Pinselstrich die allgemeine Richtung zu markieren, in der sich die Entwicklung bewegen wird. Aber es war natürlich ein *Bild*, der Versuch, eine Vorstellung zu schaffen. Man kann den Punkt, um den es geht, auch in einer ganz anderen Sprache, die sich mehr an der buchstäblichen Wirklichkeit orientiert, darstellen. Die tatsächliche Entwicklung wird sich nicht in einem Sprung vollziehen, und sie wird – das sollte ausdrücklich betont werden – nicht nur Roboter betreffen. Es ist eher so, dass es in allen Bereichen der Herstellung schon lange einen unablässigen Druck in dieser Richtung gibt, und er wird die Entwicklung, wahrscheinlich mit zunehmender Geschwindigkeit, vorantreiben.

Wir sprechen hier also nicht davon, dass von heute auf morgen etwas Neues kommt, das die Kinder mit an die Scheibe gepresster Nase bestaunen werden. Keineswegs. Kleine Produktionswerkstätten werden das Resultat eines nicht im Mindesten geheimnisvollen Trends sein, einer gewöhnlichen, ja geradezu banalen Tendenz, die man das tägliche Brot des Herstellungsprozesses nennen könnte. Ich meine die Tatsache, dass Ingenieure, die Produktionsmaschinen entwerfen, stets danach gestrebt haben, Maschinen zu erfinden, die „noch mehr“ können, die noch besser und vielfältiger bohren, kleben, pressen oder schneiden, und das möglichst noch schneller und noch präziser. Unter den Ingenieuren der Automobilbranche und den Arbeitern in den Automobilfabriken, mit denen ich täglich zu tun hatte, war dieser Impuls ganz deutlich. Darüber gab es auch keine Diskussionen und keinen Streit. Es war etwas Selbstverständliches, eine Art automatischer Reflex, keine bewusst formulierte Absicht.

Darum ist es eine Tatsache, dass die Fabriken, wie wir sie heute kennen, auf geradezu absurde Weise ineffizient sind – innovativere und ideenreichere Ingenieure werden das jederzeit bestätigen, und sie meinen dabei keine Kleinigkeiten. Sie reden hier nicht von Aspekten wie „Just-in-time-Lieferung“, „Total Quality“, „Lean Management“ oder ähnlichen oberflächlichen Modeerscheinungen. Nein, sie meinen damit die grundlegendere, sozusagen „archetypische“ Tatsache, dass wir immer noch kilometerlange Fließbänder haben und entlang dieser Fließbänder Hunderte von einzelnen Robotern, die im Grunde alle nur eine einzige, eng begrenzte Funktion erfüllen. Für viele Ingenieure erscheint dies heute plump und offensichtlich überholt. Die Planung kleiner Produktionswerkstätten wird also nicht nur von der Neuen Arbeit vorgeschlagen. Was ich beschrieben habe, bringt nur etwas pointierter zum Ausdruck, *was viele Menschen, die auf diesem Gebiet tätig sind, sich schon seit einiger Zeit vorstellen.*

Und damit sind nicht nur Ingenieure gemeint. Man könnte zum Beispiel auf einen deutlichen Trend hinweisen, der sich in völlig normalen Unternehmen abzeichnet. Viele Unternehmen haben in letzter Zeit eine Wende vollzogen, weil sie entdeckt haben, wie vorteilhaft es sein kann, „klein“ zu sein. Vom Phänomen der Auslagerung war ja bereits die Rede. Natürlich gibt es viele verschiedene Gründe dafür, dass Unternehmen bestimmte Bereiche auslagern, aber einer der Hauptgründe ist der *Nachteil*, das Handicap, von klobiger Größe zu sein. In den vergangenen 20 Jahren wurde in der ständig wachsenden Literatur immer wieder daran erinnert, dass Unternehmen sich spezialisieren müssen, dass sie einer Konzentration auf Kernbereiche bedürfen. Es gibt unzählige Anekdoten über Manager aus dem Stab der „Großen Drei" der Automobilindustrie (Ford, General Motors und Chrysler), deren Ideen und Energien, die darauf gerichtet waren, in ihrem Unternehmen etwas zu verändern, an der schieren *Größe* dieser Unternehmen scheiterten. Wer dagegen eines der agilen und schnell reagierenden *kleinen* Unternehmen besucht, bekommt fast unweigerlich einen unmittelbaren Eindruck von dem Enthusiasmus, der direkten Kommunikation und – was am wichtigsten ist – von der begeisterten Motivation, mit der keines der Riesenunternehmen irgendwo auf der Welt mithalten kann.

Zu unterscheiden von diesem allgemeinen, breiten Trend, wenn auch damit verbunden, ist eine tiefe Spaltung, die für die Neue Arbeit von besonderer Bedeutung ist. Es ist sonderbar, aber nicht zu leugnen, dass bei vielen Seminaren und Konferenzen eine bestimmte Wahrnehmung fast greifbar in der Luft liegt: nämlich dass die Zeit der Riesenunternehmen *einfach vorbei ist.* Die Kultur der meisten Mega-Unternehmen mit ihren ausgeprägten Hierarchien, ihren starren Formalitäten, ihren unbeholfenen Kommunikationsmechanismen und als Resultat davon ihren langsamen Reaktionszeiten passt offensichtlich nicht mehr zu dem heute herrschenden Tempo. Sie ist nicht mehr vereinbar mit der heute existierenden Wirtschaftskultur und erscheint im Vergleich dazu alt und atemlos.

Jeder Versuch, die heutige Welt der Arbeit zu verstehen, muss diesen tiefen Riss berücksichtigen. Der industrielle Komplex ist kein zusammenhängender, einheitlicher Block. Der Unterschied zwischen den alten Industrien (Automobil, Öl und Stahl) und den neuen Industrien (Computer, Software, Biotechnologie und Mikrochips) ist so groß, dass wir es hier mit völlig verschiedenen Welten zu tun haben. Das sieht man auf einen Blick. Die neuen Industrien – und das sind auch diejenigen, die sich in kleinen Fabriken und kleinen Organisationen entwickeln – nennen ihr Gelände oft einen „Campus". Das ist ein Ausdruck, der sehr viele Dinge zusammenfasst. Die Rate der Angestellten mit Hochschulabschluss ist bei diesen Unternehmen sehr viel höher als in der Öl- oder Stahlindustrie. Ihre Verbindung zur akademischen Welt ist sehr viel enger – ja sogar so eng, dass man heute von einem akademisch-industriellen Komplex sprechen könnte. Und als Folge davon ist die gesamte Unternehmenskultur, bis hinein in die Sprache und Kleidung sowie die Ungezwungenheit des Umgangs, völlig verschieden von dem, was in den alten und „schweren" Industrien gang und gäbe ist. Die neuen Industrien sind im Vergleich erkennbar „leicht" und deshalb reaktionsschnell, agil und gewandt. Der Kampf zwischen diesen beiden Welten ist eine weitere Version der uralten David-und-Goliath-Geschichte.

Über die reine Tiefe und Breite dieser Kluft hinaus gibt es einen Aspekt, der für die „alten" Industrien besonders schmerzlich, für die „neuen" Industrien jedoch besonders vielversprechend ist. Er besteht, kurz gesagt, darin, dass die machtvollen sich gegenwärtig entwickelnden Technologien ganz eindeutig auf der Seite der „neuen" Unternehmen sind, während sie genauso eindeutig die „alten" und großen Unternehmen benachteiligen. Was sind die drei modernen Erscheinungsformen der Technologie mit der größten Signalwirkung für „Modernität"? Viele würden wohl darin übereinstimmen, dass es das Internet, das Mobiltelefon und der Laptop sind. Wenn wir auch nur einen Augenblick nachdenken, wird sofort deutlich, dass alle drei dezentrale Strukturen *fördern.* Denken Sie nur an den jungen Unternehmer, der irgendwo hoch in den Bergen in seinem Pick-up sitzt und von dort aus mit aller Welt über Telefon und E-Mail kommuniziert.

Das ist auch von entscheidender Bedeutung für die Frage der Macht. Keine Meinung ist heute verbreiteter als die, dass ein Kampf gegen die Riesenunternehmen von vornherein hoffnungslos zum Scheitern verurteilt ist. Aber sowohl die Kluft, die ich soeben dargestellt habe, als auch die gerade beschriebene Eigenart der neuen Technologien unterminiert diese veraltete Überzeugung.

Wir könnten heute an einem Punkt stehen, an dem eine „Wende" hin zu kleinen und dezentralisierten Strukturen kurz bevorsteht. Ganz entscheidend ist dafür die Tatsache, dass einige der modernsten und potentesten Industrien heute bereits klein sind und dass die neuesten Technologien dem Kleinen und Dezentralisierten ganz klar einen Vorteil verschaffen. (Sowohl IBM als auch Microsoft sind in diesem Gesamtbild die Ausnahmen.) Wenn es also zu dieser Wende kommt, dann hauptsächlich, weil die neuen Technologien das Kräfteverhältnis zum Kippen bringen. Die alten babylonischen Organisationen können keinen optimalen Nutzen aus diesen neuen Technologien ziehen. Ja, sie gehen ihnen sogar gegen den Strich, bringen sie durcheinander und schwächen sie. Im Gegensatz dazu sind diese neuen Technologien die natürliche Nahrung für die kleinen und beweglichen Unternehmen. Sie beleben und stärken sie. Deshalb könnten diese Technologien unsere Verbündeten sein in dem Bemühen, diese historische Wende herbeizuführen. Das bedeutet aber auch, dass die Methoden und spezifischen Taktiken, die uns helfen könnten, dieses Ziel zu erreichen, sich ganz und gar von den Methoden und Taktiken der Politik des gerade zu Ende gehenden Zeitalters unterscheiden.

Wäre der Kampf, in dem wir uns befinden, tatsächlich ein Kampf der Armen gegen die Reichen oder sogar der Masse der Menschheit gegen einen einzigen und vereinten unternehmerischen Komplex, dann wäre er mit großer Wahrscheinlichkeit hoffnungslos und müßig. Ich habe nicht das geringste Vertrauen in die ausgeleierten Prozesse der politischen Entscheidungsfindung der Vergangenheit. Wäre diese Politik unsere einzige Hoffnung, dann hätte ich mich schon vor langer Zeit zurückgezogen und wäre wieder zu einem Einsiedler in den Wäldern von New Hampshire geworden. Dann hätten die Armen und die Masse der Menschheit in der Tat kaum eine Chance. Wenn es einen Silberstreifen am Horizont gibt, dann wegen der eben erwähnten Kluft und des Trends der Technologie zur Dezentralisierung.

Um es ganz überspitzt zu formulieren: Es war einer der schwerwiegendsten Fehler von Marx, dass er gleich zu Beginn laut hinausposaunt hat, dass alle Reichen enteignet werden würden. Das war die aller-schlechteste Werbestrategie, die ihm hätte einfallen können. Es hat die Reichen dazu gebracht, ihre Reihen so eng zu schließen, dass keine Macht der Welt etwas gegen sie ausrichten konnte. Zum Glück kann die Strategie heute viel raffinierter sein. Wenn es eine Kluft zwischen den alten und den neuen Industrien gibt, dann wäre das Letzte, was wir versuchen sollten, diese Kluft zu schließen! Alles andere als das! Wir sollten einen möglichst strategischen Gebrauch davon machen und die „neuen“ Industrien mit kluger Vorsicht auf unsere Seite ziehen. Denn mit ihnen als Verbündeten wird das Pendel der Macht in Richtung der Kultur ausschlagen, die gerade mühevoll geboren wird.

Dieser letzte Punkt ließe sich noch provokativer formulieren, bediente man sich einer Sprache, die ich im Allgemeinen vermeide. Man könnte sagen, dass der Kapitalismus selbst die Technologien produziert hat, die heute die Macht haben, ihn zu zerstören. Riesige vertikale Hierarchien waren ein integraler Bestandteil der Macht des kapitalistischen Systems. Die Informationstechnologie macht diese Hierarchien unnötig und ersetzt sie durch effizientere und schnellere horizontale Strukturen. Dazu kommt, dass die neuen Technologien ein Heer ganz unterschiedlicher Arbeiter erzeugen – Arbeiter, die in ihrer Mentalität der Mentalität von Künstlern und Intellektuellen so nahe kommen, dass das Erteilen von Befehlen in der Erwartung von Gehorsam einfach nicht mehr funktioniert. Unternehmen mit einem großen Anteil an Hochschulabsolventen verlangen eine ganz andere Kultur in Hinsicht auf die Organisation und das Personal als die vom Kapitalismus beförderte Unternehmenskultur. Das erklärt, warum so viele der talentiertesten und häufig auch erfolgreichsten jüngeren Leute gegen die alten, verkrusteten Strukturen rebellieren, was wiederum bedeutet, dass die alten und mächtigen Unternehmen oft das Nachsehen haben, wenn es darum geht, die klügsten und agilsten Arbeitskräfte zu rekrutieren. Das ganze Szenario erinnert an das späte Mittelalter, in dem Ritter in einer Rüstung, in der sie sich kaum noch bewegen konnten, mit Seilwinden auf den Rücken ihrer Pferde gehievt wurden, und furchtlose Bauernburschen, die nur mit Stöcken bewaffnet waren, sie aus dem Sattel stürzen konnten, so dass sie zu Boden polterten und dort unter ihren eigenen Helmen erstickten.

Aber da gibt es noch einen anderen Aspekt: Es ist nicht nur so, dass diese spezifischen Technologien den Kapitalismus schwächen und ihn aushöhlen. Das ganze Arsenal der Technologien, die zusammengenommen die Automatisierung möglich machten, hat das Heer der Arbeiter, die den Befehlen ihrer Manager-Generale gehorchten, *verkleinert.* Die Automatisierung selbst, die der Kapitalismus geschaffen hat, hat diese Armeen vernichtet, wie der russische Winter die Soldaten Napoleons erfrieren ließ und vor Stalingrad auch die deutsche Armee.

Man könnte es in diesen Begriffen formulieren, aber „Kapitalismus" ist nicht mehr das angemessene Wort. Unsere Situation ist vielmehr zu einem Zustand verkommen, der eher der Herrschaft von „Mafiabossen" entspricht. Diese Herrschaft ist vor allem *destruktiv*. Unsere Situation ähnelt der mancher Tierarten. Etwa bei Ameisen, einigen Käfern und auch Bienen kommt es vor, dass die Muttertiere manchmal Junge zur Welt bringen, die ihre eigene Mutter töten und fressen. Das hat Ähnlichkeit mit den neuen Technologien. Geboren aus dem Kapitalismus, sind sie es jetzt, die den Kapitalismus schwächen und zum Absterben bringen. Und das ist ein Umstand, der uns hoffen lässt: Die große Wende zur neuen Kultur kann sich tatsächlich vollziehen, und nicht zuletzt deshalb, weil schon so viele Aspekte der neuen Kultur Kraft, Energie und sogar *Macht* besitzen.

Wie vorherzusehen war, haben mir viele Menschen klar machen wollen, dass chronisch Arbeitslose oder andere Menschen, denen es elend geht, niemals auf die Beschreibung solcher Trends hören würden. „Das ist einfach nicht konkret genug, es spricht nicht die Interessen an, die diese Menschen haben. Es ist zu schwierig, zu akademisch, zu abgehoben."

Das führt uns oft wieder an einen der Punkte, wo es nicht genug – nicht „vernünftig" – ist, ganz sanft und ruhig zu argumentieren. Es kommt vor, dass ich an diesem kritischen Punkt einschiebe, dass wir darüber offensichtlich ein kleines Kristallgespräch führen müssen. Manchmal leite ich das dann mit etwa den folgenden Sätzen ein: „Sie könnten sich nicht gründlicher irren! Sie haben anscheinend keine Ahnung, *was* sich diese Menschen hunderte von Malen anhören müssen auf Versammlungen, an denen teilzunehmen sie gezwungen sind. Gehen Sie nur einmal zu einer dieser offiziellen Versammlungen, hören Sie zu und sehen Sie sich um. Selbst jene, die nichts eingenommen haben, verhalten sich bei diesen Versammlungen, als stünden sie unter Drogen. Endlos müssen sie die alten Litaneien und Lügen über sich ergehen lassen. ‚Wenn Sie sich nur genug Mühe geben, dann werden

Sie Arbeit finden. Alles, was Sie dazu brauchen, ist Motivation und Ausdauer.' Allein die Tatsache, dass das, was ich den Leuten erzähle, etwas *anderes* ist, ist für sie schon eine große Erleichterung. Manch einer ist darüber derart erstaunt, dass er allein schon deshalb zuhört. Aber Sie unterschätzen auch die Intelligenz der Leute. Ich beginne stets mit einer zweiminütigen Zusammenfassung der Quintessenz der Neuen Arbeit. Ich weiß, das ist riskant. Aber es spielt keine Rolle, ob ich in Detroit oder in Kalkutta bin, in Chemnitz, Kiew oder Johannesburg. Die Neugier, die *Ideen* auslösen, könnte nicht intensiver sein. Man hat die Menschen so oft missbraucht und sie so angelogen, dass sie auf jeden, der ihnen wirkliche Ideen präsentiert, ganz aufgeregt reagieren. Heiße Luft aus heißen Köpfen ist das Letzte, was sie wollen. Und nicht noch ein weiteres Mal als Kanonenfutter benutzt zu werden ist bei diesen Menschen wie eine stark entwickelte Reflexreaktion. Eine Reaktion, die natürlich vollkommen gerechtfertigt ist – nach den schier unzähligen Arten, auf die man sie ausgenützt und betrogen hat. Das bedeutet, dass viele der im Elend Lebenden eine unerhörte Sensibilität entwickelt haben gegen Wortgeklingel, das bei ihnen falsche Hoffnungen weckt. Gegen das, was man in Amerika „bullshit" nennt. Also wollen sie sofort, gleich am Anfang, wissen, worauf ich hinauswill, sonst ziehen sie sich nach drei Minuten die Jacken wieder an. Also gebe ich ihnen einen kondensierten Abriss – die ganze Neue Arbeit auf einer einzigen Briefmarke zusammengefasst –, weil es so sein muss; weil ich ihnen das schulde. Auch wenn das glückt, täuschen Sie sich da nicht, dürfen Sie keine Fehler machen: Wenn Sie die im Elend Lebenden bedrängen, sie anpredigen, ihnen nur große Worte und ein paar Tricks auftischen, dann schließen sie die Augen und verschließen ihren Geist. Nein, diese Menschen wollen nicht den albernen, arrogant-überheblichen selben Sermon. Von wegen, diese Trends seien zu schwierig, sie könnten das nicht begreifen. Im Gegenteil, direkt nach den Trends wollen sie fast immer Einzelheiten wissen, sie wollen verstehen, sie wollen Klarheit, Beweise und Fakten.

Es mag nötig sein, vieles ein paarmal zu wiederholen, aber es ist von entscheidender Bedeutung, dass sichtbar wird, wie die Trends, die wir darstellen, alle zusammenfließen in die Richtung, die wir, die

Neue Arbeit, einschlagen wollen. Wenn man sie davon nicht überzeugen kann, ist alles vergeudet. Dann halten sie dich nur für einen weiteren dieser Gehsteig-Prediger. Vielleicht lächeln sie und vielleicht geben sie dir sogar noch die Hand, aber sie werden davongehen und dich nicht einen Moment lang *ernst* nehmen."

Hier geht es um die grundlegende Frage: Wie kann man die Armen „aufwecken", wie kann man sie aus dem Kraterloch ihrer Armut der Begierde herausziehen? Was ist die Leiter, auf der sie aus ihrer Apathie herausklettern können, aus ihrer Enttäuschung und Verzweiflung? Wenn sie die Trends verstehen, dann ist das nur ein Anfang, aber doch schon etwas, an dem sie sich bei ihrem Aufwärtsklettern festhalten können. Sie müssen, wie langsam auch immer, zu der Überzeugung gelangen, dass sie Teil von etwas *Machtvollem*, etwas Eindrucksvollem sind – Teil eines entschlossenen Bemühens, eine weitaus bessere Welt zu schaffen, von etwas, das nicht nur ein Pfeifen im dunklen Keller ist, sondern das, man höre und staune, in der Tat von *Erfolg* gekrönt sein könnte.

Aber es gibt noch eine weitere eminente Tatsache: Von allem Anfang an machen wir es nicht nur den im Elend Lebenden, sondern den politisch Denkenden, den Menschen denen es besser geht, schwer, uns entweder in die „linke" oder in die „rechte" Schublade zu stecken. Es ist ganz klar, dass wir stets auf der Seite der Unterdrückten und Armen stehen. Viel mehr sogar als viele, die sich selbst für „links" halten, denn wir wollten die Armen nicht nur mit kleinen Geschenken und Trostpflastern beruhigen – vor allem nicht mit einem Pflaster über ihrem Mund. Wir haben versucht, sie dazu anzustacheln, sich auf sich selbst zu verlassen; nicht zu bitten, nicht anzuklagen, sondern sich nach oben zu kämpfen, und keineswegs nur bis zur Ebene des Lebensnotwendigen, dem Grauenvollen, das man „Subsistenz" nennt, sondern viel *höher*. Aufzusteigen zu einem fröhlichen, lustvollen Leben! Wir haben sie beschwatzt, beschworen und ihnen immer wieder die Werkzeuge und die Technologie zur Verfügung gestellt, damit sie aufstehen und kraftvoll, stark und unabhängig werden können. Aber natürlich sind das genau die Worte, genau die Werte, genau die rhetorischen Ausdrücke, die von den „Konservativen" und den „Rechten" *monopolisiert* worden sind.

Wir sind also 50:50. Einerseits entschlossen engagiert für die Unterdrückten und Armen, aber andererseits setzen wir genau das in die Praxis um, was die von der Rechten aber eben bloß für eine kleine, ausgewählte Elite predigen. Wir versuchen, *ihre* Rhetorik für die große Masse *der Armen* in die Praxis umzusetzen. Wie können die Konservativen also *gegen* uns sein? Wir nehmen ihnen doch das Wort aus dem Mund – nur richten wir es an ein anderes Publikum, eines, das für sie gar kein Publikum ist, sondern nur die „Gescheiterten" sind. Diese Spaltung, diese Zweiseitigkeit – halb links und halb rechts – ist nicht nur eine Taktik, nicht nur ein Trick. Wenn es diejenigen, die gegen uns sind, verwirrt und verunsichert – umso besser. Das ist eine wunderbare Nebenwirkung. Aber das ist nicht unser Ziel. Beide Hälften gemeinsam, zusammen, das ist, was wir wirklich, wirklich wollen und glauben. Wir glauben, dass jene, die heute noch unterdrückt und arm sind, zu der Art von Menschen werden sollen, von denen Whitman und Blake, Thoreau und Emerson geträumt haben. Sie sollten nicht nur genug zu essen, ein Dach über dem Kopf und angemessene Kleidung haben. Das natürlich auch, aber sie sollten auch die Chance bekommen, großartige, strahlende, vollkommene Menschen zu werden! Mit nichts weniger wollen wir uns begnügen.

Praktisch bedeutete dies, dass die Gewerkschaften in Hinsicht auf die Neue Arbeit immer geteilter Meinung waren. Einige Gewerkschaftler glaubten, wir seien schlichtweg des Teufels; andere wieder waren überzeugt, dass wir die letzte den Gewerkschaften noch verbleibende Hoffnung wären. Genauso war es mit dem Management. Dieses war allerdings entscheidend für unsere eigene Entwicklung und für die Frage der *Macht*. Schon immer und überall, in jedem Kontext und in jedem Land, waren einige der einfallsreichsten, erfolgreichsten, vorausschauendsten Geschäftsleute und Manager auf unserer Seite. Sie glaubten an das, was wir taten. Auch sie strebten nach der Art von Welt, die wir selbst zu verwirklichen suchen. Und sie fanden im Netzwerk der Neuen Arbeit weitaus mehr Kreativität, Erfindungsreichtum und Optimismus als in ihren eigenen Mega-Unternehmen mit deren babylonischen Verwaltungsapparaten.

Die Neue Arbeit war immer eine Mixtur, ein weit gespanntes Netzwerk, das zusammenhielt, obwohl es Menschen aus allen Bereichen des Lebens umfasste. Das muss ein Teil des Bildes sein, wenn man die Neue Arbeit verstehen will. Das Ausmaß, in dem wir willkommen geheißen wurden und in dem wir manchmal auch Erfolg hatten, spiegelte immer die Tatsache wider, dass wir nicht *nur* aus der Arbeiterklasse kamen; wir sprachen nicht *nur* für die Arbeitslosen und Unterdrückten. Die Leute wussten immer, dass wir auch in den Chefetagen der 500 weltweit führenden Unternehmen ein- und ausgingen. Sie wussten, dass die Vorschläge, die wir machten, die Ideen, die wir vertraten, auch bei Teilen der Management-Hierarchie auf große Sympathie stießen. Das war so von unseren Anfängen in Flint bis hin zu der in jüngster Zeit mit der Hypobank geleisteten, sehr viel schwierigeren Arbeit. Und das ist so in Hinsicht auf unsere grundlegende Prämisse, dass die Menschen eine Arbeit haben sollten, die sie wirklich, wirklich tun wollen, und unsere gegenwärtigen Bemühungen, den Armen in der Dritten Welt Zugang zu den fortgeschrittensten Technologien der Eigen-Produktion zu verschaffen.

Dass es immer eine Kohorte erfolgreicher, einfallsreicher und fortschrittlicher Geschäftsleute gab, die auf *unserer* Seite standen, die mit unseren Ideen übereinstimmten, die uns ermutigten, uns Türen öffneten und auch *Geld* zur Verfügung stellten – und die hier und da sogar das praktizierten, was wir ihnen vorschlugen –, das hat die Geschichte und die Entwicklung der neuen Arbeit in vieler Hinsicht geformt. Aber diese Tatsache müssen wir auch mit dem Bild des verriegelten Zuges in Verbindung bringen. Zu den zahlreichen Gruppen, die mit Entsetzen und Grausen sehen, in welche Richtung unsere Gesellschaft sich entwickelt, sich aber ebenfalls in dem abwärts rasenden Zug gefangen sehen, gehört auch dieses bunte Aufgebot unterschiedlichster Geschäftsleute, die oft zu den talentiertesten und ideenreichsten ihrer Zunft gehören. Einige von ihnen haben sich aus Unternehmen verabschiedet, in denen sie führende Positionen innehatten, ja die sie teils selbst gegründet und geführt hatten, um sich der Neuen Arbeit anzuschließen. Die Koalition, die zu schmieden wir dabei sind und die auf die Verwirklichung der Wende hinarbeitet, zählt sehr stark auf sie. Sie tragen viel zu unserem Optimismus bei, unserem Selbstvertrauen und der Eigenschaft, die für uns besonders kostbar ist, zu unserer schon öfter zitierten „Fröhlichkeit".

In meinen Bemühungen, das Anliegen der Neuen Arbeit zu kommunizieren, spielt diese Partnerschaft mit dem fortschrittlichsten Flügel der Geschäftswelt natürlich eine wesentliche Rolle. Ansonsten könnten sich leicht romantische und längst überholte Vorstellungen in unser Denken einschleichen; wir spielen nicht mit Phantasien von konspiratorischen Treffen in feuchten Kellern oder von Trainingslagern hoch in den Bergen. Der entscheidende Punkt, den all jene begreifen müssen, die sich mit der Neuen Arbeit verbünden wollen, ist, dass wir so etwas nicht *brauchen.* Wir sind weitaus stärker und weitaus fortgeschrittener, als diese pubertären, selbstbefriedigenden Tagträume vermuten. Die Grundidee, dass die Technologie sich in eine gesunde Richtung weiterentwickeln lässt (und nicht weiter in der Richtung selbstzerstörerischen Narrentums, in der wir bisher festsaßen), und dass dies bedeutet, Technologien und Produkte zu entwickeln, welche die Eigen-Produktion fördern, macht für viele Geschäftsleute durchaus sehr viel Sinn. Und ebenso viel überzeugenden Sinn macht diese Idee für viele Regierungsbeamte in der Dritten Welt und sogar, wenn auch sehr viel langsamer, für einige Politiker im Westen. Aber sich diese Einsicht ganz in Fleisch und Blut übergehen zu lassen, ist eine unerlässliche Voraussetzung. Es ist eine Art Übergangsritus. Man muss diesen Übergang vollziehen, um erwachsen zu werden, um nicht in politischer Hinsicht ein daumenlutschender Säugling zu bleiben, der davon redet, „die Welt zu verändern", ohne jedoch zu wissen, wo sich die Knöpfe, Hebel und Schalter befinden, mit denen sich dieses Ziel erreichen lässt.

Denn auch wenn es eine komplexe und vielfältige Dynamik gibt, die mit großer Kraft in dieselbe Richtung drängt, in der wir auch unsere Kultur zu bewegen versuchen, glauben wir doch nicht, dass die Wende sich automatisch vollziehen wird, sozusagen von selbst, aus schierer „wissenschaftlicher" Notwendigkeit. Jedes einzelne Mitglied der vielen verschiedenen Gruppierungen, die eine solche Wende anstreben, wird große Anstrengungen unternehmen müssen. Die

Neue Arbeit sieht sich nur als eine dieser sehr unterschiedlichen Gruppen, und dementsprechend haben wir uns eine Reihe scharf umgrenzter Aufgaben gestellt, in der Hoffnung, dass dies unser Beitrag zu der großen Wende sein wird.

Dazu gehören eine Reihe von Unternehmen, die teils in den Vereinigten Staaten angesiedelt sind, teils auch in Guatemala, Belize und Brasilien. Bei diesen Ansätzen geht es nicht um den geschickten Gebrauch technischer Hilfsmittel, um auf kleinem Raum zu produzieren, sondern um die Verwendung der Technologie des Internets, um damit den alten Traum zu verwirklichen, die Mittelsmänner überflüssig zu machen, indem der einzelne Handwerker auf dem direktesten Weg mit dem Kunden in Kontakt gebracht wird, der vielleicht auf einem anderen Kontinent lebt. Bei der Entwicklung einiger dieser Projekte hat die Neue Arbeit eine Rolle gespielt, andere wurden von einer der immer zahlreicher werdenden Nichtregierungsorganisationen initiiert. Sie alle sind repräsentativ für eine Entwicklung, die heute in der Luft liegt, es entstehen immer mehr ähnliche Unternehmungen in aller Welt. Rasch werden Verbindungen zwischen diesen Unternehmen hergestellt, und ein Netzwerk gegenseitiger Unterstützung bei ähnlichen Projekten gewinnt an Kraft, so dass sich in der Ferne bereits die Umrisse umfassenderer Möglichkeiten abzeichnen.

Wohl bekannt sind zum Beispiel schon Projektgruppen in Dörfern, die oft einzelne Frauen ansprechen und einladen. Frauen, die Teppiche weben, Keramik herstellen oder Körbe flechten, die Schmuckstücke ausschneiden, löten und zusammensetzen. In der Vergangenheit wurden diese Frauen ausgebeutet und missbraucht, und die hinter diesen Projekten stehende Absicht ist, ihnen die Möglichkeit zu geben, die Produkte ihres Handwerks oder ihrer Kunst direkt in New York, Paris oder Berlin zu verkaufen. Was von unserem Standpunkt aus gesehen von entscheidender Bedeutung ist, ist die Tatsache, dass die Technologie des Internets diesen Menschen die Möglichkeit gibt, das Territorium und die Macht der großen Unternehmen zu unterlaufen.

Das größere Bild zeigt also, dass zwei ganz verschiedene Entwicklungen aus gegensätzlichen Richtungen aufeinander zulaufen. Einerseits besteht die Tatsache, dass die *Fabriken* immer kleiner werden, andererseits werden die Werkstätten einzelner Handwerker zu kleinen, unabhängigen Unternehmen. Im Hinblick auf das Konzept der High-Tech-Eigen-Produktion gibt es allerdings ein paradoxes Phänomen, das uns von Anfang an zu schaffen macht: Selbst Menschen, die seit langer Zeit mit der Neuen Arbeit zu tun haben, missverstehen immer noch die gesamte Stoßrichtung dieser Praxis und dieser Idee.

Halb scherzhaft vergleiche ich diese schwere Geburt eines nun schon so lange existierenden Projekts mit den Jahren, in denen ich in den Wäldern von New Hampshire ein selbständiges Leben zu führen versuchte, und insbesondere mit dem Umstand, dass ich *keine* Kettensäge besaß, sondern nur eine kleine Bogensäge. Der ursprüngliche Impuls der Neuen Arbeit war, Technologien zusammenzubringen oder zu erzeugen, die es Menschen erlauben, ein freies und selbständiges Leben zu führen, doch *ohne* die schweißtreibende und seelenzerstörende harte Arbeit, deren Symbol für mich die Bogensäge geworden war. Mit anderen Worten: Technologie war schon immer der Angelpunkt! Wir haben diesen Gedanken auf gewundenen Wegen durch viele Projekte hindurch verfolgt, und unser Vorankommen war zugegebenermaßen so mühsam, als bahnten wir uns den Weg durch tiefen Schnee. In unseren Augen war das Dachgärten-Projekt in Vancouver, bei dem Jugendliche auf Hochhausdächern Gemüse anbauten, ein Schritt in Richtung zunehmender High-Tech-Eigen-Produktion. Aber sowohl die dort verwendete Technologie als auch der Grad der Eigen-Produktion, der dabei erreicht wurde, waren meilenweit von unseren Zielen entfernt. Das war auch der Fall bei den Projekten in New York und Ann Arbor, wo Obdachlose beim Bau ihrer eigenen Unterkünfte mitarbeiteten. Teilweise wegen dieser recht schleppenden Anfänge hielt sich hartnäckig eines der beliebtesten Vorurteile. Wie für vieles andere haben wir dafür unseren eigenen scherzhaften Ausdruck: Wir nennen es das „Marmelade-und-Tomaten-Syndrom". Einige Leute beharrten nämlich hartnäckig darauf, dass es uns bei der High-Tech-Eigen-Produktion darum gehe, selbst Marmelade zu machen und selbst Tomaten zu ziehen. Aber das ist natürlich grotesk, denn genau das wollen wir ja hinter uns lassen.

Und trotz all unserer entschlossenen Bemühungen um die Anwendung weitaus fortgeschrittenerer Technologien und um die Annäherung an eine sehr viel größere ökonomische, materielle Unabhängigkeit hängt uns das Marmelade-und-Tomaten-Syndrom penetranterweise immer noch an. Andererseits sind in der Zwischenzeit ohne jegliche Verbindungen zur Neuen Arbeit eine Reihe von Technologien entwickelt worden, die für uns ausgesprochen nützlich sind. Nichts Geringeres als der Computer und das Internet zählen zu den Technologien, die heute die Eigen-Produktion unterstützen und begünstigen. Trotzdem ist das Marmelade-und-Tomaten-Syndrom beinahe nicht auszulöschen. Dieses bizarre Missverständnis hat sich über viele Jahre gehalten und ist noch immer in Umlauf. Aber es gab einen Punkt in der Geschichte der Neuen Arbeit – etwa im Jahr 1996 –, an dem wir uns auf eines unserer gewagtesten Projekte eingelassen haben, und einer der Gründe dafür, wenn auch keineswegs der *einzige* Grund, war das Marmelade-und-Tomaten-Syndrom.

Man lud uns ein, uns an der Entwicklung eines völlig neuen, anderen Autos zu beteiligen. Ehrlich gesagt kam uns diese Gelegenheit *wie gerufen*, denn wenn es uns möglich sein sollte aufzuzeigen, dass man selbst sein eigenes, sehr elegant aussehendes Auto bauen und montieren kann, dann würden unsere Freunde allmählich verstehen, dass es uns nicht um „Marmelade und Tomaten“ geht, sondern um die Erzeugung eigener Elektrizität, um den Eigenbau unserer Häuser und schließlich darüber hinaus um die Herstellung unserer eigenen Radios oder Fernsehapparate – *bis hin zu unserem elegant and pfiffig aussehenden Auto.*

Bevor ich skizziere, wie sich das Neue-Arbeit-Autoprojekt entwickelt hat, sollte ich noch einen weiteren Grund erwähnen, der dafür sprach. Er hat mit dem Kern der Philosophie der Neuen Arbeit zu tun. Wir waren nämlich entschlossen, nicht eine „Enklave“ zu bleiben, also nur eine kleine, ausgewählte Gruppe von Menschen anzusprechen, sondern wollten versuchen, „die Masse der Menschen“ zu erreichen, wie Henry David Thoreau das nannte. Offensichtlich gab es hier einige Verbindungen zu Flint. Eine davon war die in unseren langen Lehrjahren gewonnene Einsicht, dass nichts einen so großen Eindruck auf das Bewusstsein der amerikanischen Bevölkerung macht wie ein Auto. (Ich muss allerdings zugeben, dass das mehr auf die männliche denn auf die weibliche Bevölkerung zutrifft.) Doch wenn wir über die übliche Klientel gewisser alternativer Oppositionsgruppen hinausreichen wollten, dann gab es nichts, was überzeugender gewesen wäre als die *Demonstration*, dass man mit dem System der Produktion in kleinen Werkstätten selbst ein Auto herstellen kann, und zwar nicht nur irgendein Auto, sondern eines, das so aussieht, als sei seine Mutter ein Porsche und sein Vater ein Ferrari gewesen.

Das Neue-Arbeit-Autoprojekt

Ohne das Aktivieren vieler persönlicher Beziehungen, die zum Teil in unserem weit zurückliegenden Projekt in Flint wurzelten, wäre dieses Projekt nicht vorstellbar gewesen. In der Tat waren einige Bekannte aus dem Topmanagement der Autoindustrie schon lange an dem Autoprojekt interessiert und wollten es unterstützen. Schon seit den frühen achtziger Jahren hatten wir unablässig Gespräche in dieser Richtung geführt, und einige Topmanager der Autoindustrie waren zu unseren persönlichen Freunden geworden. 1994 wurden wir von dreien dieser Freunde – alle drei Leitfiguren, geradezu Legenden der Automobilindustrie – darauf angesprochen, ob wir nicht in ein Konzept für ein radikal anderes Auto skizzieren wollten. Es sollte so „anders" sein wie nur möglich, ein Auto, das zur intellektuellen Welt der Neuen Arbeit passte. Ich erinnere mich noch an den ersten Satz des dreiseitigen Papiers, das ich daraufhin erstellte: „Wenn jemand dieses Auto zum ersten Mal sieht, dann sollte seine spontane Reaktion darauf der Ausruf sein: ‚Ahhh, endlich ein *intelligentes* Auto!'"

Auch auf die Gefahr hin, eingebildet zu wirken, will ich noch einmal betonen, dass die drei Manager „Leitfiguren" waren, deren Namen jeder kennt, der die amerikanische Automobilindustrie kennt (so wie man in Deutschland den Namen Jürgen Schrempp kennt), und dass sie sich an mich wandten. Die vielen zukünftigen Associates müssen gründlich verstehen lernen, dass wir uns in der Tat in dem Prozess befinden, eine neue Allianz zusammenzuschmieden, die über die vielen bereits erwähnten Gruppen hinaus auch einen Teil der erfolgreichsten und fortschrittlichsten Geschäftsleute umfasst, weshalb ich gerade diesen Aspekt des Projekts langsam und sorgfältig erkläre.

Der Erste der drei, die den Kern bildeten, war Dwight Carlson, für viele Amerikaner *die* Verkörperung des erfolgreichen Unternehmers und zu jener Zeit Präsident von Michigan Futures. Der Zweite war sein enger Freund Dr. Thomas Weber. Was Carlson als Unternehmer war, war Weber als Ingenieur. Er hatte zu verschiedenen Zeiten für jedes Unternehmen der „Großen Drei" gearbeitet, und dazu auch, wie er nie müde wurde zu betonen, für Porsche. Er war Spezialist für die Behebung von Problemen im Produktionsprozess. Wenn sich in irgendeiner Fabrik irgendetwas partout nicht auf die Reihe bringen ließ, rief man Dr. Weber. Nicht umsonst war er der Erste, der von der Universität von Michigan einen Doktorgrad in „Manufacturing" erhielt. Der Dritte war Heinz Prechter. Wenn Carlson der Unternehmer war und Weber der Ingenieur, dann repräsentierte Prechter das Kapital. Er entsprach in jeder Hinsicht der legendären „amerikanischen Erfolgsgeschichte". Er kam als Austauschstudent von Deutschland in die USA und stieg zu einem der reichsten Männer der amerikanischen Automobilindustrie auf. Er war Präsident und CEO von AC, einer der größten Zulieferfirmen.

Man erinnere sich: Technologisch stellt die Herstellung in kleinen Werkstätten kein Problem dar. Sie ließe sich leicht und schnell verwirklichen, ist sie doch vor allem eine Frage, von einer anderen Organisationsstruktur *auszugehen.* Vom Konzept her ist es die schlichte, geradlinige Fortschreibung dessen, was wir bereits aus dem Beispiel der großen Fabrik und des Lippenstifts gelernt haben. Der Kernpunkt beider Analysen war die enorme Kluft zwischen den sehr niedrigen Produktionskosten und dem sehr viel höheren Ladenpreis. Das System der Herstellung in kleinen Werkstätten war natürlich viele Monate lang diskutiert worden, und dabei spielten die Faktoren, die den Lippenstift trotz Massenproduktion im Endeffekt so teuer machen, eine wichtige Rolle. Es ist jedoch von entscheidender Bedeutung, wie die genannten drei als fortschrittliche Manager und Unternehmer dieses Problem sahen und inwiefern sich ihre Perspektive von der der Neuen Arbeit *unterschied.* Sie sahen diese Dinge nicht vorrangig durch die Brille von Kosten und Verschwendung – der Ineffizienz langer Reihen von Robotern und der Betonung der schlankeren, billigeren, ökologischeren, weniger transportintensiven und direkteren Eigen-Produktion. Für sie war der entscheidende Begriff, und das sollte nicht überraschen, der Schlüsselbegriff aller Ökonomen und Produzenten, nämlich der des *„Mehrwerts"*. Die Leitanalogie, die sie in den komplexen Diskussionen immer wieder heranzogen, war die der amerikanischen Armee, und zwar aus folgendem Grund: Es wird sehr oft über das Missverhältnis zwischen Frontsoldaten und Hilfspersonal in der US-Armee gespottet. Angeblich ist das Verhältnis eins zu zehn. Ein Soldat stellt sich tatsächlich dem Feind, und neun weitere verrichten in Büros und auf Nachschubposten Handlangerdienste. Das wurde zu einem Mantra in der Gruppe, die an dem neuen Auto arbeitete, auch wenn es hier auf die Ökonomie und die Kunst der Herstellung angewendet wurde. Dr. Weber sah die Analogie darin, dass in der traditionellen Form der Herstellung nur einer von zehn Arbeitern tatsächlich den *Wert vermehrt.* Die anderen neun sitzen, wie bei der amerikanischen Armee, an einem Schreibtisch im Hinterland. Sie sind verantwortlich für den Papierkram, die Verwaltung und das Management, aber *sie stellen nicht wirklich etwas her.*

Für den Kern dieser Gruppe wurde daher der erste Leitgedanke: Wie kann man den ganzen Wust der *zusätzlichen* Kosten eliminieren? Durch welche Veränderungen der Produktionsstruktur kann man die neun Zehntel wegschälen, die (aus der Sicht dieser Gruppe) im Grunde nur Mitläufer sind, Groupies, die (wiederum aus der Sicht dieser Gruppe) im Grunde nur Schmarotzer des großartigen Produktionsprozesses sind und nicht wirklich zur Schaffung von Mehrwert beitragen. Wie kann man die Produktion wieder zu ihrer Essenz zurückführen, zu ihrem ursprünglichen „Biss", und all die Schlacken wegschmelzen, die sie unnötig belasten? Das war die Frage, die diese Gruppe stellte.

Für sie, die sie von anderen Prämissen ausgingen, repräsentierten diese Fragen auch ein machtvolles und wagemutiges Potential, und der Elan und die Begeisterung in dieser Gruppe waren so stark, wie man es sich nur vorstellen kann. Alle Beteiligten hatten auf verschiedene Weise bereits eine Zeit lang mit der Neuen Arbeit zu tun gehabt und sahen deshalb sofort die Zusammenhänge: Ihnen war klar, dass es hier um eine sehr viel radikalere und dramatischere Kostenreduzierung bei der Produktion ging als alles andere, was sich zu diesem Zeitpunkt am Horizont abzeichnete. (Wir begannen damals auch Begriffe wie „digitale Produktion" und „dezentralisierte Produktion" zu benutzen.) Sie verstanden auch von Anfang an, dass die Produktion als Ganzes mit diesem Konzept sehr viel stärker an die von uns seit Jahren diskutierte Idee der High-Tech-Eigen-Produktion heranrückte.

Es gab noch eine weitere Dimension: Jedem Beteiligten war vollkommen klar, dass ein Fortschreiten in diese Richtung nicht nur bedeuten würde, dass die Kosten des fertigen Autos (oder der fertigen Waschmaschine, des fertigen Fernsehers) drastisch in den Keller sinken, sondern dass auch die benötigten Arbeitsstunden dramatisch reduziert werden würden.

Für unsere Zwecke ist entscheidend, dass diese „Experten" auf ihrem Fachgebiet (in der Sprache von Detroit hatte man sie „real car guys" genannt) keinerlei technologische Schwierigkeit für die Verwirklichung dieses Produktionssystems sahen. Das Hindernis lag ganz woanders. Ihr Oberbegriff dafür war „Kultur", und damit meinten sie, dass es ganz gewiss Widerstand gegen das Produktionssystem in kleinen Werkstätten geben würde, weil es zum Verlust *allzu vieler* Arbeitsplätze führen würde. Damit hatten sie natürlich Recht: In unserer gegenwärtigen Kultur, die auf dem Lohnarbeitssystem basiert, würde der Widerstand enorm sein. Aber wie die Vergangenheit ebenfalls gelehrt hat: Es würden sich Wege finden, diesen Widerstand zu umgehen, und schließlich würden die Arbeitsplätze verschwinden. Nichtsdestoweniger war dies die Art und Weise, wie sie unsere Partnerschaft sahen, die vielversprechende Allianz, die sie vorschlugen. Sie waren der Ansicht, dass jeder von ihnen ein Drittel zu dem Konzept beisteuerte, räumten jedoch ein, dass noch ein viertes Element hinzukommen musste, und sie ließen keinen Zweifel daran, dass sie diesen Beitrag von mir erwarteten. Dieser Beitrag war der intellektuelle Rahmen, aber auch das Verlaufsprotokoll, die Geschichte der Neuen Arbeit.

Meine Aufgabe bestand, anders formuliert, darin, unermüdlich und in vielen verschiedenen Situationen zu erklären, dass dieses neue Produktionssystem *nicht* unvermeidlich zu hoher Arbeitslosigkeit führen müsse, sondern dass es ein wichtiger Schritt sei in der Aufwärtsentwicklung von einer auf Lohnarbeit basierenden Kultur hin zu einer auf Neuer Arbeit gegründeten Kultur. Niemand gab sich der Illusion hin, dass dies eine leichte Aufgabe sein würde. Wir waren uns ganz im Gegenteil aus verschiedensten Gründen darüber einig, dass die Vereinigten Staaten noch nicht reif waren für die Idee einer neuen und anderen Kultur. Es war noch zu früh. Wir befanden uns in der zweiten Hälfte der neunziger Jahre, und die „dot-com"-Seifenblase glitzerte noch groß und verheißungsvoll. Alles Reden von Alternativen oder von so etwas wie einer Wende musste noch warten, besonders im Hinblick auf die Menschen, die in Wohlstand und Sicherheit lebten. Das führte uns direkt zu dem zweiten Leitgedanken, nämlich dem Gedanken eines Neuen Marktes, also von Kunden, die sich von denen in der westlichen Welt unterscheiden. Kurz gesagt, wir schielten bei dem Gedanken an dieses neue Auto mit einem Auge auf die Dritte Welt.

Wir stellten uns nun also zwei Fragen, die sich überlagerten: Wie könnte man ein Auto ohne unnötigen Putz, ohne Verschwendung, ohne aufgebauschten Unsinn produzieren? Aber auch: Könnte dieses Auto vielleicht für die Länder angemessen sein, in denen die „restlichen vier Milliarden" lebten?

„Die restlichen vier Milliarden", das war ein Ausdruck, den Dr. Weber im Titel vieler seiner Aufsätze verwendete. Die Kombination dieser beiden Fragen zu einer doppelten Frage bekräftigte unsere Entschlossenheit, alle Verschwendung zu vermeiden. Dieses Auto für den Markt der Dritten Welt sollte nicht nur unvergleichlich viel sauberer und leichter sein, sondern es musste notwendigerweise um mehrere Hausnummern billiger sein. Wir waren deshalb davon überzeugt, dass es nicht genug wäre, hier und da einen Cent einzusparen; das hätte nur zu einem schäbigen Produkt geführt, hätte aber keinen allzu großen Unterschied gemacht. Dieser Gedankengang brachte uns wieder zurück zu unserem sich entwickelnden Konzept einer gänzlich neuen Produktionsweise.

Indem wir uns auf die Dritte Welt ausrichteten, nahm ein zusätzliches Element deutlichere Gestalt an. Wir hatten in Begriffen kleiner, werkstattartiger Produktionsstätten gedacht, „shops“ genannt. Dazu fügten wir nun ausdrücklich hinzu, dass diese *verstreut* angelegt sein sollten. Es sollte ein Netzwerk von 30 oder 40 kleinen Produktionsshops geben, und jeder sollte einen Satz von Teilen für das Auto herstellen, so dass erst alle zusammen die Summe der für das Auto benötigten Teile herstellen würden.

Der erste Vorteil, den diese Idee für uns hatte, war, dass man eine wesentlich kleinere Infrastruktur brauchen würde. Eine Fabrik im alten Stil verbraucht große Mengen Elektrizität. Die kleinen, verstreuten Produktionsshops könnten die Energie, die sie brauchen, mit einem der relativ billigen Mikro-Elektrizitätswerke herstellen, die mit Wasserkraft, Biogas, Wind- oder Sonnenenergie arbeiten. Das bedeutet, dass sich diese Fabriken an vielen verschiedenen Orten befinden und vielleicht sogar mobil sein könnten. Wir stellten uns auch vor, dass ein solches Netzwerk flexibler sein würde und man es sich plötzlich verändernden Bedingungen besser anpassen könnte; das wäre ein großer Vorteil in Regionen mit schwachen und instabilen Regierungen.

Gewichtiger war noch, besonders für meine Kollegen, die Berücksichtigung der Bürokratie. Die Einführung von Computern hat bereits im Verlauf der neunziger Jahre einige Ebenen des Managements überflüssig gemacht. Schlagwörter wie „Reduktion von Hierarchien“ und das Streben nach „flacheren Organisationen“ wären ohne Computer undenkbar gewesen. (Die Hauptaufgabe des mittleren Managements in der Automobilindustrie besteht darin, Informationen zu sammeln, zu organisieren und zusammenzustellen, um sie dann an die Zentrale – in diesem Falle Detroit – weiterzuleiten. Computer senden diese Informationen direkt vom lokalen Standort zum Hauptquartier.)

Die Kombination von Computertechnologie mit kleinen verstreuten Produktionsshops würde uns also von der Bürokratie befreien. Würde man die Fabriken auf intelligente Weise elektronisch miteinander vernetzen, dann wären in der Tat große Teile der hierarchischen Struktur, das heißt große Teile all jener, die in Büros sitzen, überflüssig.

Das hat wiederum zu tun mit den allgemeinen Vorteilen kleiner Produktionsshops. Sie brauchen schon allein aufgrund ihrer Größe weniger Bürokratie. Wenn man also den Weg fortsetzt, den wir heute bereits mit der so genannten Auslagerung eingeschlagen haben, und wenn Gruppen oder Netzwerke von solchen Produktionsshops schließlich selbst Autos herstellen, dann könnten ihre Autos leicht bedeutend billiger sein als die von General Motors oder Daimler-Benz hergestellten.

Die strikte Beschneidung des gesamten Komplexes, der mit Werbung, Verkauf und Vertrieb zu tun hat, schien uns ein anderer Bereich zu sein, in dem deutliche Einsparungen möglich sind. Dell Computers ist ein Modell, von dem man in dieser Beziehung lernen kann. Der Verkauf von Autos über das Internet gewinnt trotz anfänglicher Schwierigkeiten immer mehr an Boden, und das bedeutet, dass der gesamte teure Apparat von Händlern mit ihren großzügigen Vorführräumen und ihrem Verkaufspersonal deutlich schlanker werden wird. Dasselbe gilt für die Werbung: Wenn man das Internet benutzt, kann man sehr viel Geld einsparen, das heute noch für Fernsehwerbung ausgegeben wird. Aber hier kommen wir wiederum zu dem von der Struktur her ähnlichen Punkt: Natürlich lässt sich auch sehr viel *innerhalb* des gegenwärtigen Systems einsparen. Aber das geht an der Sache vorbei. Wir wollen ja gerade aufzeigen, dass unser altes System an sich ungeheuer verschwenderisch ist, und dass uns mit zwei oder drei kleinen Schritten *außerhalb* dieses Systems Einsparungen in einer ganz anderen Größenordnung in den Schoß fallen könnten.

Doch bevor das offensichtlich wird, muss wohl noch mehr gesagt werden. Wir hatten uns entschlossen, uns auf die Dritte Welt als potentiellen Markt für dieses völlig andere Auto zu konzentrieren. Das brachte ein weiteres Element ins Spiel, das die Herstellung dieses Autos dem Konzept der High-Tech-Eigen-Produktion noch weiter annähern würde. Wie wäre es, wenn dieses Auto von einem Netzwerk kleiner Werkstätten zusammengebaut würde und nicht in den üblichen gigantischen Fabrikhallen an den Fließbändern? Denn Letzteres trägt ja, wie wir gesehen haben, beträchtlich zu den Kosten bei. Ja, was wäre, wenn das Auto von Anfang an so konzipiert wäre, dass die Kunden es *selbst* zusammenbauen könnten?

Es war natürlich eine enorme Herausforderung, ein Auto so zu entwerfen, dass es tatsächlich möglich und machbar wäre, es mit einfachen Werkzeugen in der eigenen Garage selbst zusammenzubauen. Und wie es schien, hatte Dr. Weber sein Leben lang auf eine solche Herausforderung gewartet. Er hüpfte geradezu vor Vergnügen bei dem Gedanken, sich daran zu versuchen. Wenn dies tatsächlich machbar wäre, würde sich die gesamte Landschaft in der Tat auf einen Schlag ändern. Keine Bürokratie mehr, kein Händlernetz, keine Werbung und auch keine Fabriken mit riesigen Montagehallen. All das würde verschwinden – und dann würde der Verkaufspreis nur noch ein Drittel, ein Viertel oder sogar nur ein Fünftel von dem betragen, was man vorher für ein Auto zahlen musste.

Dieser letzte Aspekt, nämlich dass es ein Auto sein würde, das man neben all seinen anderen Vorzügen auch noch *selbst* würde *zusammenbauen* können, trug nach unserer Ansicht ganz wesentlich zu seiner Eignung für die Dritte Welt bei. Und in Wahrheit war dies ein Element, mit dem wir schon eine lange Reihe von Erfahrungen gemacht hatten. Schon im Jahre 1986 (ungefähr zwölf Jahre, bevor die Arbeit an dem neuen Auto begann), als wir in New York Projekte für Obdachlose entwickelten, spielte die Tatsache, dass diese einerseits kein Geld und andererseits sehr viel Zeit hatten, Zeit, die sie ansonsten „totschlagen" mussten, eine entscheidende Rolle. Die Gruppe, die an diesen Projekten arbeitete, beschloss, dass dieses Übermaß an verfügbarer Zeit genutzt werden sollte und dass diese Zeit gegen Geld eingehandelt werden sollte – aber nicht, indem man seine Zeit im Rahmen eines Lohnarbeitsverhältnisses verkaufte, das war für die Obdachlosen in New York keine Option, sondern indem sie bei der Erstellung ihrer Unterkünfte mitarbeiteten und so mit „ihrer Hände Arbeit" die Kosten für ihre Wohnungen reduzierten.

Auch in der Dritten Welt leben Millionen Menschen, die im Sumpf ungenutzter Zeit versinken. Würde es also nicht den Nutzen noch wesentlich vergrößern, könnte man sie am Zusammenbau ihrer eigenen Autos beteiligen? Wichtig war hier nicht nur, dass dies den Preis reduzieren würde. Darüber hinaus würde es auch motivieren, lehren und würde helfen bei einer geradezu entmutigenden Herausforderung – der Herausforderung, diesen Menschen zu helfen, Schritt für Schritt die Leiter hinaufzuklettern, die sie aus ihrer Lähmung, aus ihrer Abstumpfung, aus dem Kraterloch ihrer Armut der Begiede herausführen würde. Stellen Sie sich eine Gruppe von Jugendlichen in einem Viertel von São Paulo, Accra oder Bombay vor, die ihr eigenes Auto zusammenbauen! Und nicht zu vergessen: ihr eigenes *neues* und *elegantes* und sogar *schickes* Auto, aber auch ein Auto, dass schnell in ein sehr stabiles Jeepartiges Auto umgebaut werden kann.

Das führt uns zurück zu dem Bild des verriegelten Zuges, zu dem es keine Alternative gibt. In unserer Kultur schwirren alle möglichen Ideen durch die Luft. Sie sind alle wie Zeigefinger, die vorwurfsvoll und begleitet von guten Ratschlägen und rückblickenden Korrekturvorschlägen so lange vor uns erhoben werden, bis uns die Augen zufallen. Aber sie sind keine „Alternativen".

Der Sozialismus war eine Alternative. Das, so glaube ich, wird jedermann zugeben müssen. Aber Liberalismus oder Ökologie, ganz zu schweigen von kleineren Gruppierungen des New Age, der Freiwilligen Einfachheit oder des tibetischen Buddhismus für Amerikaner – nichts davon ist eine Alternative! Sie mögen auf ihre Weise etwas Wundervolles sein und sie sind der Unterstützung wert. Ganz gewiss können sie mit der Unterstützung, der Partnerschaft, ja sogar der Solidarität der Neuen Arbeit rechnen. Aber nichtsdestoweniger sind sie keine Alternativen.

Sie sind Verbesserungen, Veredelungen, Methoden, um die Klauen unseres gegenwärtigen Systems zu maniküren, um seine Auswirkungen zu verzögern oder zu mildern, um Feigenblätter an den richtigen – oder auch falschen – Stellen anzubringen. Die Crux unserer gegenwärtigen Situation ist das Lohnarbeitssystem, das in Allianz mit dem

Big Business den verriegelten Zug in den Abgrund rasen lässt. Eine Alternative für unsere Gesellschaft muss eine Alternative zu dieser Allianz sein! Sie muss das gegenwärtige System überwinden und im Staub der Vergangenheit zurücklassen.

High-Tech-Eigen-Produktion in der Dritten Welt

Während die Arbeit an dem neuen Auto voranging und einige hierbei auftretende Probleme zu lösen waren, wurde uns allmählich klar, dass sich das Projekt unter unseren Händen verändert hatte. Ursprünglich hatten wir locker über mögliche Märkte nachgedacht, aber die Linien liefen zusammen, der Fokus wurde enger und schließlich wurde deutlich und von uns allen akzeptiert, dass wir in Wirklichkeit an einem Auto für die Dritte Welt arbeiteten. Natürlich wussten wir, dass sich schon etliche andere Teams mit dieser Aufgabe befasst hatten. Trotzdem bestand der Unterschied unserer Meinung nach darin, dass wir uns weitaus klarer darüber waren, wie total anders dieses Auto sein musste, damit es wirklich für eine vollkommen andere Welt geeignet war.

Ein Punkt, auf den ich immer insistierte – und das, ich bin sicher, manchmal bis zur haareraufenden Verzweiflung meiner guten Freunde –, war, dass das Auto nicht einfach bloß *billig* sein durfte. Diese Lektion hatte ich in den Jahren zu lernen, als ich mit Menschen arbeitete, die im Elend leben: Sie würden keinen Kotau machen und mit vielen Verbeugungen einfach den billigsten Schund akzeptieren. Das zu glauben, war bisher einer der größten Fehler der vielen gescheiterten Versuche zur „Entwicklungshilfe" gewesen. Diese Menschen hatten zweifellos sehr, sehr wenig Geld. Hohe Kosten kamen deshalb nicht in Frage. Aber eine Grundbedingung war, dass diese Menschen wirklich, wirklich wollten, was wir zu entwerfen begonnen hatten.

Das bedeutete auch, dass das Auto wirklich gut aussehen musste, ja mehr als das, es musste phantastisch aussehen – oder, wie ich es am liebsten formulierte, es musste „erotisch" aussehen! Ob uns das „rational" oder „verständlich" erschien, spielte dabei überhaupt keine Rolle. Ich hatte genügend jungen Leuten in südamerikanischen, afrikanischen und asiatischen Ländern die Standardfrage der Neuen Arbeit gestellt, um zu wissen, dass das Äußere, der Stil umso cooler, schicker, glamouröser sein musste, je ärmer die Menschen waren.

Sicherlich gab es auch einen Markt für westlich-hochpreisige Autos für betuchte Playboys. Aber dieser Markt sollte natürlich relativ klein bleiben. Der riesige und sich ständig ausdehnende Markt der Massen war jedoch ein ganz anderer. Uns war klar, dass es nicht darum gehen konnte, jedem einzelnen Menschen sein eigenes Privatauto zukommen zu lassen. Das Ergebnis sollte also ein Auto sein, das auf der Nachbarschafts- oder Dorfebene eingesetzt werden konnte, und neben all der schicken und intelligenten Aufmachung, an der wir bereits arbeiteten, musste es natürlich auch robust und leicht zu reparieren sein. Wir waren uns ziemlich sicher, dass der Antrieb elektrisch sein würde, wahrscheinlich eine Brennstoffzelle. Aber all das schien normal, beinahe selbstverständlich. Wenn ein einziges Auto die Anforderungen eines ganzen Dorfes oder der Bewohner von sechs oder acht Blocks eines Stadtteils befriedigen sollte, musste es auf eine neue und radikale Art *vielseitig* und *flexibel* sein. Es musste *wandelbar* sein, wenn möglich so wandelbar wie die Farben eines Chamäleons. Es musste möglich sein, dieses Auto mit einfachen Werkzeugen und nicht zu großen Anstrengungen von einem ferrariroten Cabriolet zu einer Familienkutsche umzubauen, an Werktagen – noch wichtiger – zu einem Kleinlaster und als Extra-Draufgabe während der Ernte auch noch zu etwas Traktor Ähnlichem (zu Letzterem stehen einige Artikel auf unserer Website).

Und noch eine entscheidende Bedingung musste erfüllt sein. Das zentrale Produktionskonzept musste das genaue Gegenteil von dem bisherigen westlichen Konzept sein: keine teuren, hochautomatischen Maschinen, die zu weniger Arbeitsstunden führen, sondern ein hervorragend konzipiertes Produkt, das mit hervorragend konzipierter, intelligenter Ausrüstung hergestellt wird – in einem Produktionsprozess, der größtmöglichen Gebrauch von der einen Ressource macht, über die alle Länder der Dritten Welt reichlich verfügen: *nach Arbeit hungernde Menschen.*

Die Herstellung in Shops wäre ein Schritt in die richtige Richtung. Es wäre sinnvoll, in kleinen Werkstätten zu produzieren, die nach Möglichkeit lokalen Kooperativen oder den Kommunen gehörten. Diese Werkstätten sollten mit Werkzeugen und Maschinen ausgestattet sein, die einerseits weniger kosten, andererseits aber viele Arbeitsstunden *verlangen.* Auf diese Weise bekämen die vielen Menschen, die heute noch an Straßenecken dahindämmern, die Chance, eine sinnvolle und produktive Arbeit zu tun.

Seltsamerweise sollte das Autoprojekt keine Rolle in der großen Veränderung spielen, welche die Anstrengungen vieler mit der Neuen Arbeit verbundenen Gruppen und auch einen Großteil meiner eigenen Energien umlenkte von den USA und Europa in Richtung auf die Länder der Dritten Welt. Dieser Wandel, der sicherlich eine neue Phase in der langfristigen Entwicklung der Neuen Arbeit einläutete, wurde von nichts anderem ausgelöst als von einer Reihe höflicher Einladungen.

Im Rückblick kann ich sagen, dass die sechs Jahre nach 1997 sich grundsätzlich von allen vorherigen unterschieden. Der krasseste Unterschied bestand darin, dass der überwiegende Teil unserer Arbeit an immer anderen Orten stattfand. Die besonderen Umstände, die jede dieser Einladungen auslöste, waren das Ergebnis einzigartiger Zufälle. Aber von den spezifischen Umständen einmal abgesehen, war die innere Struktur all dieser Besuche merkwürdig ähnlich, auch wenn sie mich in ganz entfernte und über den Globus verstreute Länder führten, unter anderem in die Ukraine, nach Indien, Haiti, Ghana, Mexiko, Marokko und Südafrika. Einige Aspekte dieser Besuche waren sogar völlig identisch. Wenn man lange genug darüber nachdenkt, dann ist dies vielleicht weniger überraschend, als man zuerst annimmt.

Warum? Weil, trotz der vielen beinahe gegensätzlichen Unterschiede zwischen diesen Ländern, sie sich doch alle ohne Ausnahme an dieselbe „Politik der einen Regel" gehalten haben, die zum Warenzeichen der Zeit nach dem Kalten Krieg geworden ist: nämlich der Regel, sich niemals den Forderungen des Big Business zu widersetzen. Wie wir bereits in einiger Ausführlichkeit gezeigt haben, wird diese Regel in den Vereinigten Staaten und in Europa eisern eingehalten, und so hat die Kopplung von Big Business und Lohnarbeit in der Dritten Welt natürlich dieselbe unwiderstehliche Macht. Ihre Macht ist dort sogar noch gnadenloser, denn diese Länder leiden an einer noch viel größeren Arbeitslosigkeit, und deshalb ist ihr Wunsch nach Entwicklung, nach wirtschaftlichem Wachstum und Arbeitsplätzen noch dringlicher als im Westen.

Die Politik der einen Regel der Unterwerfung unter das Big Business wird manchmal auch „Neo-Liberalismus“ oder „freier Handel“ genannt. Sie hat jedoch nichts mit Freiheit, weder des Handels noch irgendwelcher anderer Dinge, zu tun, noch etwas mit Liberalismus, sei er nun neu, mittel- oder uralt. Große Ideen und Begriffe gleich welcher Herkunft haben keinerlei Auswirkung auf diese Politik, sie werden nur verwendet, um die große Masse der inzwischen verzweifelten und wütenden Völker irrezuführen und zu verwirren. Und das führt zu der Anbiederung, ungeachtet einer revolutionären Tradition und der eigenen Hautfarbe!

Da sitzen wir also wieder in dem verriegelten Zug. Es gibt viele Menschen in diesen Ländern und auch viele Regierungsbeamte in ihren Regierungen, die klar und deutlich und mit Schrecken sehen, wohin die Fortsetzung dieser Politik sie führen wird. Dazu braucht man keine besondere Einsicht und Weisheit. Nahezu in der gesamten Dritten Welt waren die letzten zwei Jahrzehnte eine Reihe von Katastrophen. Sogar in der Ukraine spricht man heute von der „guten alten Zeit“, und damit meint man die Zeit unter Breschnjew. Und in Südafrika findet man viele arme Schwarze, die ohne zu zögern sagen, ihr Los sei in den Tagen der Apartheid ein besseres gewesen. Ganz langsam beginnen viele Völker unserer Welt aufzuwachen und klar zu sehen, wie viel *schlimmer* die Dinge geworden sind, seit die Alleinregierung des Big Business begonnen hat.

Diese Situation hatte eine entscheidende Auswirkung auf die Neue Arbeit. Aus allen Ländern, in denen ich in den vergangenen sechs

Jahren zu arbeiten begonnen habe, erhielt ich ähnlich lautende Einladungen. Sie sagten mehr oder weniger unumwunden: „Wir haben in Büchern, Zeitschriften und im Internet über Ihre Arbeit gelesen. Offenbar haben Sie während der vergangenen 20 Jahre eine Alternative entwickelt. Wir möchten darüber unbedingt weitere Informationen haben. Könnten Sie uns weiteres Material senden, uns besuchen, oder dürften wir Sie besuchen?“ Im Fall von Südafrika wurde ich ganz direkt angesprochen. Herr Langa Zita, ein hochrangiges Mitglied des Parlaments und Sonderberater des Ministers für soziale Entwicklung, kam den weiten Weg von Johannesburg nach Ann Arbor in Michigan. Er machte keine Umschweife: „Sie müssen nach Südafrika kommen! Südafrika ist das einzige Land in der Welt, das vielleicht bald einen anderen Weg einschlagen könnte. Es besitzt zwei Eigenschaften, die andere Länder der Dritten Welt nicht haben: Es ist reich und es besitzt eine revolutionäre Tradition. Also kommen Sie, besser heute als morgen!“ Seitdem bin ich in unregelmäßigen Abständen immer wieder nach Südafrika gereist.

Aus der Perspektive der Neuen Arbeit lässt sich der größte Schritt vorwärts in einem Wort zusammenfassen: Politik. Während wir in früheren Phasen versuchten, vielen verstreuten Gruppen die Idee und Praxis der High-Tech-Eigen-Produktion zu erklären, waren wir nun im Gespräch mit Vertretern von *Regierungen.* Die Frage, die sich auf dieser Ebene stellte, war immer wieder dieselbe: Gab es irgendeine Hoffnung, dass die Regierung ihre Politik ändern und von der Unterwerfung unter das Big Business Abstand nehmen würde, wenn auch nur in einem geringen Ausmaß?

Ein Teil dessen, was die Erfahrung der letzten sechs Jahre für mich so erstaunlich und wundervoll gemacht hat, war die Tatsache, dass es oft zu „Fünf-Minuten-Verhandlungen“ gekommen ist. Wo immer wir uns auch befanden – fünf Minuten genügten, um die Essenz unseres Anliegens zu vermitteln. Die Ouvertüre war stets die Frage: Wie viel Geld kostet es Sie, einen Arbeitsplatz zu schaffen? Können Sie grob abschätzen, wie viel Ihre Regierung für Subventionen ausgibt? Wie hoch wäre in etwa die Gesamtsumme, wenn Sie alle Subventionen zusammenzählten, die Sie der Wirtschaft gewähren? Zählen

Sie die Ausgaben in Bargeld, aber auch Steuervergünstigungen, die Ausgaben für die Schaffung eines günstigen Klimas für ausländische Geschäftsleute und internationale Investoren – all die verschiedenen „Schmeicheleien“, addieren Sie diese Beträge. Und dann fragen Sie sich: Wie hoch ist die Zahl der Arbeitsplätze, die diese Summen Ihnen eingebracht haben?

Lassen Sie mich ein einziges winziges Beispiel geben, auch wenn es ein Leichtes wäre, Ihnen Hunderte ähnlicher Beispiele aufzuführen. Einer der Minister der südafrikanischen Regierung hatte die Rede zur Feier der Wiedereröffnung eines kleinen Bergwerks zu halten. Er wusste, dass über 100 Millionen Dollar ausgegeben worden waren, und als er gerade nach dem Mikrofon greifen wollte, fragte er die Person, die neben ihm stand, flüsternd: Wie viele Arbeitsplätze gibt es eigentlich in diesem Bergwerk? Die Antwort war: *Achtzehn!* Natürlich ist dies nur eine Anekdote, aber sie ist doch insofern repräsentativ, als sie uns eine Vorstellung von den betreffenden Größenordnungen vermittelt.

Wenn das einmal auf den Tisch gelegt ist, komme ich zur zweiten Hälfte unseres Vorschlags: Ich biete ihnen an, dass die Neue Arbeit, wenn sie uns nur das, was sie jetzt für *einen einzigen* einigermaßen sicheren und gut bezahlten Arbeitsplatz ausgeben, etwa *1000 Menschen* (oder sogar bis zu 10 000 Menschen) die wichtigsten Technologien der High-Tech-Eigen-Produktion zugänglich machen wird. Dieses Verhältnis von 1:1000 ist der Kern und die Substanz unseres Angebots. Dann muss noch gesagt werden, dass das, was wir 1000 Menschen anbieten, mehr wert ist als Arbeitsplätze. Denn wir werden unser Bestes tun, diese Menschen in die Lage zu versetzen, ihre eigene Elektrizität zu erzeugen, und zwar mit Generatoren, die sie in einer kleinen Werkstatt selbst herstellen, welche sie als Kooperative besitzen. (Ein Teil des Rohmaterials wird wiederverwendetes Plastikmaterial aus Milch- und Mineralwasserflaschen sein.) Wir werden dasselbe in Bezug auf Nahrung (durch den Gebrauch von Permakultur) und Trinkwasser tun (wobei ein Filter verwendet wird, den die Leute wiederum selbst in einer kleinen Werkstatt herstellen können). Außerdem werden wir ihnen helfen, ihre eigenen Häuser zu bauen – wahrscheinlich mit Hilfe einer kleinen mobilen Fabrik, in der sie ihren *eigenen* Zement herstellen können. Außerdem werden wir sie anleiten, ihre eigenen Küchenherde und Küchenutensilien herzustellen (aus wiederverwendetem Aluminium) ... Auf diese Weise können wir weitermachen, bis wir beinahe die gesamte Liste der 38 Gegenstände aufgezählt haben, welche die Grundlage für ein fröhliches menschliches Leben darstellen.

Zu meiner Überraschung und der Überraschung sämtlicher Associates der Neuen Arbeit, die mich bisher auf meinen Reisen begleitet haben, war die Antwort bisher gleichförmig dieselbe: Warum sind Sie nicht schon vor fünf Jahren gekommen? Wann können Sie wiederkommen? Können Sie hierbleiben und schon morgen ein Projekt starten, wenn wir Ihnen ein Team zusammenstellen und Ihnen die notwendigen Mittel zur Verfügung stellen?

Die erste begeisterte Reaktion ist natürlich eine Sache, die tatsächliche Ausführung eine andere. Jeder, der Erfahrungen mit der Dritten Welt gemacht hat, weiß, dass dort alles sehr langsam geht, es gibt machtpolitische Interessen, Korruption, traditionelle Interessen, umkämpfte Gebiete und Gott weiß, was sonst noch. Doch trotz alledem sind wir im Grunde ruhig und zuversichtlich – einfach deshalb, weil der Druck bereits enorm ist und mit jedem Monat zunimmt. In einem großen Teil der Länder der Dritten Welt ist die Wut der Arbeitslosen und der im Elend Lebenden bereits ein wichtiger Faktor geworden. Die Ausbreitung des Terrorismus ist ein erster Indikator dafür. Außerdem *wollten* viele Mitglieder dieser Regierung keine Politik der Unterwerfung unter das Big Business. Sie gingen nur in diese Richtung, weil eine Alternative einfach in keiner Weise vorstellbar war.

Also ist bereits der Hauch einer Vorstellung eine große Erleichterung. Besonders in Afrika wissen viele Mitglieder der Regierungen, dass sie nicht nur ihren Sitz im Parlament verlieren, sondern einen wahrscheinlich sehr schmerzhaften und blutigen Tod erleiden werden, wenn die Bedingungen sich weiterhin so rapide verschlechtern wie in den letzten zehn Jahren. Es gibt in Afrika genügend Beispiele dafür. Viele Mitglieder der Neue-Arbeit-Gemeinschaft sind deshalb ziemlich sicher, dass die Nachrichten über eine mögliche Alternative sich schnell ausbreiten werden. Wenn das geschieht, dann ist der Rest nur noch eine Frage des genauen Wo und Wann. Wenn ein erstes Versuchsprogramm zur Änderung der politischen Richtung nicht im nächsten Monat und nicht hier gestartet wird, dann mit Sicherheit einige Monate später irgendwo anders.

Der ganze Ansatz dessen, was wir unter der Überschrift „High-Tech-Eigen-Produktion" zusammenfassen, hat deshalb heute einen ganz anderen Stand als noch vor fünf Jahren. Dazu beigetragen hat, dass die Friedrich-Ebert-Stiftung sich bereit erklärt hat, die Bildung eines „National Policy Forum" in Südafrika nicht nur finanziell, sondern auch in anderer Hinsicht zu unterstützen. Einige der prominentesten Wirtschaftsführer und Politiker, besonders solche, die auf dem Gebiet der wirtschaftlichen Entwicklung und der „Beseitigung der Armut" arbeiten, aber auch Intellektuelle, Künstler und Journalisten sollen hier zu einer fortlaufenden Reihe von Sitzungen eingeladen werden. Auf der Tagesordnung steht die Diskussion der Alternative der Neuen Arbeit im Detail, durch die herausgefunden werden soll, wie diese sich in ein politisches Programm umsetzen lässt.

Wenn dieses Forum erfolgreich ist, dann ist es wahrscheinlich, dass auch in anderen Ländern Afrikas und der gesamten Dritten Welt ähnliche Foren eingerichtet werden. Erste Anstrengungen dazu werden bereits in Marokko, Indien und auch Kasachstan unternommen. Einiges weist darauf hin, dass sich aus dem South African National Policy Forum einige allgemeine Leitlinien oder sogar ein „Modell" entwickeln könnten und wir die Chance erhalten werden, unsere Vorschläge ähnlichen repräsentativen Gruppen in einigen sich bis heute noch nicht entwickelnden Ländern zu präsentieren. Ich brauche nicht zu betonen, dass das für uns eine anspornende und beglückende Perspektive ist. Wenn es dazu käme, könnte die Entwicklung in Teilen der Dritten Welt bald in eine andere Richtung verlaufen. Bis heute würde der Kern dieser neuen Politik darin bestehen, dass die Regierungen weniger Geld auf die Verführung der großen Unternehmen verschwenden und es vielmehr für Technologien ausgeben, die es den Dorfbewohnern und Nachbarschaftsgruppen erlauben, das, was sie für ein menschliches Leben brauchen, selbst zu erzeugen.

Die Wende im Gebrauch von Computern

Nach einem sehr schwierigen und langsamen Anfang gewinnen das Konzept und die Praxis der High-Tech-Eigen-Produktion (HTEP) unter den im Elend Lebenden dieser Welt immer mehr Akzeptanz. Doch seltsamerweise hat sich die High-Tech-Eigen-Produktion in den letzten Jahren auch rapide zum anderen Ende der sozialen Polarität hin ausgebreitet und gewinnt Anhänger unter den Erfolgreichsten und Begabtesten. Dies ist allerdings eine völlig andere Art der HTEP. Das heißt: Zwei verschiedene Versionen der HTEP entwickeln sich heute sehr rasch, eine an der Spitze und eine ganz unten an der Basis der sozialen Hierarchie.

Hintergrund dafür ist vielleicht der größte Gezeitenwechsel in der Geschichte der globalen „Arbeiterschaft“. Einerseits wurden viele Millionen Arbeitsplätze, an denen geisttötende Arbeit zu verrichten war, durch die fortschreitenden und immer noch anhaltenden Wellen der Automatisierung beseitigt. Andererseits wurden viele Millionen Arbeitsplätze, die wesentlich höhere intellektuelle Anforderungen stellten als die wegrationalisierten, geschaffen. Das sind Jobs, die viele Menschen mit Schlagwörtern wie „Systemanalytiker“ oder „Softwareschreiber“ identifizieren. Sie sind nicht nur verantwortlich für die höhere Rate an Akademikern in vielen der kleineren Unternehmen, sondern sie haben auch das Gesicht unserer Flughäfen verändert. Auf jeder zweiten Wartebank sieht man heute Menschen sitzen, die von ihrer Umwelt nichts mehr mitbekommen, weil ihre Aufmerksamkeit von ihrem Laptop absorbiert ist. Der Nettoeffekt war eine große *Aufwärtsverschiebung*. Das Profil der Gesamtheit der heute arbeitenden Menschen hat sich drastisch verändert. Nach Schätzungen benötigt etwa ein Drittel aller Organisationen, in denen sie angestellt sind, eine völlig andere Kultur, eine Kultur, die jener der Universitäten und Forschungsinstitute näher ist als der der Stahlwerke und Fließbänder. Ihre Bedürfnisse sind nicht die der Arbeiterschaft von vor 20 Jahren, und was für die Neue Arbeit besonders wichtig ist: Was sie sich von ihrer Arbeit erhoffen und was sie wollen, ist meilenweit von dem Erleiden einer „milden Krankheit“

entfernt und steht dem sehr viel näher, was mit unserem Konzept der „Arbeit, die man wirklich, wirklich will" gemeint ist.

Eine Episode aus der jüngsten Geschichte des legendären Silicon Valley, über die sehr viel geschrieben worden ist, gibt uns einen lebhaften Eindruck davon. Sie zeigt auch, auf welch überraschende Weise die Neue Arbeit bereits unter jenen Menschen fortgeschritten ist, die an der Spitze unserer heutigen sozialen Hierarchie stehen. In den ganzen Vereinigten Staaten, aber besonders in Kalifornien und hier wiederum besonders in den magischen Zirkeln jener, die es geschafft hatten, Plätze auf der Achterbahn des E-Business-Reichtums zu ergattern, herrschte jahrelang eine geradezu jubilierende Hochstimmung. Man sonnte sich in der Extravaganz des Lebens und goss sich Geld über Kopf und Gesicht wie Wein aus einem Schuh. Man ging in die Zukunft wie in einen Obstgarten, in dem alles bereitsteht und nur noch gepflückt zu werden brauchte.

In den Vereinigten Staaten schlummert die Phantasie der „unbegrenzten Möglichkeiten", der Möglichkeit, alles und jedes zu erreichen, wenn man sich nur genug Mühe gibt, dicht unter der Oberfläche des Bewusstseins. Und diese Idee hatte es geschafft, für zehn Jahre zum strahlenden Leitstern zu werden. Doch das repräsentiert nur eine Seite. Die andere Seite ist, dass sehr viele Menschen diese Jahre als eine Art Karneval erlebten, als unwirklich, als eine Clownerie, für die Clinton mit seiner roten Nase und den Eskapaden, die aus seinem Leben einen schlechten Scherz machten, wie geschaffen schien. Für viele war es ein Karneval, der viel zu lange dauerte. Es hatte zu viele trunkene, durchgefeierte Nächte hintereinander gegeben. Darum – und das ist ein erster wichtiger Punkt – seufzte man auch vor Erleichterung, als der Spuk über Nacht ein Ende hatte. Gott sei Dank, es war vorbei! Man konnte die Party endlich verlassen und sich auf den Heimweg machen. So war die Stimmung denn auch alles andere als eine der Verzweiflung; es war eher wie eine Ernüchterung, so etwas wie Aschermittwoch.

Doch diese Erleichterung war wiederum nur ein Aspekt. Es gab noch einen anderen, und um den zu verstehen, muss man die Geschichte der Computer-Gemeinde ein wenig kennen. Ein Gutteil meiner ehemaligen Studenten aus Stanford und Berkeley hat in der Anfangsphase dieser Industrie eine gewisse Rolle gespielt, deshalb kenne ich die Geschichte sehr gut. *Einige* der vielen Fabeln sind tatsächlich wahr, etwa die, dass alles mit zwei jungen Leuten anfing, die in der Garage ihrer Eltern herumbastelten. Viele Bücher wurden über diese frühe Phase geschrieben, und sie war in der Tat ziemlich einzigartig und hatte durchaus ihren Charme. Die Kultur, die Geistesverfassung, die ganze Aufmachung waren viel mehr Ausdrucksformen einer unglaublich produktiven Gruppe von *Künstlern* als die des Business, der Organisation und des Gesetzes. Die Begriffe „Geek" und „Hacker" waren anfangs sehr begehrte Titel von hohem Ansehen. Sie bedeuteten, dass man in den wundervollen Clan aufgenommen war.

Ähnlich wie bei Künstlern war den Mitgliedern dieses Clans eines wichtiger als alles andere: die Anerkennung ihrer Kollegen. Man musste „gut" sein – im typischen Falle „gut" darin, Software zu schreiben. In dieser Hinsicht waren sie genauso, wie Schriftsteller und Musiker und natürlich auch Akademiker es immer gewesen sind: Geld war nicht das Wichtigste. Wenn man es hatte, war das prima, es war ein Spaß, aber alles, was man im Grunde brauchte, war, wenn möglich, ein bisschen Liebe und guten Wein. Für viele dieser Menschen war ihre Arbeit weitaus wichtiger als alles andere, und zu Beginn gelang es ihnen, ihr Leben reibungslos um dieses alles dominierende Anliegen herum zu organisieren. Was den Arbeitsrhythmus anging, hielten sie es ebenfalls wie Künstler: Sie arbeiteten nämlich nur dann, wenn die holde Muse sie küsste, nichts wurde erzwungen.

All das hat sich natürlich geändert. Was geschah, glich einer Invasion, einer Besetzung durch eine feindliche Armee. In diesem Fall war es die Armee der Kultur des Big Business. Viele hatten das Gefühl, dass ihnen ihre Ideen gestohlen wurden und, was beinahe noch schlimmer war, dass ihre Ideen nun für Dinge missbraucht wurden, die vollkommen im Gegensatz zu ihren ursprünglichen Hoffnungen und Absichten standen. Sie zogen sich von einem Graben in den nächsten zurück, gaben immer mehr von ihrem einstigen Lebensstil auf. Das Symbol und auch der Sündenbock und der Prügelknabe für vieles von dem, was da schief lief, wurde Microsoft. Folgendes Bild fasst zusammen, was sie am meisten hassten: unter einem wahnsinnigen Druck müssen sie einen bestimmten Bestandteil eines Programms fertig stellen, schlafen dafür auf einer Decke unter ihrem Schreibtisch im Büro und suchen nach einer der seltenen Lücken in ihrem Terminkalender, wenn sie mit ihrer Partnerin ins Bett gehen wollen.

Es ist nur verständlich, dass sie dem nicht nachtrauerten, als alles in sich zusammenfiel wie ein Kartenhaus. Ja, viele von ihnen saßen nun nicht mehr in ihren Manager-Sesseln und viele mussten ihre schicken Appartements aufgeben, aber sie atmeten dennoch auf. Sie waren aus einem Alptraum erwacht. Nachdem sie Bilanz gezogen hatten, sahen viele die Chance zu einem Neubeginn, diesmal aber ohne das zu verlieren, was ihnen wichtig war. Keineswegs alle, aber ein Gutteil von ihnen beschloss, sich auf ein neues Gebiet vorzuwagen, über das es schon seit langem Spekulationen gegeben hatte. Ihre Stimmung war alles andere als deprimiert, eher abenteuerlustig, energiegeladen und munter. Es war von neuen Unternehmen, neuen Produkten und einem ganz neuen Ansatz die Rede.

Wie völlig neu dieser Ansatz in der Tat war, kann man nicht begreifen, wenn man in dieser Gemeinschaft nicht zu Hause war. Aber es gibt Möglichkeiten, dies zumindest anzudeuten. Die Implikationen der Wende, die sie vollzogen, waren so radikal und die Konsequenzen dieser Wende so weitreichend, dass man sich gut vorstellen kann, dass eine Gruppe dieser jungen Leute in fünf Jahren amüsiert auf unsere heutigen Laptops zurückblickt und im Licht der neuen Entwicklungen zu dem Schluss kommt, dass unser heutiger Gebrauch des Begriffs „High-Tech“ anmaßend und verfrüht war. Angesichts dessen, was sich bis zum Jahr 2009 entwickelt haben dürfte, sehen unsere heutigen elektronischen Spielzeuge für sie wahrscheinlich wie längst überholte Experimente aus, wie Versuche vorbereitender Natur – Versuche, die zum tatsächlichen Beginn des Computerzeitalters hinführen, welches erst mit dieser neuen Wende wirklich begonnen hat.

Diese anzunehmende Reaktion der jungen Leute im Jahr 2009 würde ihre Ursache in einem einzigen, ziemlich erstaunlichen Faktum haben. Es ist ein Umstand, der viele Angehörige der Computer-Gemeinde bereits in den späten neunziger Jahren irritierte und ärgerlich machte:

nämlich dass das Potential von Computern beschnitten und auf das Feld „Information" eingeschränkt wurde. Der Computer wurde absurderweise mit Information identifiziert, unter Ausschluss alles anderen.

Wenn man auf die vergangenen 20 Jahre zurückblickt, dann ist offenkundig, dass der Gebrauch von Computern von Anfang an tatsächlich eine radikal andere Orientierung hatte. Etwa 1980 wurden Computer zum ersten Mal massiv in den Bereich der Produktion eingeführt. Das waren die Jahre, in denen ich mithalf, in Flint das erste Zentrum für Neue Arbeit aufzubauen. Nichts wäre damals für jeden Sechsjährigen greifbarer und offensichtlicher gewesen als die Tatsache, dass Computer auf beiden Seiten des oft verherrlichten „Fließbandes" auftauchten. Die Computer „machten Dinge", sie „erzeugten Produkte". Sie druckten keine Dokumente und organisierten keine Ordner auf 20 verschiedene Arten. Sie stellten Teile und Produkte her, die dreidimensional waren, die man in die Hand nehmen und bewegen konnte. Computer schnitten Metall auf atemberaubend komplexe und beeindruckend genaue Weise; sie schliffen, polierten, löteten, bohrten – was immer der Konstruktionsplan erforderte.

Was die monomanische Identifizierung von Computern mit Information noch viel erstaunlicher macht, ist der Zeitrahmen, mit dem man es hier zu tun hat. Schon lange bevor sie ihre Wanderung in die Büros antraten, hielten Computer in den Fabriken Einzug. Die Zeitspanne betrug etwa zehn Jahre, in Computerzeit gemessen ist das enorm. Im Jahr 1982 (als ich in Flint zu arbeiten begann) konnte man bereits auf beiden Seiten des Fließbandes Computer finden, nicht nur in der Automobilindustrie, auch in Fabriken, die Fernsehgeräte, Radios oder Taschenrechner herstellten, aber auch in Fabriken, die Tassen, Kaugummi, Handtaschen, Gürtel oder Weihnachtspapier produzierten. Im Vergleich dazu fand man bis zum Jahr 1992 nichts, was mit der heutigen Vollausstattung mit Computern von Versicherungsbüros, Krankenhäusern oder Banken vergleichbar wäre, hier steht inzwischen auf jedem Schreibtisch ein Rechner. Man kann also sagen, dass die Computer im großen Reich der „Herstellung von Dingen" in Relation zum Bereich der Information *einen Vorsprung von zehn Jahren* hatten. In diesen Jahren gab es ein andauerndes frenetisches

Wettrennen sowohl im Bereich des Designs von Chips und Platinen sowie anderen Computerbauteilen als auch, und hier nicht weniger, bei der Entwicklung von Software, die es Computern ermöglicht, die Herstellung von Produkten zu leiten und zu kontrollieren.

Sobald wir uns einmal von der fixen Idee frei machen, Computer und Information als ein und dasselbe zu betrachten, werden wir sehen, dass sie dazu benutzt werden können, Produkte auf unerwartete und neuartige Weise herzustellen, eine Weise, die nicht mehr mit Fabriken oder globalen Konzernen verbunden ist. Nun, wir können mit Sicherheit sagen, dass wir uns zum gegenwärtigen Zeitpunkt auf der Schwelle befinden: hinaus aus der zeitweiligen Informations-Sackgasse und (wieder) hinein in die „Herstellung von Produkten" mittels Computer. Und noch weiter: Wir beginnen, Computer für die Produktion zu benutzen, und zwar nicht nur in Fabriken, das tun wir schon seit etwa 20 Jahren. Neu ist, dass wir dabei sind, die computergesteuerte Produktion aus den *Fabriken* herauszunehmen. Immer mehr von der Herstellung wird in „shops", die den jetzigen Copyshops gleichen, oder sogar zu Hause stattfinden.

Ein ganzes Spektrum kleiner, aber keineswegs bedeutungsloser Entwicklungen hat sich am Rande so rasch vollzogen, dass wir sie akzeptiert und uns an sie gewöhnt haben, ohne ihre Bedeutung in einem größeren Zusammenhang zu verstehen. Dazu gehört unter anderem die Möglichkeit, selbst (digitale) Fotos zu machen und zu bearbeiten, so dass wir dann beispielsweise Fotos unserer Kinder als Weihnachtskarten per E-Mail versenden können. Innerhalb der Matrix, die ich hier darzustellen versuche, ist dies nur ein kleiner Schritt über die bloße Reproduktion eines maschinegeschriebenen Textes auf einem Blatt Papier hinaus. Auf ähnliche Weise ist es auch möglich geworden, eine breite Sammlung unterschiedlichster Kunstwerke zu reproduzieren, dann zu vergrößern und vielleicht zu rahmen. Nicht sehr verschieden davon ist die Möglichkeit, Bilder und Muster auf Stoffe zu übertragen. Diese „Funktion" wird heute schon von vielen Teenagern genutzt, die auf diese Art ihre eigenen, einzigartigen T-Shirts herstellen können. Eine andere Möglichkeit, die so schnell assimiliert wurde, dass kaum auffiel, was für eine bedeutende Innovation sie darstellte, war das Selbstbrennen von CDs. Für kurze Zeit tat man das in externen CD-Brennern; man schob eine unbeschriebene CD hinein und konnte jede Art von Musik, von Bach bis HipHop, darauf brennen. Natürlich änderte sich das relativ schnell, heute sind die Brenner in den Computer integriert. Dennoch hätte man annehmen können, dass die Einführung eines Zusatzgerätes zum Computer, das in der Tat anstelle eines Blatt Papiers eine runde glänzende Scheibe „beschrieb", sehr viel mehr Aufsehen hätte erregen sollen – schließlich ging es hier um die Produktion mit Hilfe von Computern im *Wohnzimmer*, aber dieser Aspekt fiel kaum jemandem auf.

Nichtsdestoweniger hat all dies bei einigen Mitgliedern der fortschrittlichen Computer-Gemeinde – die in den Vereinigten Staaten nicht nur im Silicon Valley angesiedelt ist, sondern auch in Boston (MIT), in Nord- und Südkarolina und in der Umgebung fast jeder wichtigen Universität –, einen Eindruck hinterlassen. Eine Hand voll Forscher hat begonnen, an weiteren Zusatzgeräten zu arbeiten, und sehr bald an ganzen Gruppen und Familien von Zusatzgeräten. Das war natürlich zu erwarten. Der Druck, der sich aufgebaut hatte, war unwiderstehlich. Schon seit zehn Jahren gab es in den meisten Haushalten Computer, die selbstverständlich in der Lage waren, Hunderte von verschiedenen Maschinen zu steuern. Das taten sie in Fabriken ja schon die ganze Zeit. Und doch wurden sie während dieser ganzen Zeitspanne von einer ganzen Generation auf absurdeste Weise nur mit *einem* Zusatzgerät in Verbindung gebracht: Drucker waren die einzigen Peripheriegeräte, die in den Haushalten in monotoner und phantasieloser Manier an Computer angeschlossen wurden. Überall sonst steuerten Computer ganze Regale, Reihen und Lagerhallen voller unterschiedlicher Maschinen – aber im Haushalt gab es nur ein Gerät, und dazu ein so primitives und langweiliges wie einen Drucker! Kann man noch mehr Scheuklappen aufhaben?

Ein praktisches kleines Zusatzgerät, das einer meiner Bekannten zurzeit entwickelt und das kurz vor der Serienreife steht, ist ein Linsenpresser. Hintergrund dieser Entwicklung ist zum einen, dass eine Firma mit dem Namen Lens-makers bereits seit einigen Jahren Brillen anbietet, die man direkt in ihren Läden bestellen kann, und zum anderen, dass immer mehr Menschen begonnen haben „Tages-Kontaktlinsen" zu tragen, weil sie es nicht vertrugen, monatelang dieselben einzulegen. Überdies benutzen Copyshops schon seit langem Geräte, die Fotos in Plastik einschweißen – eine Technologie, die hier in abgewandelter Form anwendbar ist. Dazu kommt, dass Kontaktlinsen sehr präzise gearbeitet sein müssen, was mit Computern leicht machbar ist. Es gibt keine Blasen, Mängel oder Unvollkommenheiten. Einer der angenehmsten Eigenschaften ist, dass der „Linsenpresser" kaum der Justierung bedarf. Ist er einmal auf die eigene Sehschärfe eingestellt, kann er so bleiben, bis unser Sehvermögen sich verändert.

Der Kostenunterschied wird natürlich märchenhaft sein. Ganz abgesehen von den Kosten für das Gerät, die wahrscheinlich weniger als 50 Euro betragen werden, wird man in der Lage sein, sich selbst ein paar neue Kontaktlinsen für den Bruchteil eines Cent zu pressen. Natürlich hoffen wir (die Associates der Neuen Arbeit), dass einigen Leuten auffallen wird, wie unerhört hoch die Preise im Bereich der kommerziellen Massenproduktion sind, und sie sich daraufhin veranlasst sehen, sich der Idee und Praxis der High-Tech-Eigen-Produktion zu öffnen, und sei es nur ein kleines bisschen. Die Gruppe, die an der Entwicklung des Linsenpressers arbeitet, erwartet auch, dass unter denen, die bald bemerken werden, dass der Computer sich hervorragend zur Herstellung absolut präziser Linsen eignet, einige dann noch weitergehen möchten und vielleicht das Bedürfnis verspüren, mit der Herstellung anderer Linsen zu experimentieren, Linsen verschiedener Größe für verschiedene Zwecke mit jedem denkbaren Schliff. Und sie gehen von der großen Wahrscheinlichkeit aus, dass die Menschen bald nicht nur ihre eigenen Linsen herstellen werden, sondern auch ihre eigenen Designer-Brillengestelle. Das wird natürlich Folgen haben für die Flughafen-Läden, die *nur* extravagante Brillengestelle zu extravaganten Preisen verkaufen. Ihre Hoffnung geht sogar noch darüber hinaus, nämlich bis zu der Idee, dass einige bald ihre eigenen Ferngläser und Kameras bauen werden – und der Preisunterschied wird wiederum grotesk sein. Eines ist klar: Sobald man einmal den Durchbruch in diese Richtung geschafft hat, gibt es keine offenkundigen Grenzen.

Die Herstellung im eigenen Heim ist im Grunde nur eine Frage der Miniaturisierung, die praktisch ja bereits eine unserer Hauptstärken geworden ist. Um den Prozess aus den Fabriken herausholen und ihn ins eigene Heim verlegen zu können beziehungsweise in eine Nachbarschaftswerkstatt, die vorzugsweise im Besitz einer Kooperative ist, muss man nur die verschiedenen Arten von Maschinen, die von einem Computer gesteuert werden können, kleiner machen. Wenn das geschehen ist, kann man sich seinen eigenen Schmuck herstellen, seine eigenen Anzüge, aber auch seine eigenen Lampenschirme und allen möglichen Schnickschnack. Tafelsilber, Schalen, Küchenutensilien, sogar seine eigenen Transistoren sowie die ganze Bandbreite elektronischer Spielzeuge, die darauf basieren.

Fügen wir dem Bild noch ein weiteres Element hinzu. Stellen Sie sich vor, dass diese Zusatzgeräte sich nicht in unserem Heim befinden, nicht im Wohnzimmer neben dem Platz, wo heute unser Computer steht, sondern dass sie alle gebündelt sind in einem Nachbarschaftszentrum. Denn es wäre in der Tat viel zu teuer und absurd verschwenderisch, wenn jeder seine eigenen Zusatzgeräte besäße. Die beste Analogie ist die eines Copyshops: Einige Maschinen stehen in einem offen zugänglichen Bereich, und die Leute kommen einfach herein und benutzen sie gegen eine geringe Gebühr. Andere Maschinen stehen hinter einer Ladentheke, und nur Menschen, die damit umzugehen wissen, können sie bedienen; gewöhnlich ist ein Berater zur Stelle, der uns behilflich sein kann. Die Gebühr für die Benutzung dieser Maschinen ist dann ein wenig höher.

Es wäre nur natürlich, die Computer-Zusatzgeräte, die in den kommenden zehn Jahren entwickelt werden, zu der Ausrüstung und dem Schulungsprogramm hinzuzufügen, welche die Zentren für Neue Arbeit bereits heute anbieten. Das passt schon alles nahtlos zusammen, und das Wachstum könnte nicht organischer sein. Von der technologischen Seite gesehen, verfügen wir bereits über die Computer. Die neuen Zusatzgeräte brauchen nur noch angeschlossen zu werden. Aber, was noch wichtiger ist, die Menschen, die mit diesen Zentren in Verbindung stehen, sind intellektuell, emotional und auch kulturell vorbereitet. Dass man das Lohnarbeitssystem behutsam und schrittweise überwinden muss, ist für sie bereits ein selbstverständliches Mantra. Ja, die *Idee* der High-Tech-Eigen-Produktion ist für sie etwas Altvertrautes. Viele von ihnen trommeln bereits auf die Tischplatte und warten ungeduldig darauf, dass sie endlich die Ärmel hochkrempeln und sich in die Sache hineinstürzen können. Für sie wäre das Eintreffen dieser Maschinen deshalb sehr willkommen, ja es wäre eine jubelnd begrüßte Befreiung.

In vielen mit der Neuen Arbeit verbundenen Gruppen werden diese Entwicklungen schon seit einiger Zeit diskutiert. Auch wenn man sich dort ziemlich sicher ist, dass sie bald bereitstehen werden, stellt man sich doch die Frage, wie groß der Unterschied denn dann wirklich sein wird. Schließlich sind wir heute schon in mancher Hinsicht Eigenproduzenten – vom Selbstausdrucken unserer Zugfahrkarten über die Selbstbedienung in bestimmten Restaurants oder an der Tankstelle bis zum Ziehen von Bargeld am Bankautomaten. Aber unsere Einstellung ist dadurch, wenn sie sich überhaupt verändert hat, nur noch passiver und abhängiger geworden. Bei einem Produkt allerdings, so glaubt die Neue-Arbeit-Gemeinschaft mit dem ihr eigenen Schuss von Humor, wird der Unterschied enorm sein. Dieses Produkt ist ausgerechnet die allgegenwärtige *Jeans.*

Einige Associates sind der Ansicht, dass es etwas anderes sein wird, ob wir unsere eigene Kleidung herstellen, unsere eigenen Brillen oder Lampenschirme. Denn Kleidung ist etwas viel Intimeres und im Falle von Jeans ist sie beinahe wie eine zweite Haut. Der Vorläufer dieser Entwicklung betraf, bezeichnenderweise, unseren Haarschnitt. Schon seit langem kann man in einen Frisiersalon gehen und sich aus einem Katalog den Haarschnitt aussuchen, den man haben möchte. Aber man mag sich scheuen, ihn am eigenen Leibe auszuprobieren, am eigenen Kopf, denn es kann ja sein, dass er uns überhaupt nicht steht. Darum kann man in den heutigen High-Tech-Frisiersalons ein Bild seines Kopfs mit einem elektronischen Gerät in einen Computer einscannen, und mit wenigen Knopfdrücken kann man dann auf einem Bildschirm sehen, wie man mit irgendeinem der 500 Haarschnitte aussieht, die im Katalog enthalten sind. Eine tolle Erfindung! Sie erspart uns ohne Zweifel bittere Tränen. Über eine Reihe von

Zwischenschritten wird genau dasselbe schließlich auch für Kleidung zur Verfügung stehen.

Im ersten Stadium kann man das wie bisher vielleicht nur in den elegantesten Warenhäusern machen lassen. Dort scannt man ein Bild unseres ganzen Körpers in den Computer ein. Dann kann man durch die einzelnen Abteilungen schlendern und seine Auswahl treffen. Während wir dann ein Drei-Gänge-Menü verspeisen, werden die Artikel „maßgeschneidert". Und gerade als wir uns satt zurücklehnen und uns die Lippen mit der Serviette abwischen, überreicht uns jemand die in Auftrag gegebenen Kleidungsstücke. In einem frühen Stadium (im Sommer 2001) kündigte die legendäre Bekleidungsfirma Levi Strauss & Co. die „Massen-Maßschneiderung" ihrer berühmten Jeans an. Man konnte ein Bild seines Unterleibs in einen Computer einscannen lassen und bis zum letzten Detail auswählen, wie die Traumjeans aussehen sollte. Die Firma lieferte die genau nach unseren Vorgaben gefertigte Jeans zehn Tage später zu uns nach Hause.

Das hat einen tiefen Eindruck hinterlassen und wurde zu einer der vielen „Zauberlehrlings-Geschichten", die sich mit der langen Geschichte der Entwicklung der Jeans verbinden. Mir scheint, dass Levi Strauss die symbolische, geradezu mythische Macht ihres eigenen erstaunlichen Produkts gewaltig unterschätzt hat. Denken Sie nur an den geradezu unglaublichen *Erfolg* der Blue Jeans! Was ist McDonald's schon im Vergleich dazu? Schön, McDonald's ist ebenfalls über die ganze Welt verbreitet, aber es bietet nur billige Massenware mit wenig Geschmack, wenig Nährwert, wenig Stil. Ganz anders die Jeans. Auch sie sind über die ganze Welt verbreitet, aber viel eindrucksvoller und bedeutsamer ist die *Gleichheit*, die sie von jedem Hintern aus verkünden. Vom Milliardär bis zum Landstreicher – jeder trägt Jeans! Hat die Französische Revolution auch nur etwas einigermaßen Vergleichbares erreicht? Bedenken Sie, welche Rolle Hosen in der Geschichte gespielt haben. Und dann brechen Sie in Jubel aus: Einer Art von Hose ist es gelungen, sämtliche Klassenschranken zu durchbrechen!

Und dies ist genau der Punkt, an dem Levi Strauss einen Fehler gemacht hat. Sie hatten keinen blassen Schimmer, was ihnen da beinahe blindlings gelungen war. Sie ignorierten und missbrauchten das

Wunder, das ihnen in den Schoß gefallen war, und beuteten es aus. Wie so viele große Entdecker leugneten sie das, was sie gefunden hatten. Sie wehrten sich dagegen. Wären sie katholisch gewesen, dann hätten sie es mit einem Exorzismus ausgetrieben und exkommuniziert. Denn angesichts eines großartigen Symbols, das endlich, lauthals die Gleichheit der Menschheit verkündete, und das auf eine so körperlich spürbare Weise, führten sie *unterschiedliche Preisklassen* ein! Unterschiedliche Schnitte, unterschiedliche Knöpfe, Nähte, Insteps und so weiter. Das war, aus der Sicht der Neuen Arbeit, geradezu ein Sakrileg. Erst brachte man die Menschheit mit einem Paar Hosen näher an die Erfüllung eines ihrer ältesten Träume, und dann missachtete und zerstörte man die gerade erst erahnte Möglichkeit. Aus der Sicht einiger Gruppen der Neuen Arbeit schrie das geradezu nach Rache, nach Vergeltung. Diese Gruppen beschlossen deshalb, an ebendiesen Jeans ein Exempel zu statuieren. Wie in einer Verschwörung taten sie sich zusammen und konzentrierten ihre Anstrengungen darauf, Jeans zu einem jener Produkte zu machen, die man bald *selbst herstellen* kann.

Die Technologie war so weit und stand bereit, und sie passte perfekt zu diesem Projekt. Denn mit einem einzigen Einscannen kann man buchstäblich etwa eine Million Daten speichern und dadurch so genau Maß nehmen, dass die auf diese Weise hergestellten Jeans ganz und gar unvergleichlich gut sitzen. Gleichzeitig wäre es möglich, den Preis sogar dieser unglaublich maßgeschneiderten Jeans in einem solchen Ausmaß zu senken, dass die Jeans wieder zu dem Symbol der Gleichheit werden könnten, das sie einmal waren. Diese Preissenkung ließe sich erzielen, wenn man ihre Herstellung zu der Produktpalette hinzuzählte, die anzubieten sich die Zentren für Neue Arbeit zum Ziel gesetzt haben. Wenn man in ein solches Zentrum gehen und sich mit Hilfe von hoch entwickelten computergesteuerten Nähmaschinen (und der Hilfe einer Fachkraft, die uns im Gebrauch der Maschinen hilft) innerhalb von zwölf Minuten genau die Jeans herstellen könnte, die man wirklich, wirklich haben möchte, dann würde der Preis wieder das Niveau erreichen, das er hatte, bevor sich Designer und Modeberater in das Geschäft hineindrängten.

Dieser Plan ist bis heute noch nicht realisiert. Aber jeder versteht, so denke ich, dass dies ein weiterer Versuch ist, einem gigantischen Weltklasseunternehmen eins auszuwischen – ganz im Sinne von Napster, Linux und der Open-Source-Bewegung. Niemand glaubt ernsthaft daran, dass die Möglichkeit, seine eigenen Jeans herzustellen, die Massen zur Mentalität und Praxis der High-Tech-Eigen-Produktion bekehren wird. Wir sehen das eher als eine Analogie, als eine politisch wirksame pädagogische Kampagne. Es geht nicht darum, sich einen Sieg auf die Fahnen zu schreiben. Die Hoffnung ist einfach die, dass man einige Menschen ein paar Schritte von der Lohnarbeits-Mentalität abbringen kann, in der sie so lange festgefahren waren.

Der Zugang zu den Technologien, die die High-Tech-Eigen-Produktion möglich machen, wird sehr preisgünstig sein. Ganz allgemein sollte jeder die Chance haben, in eine Werkstatt oder ein Zentrum zu gehen, wo er sich seine Sachen selbst herstellen kann. Denken Sie daran, dass wir in diesen Zentren nicht nur Gegenstände produzieren werden. Dort werden auch Nahrungsmittel angebaut, und wie wir zuvor schon ausgeführt haben, werden dort bis zu 80 Prozent der Dinge zu haben sein, die man für ein fröhliches und modernes Leben braucht. Deshalb wird praktisch jeder *zumindest* die Güter und Produkte haben, die er mit der High-Tech-Eigen-Produktion selbst herstellen kann.

Der „Personal Fabricator"

Wenn wir drei Schritte zurücktreten, können wir ein großes Muster erkennen. Ein Element war, dass die Fabriken zu kleinen Produktionsshops werden. Das zweite Element kommt aus der anderen Richtung ins Spiel: Die persönlichen Computer, das ganz Kleine, werden mit Zusatzgeräten versehen, und das Ergebnis wird eine persönliche Mikro- oder Mini-Fabrik sein. In Zentren oder Copyshops könnten computergesteuerte Miniversionen einiger der Maschinen aufgestellt werden, die zurzeit noch in Fabriken Verwendung finden, und eine Vielfalt von Produkten von Linsen über Uhren und Kleidung bis hin zu Schmuck könnte in diesen Mini-Fabriken hergestellt werden.

Und – es kommt noch ein drittes sehr viel radikaleres und noch weiter in die Zukunft weisendes Phänomen hinzu, das in der Tat unsere traditionellen ökonomischen Ideen auf den Kopf stellen wird. Ich stelle diese Technologie immer sehr behutsam vor, wenn ich Neue-Arbeit-Associates oder eine andere Gruppe in einem Betrieb oder auch anderswo unterrichte. Und oft schicke ich eine Warnung voraus: Die beiden bisher diskutierten Elemente sind eine Kleinigkeit im Vergleich zu dem, was Ihnen nun begegnen wird. Der nächste Schritt hat einen anderen Status; wir haben seit vielen Jahren daran gearbeitet, und er hatte von Anfang an etwas Hypnotisierendes an sich. Er ist einfach und kinderleicht zu verstehen, aber er ist zugleich so dramatisch *anders* und *neu*, dass einige Menschen davon sprachen, als sei es eine Art Magie oder etwas ganz und gar Surreales.

Es ist eine Technologie, welche die „Wende" im Gebrauch von Computern (also der Verwendung von Computern zur „Produktion von dreidimensionalen Dingen") sehr viel stärker verkörpert als alle Zusatzgeräte zu den Computern. Deshalb erinnere ich die Gruppe, mit der ich gerade arbeite, an die jungen Leute, die es in fünf Jahren wahrscheinlich etwas komisch finden werden, dass wir unsere heutigen Laptops oder Mobiltelefone als „High-Tech" bezeichnet haben. Sie werden dies für voreilig halten, denn für sie beginnt die *wahre* High-Tech erst mit dem nächsten Schritt bei der *Herstellung von Dingen.* Die Entwicklung von Technologien, die auf Information beschränkt sind, wird in ihren Augen wahrscheinlich nur eine vorbereitende Fingerübung gewesen sein.

Was hier zur Debatte steht, ist nicht ein einzelnes Gerät oder eine Maschine, sondern eine echte „Technologie", ein ganzes Feld. Einige Jahre lang hat man nur Berichte über Experimente und vereinzelte Anstrengungen gehört, aber in der letzten Zeit ist das Ganze zu einer öffentlich wahrgenommenen und anerkannten Richtung der Forschung und Entwicklung geworden; es gibt inzwischen eine umfangreiche Literatur darüber und hervorragende Professoren (unter anderen

Andreas Gebhardt von der Fachhochschule in Aachen – Informationen über seine Forschungsarbeit und seine Zusammenarbeit mit der Neuen Arbeit finden Sie auf unserer Website – und Neil Gershenfeld vom MIT). Trotzdem steht diese Forschungsrichtung noch nicht so sehr im Rampenlicht der öffentlichen Aufmerksamkeit wie die Arbeit am menschlichen Genom, die Wasserstoff-Brennstoffzelle, der Stirlingmotor, die Dünnschichtsolarzelle oder die Nanotechnologie. Alle diese Felder sind in den Medien viel beschrieben worden, und im Vergleich dazu ist der Personal Fabricator (PF), das heißt die „Generativen Produktionsverfahren", manchmal auch „Direct Manufacturing" genannt, noch relativ unbekannt. Viele Menschen, die auf diesem Gebiet arbeiten, haben ein Gespür für das außerordentliche Potential des PF für die Zukunft, aber aus vielen komplexen, jedoch auch leicht verständlichen Gründen reden sie nicht viel über diese Dimension. Ich will versuchen, in nichttechnischer Sprache zu beschreiben, was der Personal Fabricator ist und wie er funktioniert.

Stellen Sie sich vor, wir beginnen mit einem Kasten, etwa von der Größe eines durchschnittlichen, in einem Wohnzimmer aufgestellten Aquariums, der aus sehr dickem und supergehärtetem Glas gemacht ist. Das Glas muss diese Bedingungen erfüllen, denn in dem Kasten herrscht ein äußerst dünnes Vakuum. Neben dem Kasten steht eine Reihe von Computern – übrigens keine besonders leistungsstarken Computer, sondern solche von normaler, durchschnittlicher Leistungsfähigkeit. Kernidee dieser Technologie ist ein unglaublich feines Pulver oder eine Vielzahl verschiedener Pulver aus verschiedenen Materialien. Diese Pulver sind nicht nur nach herkömmlichen Maßstäben „fein", sondern fein auf einer Ebene, die an die Dimensionen erinnert, mit denen wir es in der Nanotechnologie zu tun haben. Das heißt, dass 20 oder 50 Körner dieser Pulver aufeinander getürmt noch nicht einmal die Höhe oder den Durchmesser eines einzigen menschlichen Haares ausmachen würden.

Die Quintessenz des Funktionsprinzips dieser Technologie könnte kaum einfacher sein: Es gibt Gerätschaften, man könnte sie sich als miniaturisierte Trichter oder Röhren vorstellen, mit denen sich diese ungewöhnlichen Pulver in außerordentlich exakten Schichten ablegen lassen, Schichten, die ebenfalls extrem dünn sind. Das ist die Aufgabe der Computer, die neben dem Glaskasten stehen: Sie steuern die Miniaturtrichter und sorgen dafür, dass genau dieses Pulver in haargenau diese Stellen gestreut wird. Diese Schichten, die nach äußerst exakten Vorgaben strukturiert sind, werden eine über der anderen aufgebracht, wenn nötig Hunderte oder auch Tausende, und jede wird nach dem Auftragen mit den darunter liegenden Schichten verschweißt. Es gibt viele verschiedene Methoden dafür, aber für unseren Zweck genügt es, wenn Sie sich vorstellen, dass sie mit Hilfe eines Laserstrahls fixiert und miteinander verklebt werden. Das einerseits Selbstverständliche, aber eben gleichzeitig Unerhörte an diesem Verfahren ist, dass man auf diese Weise, also Schicht für Schicht, *jeden*, auch den kompliziertesten, total verwinkelten und verdrehten Teil *in einem einzigen Prozess* modellieren oder herstellen kann. Keine zwei Schichten müssen einander gleichen. Es ist so ähnlich wie in der Geologie, zum Beispiel in Tropfsteinhöhlen, wo die phantastischsten Formen entstehen können, indem systematisch eine Schicht über die andere gelegt wird.

Zu den Paradestücken des Generativen Produktionsverfahrens gehören Modelle des menschlichen Schädels. Diese sind unglaublich viel komplexer als irgendein Teil jedes vorstellbaren mechanischen Geräts. Sie sind in höchstem Maße unregelmäßig, und die Kanäle und Öffnungen, die durch einen solchen Schädel verlaufen, sind äußerst verwunden. Dennoch ist es möglich, in einem einzigen Arbeitsgang, in kurzer Zeit, eine exakte Nachbildung eines menschlichen Schädels herzustellen. Für unsere Zwecke greift dies jedoch noch eine Dimension zu kurz, denn Modelle von menschlichen Schädeln zum Zweck der medizinischen Lehre werden aus einer einzigen Substanz hergestellt. Die meisten mechanischen Geräte bestehen aber nicht nur aus einer einzigen Substanz. Doch dies stellt keine größere Hürde dar. Im Prinzip gibt es keinen Grund, warum man nicht fünf oder sechs verschiedene Materialien oder Pulver verwenden könnte.

Man könnte zum Beispiel verschiedene Arten von Kunststoff und dazu Kupfer, Aluminium und Messing nehmen. Diese Technologie ist noch nicht bis zu dieser Ebene fortgeschritten, aber in absehbarer Zeit wird man die exakte Blaupause eines Mobiltelefons, eines Taschenrechners, natürlich eines Silikonchips oder fast jedes Teils, das man für ein Auto oder ein Flugzeug braucht, in einen Computer einscannen können. Dann kann jedes dieser benötigten Teile aus hinlänglich komplexen Schichten „aufgebaut" werden. Einige dieser Teile könnten nur aus einer der verfügbaren Sorten von Kunststoff bestehen, aber für andere könnte man auch eine Kombination verschiedener Kunststoffe und Metalle benutzen. Entscheidend hierbei ist, dass man auf diese Weise alles, was man will, in einem einzigen Arbeitsgang „aufbauen" kann, Dinge für alle möglichen Zwecke, und das praktisch *ohne jede menschliche Arbeit!*

Ein viel diskutierter und oft gepriesener Vorteil des Generativen Produktionsverfahrens besteht darin, dass es wesentlich sparsamer ist oder, anders herum ausgedrückt, wesentlich weniger verschwenderisch, als die Produktion in der Vergangenheit war. Wenn man die vielen Stadien der konventionellen Produktion betrachtet, das Drehen, Schneiden, Bohren und Schleifen, wodurch aus einem Block Stahl langsam zum Beispiel eine Kurbelwelle herausgearbeitet wird, dann ist nicht nur beeindruckend, wie plump und mühsam dieser serielle Herstellungsprozess ist, sondern es fällt auch auf, wie viel *Abfall* dabei anfällt, wie viel von dem ursprünglichen Block Stahl dabei nicht verwendet wird. Nicht so bei dem generativen Prozess. Man braucht dafür nur genau die Menge Material, die dann auch tatsächlich verwendet wird.

Es ist wichtig zu betonen, dass es keine *prinzipiellen* Hindernisse für die weitere Entwicklung dieser Technologie gibt. Ganz im Gegenteil; im Vergleich zu Fragen wie der weiteren Erhöhung der Geschwindigkeit von Computern, für die es klar ersichtliche theoretische Grenzen gibt, gibt es für den weiteren Fortschritt in diesem Bereich der Produktion keine unüberwindlichen Hindernisse. Es ist fast sicher, dass sich den heute schon verwendeten Materialien noch weitere hinzufügen lassen. Dies ist tatsächlich einer der faszinierendsten Aspekte des PF. Da die Rohmaterialien gänzlich ultrafeine Pulver oder Stäube sein werden, die übereinander geschichtet werden, wird bereits die Idee diskutiert, völlig neue Materialien zu entwickeln; einige davon könnten wiederverwendbar sein, da sie zum Beispiel aus Mais oder Raps gewonnen werden.

Bezeichnenderweise scheinen die Schwierigkeiten bei der Weiterentwicklung des PFs zurzeit eher finanzieller als wissenschaftlicher oder theoretischer Natur zu sein. Das könnte sich natürlich über Nacht ändern, sobald das ökonomische Potential dieser Technologie einmal besser bekannt wird. Dieses Potential wird bisher noch auf die lange Bank geschoben, was wirklich paradox ist, da die Auswirkungen weitaus umfassender sein könnten als die der gegenwärtigen Hauptrivalen. Natürlich würde es weit reichende Auswirkungen haben, wenn man Elektrizität aus Wasserstoff gewinnen könnte, und auch die Nanotechnologie könnte Anwendungen haben, die weit über jene medizinischen „Wunderwerke" hinausgehen, die heute als Paradebeispiele dieser Technologie gelten. (So gibt es die Möglichkeit, in Nano-Größenordnung Träger von Sauerstoff herzustellen, die die Aufgabe von roten Blutkörperchen übernehmen können, nur dass sie so viel effizienter wären als diese, dass man das Herz eine ganze Stunde lang „stilllegen" könnte, ohne dass dadurch großer Schaden entstünde.)

Zugegeben, die Kosten für die Generativen Produktionsverfahren sind gegenwärtig noch ein großes Hindernis. Doch wenn der Gebrauch dieser Maschinen weiter verbreitet würde, fiele natürlich ihr Preis, und dann könnte man sich eine solche Maschine auch in vielen Nachbarschaftszentren vorstellen, gewiss also auch in den Zentren für Neue Arbeit. (Die Maschinen könnten auch mobil sein, so dass 20 bis 40 Zentren in verschiedenen Dörfern oder Stadtteilen sie im Time-Sharing einsetzen könnten.) Eine auch nur einigermaßen vollständige Aufzählung der Anwendungsbereiche ist praktisch kaum durchführbar, aber wir bekommen vielleicht einen Eindruck von den Möglichkeiten, wenn wir einige Beispiele aufzählen, an denen heute bereits gearbeitet wird.

Ein erster Punkt ist, dass diese Maschine allein den größten Teil dessen herstellen könnte, wofür man heute die anderen erwähnten Zusatzgeräte braucht. Natürlich könnte eine generative Maschine Linsen aus Kunststoff herstellen. Die Technik ist bestens geeignet für diese Präzisionsarbeit. Genauso offensichtlich ist, dass sie auch Töpfe und Flaschen aus jedem gewünschten Material herstellen könnte; Brillengestelle wären ebenso machbar. Der Aufbau dieser Dinge aus den extrem dünnen Schichten wäre nur natürlich. Ebenso könnte man auch Ringe machen – jede Art von Schmuck ließe sich damit herstellen. Und ebenso könnte man mit Generativen Produktionsverfahren auch alle möglichen Werkzeuge und Küchenutensilien herstellen wie etwa Knoblauchpressen, Espressokocher, Toaster, Mixgeräte, Messer, Gabeln und Löffel.

Aus den verschiedenen Pulvern ließe sich auch die ganze Bandbreite der Kunststoff-Elektroartikel herstellen, von einfachen Steckern über Überspannfilter bis zu Transistoren und Mobiltelefonen. (Man kann heute schon *Wegwerfhandys* kaufen, Verwandte der Wegwerfkameras, die technisch einfache, auf das Wesentliche reduzierte Versionen von Mobiltelefonen sind.) Außerdem ließe sich das Innere von Radios oder Fernsehgeräten auf diese Weise herstellen, aber auch Vasen und aller mögliche Schnickschnack wie etwa dreidimensionale Büsten der eigenen Kinder. Weiterhin Gangschaltungen für Fahrräder, Teile, die man für Generatoren benötigt, sowie ein Großteil der kleineren Bauteile für Autos: Vergaser, Verteiler, Kolbenringe, aber auch Einzelteile für das Innere des Wagens, Anzeigegeräte, Schaltknöpfe, Hebel und Ähnliches. In Japan war die Idee von Robotern, die wiederum Roboter herstellen, einige Jahre lang ein Kult. Der natürliche nächste – allerdings große – Schritt wäre, dass man mit einem Personal Fabricator einen Personal Computer herstellen könnte – in einem einzigen Arbeitsgang und praktisch ohne die Verwendung irgendwelcher menschlicher Arbeitskraft.

Man könnte der Aufzählung von Produkten, die man auf diese Weise herstellen könnte, noch weitere hinzufügen, wenn man neue flexible Materialien erfindet, die sich – als Schaum, Flüssigkeit oder Nebel – über alle möglichen Matrizen sprühen lassen. Dann ließen sich Schuhe und Kleider und andere Dinge, die heute aus Stoff, Leder oder Plastik gemacht werden, ebenfalls direkt durch computerkontrollierte Produktionsverfahren herstellen. Außerdem gibt es keinen Grund, warum die Glaskästen dieser Produktionsmethode in etwa die Größe eines Durchschnittsaquariums haben sollten. Sie könnten sicherlich auch größer sein, und das würde uns die Möglichkeit geben, Holzabfälle und Überreste von Pflanzen (zum Beispiel Kleie) zu ultrafeinem Pulver zu zermahlen. Das würde uns die Tür öffnen zur generativen Herstellung all jener Produkte, die bisher aus Holz gemacht werden – etwa Tische und Stühle. Was die Reduzierung von Abfällen anbelangt, aber auch die Senkung der *Kosten* (die ein entscheidender Aspekt für die Neue Arbeit sind), so steckt in der Möglichkeit, praktisch jedes Ersatzteil, sei es für ein Auto, eine Waschmaschine, eine Lokomotive oder einen Kran, auf diese Weise herzustellen, ein großes Potential.

Dieser Aspekt wird im Zusammenhang mit Entwicklungsländern oft genannt, ist aber natürlich nicht nur für diese von Interesse. In den letzten Jahre haben zahlreiche Neue-Arbeit-Gruppen herausgefunden, dass viele Menschen im Westen gern ein Leben führen würden, in dem sie weniger von einem Einkommen (also einem Arbeitsplatz) abhängig wären. Wenn man nun die Lebensdauer von allem, was wir besitzen, signifikant verlängern könnte, würde uns das helfen, das zu vermeiden, was Arthur Miller in *Tod eines Handlungsreisenden* den „Wettlauf gegen die Müllhalde" genannt hat.

Um den Kontrast deutlich zu machen, lassen Sie mich eine weitere, wenn auch etwas hässliche Wendung hinzufügen: In seinem Buch *Digitales Business. Wettbewerb im Informationszeitalter* schrieb Bill Gates 1999: „Aber das Internet ermöglicht einen neuen Lebensstil, den ich den ‚Web-Lebensstil' nenne", den, wie er voraussagt, innerhalb eines Jahrzehnts die meisten Amerikaner und viele andere Völker rund um den Globus leben würden. Für diese Menschen, so Gates weiter, werde es zum Reflex werden, ins Web zu gehen, um die neuesten Nachrichten zu erhalten, um etwas zu lernen, um unterhalten zu werden oder um zu kommunizieren, so wie es heute selbstverständlich ist, das Telefon abzuheben, um mit jemandem zu sprechen oder etwas aus einem Katalog zu bestellen. Das Web werde dazu benutzt werden, um Rechnungen zu bezahlen, Finanzen zu managen, mit dem Arzt zu kommunizieren und irgendein Geschäft abzuschließen. Und man werde ganz selbstverständlich kleine Geräte mit sich führen, mit denen man eine drahtlose Verbindung herstellen könne, um in Kontakt zu bleiben und von überallher elektronisch Geschäfte machen zu können.

Ich referiere diesen Abschnitt *nicht*, um den weltberühmten CEO der mächtigsten Software-Firma als einen etwas komischen Sonderfall darzustellen. Ganz im Gegenteil! Bill Gates' Projektionen der Zukunft des Computers sind *typisch*. Sie sind repräsentativ. Wenn tatsächlich etwas daran überraschend ist, dann ist es die Einstimmigkeit, die Monotonie, der totale Mangel an Phantasie, mit dem praktisch identische Aussagen von sehr vielen Autoren wiederholt werden. Es gibt so gut wie keine Ausnahme. Die Vorstellungskraft derjenigen, die über dieses Thema schreiben, scheint amputiert zu sein, und so denken sie nur in Begriffen eines noch schnelleren, noch verbreiteteren, noch grenzenloseren Flusses der *Information*. Um die Wahrheit zu sagen, sie *denken* nicht wirklich. Sie folgen nur den Entwicklungslinien der Vergangenheit und verlängern diese um ein paar Zentimeter über den heutigen Stand hinaus.

Der Kontrast könnte kaum extremer sein: Der Bereich der computergesteuerten Produktion von buchstäblich greifbaren Objekten, die wir dringend brauchen, ist noch kaum berührt; er ist noch nicht beackert, noch voller Unkraut. Auf dem Gebiet der Information jagen wir ständig Kinkerlitzchen hinterher. Typisch dafür ist die Erfindung von Kühlschränken, die uns ansagen, wenn uns die Milch ausgeht, oder von Geräten, die einfach dieselbe Information auf immer kleinerem Raum speichern. Mit riesigen Anstrengungen erreichen wir nichts wirklich Beeindruckendes, nichts Nützliches, nichts, das in einem echten Sinne *neu* wäre. Nur ein neuer Dreh, ein neues Glöckchen, eine neue Hupe hier und da.

Manche Menschen machen für die Rezession zum Teil den Rückgang in der Computerindustrie verantwortlich. Andere sprechen vom Zeitalter der Computer bereits in der Vergangenheitsform. Der Computer hat seinen Zenith überschritten, befindet sich wieder im Abstieg. Seit die Blase der Euphorie geplatzt ist, sind die Verkaufszahlen gesunken. Das ist die Frustration, wenn man auf dem Gebiet der Information arbeitet. Auf dem Gebiet der Herstellung von Dingen, *nicht* in Fabriken, sondern zu Hause oder in Shops und direkt für den individuellen Gebrauch, stehen wir gerade am Fuße des Mount Everest und der Gipfel ist noch in Wolken gehüllt.

Dieser Unterschied könnte nicht provozierender und einladender sein. Um mit der Manipulation von Information Fortschritte machen zu können, bleibt uns nicht anderes übrig, als hier ein wenig zu polieren, dort einen kleinen Dreh hinzuzufügen. Es ist zum Verzweifeln. Was können wir den verwöhnten Verbrauchern noch versprechen, um ihr Interesse zu wecken? Nichts wahrhaft Aufregendes fällt mehr vom buchstäblichen Himmel – und wir stehen noch ganz am Anfang und direkt vor uns ein Berg noch unerforschter Möglichkeiten.

Es ist beinahe komisch, dass der Originaltitel des Buches von Bill Gates *Business at the Speed of Thought* („Business mit der Geschwindigkeit von Gedanken") lautet; „Business *without* Thought" („Business *ohne* Gedanken") wäre wohl passender. Sein Buch ist wie gesagt keine Ausnahme. Praktisch die gesamte Literatur über die weiteren Entwicklungen im Bereich der Informationstechnologie tut nichts weiter, als aus der unmittelbaren Vergangenheit zu extrapolieren. Aber gerade zum gegenwärtigen Zeitpunkt ist das bloße Torheit, denn es hat bereits einen größeren Einbruch gegeben, und eine neue Herausforderung, die in der weiter zurückliegenden Vergangenheit ihre Wurzeln hat, erhebt sich vor unseren Augen. Es gibt keinen Grund anzunehmen, dass einige der Besten und Intelligentesten diese Herausforderung nicht mit Freude annehmen.

Das Produktportfolio der Neuen Arbeit

Im ersten Kapitel habe ich argumentiert, dass die Kopplung von Big Business und Lohnarbeit unsere Ökonomie und unsere Politik seit dem Ende des Kalten Krieges beherrscht hat. Das führte zu der Erpressungs-Ökonomie der letzten 20 Jahre. Wie kann man aus den Klauen dieses Molochs entkommen? Nicht mit Protestmärschen, nicht mit dem Boykott von Turnschuhen oder Weintrauben. Und auch nicht mit der alten Methode, die immer und immer wiederholt: „Organisiert euch! Organisiert euch!" Und schon gar nicht dadurch, dass wir unseren Bundestagsabgeordneten schreiben.

Um diesem Würgegriff oder dem verriegelten Zug zu entkommen, brauchen wir eine völlig neue Ökonomie. Und das Rückgrat dieser neuen Ökonomie besteht darin, dass wir unablässig und Schritt für Schritt zu einer Wirtschaftsform fortschreiten, in der wir *unsere eigenen Produkte* herstellen! Also nicht Tomaten und Marmelade, sondern unsere eigenen Kühlschränke, Fernsehgeräte, Mobiltelefone und Laptops. Statt die großen Unternehmen mit großen Subventionen zu bestechen, damit sie sich in unserer Stadt oder Region niederlassen, können wir ihnen sagen: „Wir brauchen euch nicht mehr! Dass ihr keine Arbeitsplätze schafft, ist eine schon längst bekannte Tatsache. Ihr vernichtet Arbeitsplätze und schafft keine neuen. Aber wir brauchen euch nicht mehr, damit ihr unsere Produkte herstellt. Wir haben gelernt, sie in unseren eigenen kleinen Werkstätten herzustellen. Wir stellen sie mit Computer-Zusatzgeräten her und allmählich immer häufiger mit einer noch moderneren Technologie, mit dem Personal Fabricator. Wir werden eure Produkte in Nachbarschaftszentren oder Zentren für Neue Arbeit herstellen. So könnt ihr uns nicht mehr mit der Drohung erpressen, nach Brasilien abzuwandern. Ganz im Gegenteil: Je früher ihr geht, desto besser, denn unsere Atemluft wird sich verbessern, wenn ihr erst einmal fort seid. Und mit ‚Atemluft' meinen wir hier sehr viele Dinge. Also geht schon! Wir werden euch helfen zu packen und werden euch die Koffer tragen. Geht und produziert unter dem dicken Eis von Grönland – Eis ist gerade das, was ihr braucht!"

Die PF-Technologie steckt noch in den Kinderschuhen. Wir stehen in ständigem Dialog mit den Wissenschaftlern und Ingenieuren, die es als ihre Lebensaufgabe ansehen, diese Technologie zu entwickeln, und so können wir recht gut abschätzen, wann die nächsten Stadien in diesem Prozess erreicht sein werden. Es ist noch eine Frage von etlichen Jahren – nicht von ganzen Jahrzehnten, aber doch noch von einigen Jahren. Wir wiegen uns deshalb nicht in der illusionären Hoffnung, dass ein Gutteil der erwähnten Produkte bis etwa 2009 schon mit generativen Methoden hergestellt wird. Das ist aus unserer Perspektive aber auch nicht der wichtigste Punkt.

Die enorm wichtige Rolle, die der Personal Fabricator in den kommenden Jahren spielen wird, betrifft nicht zuallererst die praktische Anwendung, sondern zielt eine Stufe höher: nämlich auf die intellektuelle Ebene. Welche Produkte zu welchem Zeitpunkt damit hergestellt werden können, ist im Detail weit weniger wichtig als der Schritt, dass das Konzept, die *Idee* dieser Technologie, die Vision, dass sie tatsächlich machbar ist und in der Tat schon unterwegs ist, allgemein *bekannt* wird. Was zurzeit Not tut, ist eine echte Medienkampagne – und dabei kann die Neue Arbeit sicherlich helfen.

Weshalb ist es so wichtig, dass die Evolution dieser Technologie in den Mainstream der öffentlichen Meinung Eingang findet? Nun, letztlich ist der Grund, dass wir eine Wende in der Politik brauchen. Konzentrieren wir uns noch einmal auf etwas, an das wir schon vollkommen gewöhnt sind, auch wenn die Monotonie, die endlose Wiederholung und die freche Schamlosigkeit, mit der es ins Spiel gebracht wird, recht erstaunlich ist. Ich meine den einen und einzigen „Bauernfänger" (es ist tatsächlich kein *Argument*, sondern ein Bauernfänger), den die Ökonomie der Erpressung unermüdlich ins Feld führt: Alles, was wir brauchen, ist, die Wirtschaft anzukurbeln, dann wird alles zur Normalität zurückkehren und im ganzen Lande wird Glückseligkeit herrschen. Natürlich, es gibt Armut, es gibt Arbeitslosigkeit, aber wir brauchen nur die Hindernisse aus dem Weg zu räumen, damit wir das Gaspedal bis zum Boden durchtreten können. Wenn nur die Börsenindizes nach oben gehen und die Gewinnspannen zunehmen, dann werden sich all unsere Probleme in Wohlgefallen – in die Rückkehr zum normalen Zustand der guten alten Zeit - auflösen. – Die hypnotische Macht, mit der diese Mantras die Menschen in eine katatonische Bewusstlosigkeit versenkt haben, ist beispiellos. Deshalb soll das Wissen um die PF-Technologie unbedingt verbreitet werden. Vielleicht ist es dieses Fingerschnippen, das die Bürger aus ihrer Bewusstlosigkeit aufwecken wird? Das Konzept, die Idee als solche, ist das Faszinierende. Wenn wir deutlich vor uns sehen, dass etwas praktisch ohne jegliche menschliche Arbeitskraft hergestellt wird, und endlich einsehen, dass dies die *Richtung* ist, in die wir gehen, dann sollte die Konfrontation mit diesem *Bild* genügen, um Menschen wachzurütteln.

Um es noch einmal anders zu formulieren: Die unerhörte technologische Kapazität dieser Maschinen, die eine ganze Ebene höher liegt als die, auf der wir jetzt stehen, drückt wie ein Symbol, wie eine Metapher den Geist der sich jetzt entwickelnden Kultur aus. Man könnte behaupten, dass das Bild, der direkte sinnliche Eindruck von der Vorgehensweise dieser Maschine einen regelrecht zwingt, sich einzugestehen, dass wir hiermit die Grenze in ein neues Zeitalter, in eine neue Kultur überschreiten. Deshalb ist es ausgesprochen wichtig, dass viele Filme gemacht werden, die uns zeigen, wie diese Maschine tatsächlich funktioniert, und zwar möglichst aus der Nähe und im Detail. Dann werden wahrscheinlich viele in einem Aufblitzen erkennen, dass diese Technologie wirklich eine neue Ära ankündigt, denn der Quantensprung zwischen der Menge Arbeit, die früher gebraucht wurde, und dem, was mit dem Gebrauch des Personal Fabricator möglich geworden ist, ist einfach riesig. Die bornierte Hoffnung, es wäre mit einer kleinen Anpassung getan, bricht dann endlich zusammen. Wenn man klar vor sich sieht, was diese Maschine Minute für Minute leistet, muss man einfach zugeben, dass unglaubliche Mengen dessen, was wir in früheren Zeiten mit unserer Hände Arbeit hergestellt haben, sehr bald von diesen Personal Fabricators usurpiert werden. An diesem Scheideweg sehen wir uns schließlich einer Wand gegenüber, wir können der Schlussfolgerung nicht mehr ausweichen: Wir *müssen* eine völlig neue Richtung finden, eine ganz und gar neue Aufgabe für die Energien, die bisher von der Herstellung von Produkten verbraucht worden ist. Da ihnen die bisherigen Aufgaben bald entzogen werden, wird eine enorme Quantität dieser Energien *freigesetzt*. Deshalb ist gut möglich, dass wir regelrecht *gezwungen* werden, unser Ziel höher anzusetzen. Paradoxerweise werden wir buchstäblich dazu *genötigt*, uns Ziele zu setzen, die wagemutiger und ehrgeiziger sind als selbst unsere Träume der Vergangenheit. Halb scherzend könnte man sagen: Wir sind wie Schafe, die so schlafmützig sind, dass laut bellende Hunde uns auf die viel grünere, viel saftigere Wiese der nächsten Kultur treiben müssen.

Wir hoffen also darauf, dass im Kopf der Menschen, denen oft genug vorgeführt wird, wie diese Maschinen funktionieren, zu guter Letzt eine Reaktion ausgelöst wird. Man hat uns bis in den Tiefschlaf hinein erzählt, dass alle Probleme sich in rosaroten Weihrauch auflösen werden, wenn nur die Wirtschaft erst auf höheren Touren läuft. Der

Anblick dieser Maschinen könnte uns endlich lehren, dass das genaue *Gegenteil* der Fall ist: Je schneller die Wirtschaft läuft, desto rascher werden wir neue Formen der *Massenvernichtung*, der *Massenabschaffung* von Arbeitsplätzen erreichen. Die Politik, die wir verfolgt haben, hat nicht nur versagt, sie ist geradezu kontraproduktiv. Sie macht die Dinge rapid schlimmer und beschleunigt uns immer mehr in genau der entgegengesetzten Richtung, in der eine Verbesserung liegen würde. Oder, auf eine andere Ebene übersetzt: Je mehr Geld wir den großen Unternehmen aushändigen, desto *schneller* werden sie Maschinen kaufen, die es ihnen ermöglicht, Arbeitsplätze *abzuschaffen*.

Das Bewusstsein der Menschen auf einen Stand zu heben, auf dem sie um die Bedeutung der kommenden Technologien wissen, ist also eine wichtige politische Aufgabe. Aber es gibt noch sehr viel mehr zu tun, und das Netzwerk der Associates der Neuen Arbeit und der Neue-Arbeit-Gruppen ist mit einem großen Spektrum verschiedener Projekte beschäftigt.

Bei einem davon, das wir das Produktportfolio der Neuen Arbeit nennen, geht es um die ergänzende andere Hälfte dessen, was ich bisher in allgemeinen Begriffen als einen neuen Ansatz der Arbeit beschrieben habe: Es ist die langsame, sorgfältige und konkrete Entwicklung eines Produkts nach dem anderen. Alle diese Produkte haben eine Eigenschaft gemeinsam: Sie tragen zu der hochgesteckten Hoffnung bei, die wir die High-Tech-Eigen-Produktion nennen. Jedes dieser Produkte stellt einen weiteren kleinen Schritt in Richtung auf die Bereitstellung der Gesamtsumme von Technologien und Materialien dar, die es den Menschen erlauben werden, alles, was sie für ein attraktives menschliches Leben brauchen, für sich selber zu produzieren. Mit einer Prise Humor bringen wir das auf einen genauen Punkt und schlagen vor, dass dafür nicht mehr als 38 Produkte notwendig sind. Wir betonen das, weil es in der Tat eine obere Grenze gibt und weil diese sehr viel leichter zu erreichen ist, als wir im Allgemeinen annehmen. Ob die Zahl tatsächlich genau 38 ist oder nicht, hängt natürlich von den Umständen und den individuellen Menschen ab. Doch das Ziel als solches verfolgen wir mit unerschütterbarer Entschlossenheit.

Es würde nicht viel bringen, wollten wir hier jedes einzelne Produkt aufzählen und beschreiben, das wir zurzeit in Entwicklung haben. Eine detaillierte Liste mit ausführlichen Informationen über diese Produkte findet sich auf unserer Website. Dort gibt es auch ein dickes Album mit Abbildungen. Diese waren eine erstaunlich große Hilfe bei der Vermittlung des Geistes und des Zwecks der Neuen Arbeit, besonders in Gesprächen mit hoch positionierten Regierungsbeamten, die weder Zeit zum Lesen noch zum Denken haben. Hier, an dieser Stelle, wollen wir nun mit einigen repräsentativen Beispielen einen allgemeinen Eindruck von diesen Produkten geben.

Eines dieser Beispiele liegt vielen der Associates der Neuen Arbeit besonders am Herzen. Es ist ein bemerkenswerter Wasserfilter, der von Ulrich Weise entwickelt wurde, heute CEO eines kleinen Unternehmens, welches diese Filter herstellt. Man kann schmutziges, übel riechendes, sogar giftiges Wasser oben in diesen Filter hineingießen, und Wasser, das sauber ist, nicht mehr riecht und vor allem trinkbar ist, kommt unten heraus. Das Gerät hat etwa die Größe eines Nachttischchens und ist nicht allzu teuer. Wir haben mit Herrn Weise Kontakt aufgenommen, dessen Unternehmen offensichtlich zu klein ist, um diesen Filter effektiv auf den afrikanischen oder asiatischen Markt zu bringen, und haben ihm vorgeschlagen, dass die Neue Arbeit mit ihrer Kompetenz und ihren guten Kontakten ihm dabei helfen könnte. Das ist umso interessanter für ihn, als der Markt für einen solchen Filter in Zentraleuropa, wo die meisten Menschen (noch) leichten Zugang zu sauberem Wasser haben, offensichtlich begrenzt ist.

Wir haben in unseren Verhandlungen mit Herrn Weise von Anfang an betont, dass es uns nicht nur darum ginge, ihm bei der Vermarktung dieses Produkts zu helfen. Aus der Perspektive der Neuen Arbeit war eine unabdingbare Vorbedingung für unsere Zusammenarbeit, dass man diese Filter – die in Afrika buchstäblich Millionen Leben retten könnten – vor Ort würde herstellen können. Sie sollten in der Tat in solch einer kleinen Produktionswerkstätte herstellbar sein, wie wir sie diskutiert haben, einem Shop, der im Besitz von Leuten sein wird, die heute noch in einem Slum leben.

In Afrika, aber auch in anderen Ländern wie zum Beispiel Kasachstan, würde es vielfältigen Gebrauch für einen solchen Filter geben. Mit besonderer Aufregung wird die Möglichkeit begrüßt, damit das Wasser einer öffentlichen Wäscherei zu *recyceln*. An vielen Orten muss das Wasser über weite Strecken herbeigetragen werden, oft transportieren Frauen die Gefäße auf ihrem Kopf. Dieses kostbare Wasser dann zum Waschen von Kleidern zu verwenden ist eine schlimme Verschwendung. Eines der Ziele der Neuen Arbeit ist deshalb, in den Slums und manchen Dörfern öffentliche Wäschereien zu etablieren, wo die Waschmaschinen mit einem solchen Filter ausgerüstet sind, so dass sie dieselben fünf Liter Wasser für zehn Waschgänge benutzen könnten, indem es nach jedem Waschgang recycelt wird.

Ein anderes Produkt, an dem wir zur Zeit mit großer Energie arbeiten, ist ein vereinfachter und doch hochmoderner Generator. Er soll so beschaffen sein, dass die Menschen ihn mit fortschrittlichen und doch preiswerten Werkzeugen selbst herstellen können, mit Maschinen und Werkzeugen, die man in einer mobilen Kleinfabrik von Dorf zu Dorf bringen kann. Viele Teile dieses Generators werden aus recyceltem Kunststoff bestehen, der aus Plastikflaschen und Verpackungsmaterial gewonnen werden kann. Die Bemerkung einer jungen, hoch gestellten Persönlichkeit, deren Aufgabe es ist, „die Armut in Südafrika auszurotten" (so wird sein Posten offiziell definiert), wirft Licht auf einen bezeichnenden Punkt: „Je mehr Arbeitsstunden es braucht, einen dieser Generatoren herzustellen, desto mehr wird die Regierung ihn begrüßen." Das liegt zum Teil darin begründet, dass die Lohnkosten in Südafrika so niedrig sind. Das entscheidende Ziel, das zu erreichen enorm schwierig ist – sehr viel schwieriger, als jeder, der die Situation nicht aus erster Hand kennen gelernt hat, sich vorzustellen vermag –, besteht darin, mit allen erdenklichen Mitteln eine Gruppe von Langzeitarbeitslosen aus ihrem Elend herauszulocken, aus dem schwarzen Loch ihrer Armut der Begierde, und sie wieder an einen Punkt heranzuführen, an dem sie bereit sind, Kupferdraht um einen Eisenkern zu wickeln.

Eine Gruppe von Associates der Neuen Arbeit arbeitet eng mit einer Firma zusammen, die den Entwurf eines radikal vereinfachten

Dieselmotors entwickelt, der selbst wiederum mit relativ einfachen Maschinen in einem kleinen mobilen Shop hergestellt werden kann – wiederum mit „je mehr Arbeitsstunden, desto besser". Dieser ultraeinfache Dieselmotor interessiert uns deshalb besonders, weil wir in Bezug auf Sonnenenergie skeptischer sind als die meisten anderen, die auf diesem Feld der Entwicklung arbeiten. Sonnentechnologien sind, wie alle wissen, nicht nur teuer, sondern sie sind auch empfindlich. Solarzellen gehen kaputt, wenn man einen Stein darauf wirft. Die so genannte Dünnschicht-Solarzellentechnologie scheint ein sehr vielversprechender Anfang zu sein, aber in Hinblick auf die Entscheidungen, die heute zu fällen sind, ist sie noch zu teuer, besonders für die Dritte Welt. Unser Dieselmotor ist ausdrücklich als Überbrückung zur Überwindung der Kluft zwischen der gegenwärtigen Situation und erst noch zu entwickelnden Technologien gedacht.

Die Technologie, die unserer Ansicht nach zu den größten Hoffnungen Anlass gibt, ist der legendäre Stirlingmotor. Dies ist eine weitere Technologie, die an Magie grenzt. Diese Maschine treibt einen Kolben mit heißer Luft, und sie ist deshalb schon seit vielen Jahren legendär, weil man so gut wie alles zur Erzeugung der nötigen Hitze verwenden kann. Man kann Ziegenköttel, Torf, gespiegeltes Sonnenlicht, alle möglichen Formen von Holz oder Ölresten, trockene Blätter, Stroh usw. benutzen. Einige Neue-Arbeit-Gruppen stehen im Gespräch mit verschiedenen Firmen, die Modelle des Stirlingmotors so weit entwickelt haben, dass sie kurz vor der Serienreife stehen. (Zufällig hat eine dieser Firmen ihren Hauptsitz in Ann Arbor, der Stadt, in der ich zu Hause bin.)

Schon vor Jahren fiel uns unangenehm auf, dass es im Bereich der Luftkühlung kein Äquivalent zu einer kleinen Raumheizung gibt. Viele haben sich die Frage gestellt: Warum ist es nötig, ein ganzes Haus oder eine ganze Wohnung zu kühlen? Eine Raumheizung passt unter den Schreibtisch; sie hält unsere Füße warm, während der Kopf kühl bleibt – ideale Bedingungen zum Schreiben. Warum ist es nicht möglich, eine kleine Klimaanlage etwa von der Größe eines Buches zu finden, die man an der Decke anbringen kann und von der dann die kühle Luft natürlich absinkt und uns die Hitze mit einer sanften, erotischen Brise vom Leibe hält. An dieser Idee haben wir lange gearbeitet; dabei haben wir schließlich eher zufällig entdeckt, dass es Firmen gibt, die sehr kleine Kühlschränke mit einem Design herstellen, welches unvergleichlich einfacher ist als das der veralteten und mit sehr verschwenderischer und primitiver Technologie arbeitenden Kühlschränke, die wir heute noch in unseren Küchen stehen haben. Dieses Design, das im Rahmen des amerikanischen Raumfahrtprogramms entwickelt wurde, verlangt nur zwei Metallplatten mit einer minimalen elektrischen Spannung. Zurzeit ist dieser kleine Kühlschrank ein weiteres Produkt, das wir fördern, damit es bald in kleinen, wie wir hoffen, mobilen Werkstätten hergestellt werden kann, die von einem Slum zum nächsten fahren. Die Nützlichkeit dieses Kühlschranks ist letztlich nur einer der Gründe dafür, dass wir ihn einführen. Der andere hat mit der schon erwähnten Art und Weise zu tun, wie eine Gruppe chronisch armer Menschen reagiert, wenn jemand sie dazu einlädt, sich am Aufbau einer Werkstatt zu beteiligen, in der sie ultramoderne Kühlschränke herstellen werden – anstatt wie sonst mit Vorschlägen konfrontiert zu sein, wie sie Christbaumschmuck aus farbigem Papier herstellen oder eigene Tomaten züchten könnten.

Es gibt noch eine Menge anderer Produkte, an denen wir bereits seit einiger Zeit arbeiten. Eines davon ist eine Antwort auf einen besonders tragischen Aspekt des Lebens in den Slums. Die Schuppen, in denen die Menschen leben, sind aus Pappkartons und Plastikstücken, aus Resten von Holzbrettern oder Metallplatten, aber auch aus Stroh oder Bambus gebaut. In vielen dieser Hütten kochen die Menschen auf einem offenen Feuer, und oft genügt ein einziger Windstoß, um eine ganze Reihe dieser Hütten in Brand zu setzen. Diese brennen wie eine Fackel, und viele Kinder sind dabei schon in den Flammen umgekommen. Die „International Slum Dwellers Association" („Internationale Vereinigung der Slum-Bewohner"), eine ganz erstaunliche Organisation, die versucht, Millionen und Abermillionen Menschen, die in verschiedenen Teilen dieser Erde in Slums leben, miteinander zu vernetzen, hat uns gebeten, einen Kochherd zu entwickeln, den die Menschen selbst bauen können und der unvergleichlich *sicherer* sein wird als die jetzt benutzten Kochstellen. Dies ist zu einem der bevorzugten Projekte eines Zentrums für Neue Arbeit in Gotha geworden.

Vor allem unter der Leitung von Dr. Reinhard Vogt arbeitet eine Gruppe in dieser Stadt schon lange daran, unterschiedliche Baumaterialien aus Lehm herzustellen. Während der vergangenen Jahre haben sie diese Materialien in der Ukraine eingeführt, und zurzeit treibt diese Gruppe die Entwicklung einer Maschine zur Herstellung von Dachziegel aus Lehm voran. (Das ist schwierig, weil Lehm normalerweise nicht wasserfest ist.) Dieselbe Gruppe hat auch begonnen, eine Maschine zu entwerfen, mit der man Heizplatten hauptsächlich aus Lehm und Stücken von Metallplatten und Draht herstellen kann. Außerdem arbeitet sie an dem besonders aufregenden Versuch, die Maschinen, die man für die Herstellung dieser Lehmbaumaterialien braucht, in Zusammenarbeit mit einem Gefängnis in der Ukraine zu entwickeln. Das sind auch wieder Maschinen, mit denen man diese Baumaterialien in kleinen mobilen Fabriken, die von Dorf zu Dorf fahren, herstellen wird.

Viele von diesen Dingen sind neu und befinden sich noch weitgehend in der Entwicklung, aber für einige der Technologien, die wir bereits vor gut 20 Jahren in Entwicklungsprojekten eingesetzt haben, gibt es immer noch eine starke Nachfrage, und sie spielen eine bedeutende Rolle. Nahrung und Wasser sind immer miteinander verknüpft, und wo immer wir vom Recyceln von Wasser sprechen, kommt die Rede bestimmt auf den elementarsten Gebrauch von Wasser, für den Anbau von Nahrungsmitteln. Das bedeutet, dass wir unweigerlich zu unseren Anfängen zurückgehen und noch einmal Bilder von den Containern vorzeigen, in denen Jugendliche in Vancouver auf den Hausdächern Gemüse gezogen haben, den so genannten Bio-Blocks. Der Aspekt, der dabei heute besonders im Vordergrund steht, ist ihr sehr sparsamer Verbrauch von Wasser. Der Container, aus dem die Pflanzen herauswachsen, ist nämlich hermetisch versiegelt, so dass das Wasser nicht verdunsten kann und allein für die Pflanzen zur Verfügung steht. Aber diese Bemühungen haben auch noch in einer anderen Hinsicht Verbindungen mit den „Wurzeln“ der Neuen Arbeit.

Bei unserem ersten Treffen mit einer neuen Gruppe irgendwo in der Dritten Welt versichern wir den Teilnehmern stets, dass wir nicht wie die anderen Organisationen mit Antworten und Expertenwissen zu ihnen kommen, um ihnen zu sagen, was sie tun sollen, sondern dass wir ihnen viele verschiedene Möglichkeiten anbieten wollen und sie fragen, was sie „wirklich und wahrhaftig wollen". Eine der denkwürdigsten Antworten auf diese Frage erhielten wir von Jugendlichen in Kabul. Sie sagten uns, dass sie sich zwei Dinge wünschten: Es sollten keine Bomben mehr geworfen werden und sie hätten gern Musik-CDs. Diese Antwort ist sehr eindeutig: Die Menschen in der Dritten Welt wollen natürlich Elektrizität, sie wollen natürlich Essen und Unterkünfte, aber sie wollen auf jeden Fall *auch* Zugang zum Internet, sie wollen Computer, Musik und ein Internet-Café.

Aufgrund dieser Tatsache arbeiten mehrere unserer Gruppen in den USA, aber auch Einzelne wie zum Beispiel Arn Gehrke in Berlin an High-Tech-Produkten für die Dritte Welt. Die Absicht ist, einfachere und billigere Geräte für den Zugang zum Internet zu entwickeln, alte Fernsehgeräte zu Computer-Bildschirmen umzubauen und sehr viel einfachere Mobiltelefone zu produzieren – nicht Telefone, die 500 verwirrende Funktionen haben, die niemand wirklich ernsthaft braucht, sondern solche, mit denen man nur eins tun kann, nämlich telefonieren. (Zu diesem Konzept gehört auch, eine viel einfachere Infrastruktur zu benutzen, um die exorbitanten Kosten zu reduzieren – eher so etwas wie die Infrastruktur, die man für Walkie-talkies benutzt statt der vielen teuren Transmitterstationen, die heute für die Funktelefone im Gebrauch sind. Dass Siemens kürzlich ein „Wegwerfhandy" auf den Markt gebracht hat, ist unserer Ansicht nach ein weiteres Indiz dafür, dass wir uns auf dem richtigen Weg befinden.)

Zusätzlich zu den genannten Produkten gibt es noch eine völlig neue Produktlinie oder Produktfamilie. Der ursprüngliche Vorschlag hierzu kam von der TU in Chemnitz. Auch wenn dies eine relativ kleine technische Universität in einer ziemlich abgelegenen Stadt in Deutschland ist, gehört das dortige Team unter der Leitung von Prof. H. Enderlein zu den führenden in der Welt, was die Entwicklung von „kleinen, mobilen Fabriken" angeht. In Zusammenarbeit mit diesem

Team haben wir einige Arbeit an dem Konzept einer kleinen, mobilen Zementfabrik geleistet. Ob sich dieses ehrgeizige Projekt verwirklichen lässt, ist noch offen, aber dabei sind eine Reihe anderer Ideen entstanden, und diese erscheinen äußerst realistisch. Dazu gehört das Projekt einer kleinen, mobilen Fabrik, die Glas recyceln kann und gleichzeitig aus dem gesammelten Glas neue Produkte herstellt, etwa Schüsseln oder Fenster, Gewächshäuser oder Teller. Parallel dazu wären kleine, mobile Fabriken zum Recyceln von Kunststoff oder Aluminium oder auch eine Fabrik zur Herstellung von Dachziegeln oder von Öfen aus Lehm möglich.

Wir haben ein besonders lebhaftes Interesse an der Wiederverwendung von Aluminium; das hat sich aus einem Projekt auf Haiti ergeben. Damit wäre es nämlich möglich, Produkte wie Espressokocher und auch die schon beschriebenen kleinen Kühlschränke in jenen kleinen, mobilen Fabriken herzustellen, die von Dorf zu Dorf reisen. Dies ist für die Neue Arbeit ein besonders wichtiger Aspekt, weil das Vorurteil, dass die High-Tech-Eigen-Produktion die Leute letztlich nur mit Dingen ausstatten wird, die ihre „Grundbedürfnisse" befriedigen oder die ihr „Überleben" sichern, sich hartnäckig hält. Für die Neue Arbeit ist dies ein kritischer Punkt, denn wir sind davon überzeugt, dass man die im Elend Lebenden nicht mit dem bloßen Versprechen des „Überlebens" oder schon gar der „Subsistenz" aus ihrer Armut der Begierde herausholen kann. Es geht auch um Qualität. Das ist auch eines der Motive in unserem Neue-Arbeit-Autoprojekt. Dieses Auto, das in einer seiner Versionen tatsächlich „erotisch" aussehen kann, stellt für uns eines der wichtigsten Produkte des Portfolios dar, das wir zurzeit entwickeln, weil bereits der Anblick dieses Autos die unmissverständliche Botschaft deutlich macht: Nein, wir sprechen nicht von bloßem „Überleben", wir sprechen von den Requisiten für ein „ attraktives und fröhliches Leben"!

Das Design dieser ganzen Linie von Neue-Arbeit-Produkten ist deshalb darauf ausgerichtet, sie so stilvoll, elegant und attraktiv zu machen wie nur möglich. In jedem soll etwas vom Geist der Neuen Arbeit zum Ausdruck kommen, so etwas wie ein „Markenzeichen" oder ein Logo der Neuen Arbeit. Das impliziert bereits, dass diese

Produkte zwar sinnlich und attraktiv sein sollen, zugleich aber einfach und billig sein müssen. Ein Grund dafür ist schlichtweg das neue oder, wenn man so will, auch das nächste Produktionskonzept: Wenn sie in kleinen Werkstätten oder mit einem Personal Fabricator hergestellt werden sollen, dann müssen sie notwendigerweise einfach sein, so dass man sie leicht und schnell selbst zusammenbauen kann. Aber es gibt noch andere, tiefere Gründe für diese Entscheidung gegen den Schnickschnack. Der überragende Grund ist der Markt. Wir sind überzeugt davon, dass es unter den weit Fortgeschrittenen, aber auch unter den Armen viele Menschen gibt, die sich ausdrücklich eine hohe Qualität *wünschen*, aber nicht unbedingt Dinge, die schick aufgemotzt und überladen sind.

Ein anderer, ebenfalls wichtiger Grund ist, dass diese Produkte nicht auf den globalen Weltmarkt geworfen werden; sie werden ja nicht zum *Verkauf* hergestellt, sondern zum persönlichen Gebrauch. Wenn man bedenkt, wie überfüllt unsere Einkaufsmärkte inzwischen geworden sind, dann ist verständlich, dass alles, was sich verkaufen soll, geradezu nach unserer Aufmerksamkeit schreien muss. Darum sind viele Objekte inzwischen so mit Funktionen überladen, dass ihre Funktionalität darunter leidet. Da unsere Produkte für den unmittelbaren persönlichen Gebrauch konzipiert sind, können sie es sich leisten, schlicht daherzukommen. Genau das wünschen sich heute viele Menschen.

Die Präsentation und Erklärung der ganzen Bandbreite dieser Produkte ist natürlich ein Teil der Schulung jener, die sich an der Fortentwicklung der Neuen Arbeit beteiligen wollen. Das heißt, dass dieser Aspekt in den Vorbereitungskursen, die wir in Freiburg und Wuppertal anbieten werden, besonders betont wird. Da dies der Kontext ist, in dem die Produkte oft erklärt werden, und da die Zuhörer bereits daran interessiert sind, Associates der Neuen Arbeit zu werden, reagieren sie oft mit flammender Begeisterung auf diese Präsentation. So mancher von ihnen will dann zumeist mehr über eines der Produkte wissen und möchte sich an seiner Entwicklung beteiligen. Sie bestehen darauf, spezifische Details über die beteiligten Gruppen zu erfahren, welche Gruppen an welchen Aspekten des Produkts arbeiten und mit welcher Firma die Entwicklung vorangetrieben wird. Es ist durchaus nicht selten, dass einige sich auf eine bestimmte Technologie konzentrieren wollen, und oft möchten sie als Berater einer der Firmen arbeiten, die an einem bestimmten Produkt arbeitet, und ihr helfen, ihre Technologie in die Dritte Welt zu transferieren.

Trotz dieser Begeisterung versuchen wir dann nicht aus den Augen zu verlieren, dass keines der als Beispiele dargestellten Produkte der Punkt ist, um den es eigentlich geht. Sie sind alle Bestandteile einer viel umfassenderen *Unabhängigkeitserklärung*. Ob diese nun durch eine in einer Nachbarschaftswerkstatt hergestellte Klimaanlage verkündet wird oder durch einen Kühlschrank, ein Radio, einen Fernseher, einen Anzug, eine Brille, eine Kamera oder gar durch ein Haus oder ein Auto, die man selbst gebaut, gemacht, geschneidert hat, spielt letztlich keine Rolle. Die Gegenstände selbst sind marginal und ergeben sich aus den jeweiligen Umständen. Entscheidend ist, dass jedes zusätzliche Produkt, das wir so weit entwickeln, dass es sich mit einem Minimum an geistestötender Arbeit selbst herstellen lässt, ein Schritt nach vorn ist auf dem Weg aus der Knechtschaft des Lohnarbeitssystems.

Die festen Kosten

Es gibt einen Einwand, der sehr oft vor allem von Frauen vorgebracht wird, und sie äußern ihn oft mit sichtlicher Verärgerung. Alle diese „Produkte", so sagt unweigerlich jemand, sind doch nur weitere Spielzeuge, *noch mehr* Spielzeuge. Wie oft gehen wir in der Tat hinaus und kaufen ein weiteres Spielzeug? Natürlich tun wir das manchmal, aber das wahre Problem sind die „Rechnungen". Am Ersten jedes Monats treffen sechs oder acht Briefe ein, und in allen werden wir aufgefordert, irgendetwas zu bezahlen. Die Bande, die die Menschen an das Lohnarbeitssystem fesseln, haben viel mit diesen Rechnungen zu tun. Es ist dieses Damoklesschwert über unseren Köpfen, das uns veranlasst, an Bord der Galeere zu bleiben und uns weiter in die Ruder zu legen. Sie wiegen mehr als die Spielzeuge, die wir uns manchmal kaufen. Die wahre Frage ist also: Was hat die Neue Arbeit zu diesen Festkosten zu sagen? Was mache ich mit diesen Rechnungen, wenn ich das Lohnarbeitssystem hinter mir lassen will?

Wann immer diese Frage auftaucht, betonen wir, dass sie wichtig und äußerst willkommen ist. Wir antworten oft ganz unmittelbar darauf und gehen gewöhnlich nacheinander durch alle sechs oder acht „Briefe“:

1. Das Telefon

Dies ist für viele Menschen ein beträchtlicher Kostenfaktor, und wir beginnen mit einer kleinen Tatsache. Eines der bekanntesten Colleges der Vereinigten Staaten, das Dartmouth College, hat ein Telefonsystem installiert, das sich für Telefongespräche des Internets bedient. Dabei hat sich bezeichnenderweise gezeigt, dass die Kosten so minimal sind, dass das College keine Rechnungen an die einzelnen Studenten versendet. Denn selbst bei Studenten, die viel telefonieren, wären die Kosten für den Versand der Rechnungen höher als die anfallenden Telefonkosten.

Ganz allgemein formuliert ist dies ein weiteres Beispiel dafür, wie der intelligente Gebrauch einer neuen Technologie unsere Ausgaben reduzieren kann. Zugang zu einem Telefon zu haben gehört auf jeden Fall zu den „38 Dingen“, die für ein attraktives und fröhliches Leben notwendig sind. Wie in den meisten solchen Situationen bleiben auch hier noch viele Fragen offen. In welchen Ausmaß ließe sich dieser Service individualisieren? Wie könnte man ihn in die anderen Angebote eines Zentrums für Neue Arbeit integrieren? Könnte man solche Anrufe auch aus dem eigenen Heim tätigen? Gibt es Grenzen für die Entwicklung einer Alternative zum gegenwärtigen Mobilfunknetz, einer Alternative, die auf der Walkie-talkie-Technologie beruht? Auch diese sollte nämlich zu einer Senkung der Kosten beitragen.

Vielleicht sollte ich noch hinzufügen, dass ich in meiner Arbeit mit amerikanischen Indianerstämmen von einem Fall erfuhr, in dem ein Stamm von einer der großen amerikanischen Telefongesellschaften beleidigend behandelt worden war. Er reagierte mit der Gründung seiner eigenen kleinen Telefongesellschaft und hatte von dem Moment an einen hervorragenden Service und wesentlich geringere Telefongebühren.

2. Die Miete

In der gesamten Geschichte der Neuen Arbeit – angefangen bei den frühesten Projekten mit Obdachlosen in New York bis hin zu unseren jüngsten Erfolgen – ging von dem Gedanken, sich seinen eigenen Wohnraum selbst zu bauen, eine andauernde Faszination oder gar Obsession aus. Die Auffindung, Erprobung und das Experimentieren mit „alternativen Bausystemen" war immer von großem Interesse für die Neue Arbeit. Die beiden Zweifamilienhäuser in Ann Arbor wurden (wie im Abschnitt „Stümpfe im Schnee" in Kapitel III beschrieben) mit dem System der so genannten *Ability Blocks* gebaut. Im letzten Jahrzehnt sind etliche solcher Systeme entwickelt worden, und einige der Associates der Neuen Arbeit können auf diesem Gebiet Hilfestellung leisten. Mit solcher Unterstützung und Beratung und ganz besonders im Rahmen einer Gruppe lässt sich sehr viel tun, um für einen Bruchteil der üblichen Kosten Wohnraum für sich selbst zu bauen. Hier ist relevant, dass die Zinsen für einen typischen Baukredit ungefähr den Preis eines weiteren Hauses ausmachen. Wir sollten deshalb in die Richtung gehen, ein Haus ganz allmählich zu bauen, ein Zimmer nach dem anderen – natürlich aus vorgefertigten Einheiten und Bausteinen –, und außerdem die Entwicklung kleiner Kreditgemeinschaften ermutigen.

Ein weiterer Ansatz, mit dem wir einige Fortschritte gemacht haben, ist die Entwicklung eines mobilen Anhängers, der all die verschiedenen Werkzeuge und Maschinen enthält, die es Menschen ermöglichen, nicht nur die gröbsten Schäden im eigenen Apartment zu beheben, sondern es Schritt für Schritt zu renovieren und zu verbessern. Zu dem Trailer würden ausgebildete Handwerker gehören, die eine Baustelle anschieben und überwachen könnten. Nach unserer

Erfahrung können selbst ungeschickte Menschen mit den richtigen Werkzeugen – das ist ganz wichtig – und zusätzlicher Unterstützung sehr viel schaffen, und das bei geringen Kosten.

3. Das Automobil

Was das betrifft, haben wir wahrlich unsere Hausaufgaben gemacht, hauptsächlich im Neue-Arbeit-Autoprojekt. Wir haben aber auch an elektrischen Motorrollern gearbeitet, am Car-Sharing und anderen Dingen. Das Auto sollte nicht nur ein Projekt für die Dritte Welt bleiben, sondern Menschen in der Ersten Welt, die den Lebensstil der Neuen Arbeit annehmen wollen, sollten auch ein solches Auto haben. Es könnte das grundlegende Transportmittel sein. Im Austausch gegen einige Arbeitszeit, aber auch unter Preisgabe einigen „Zubehörs, das uns verzärtelt" oder das uns „infantilisiert" (luftgekühlte Sitze, geheizte Sitze im Winter, Motoren für die Verstellung des Sitzes), wäre es sehr viel billiger als unsere jetzigen Autos. Ein entscheidender Vorteil wäre, dass das Auto ein Leben lang halten könnte, weil die Ersatzteile in einer kleinen Werkstatt mit Personal Fabricators hergestellt werden.

4. Die Gesundheit

Krank werden ist zu *der* Nemesis geworden. Eine ernsthafte Krankheit eines Kindes kann eine Familie über eine ganze Generation ruinieren. Die Kosten für die Krankenversicherung steigen ständig, und ebenfalls die für eine Versicherung, mit der Ärzte sich gegen Kunstfehlerklagen wappnen.

Eine Reihe von Ansätzen könnte, zusammengenommen, in diesem Bereich effektiv sein.

- Für einen Teil der Kosten sind die hohen Gehälter für Ärzte und Pflegepersonal verantwortlich. Gleichzeitig sind diese vollkommen überarbeitet. Sehr viele Menschen, die gern auf diesem Gebiet arbeiten würden, können sich die Ausbildung nicht leisten (andere würden in diesem Bereich arbeiten, wenn die Arbeitsbedingungen vernünftiger wären). Viele dieser Menschen sollten, ebenso wie im

Falle der Lehrer, Stipendien erhalten, so dass wir einen Überfluss an ausgebildeten Kräften haben und keinen Mangel.

- Dies ist natürlich ein Gebiet, auf dem der Staat eingreifen sollte. Gelder, die heute dafür verbraucht werden, das zusammenbrechende Lohnarbeitssystem abzustützen, sollten für die Kostensenkung im Gesundheitswesen ausgegeben werden.
- Es wäre hilfreich, wenn Einzelne sich zu einer Gruppe zusammenschließen würden, die ihren eigenen Notfallfonds aufbaut, der in Krisenzeiten Hilfe leisten kann.
- Technologie kann ebenfalls helfen. Wenn man sich vor einem Arztbesuch über alle relevanten Fragen informiert, einschließlich der neuesten Forschung, dann muss man dem Arzt nicht wie ein hilfloses, verzweifeltes Kind gegenübertreten. Die Technologie kann auch zur Gesundheitsvorsorge beitragen, indem sie uns mehr Information liefert.
- Mit den großen Pharmaziekonzernen könnte man ebenso umgehen, wie wir es für den Umgang mit den anderen Großunternehmen vorgeschlagen haben. Hier sind bereits einige Durchbrüche erzielt worden (Halbierung der Kosten für Aids-Medikamente in der Dritten Welt, zum Teil durch generische Medikamente). In dieser Richtung bleibt jedoch noch viel zu tun.
- In jedem Zentren für Neue Arbeit sollte man auch Zugang zu Heilpraktikern haben, und man sollte das Zentrum für die Beratung in allen Fragen der Gesundheit benutzen können.

5. Die Altersvorsorge

Auf der Basis der High-Tech-Eigen-Produktion können wir ganz anders als bisher an dieses Thema herangehen. Das Kernproblem der heutigen Sachlage ist, dass die Sicherheit im Alter, für die viele Menschen ihr Leben lang Geld eingezahlt haben, alles andere als sicher ist. In den Vereinigten Staaten haben viele Menschen das Geld für ihre Altersvorsorge verloren, weil ihre Firma entweder eine Reihe von Betrügereien begangen hat und anschließendBankrott ging (z.B. Enron), oder weil die Aktien und Wertpapiere, in die sie investiert hatten, einen großen Teil ihres Werts verloren haben. In vielen Ländern, besonders in Deutschland, ist die Diskussion um die Kürzung der Renten in vollem Gange.

Es gibt auch noch eine andere Seite. Die Neue Arbeit hat einige Projekte mit älteren Menschen unternommen. Aus dem Beruf auszuscheiden ist für viele wie ein Sturz ins Leere. Die meisten fürchten die Pensionierung deshalb sehr. Eine Verbindung zu einem Nachbarschaftszentrum oder einem Zentrum für Neue Arbeit herzustellen und sich dort an der HTEP zu beteiligen, ist zum heutigen Zeitpunkt *sicherer*, als sich auf seine Rente zu verlassen. Es ist aber auch in manch anderer Hinsicht der bessere Weg.

Der ältere Mensch, die „reife" Frau oder der „reife" Mann, kann weiterhin an den zahlreichen Aktivitäten teilhaben, die das Zentrum anbietet. Es gibt keinen Grund, ihn auszuschließen. Es liegt in der Natur der High-Tech-Eigen-Produktion (so wie es in der Natur der Hausarbeit liegt), dass sie *nicht* begrenzt, sondern *unendlich* ist. Diese Aktivitäten reichen von Kinderbetreuung und Gartenarbeit über alle möglichen künstlerischen Betätigungen und Unterrichten bis zu eigenständiger Herstellung jener Produkte, auf die das jeweilige Zentrum sich spezialisiert hat. Es gibt noch sehr viel mehr, an dem ältere Menschen teilhaben könnten, wobei die investierte Zeit und Energie mit zunehmendem Alter abnehmen könnten. Wenn die reife Person dann ernsthaft gebrechlich wird, könnte ihr der Horror erspart bleiben, zum Sterben in ein Altersheim (sprich: Sterbeheim) abgeschoben zu werden. Sowohl die Betreuung der Kinder als auch die alter Menschen wären Aufgaben, die die Gruppe als Ganzes übernehmen könnte. Unter den gegenwärtigen Bedingungen ist der Druck des Lohnarbeitssystems auf viele der jüngeren Generation viel zu groß, als dass sie noch Zeit und Energie hätten, sich um ihre gebrechlich gewordenen Eltern zu kümmern. Dieser Druck würde dann offensichtlich nicht mehr bestehen.

Es gibt noch andere Fixkosten, die man diskutieren könnte, aber dies sollte als eine erste Skizze genügen. Das machbare Ziel in den genannten Bereichen besteht natürlich nicht darin, den jeweiligen Bereich oder die Kosten völlig abzuschaffen. Das Ziel des Ansatzes der Neuen Arbeit ist es vielmehr, sich möglichst weitgehend den Sachzwängen zu entziehen, die diese Kosten heute mit sich bringen. Es geht insbesondere darum, dass die Angst und die Sorgen, die diese Kosten erzeugen, die Menschen nicht dazu *zwingen*, im Lohnarbeitssystem zu bleiben, wenn sie es lieber hinter sich lassen würden.

Die Medien

Häufig begegne ich jemandem, der mir mit schmeichelnden Worten erklärt, er sei sehr beeindruckt von der Konfiguration von Faktoren, die die Neue Arbeit zusammenführt habe, Faktoren die angeblich unsere Kultur zu einer bedeutenden Wende hinführen könnten: von Methoden der Herstellung in kleinem Rahmen bis hin zu einer neuen Art von vereinfachten Produkten, welche die Eigen-Produktion erleichtern. Und das zusammen mit einer Vielzahl von Projekten, die von noblen Unternehmen bis zu ernstlich im Elend Lebenden reichen – das und dazu noch der machtvolle, den *Geist* ansprechende Reiz, der darin liegt, es den Menschen möglich zu machen, eine Arbeit zu tun, die sie tatsächlich leisten *wollen* – für Sekunden könnte man beinahe glauben, dass all dies tatsächlich eintreten könnte! Das ist es, was einige dieser Menschen sagen. In Wirklichkeit seien das natürlich pure Phantasie und reines Wunschdenken, so fahren sie dann fort. Es gäbe so wenig Chance dafür, dass diese Veränderungen sich tatsächlich in einem größeren Rahmen einstellen könnten wie für einen Schneeball, in der heißesten Hölle nicht zu schmelzen.

Der Grund für ihren Zynismus, so erklären sie dann, seien nicht die Finanziers, die Vorsitzenden verschiedener Aufsichtsräte noch all die käuflichen Politiker. Gegen diese könnten sich die entstehenden Bewegungen, deren Energie die Neue Arbeit zu bündeln bestrebt ist, vielleicht noch durchsetzen. Aber all das werde nichts nützen, und zwar aufgrund der Macht der inzwischen vereinigten, zentralisierten *Medien*. Nichts Hoffnung Versprechendes könne je geschehen. Die Möglichkeiten mögen Legion sein, und sie mögen zum Greifen nahe liegen. Aber eben dieses Zugreifen sei genau das, was sicherlich verhindert werden würde, und zwar durch die reale kontrollierende Macht, die von dem kleinen Bildschirm ausgeht, der die Massen bannt, sie hypnotisiert und in den Schlaf lullt. Wie jeder wisse, seien Kriege zu dem Zweck geführt worden, dass eine kleine Nation (die Engländer) ein weitaus größeres Volk andauernd unter Drogen setzen könne. Das ist der Vergleich, an den wir uns erinnern müssen: Die Struktur der alten Kultur möge, in objektiven Begriffen ausgedrückt, in Scherben liegen, und es möchten überall vielversprechende neue Möglichkeiten aus dem Boden sprießen. Aber da sei das Opium der Medien, und solange jeder seine tägliche, regelmäßige Dosis erhalte, werde sich nichts ändern. Tiefer und immer tieferer Schlaf werde die Oberhand gewinnen.

Meine erste Antwort darauf ist gewöhnlich, dass ich dem nur völlig beipflichten könne. Wenn die Medien so blieben, wie sie heute sind, dann wird unser Schiff genau so weitertreiben, wie es das heute tut, ganz gleich, wie viele Kräfte versuchten, es in eine andere Richtung zu wenden. Aber das sei der ungemein wichtige Angelpunkt, genau wie bei vielem anderen: Die Technologie, die von den Medien verwendet wird, hat sich in den letzten Jahren in Riesensprüngen entwickelt, und zwar bis hin zu einem Punkt, wo sich das Wesen der Medien und (somit) ihr Gebrauch um 180 Grad drehen könnten.

Die Situation ist der im Bereich der Produktion seltsam ähnlich: Dort hat es eine Abfolge von Entwicklungssprüngen gegeben, die von der Riesenfabrik wegführen hin zum kleinen, intimen Personal Fabricator. Überraschenderweise ist es in der ganz unterschiedlich gelagerten Welt der Medien zu einer analogen Abfolge von Sprüngen gekommen. Auch dort wurden neue Technologien erfunden, die wegführen von den riesigen, zentralisierten Strukturen hin zum Individuellen und Verteilten. Deshalb trifft zu, dass es die Murdochs gibt, Fox und CNN, und dass es Städte gibt, in denen nur noch eine Zeitung existiert, und dass die Zahl der Besitzer der großen Konzerne immer weiter abnimmt und die Werbeleute in den Redaktionsräumen immer mehr das Sagen haben. All das steht außer Frage. Aber gleichzeitig ist es *auch* zu einer völlig entgegengesetzten Entwicklung gekommen.

Weil im Kontext des Lehrens oft solche Diskussionen auftauchen, ergreife ich manchmal die Gelegenheit, eine Kristall-Rede zu halten. Ich sage dann in etwa: Gut, es gibt die Festungen des Systems aus Lohnarbeit und Big Business, die Wolkenkratzer in jeder Stadt, die Türme der internationalen Finanzwelt und der bürokratischen Kontrolle, und es gibt auch die Stahlwerke, Ölraffinerien und Automobilfabriken. Wenn einer von euch vor diesen kapituliert und die Hände hebt, dann stimme ich dem natürlich nicht zu, aber ich kann es *verstehen.* Aber was die Medien angeht, wäre eine Kapitulation unentschuldbar und ein trauriger Fehler. Auf diesem Feld haben sich die Gründe für eine Kapitulation, die vielleicht vor einigen Jahren noch bestanden, inzwischen in Luft aufgelöst. Wie im Bereich der Produktion hat es auch hier technologische Fortschritte gegeben, die die Medien in unsere Reichweite bringen, und Teile davon stehen in der Tat kurz davor, die Seite zu wechseln und uns zu Hilfe zu kommen.

Ich erkläre dann weiterhin, dass unsere gegenwärtige Vorstellung von den Medien derart tief in unseren Geist eingeprägt ist, dass es eines geduldigen Prozesses bedarf, um sich Schritt für Schritt von diesen Vorstellungen zu lösen und eine gegenteilige Anschauung zu gewinnen. Ich gehe dann oft von der Tatsache aus, dass es heute dank der Technologie des Internets nicht nur möglich, sondern sogar recht leicht ist, seine eigenen Manuskripte zu publizieren. Es gibt heute eine Reihe von Colleges in den Vereinigten Staaten – ein Beispiel dafür ist das Oberlin College in Ohio –, die ihren Studenten ein komplettes Informationsnetzwerk zur Verfügung stellen. Das macht es einer jungen Studentin, die einen Hang zur Poesie hat, möglich, ein Gedicht, das sie zwei Nächte zuvor geschrieben hat, einem Publikum in Asien und Afrika zu präsentieren. Innerhalb von zwei Tagen erhält sie dann vielleicht Rückmeldungen, Kritik oder Beifall aus den verschiedenen Ländern. Wichtig ist dabei, dass dies nur ein kleines Beispiel ist für ein umfassendes Phänomen, das heute die Verbreitung nicht nur des geschriebenen Wortes, sondern auch von Filmen, Videos, Musik und anderen Dingen betrifft.

Es gibt inzwischen eine ganze Literatur über die frühen utopischen Erwartungen, die viele mit dem Internet verbanden. Im scharfen

Kontrast zu diesen voreiligen Hoffnungen ist die Entwicklung, von der wir hier sprechen, bereits eine Tatsache. Wenn eine Schule in einem entlegenen indischen Dorf Zugang zum Internet hat, dann können die Kinder potentiell alles ansehen, was jemals auf Film oder Video aufgenommen wurde oder was sich in den Sammlungen der größten Bibliotheken der Welt befindet. Dass noch viel zu tun bleibt, bis dieser Zugriff auf alles Wirklichkeit wird, muss nicht erst gesagt werden. Aber der Zugang ist heute möglich, und das ist an sich schon eine transformierende Errungenschaft. Dass die Erfindung einer beweglichen Satztype und des Buchdrucks dagegen als eine Lappalie erscheint, wurde schon oft gesagt.

Ein für die Neue Arbeit wesentlicher Aspekt ist, dass die junge Autorin am Oberlin College nicht darauf warten muss, dass sie „entdeckt" wird. Der ganze nervenaufreibende Prozess, zuerst einmal einen Agenten zu überzeugen und dann einem Verleger gefallen zu müssen, der seinerseits mit großer Wahrscheinlichkeit nur ein kleines Rädchen in einem großen Medienkonzern ist, dessen Interessen völlig anders gelagert sein mögen als die eines Autors im Anfangsstadium, wird mit einem eleganten Schritt umgangen. Ein Manuskript wirklich in Buchform zu publizieren und vielleicht eine bibliophile Ausgabe daraus zu machen, das verlangt noch zusätzliche Anstrengungen. Dazu könnte man jemanden brauchen, der bei der Umschlaggestaltung hilft, und jemand anderen, der das Buchbinden übernimmt. Aber von diesen kleineren Lücken abgesehen, kann man den gesamten Prozess selbst übernehmen.

Ein ebenso machtvoller und zunehmender Wandel hat sich in den letzten paar Jahren im Bereich des Films vollzogen. Es mag sich banal anhören, aber die Umkehr auf diesem Gebiet betraf ganz einfach die *Kosten.* Die Ausrüstung, die man braucht, um einen Film oder ein Video von hoher Qualität herstellen zu können, kostet nur noch einen Bruchteil von dem, was man noch vor einigen Jahren dafür ausgeben musste. Sie ist außerdem viel benutzerfreundlicher, viel kleiner, lässt sich sehr viel leichter an schwierigen Drehorten einsetzen, und das Resultat ist ähnlich gewesen. Dass auch hier noch viel geschehen muss, damit man wirklich Nutzen von dieser Möglichkeit ziehen kann, braucht ebenfalls nicht erwähnt zu werden. Doch wie beim Internet kann der potentielle Dominoeffekt dieser neuen Situation offensichtlich verblüffend sein.

Dass Filme, die von kleinen Crews mit schmalem Budget gedreht werden, ein hohes Niveau haben können, wird nicht mehr angezweifelt. Man braucht sich nur einmal die Liste der Filme anzusehen, die einen Preis beim Sundance Film Festival gewonnen haben, wenn dieses auch bei weitem nicht das einzige Beispiel ist. Die Zahl künstlerisch erstklassiger Filme, die in entlegenen Ländern der Dritten Welt gedreht worden sind, ist inzwischen wahrhaft Legion. Wollte jemand behaupten, die gesamte Maschinerie der Studios mit ihren Star-Systemen sei nötig, um wirklich großartige Ergebnisse zu erzielen, dann könnte man lustvoll den Spieß umdrehen und behaupten, dass genau andersherum ein Schuh daraus wird: Im verderblichen Kontext der großen Studios ein großartiges Kunstwerk zu schaffen ist wahrscheinlich sehr viel *schwieriger* als mit seiner eigenen improvisierten Crew. Fragen Sie irgendjemanden mit hohen Wertmaßstäben, der für eine Zeitung, eine Fernsehstation oder einen der großen Medienkonzerne arbeitet, und er wird Ihnen sagen, dass es gerade dieses Umfeld ist, in dem Qualität nur sehr schwer zu ihrem Recht kommen kann. Inzwischen haben wir jedoch die Möglichkeit, Literatur, Kunst und Musik zu schaffen und natürlich auch journalistische und unterhaltende Werke, mit denen man *direkt* das Publikum ansprechen kann, für das man zu schreiben oder zu komponieren glaubt. Und außerdem können wir ein Publikum von einer unerhörten Größe mit einer Unmittelbarkeit erreichen, von der vor 20 Jahren noch niemand zu träumen gewagt hätte.

Viele der jämmerlichen Klagen über den Zustand der Medienwelt entspringen deshalb eher dem Selbstmitleid und sind Entschuldigungen für mangelndes Talent. Es wäre ein Leichtes, eine umfangreiche Liste von Musikern, Künstlern, Journalisten und Schriftstellern zusammenzustellen, die nahezu allein arbeiten und eigene Plattenlabels, Verlage oder Website-Magazine gründen. (Solch eine Liste wird sich bald ebenfalls auf unserer Website finden.) Dass wir total hilflos sind und mit gebundenen Händen dastehen, während uns die Massenmedien Jauche in die Ohren und ins Gehirn trichtern, ist heute ein überholtes und dümmliches Gejammer. Und es ist sehr bedeutsam, dass dieser Wandel sich mehr oder weniger innerhalb des vergangenen Jahrzehnts vollzogen hat.

Und wie bei Büchern und anderen Texten ist es auch mit der Musik. Vor einigen Jahren wurde es möglich, seine eigenen CDs zu brennen, und das vermittelte eine symbolische Botschaft: CDs sind ein erheblicher Kostenfaktor, zumindest im Leben vieler junger Leute. Wenn man seine eigenen CDs brennt, so umgeht man damit die großen Plattenfirmen. Das ist ein Weg, über den in den vergangenen Jahren sehr viel geschrieben worden ist, und er hat zu einer Schlacht geführt, die noch in vollem Gang und längst noch nicht entschieden ist. Napster wurde beinahe über Nacht berühmt und berüchtigt, nicht zuletzt deshalb, weil es einfach die perfekte Story für unser Zeitalter war. Ein einzelner junger Mann, noch auf dem College, warf den gigantischen Plattenfirmen den Fehdehandschuh hin. Napster machte es möglich, seine Musik *kostenlos* herunterzuladen. Natürlich heulte das Big Business so laut, dass die ganze Welt im Nu davon hörte. Rechtliche Rauch- und Stinkbomben wurden von beiden Seiten geworfen, die Schlacht wogte hin und her und die Front wurde immer undeutlicher. Gegenwärtig gibt es eine ganze Reihe unterschiedlicher und farbenfroher Websites, die Ähnliches anbieten wie das Original von Napster, aber wo genau dann schließlich die Kostengrenzen gezogen werden, scheint noch nicht entschieden zu sein.

Aus der Perspektive der Neuen Arbeit gesehen, stellt Napster natürlich einen Tritt gegen das Schienbein dar, der gepriesen und gefeiert werden sollte wie andere Drachentöter-Taten auch. Aber nach dem Applaus muss eine Diskussion in einem anderen Tonfall folgen. Die Musik völlig kostenlos verfügbar zu machen scheint mir ein großer und ungeschickter *Fehler* zu sein. Es ist allem Anschein nach eine wundervolle, utopische, aber letztlich zum Scheitern verurteilte Idee. Das Ganze war zweifellos ein überschwenglicher Beginn, aber die Sache muss neu organisiert und überdacht werden und braucht einen neuen Ansatz.

Dabei sollte man zuerst einmal bedenken, dass es durchaus nicht selbstverständlich ist, dass die Musik kostenlos sein *sollte*. Schließlich gibt es Menschen, die diese Musik machen, und es verlangt nicht nur Talent, sondern auch viel Übung, um gute Musik machen zu können. Selbst Menschen, die die Härten des Lebens nicht am eigenen Leib kennen gelernt haben, wissen im Allgemeinen, dass es Musiker im Großen und Ganzen nicht gerade leicht haben, auch wenn es heute einige eklatante Ausnahmen von dieser Regel gibt. Wenn Menschen mit vollem Recht für sich beanspruchen können, etwas von „Wert" zu schaffen, dann gehören die Musiker sicherlich dazu. (Wenn Freude oder Befriedigung ein Maßstab für Wert ist – was in der Wirtschaftswissenschaft, aber auch in der Moraltheorie oft behauptet worden ist –, dann hat Mozart mit seinem Federkiel weitaus mehr Wert geschaffen als 50 Großunternehmen!) Musiker sollten unbedingt für ihre Musik Entlohnung erhalten, sie sollten vielmehr *mehr* bekommen, als die Musikbranche ihnen bisher hat zukommen lassen.

Im Zentrum für Neue Arbeit in Asheville, Nordkarolina, haben wir ein kleines Unternehmen mit dem Namen Musician's Gate („Tor der Musiker") gegründet. Asheville ist eine Stadt, die mit einer Fülle lokaler Musiktalente gesegnet ist. In der Vergangenheit verhärmten viele von ihnen ihr Leben mit zumeist ziemlich halbherzigen Bemühungen, bis sie es schließlich aufgaben und unentdeckt blieben. Jene, die Erfolg hatten, wurden missbraucht und ausgebeutet. Die großen Plattenfirmen zwangen sie, durch unzählige Reifen zu springen, ihrer Kunst ging im Laufe dieses Prozesses die Luft aus und erschöpfte sich. Dann nahmen die Plattenfirmen den Löwenanteil des Verdienstes (gewöhnlich um die 85 Prozent), entließen die Musiker und schickten sie in ihr Dorf zurück. Musician's Gate wurde als echte Dienstleistung konzipiert. Jedermann aus der Stadt oder der Region konnte dorthin kommen, entweder mit einem Demo-Band oder einer CD, mit einer Gruppe oder einer Band, und einen Vertrag abschließen. Musician's Gate half dann mit Unterstützung einer Website, ihre Musik zu verbreiten und zu senden. Wenn sich herausstellte, dass das Publikum ihre Musik mochte, dann erhielten die Musiker fast die gesamte Summe der Einnahmen. Von dieser Summe wurde nur ein relativ kleiner Beitrag (etwa 7 Prozent) für die Dienstleistung von Musician's Gate abgezogen.

Um keine Missverständnisse aufkommen zu lassen: wir beanspruchen keinerlei „Originalität" für das, was dieses Zentrum getan hat. Ganz im Gegenteil, ähnliche Bemühungen werden heute in einer wachsenden Zahl von Gemeinschaften in aller Welt unternommen. Das Wichtige ist das unterschiedliche Prinzip, die Grundkonzeption. Es geht nicht darum, sich aus der Ökonomie des Geldes auszuklinken, wenn man durch das Tor der Musik eintritt. Der eigentliche Zweck besteht darin, sicherzustellen, dass die Musiker *besser als in der Vergangenheit* bezahlt werden, und zwar in einem Maße, das dem Wert, den sie geschaffen haben, *angemessen* ist.

Hierin wird der eklatante Unterschied zu Napster deutlich. Napster zielte darauf ab, die Musik praktisch kostenlos zur Verfügung zu stellen. Lässt man einmal all die anderen Fragen beiseite, die dieser Ansatz aufwirft, scheint er doch der falsche zu sein. Um es drastisch zu formulieren: Die Möglichkeit, die das Internet bietet, wurde verspielt oder jedenfalls nur zur Hälfte ausgenutzt. Die Hälfte dieser Möglichkeiten bestand darin, die Macht der großen Plattenfirmen zu beschneiden. Diese Hälfte wurde von Napster zweifellos wahrgenommen. Aber Napster vergaß die andere, viel explosivere Hälfte. Sie bestand darin, die Möglichkeiten des Internets zu nutzen, um zu gewährleisten, dass die Musiker, die die Musik geschaffen haben, angemessen und prompt dafür *bezahlt* werden.

Wir besitzen heute die Technologie, die notwendig ist, um eine Wende auf dem Gebiet der Medien herbeizuführen, die ebenso erstaunlich ist wie die Wende, die heute im Bereich der Produktion möglich ist. Wie nachdrücklich diese Wende sein könnte, ließe sich folgendermaßen formulieren: Es besteht die Möglichkeit, dass die „Medien" als „Institution" und als eigenständige „Industrie" völlig verschwinden. Das sind natürlich Gegebenheiten, wie sie in den meisten Kulturen bis vor ungefähr 120 Jahren funktionierten. Das Bild, das sich im Rückblick herausschälen könnte, ist, dass bald nach der Erfindung des Radios, der Aufnahme von Musik, des Films und des Fernsehens diese Mittel der Kommunikation von kommerziellen Firmen an sich gerissen wurden. Die Werbung spielte bei dieser Usurpation eine Schlüsselrolle. Dieses Phänomen war jedoch relativ kurzlebig, denn schließlich wurden diese Mittel wieder in die alltäglichen, natürlichen Ausdrucksmittel der Kultur integriert. So wie die Menschen einst Briefe schrieben, Musik machten oder tanzten, einfach um sich selbst zum Ausdruck zu bringen, so könnten viele Menschen schon in naher Zukunft einen Film machen, Musik senden oder sie auf Band oder CD aufnehmen. Es ist offensichtlich, dass wir in vielen Bereichen bereits in diese Richtung gehen. Wenn es in vollem Umfang dazu kommt, würde das unsere Lebensqualität sicherlich verändern.

Der zunehmende Druck der Lohnarbeit hat in den letzten Jahrzehnten viel von dem erstickt, was einmal die Qualität unseres Lebens ausmachte. Diese Entwicklung könnte heute umgekehrt werden. Wenn immer mehr Menschen die High-Tech-Eigen-Produktion praktizieren und die Lohnarbeit zurückgeht, dann werden viele Menschen wieder die Energie und die Zeit haben, um diese Technologien dazu zu nutzen, das eigene Leben reicher und attraktiver zu gestalten. Eine der Aufgaben der Associates der Neuen Arbeit besteht darin, den Menschen einen Eindruck von dem enormen Reichtum des Materials zu verschaffen, das heute bereits existiert. Wir versuchen die Leute zu Discjockeys auszubilden, die jeden Song auflegen können, der jemals aufgenommen wurde, oder die jeden Film, jedes Video aus dem unendlich großen Fundus spielen können, der in den verschiedensten Archiven, Sammlungen, Kellern und Bibliotheken liegt. Wir zielen damit teilweise darauf ab, die Menschen von der unglaublich monotonen und verdummenden kulturellen „Diät" wegzulocken, an die sie heute gewöhnt sind.

Es gibt noch eine Aufgabe, tiefer reichend und von größerer Durchschlagskraft, die von den Zentren für Neue Arbeit erfüllt werden muss. Es geht um die Bündelung, die Kombination und die Integration der vielen verschiedenen Strömungen, die alle Facetten der neuen, kommenden Kultur sind und die alle sehr viel verteilter, viel dezentraler, weniger hierarchisch und viel individueller sind als die Institutionen der alten Kultur – und die deshalb die Persönlichkeit stärker entwickeln und lebensfröhlicher sind. Es ist unerlässlich, diese miteinander zu kombinieren, sie zu vernetzen und miteinander zu verschmelzen. Das muss erreicht werden, weil sie nur dann als Alternative sichtbar werden, wenn der Zugang zu ihnen in einem Zentrum und durch ein Zentrum vereinigt worden ist. Nur dann werden die vielen einzelnen Strömungen der High-Tech-Eigen-Produktion zu einem ökonomischen Unterschied führen, der groß genug ist, um die Lohnarbeit wirklich reduzieren zu können (vielleicht bis auf einen Tag pro Woche), und nur dann wird es möglich sein, dass nur ein Tag HTEP nötig ist, um ein Leben führen zu können, in dem man die verbleibenden Tage einer Arbeit widmen kann, die man „wirklich, wirklich *will*".

Im Zuge der angestrebten „Umkehrung" ist es eine in politischer Hinsicht ungemein wichtige Aufgabe, dass wir uns „die Medien wieder aneignen", etwa in dem Sinne, in dem die Feministinnen davon gesprochen haben, sich „die Nacht wieder anzueignen". Es ist klar, dass Vorlesungen, Seminare und einige Bücher die Denkweise der großen Masse nicht verändern werden. Um eine sehr große Zahl von Menschen davon zu überzeugen, dass es tatsächlich eine Alternative gibt, werden wir ein ganzes Arsenal von Videos, Filmen und CDs brauchen sowie viele Orte, an denen man die Neue Arbeit eingehend studieren kann – wie etwa in den Zentren, die wir zurzeit in Freiburg und Wuppertal entwickeln. Wir stehen vor einer ungeheuren pädagogischen Herausforderung, und ohne volle Nutzung der Medien haben wir keine Chance, sie zu meistern.

Eine solche von den neuen *unabhängigen* Medien getragene Umerziehungskampagne sollte natürlich alle Themen der Neuen Arbeit ansprechen, wobei ein Thema Priorität verdient: welch außerordentlich hohen Preis wir für das Aufpolieren, die Abstützung und Verbarrikadierung sowie den Versuch der Wiederbelebung des dahinsiechenden Lohnarbeitssystems gezahlt haben. Dabei wäre es wichtig, die Details beim Namen zu nennen, gleichzeitig aber auch das große Bild zu malen, den ganzen Überbau darzustellen, in den diese Details hineinpassen. (Das Beispiel anhand der Berichte über die Verrenkungen, die eine bestimmte Stadt unternommen hat, um eine bestimmte Fabrik eines bestimmten Unternehmens anzuziehen, im Vergleich zu einer sorgfältigen Analyse der genauen Zahl von Arbeitsplätzen, die dadurch gewonnen wurde, wurde bereits erwähnt. Jetzt möchte ich hinzufügen, dass die Neue Arbeit mithelfen sollte, diese Vignetten miteinander zu verknüpfen, so dass schließlich ein aussagekräftiger Wandteppich daraus wird.)

Wenn sich die Medienkampagne zur Unterstützung der Neuen Arbeit weiterentwickelt, dann sollten einige Filme oder Fernsehsendungen auch die damit implizierte *Entwarnung* bekräftigen. Was wir vorschlagen, ist so bescheiden, dass es wirklich nur ein Scheibchen vom großen Kuchen der Ökonomie ausmacht. Wir rufen nicht zu einem langen Marsch durch die Weiten Chinas auf. Wir schlagen nur vor, einige Geldmittel in eine andere Richtung zu lenken. Es geht dabei nicht einmal um mehr oder um neues Geld, sondern nur um andere Kanäle, in die ein Teil sowieso schon ausgegebenen Geldes gelenkt wird.

Die Konzerne

Seit dem Ende des Kalten Krieges wurde unser politisches Leben von der Kopplung von Business, Lohnarbeit und Arbeitsplätzen dominiert. Dies hat den Business-Sektor allmählich in eine Position nahezu absoluter Macht erhoben, und alle politischen Parteien haben immer wieder vor dieser Macht kapituliert. Unermüdlich haben Associates der Neuen Arbeit in zahllosen Vorträgen, Seminaren und Workshops darauf hingewiesen, dass es eine hoffnungslos zum Scheitern verurteilte Strategie ist, sich dem Big Business derart zu unterwerfen. Denn eines ist klar: Die großen Unternehmen schaffen keine Arbeitsplätze, sie vernichten diese. Wenn auf dem gegenwärtigen Stand unserer Entwicklung überhaupt Arbeitsplätze geschaffen werden, dann eher von den kleinen Firmen. Und sie haben darauf hingewiesen, dass es, schlimmer noch, eine kontraproduktive Strategie ist. Denn in der überwiegenden Mehrzahl der Fälle kann man zeigen, dass die Gelder, die man dem Big Business ausgehändigt hat, *nicht* dazu verwendet wurden, Arbeitsplätze zu schaffen, sondern genau das Gegenteil.

Die tatsächlichen finanziellen Zuwendungen an die Karawanen verschiedener Unternehmen sind ein bloßer Anfang, die Spitze des Eisbergs. Viele Menschen haben nur eine vage Ahnung davon, wie häufig es zu solchen Zahlungen kommt und um welche Unsummen es dabei geht. (In dieser Hinsicht ist die Neue Arbeit ein größerer Verfechter des „freien Handels“ als jene, die diese Idee predigen. Man sollte es kranken Unternehmen tatsächlich erlauben *zu sterben.* Die Rettung von Arbeitsplätzen darf kein Vorwand mehr sein, um große Summen Geldes in ihre sklerotischen Adern zu pumpen.)

Sehr viel mehr ist geschrieben worden über die himmelschreienden Summen, die in praktisch allen Ländern der westlichen Welt an die Bauern ausgeteilt werden – oft als Bestechung dafür, dass sie *keinen* Weizen oder *keine* Kartoffeln anbauen –, sowie über die leidigen Subventionen für einige der alten Industriezwege, den Kohlebergbau und die Stahl-industrie. Deutschland und die Vereinigten Staaten haben sich diesbezüglich besonders hervorgetan.

All diese Zahlungen sind immer noch nur ein Teil der Spitze des Eisbergs von Geld, das verschwendet wird, um das sinkende Schiff des Lohnarbeitssystems über Wasser zu halten. Es gibt keinen Grund dafür, die enormen Steuersenkungen, die Bush durchgesetzt hat, nicht als weiteres Beispiel anzuführen. Im Vergleich zu anderen, ähnlichen Maßnahmen ist dies ein reichlich durchsichtiges Manöver. Wir sprechen hier buchstäblich von Billionen von Dollars, die an die Reichen weitergegeben werden, angeblich, weil das Arbeitsplätze schaffen soll! Und während diese astronomischen Beträge übergeben werden, steht der größte Teil des Landes demütig bettelnd da. Die unzähligen Maßnahmen seit 1989, die man in einer Liste unter der Überschrift „Schaffung eines unternehmensfreundlichen Klimas“ zusammenfassen könnte, reichen von der allmählichen Entmachtung der Gewerkschaften über die Genehmigung immer niedrigerer Löhne bis zur Duldung der Übertretung von Gesetzen zum Schutze der Umwelt, weil die Einhaltung dieser Gesetze die Profite verringern würde. Auch dies sind Opfer, die wir lammfromm auf dem monströsen Altar des Big Business darbringen, natürlich immer verbunden mit der flehentlichen Bitte, dieser Gott möge uns doch die Krumen einiger Arbeitsplätze zuwerfen. Und immer noch haben wir nur die gröbsten und offensichtlichsten Maßnahmen dieser Liste genannt.

Wollten wir in die subtileren Einzelheiten gehen, würde ein weiterer großer Bereich in den Blick gerückt: die Budgetkürzungen, die heute auch noch schamlos „Reformen“ genannt werden. Eines Tages wird man die Geschichte dieses Aspekts schreiben, und vielleicht werden dann viele Menschen einen Schrei des Empörung ausstoßen. Dieser Bereich ist wahrlich von enormen Ausmaßen: Denken Sie nur an Krankenhäuser, die wie gewinnorientierte Unternehmen organisiert werden, mit Ärzten, die von Buchhaltern überwacht werden. Und warum? Letztlich um das Gesundheitswesen billiger zu machen, damit die Regierung sich die Steuerkürzungen für das Big Business leisten kann. Dasselbe betrifft auch den Bereich der Erziehung, von den Kindergärten bis hinauf zu den Universitäten. Aber ebenso lässt man Orchester und Theater Bankrott gehen und schließt Museen. Es ist in der Tat zu einem skrupellosen Ausverkauf und einer hemmungslosen Plünderung dessen gekommen, was einmal unsere „Kultur“ ausgemacht hat. Ich habe dies das Verbrennen der Geigen genannt, weil wir dabei ganz offensichtlich vor nichts Halt machen.

Der Kern dessen, was wir hinsichtlich der Unternehmen und Konzerne sagen, lässt sich in einem Satz zusammenfassen: Ziehen Sie einmal Bilanz, was wir dem Big Business in den Rachen geworfen haben und wie viele Arbeitsplätze wir als Gegenleistung erhalten haben. Machen Sie sich, mit anderen Worten, ein Bild davon, was ein Arbeitsplatz im Durchschnitt kostet. Natürlich gibt es da die Grundinvestitionen, und es ist allgemein bekannt, dass die zunehmenden Kosten der Technologie diese Basiskosten Jahr für Jahr erhöhen. Aber wir haben jetzt eine ungefähre Vorstellung von den exorbitanten *zusätzlichen* Zuwendungen, die hier in die Waagschale gelegt wurden. Betrachten Sie diese als die eine Seite der Gleichung, sehen Sie zu, was auf der anderen Seite herauskommt.

Wir sind weit entfernt davon, der Geschäftswelt bombastisch und großsprecherisch den Krieg zu erklären. Das wäre nicht nur von Anfang an zum Scheitern verurteilt, es würde auch Menschen abschrecken, die unsere Verbündeten sein könnten, und was das Wichtigste ist, es würde völlig dem Mozart'schen Geist der Neuen Arbeit widersprechen. Hätten wir zu Cromwells Zeiten gelebt, hätten wir gesagt: „Um Himmels willen, schlagt dem König nicht den Kopf ab. Das würde nur eine Restauration garantieren. Nein, verdammt ihn stattdessen dazu, auf einem Dreirad radelnd Eiscreme zu verkaufen." So ist es auch mit uns; alles, was wir wollen, ist, die absolute Herrschaft der Konzerne zu beenden. Die Bettelei und die Bestechungen müssen aufhören. Wir sind nicht „gegen" sie. Wenn sie an den Platz verwiesen werden, der ihnen zusteht, könnten sie sehr nützlich werden. Und das hoffen wir zu erreichen, indem wir die Dinge, die wir wirklich haben wollen, selbst herstellen. Wir wollen uns keiner Erpressung mehr beugen. Wenn ein Unternehmen gehen will, dann werden wir es nicht zurückhalten. Wie gesagt, wir wollen in der Position sein, ihnen sagen zu können: „Geht doch, wenn ihr wollt, unseretwegen sogar nach Grönland." Und um diesen Rat noch etwas weiter auszumalen: Wir haben gar nichts dagegen, wenn sie dort produzieren, was immer sie noch nach der Einführung des HTEP glauben verkaufen zu können. Wir sind humorvoll und freundlich: Wir werden ihnen sogar gelegentlich dies oder jenes abkaufen. Aber wir werden darauf bestehen, dass der Preis, den wir zahlen, ihrem marginalen und tiefgekühlten Standort entspricht.

Nun aber in aller Klarheit und ohne Scherzworte noch Folgendes: Wir sind meilenweit entfernt von den Sprüchen, die in den sechziger Jahren in vieler Munde waren. Wir würden nie vom „Zerschlagen" des Kapitalismus reden oder ähnliche vom Faschismus geborgte Wörter gebrauchen. Unser Bild ist ganz einfach und deutlich: Es gibt zwei weitere Entwicklungsmöglichkeiten. Wenn wir weiter in dem verriegelten Zug fahren, wird die Situation in all der Vielfalt, die wir schon beschrieben haben, immer katastrophaler werden. Unser Versuch – in einem Satz – hat die Absicht, den Kapitalismus *in einer anderen Richtung weiterzuentwickeln.* Deshalb das Wort „Wende". Die Vorstellung die wir damit verbinden, ist nicht die von einer Umkehr um 180 Grad, sondern von einer Drehung, einer Richtungsänderung, bildhaft gesprochen, um 90 Grad. Wir sind dabei, *fehlende Teile* zu entwickeln, Teile, die den Kapitalismus ergänzen, ganz deutlich verbessern und unter Umständen sogar vor seiner Selbstzerstörung bewahren. Die Wende kann also auch als eine Wende von dem „immer weiter nach unten“ zu einem „endlich wieder nach oben“ gedacht werden. Was wir am Kapitalismus ergänzen, austauschen, verbessern und zu einer Wende bringen wollen, das haben wir bestimmt gründlich und oft genug gesagt: Der Teufel in dem in den letzten 20 Jahren gespielten Stück war das Lohnarbeitssystem. Das wollen wir intelligenter, humaner und fröhlicher machen. Wenn uns das gelingt, dann wird sich aus dem bisherigen Kapitalismus eine weit überlegene, auch weit produktivere Wirtschaftsform entwickeln.

Die Struktur der Ökonomie der Neuen Arbeit

1. Arbeit

Die erste und grundlegendste Tatsache der Ökonomie der Neuen Arbeit ist, dass in ihr jedermann ohne Ausnahme wird arbeiten können. Das bedeutet nicht, dass die Leute Steine klopfen oder eine sonstige geisttötende Arbeit leisten *dürfen*. Im Gegenteil, die Arbeit wird herausfordernd und sinnvoll sein und wird die Persönlichkeit weiterentwickeln. Die Menschen werden an der High-Tech-Eigen-Produktion teilhaben, und das wird viel mit dem gemeinsam haben, was das Beste am Leben der Bauern war. Es wird eine Arbeit sein, die unmittelbar zum eigenen Unterhalt und dem der Menschen um einen herum beiträgt. Darum wird sie wirklich als sinnvoll erlebt. Gleichzeitig wird diese Arbeit das ausschließen, was das Schlimmste am Leben der Bauern war, nämlich die andauernde und allmählich abstumpfende Erschöpfung, die sich daraus ergibt, dass man viele Jahre lang von Sonnenaufgang bis Sonnenuntergang hart arbeiten muss. Wer an der HTEP teilnimmt, wird in viele verschiedene Tätigkeiten involviert, Tätigkeiten, die sowohl Urteilsvermögen als auch Geschmack verlangen, und bei dieser Tätigkeit wird man einen Fülle verschiedener Fertigkeiten erlernen.

Die akademische Wirtschaftswissenschaft hat das Thema Arbeit und damit auch das Thema Arbeitslosigkeit schon immer als eine *externality* behandelt, als etwas Hinzukommendes, das nicht eigentlich Teil des Gegenstands der Wirtschaftswissenschaft ist, und deshalb keine tiefer gehende Bedeutung hat. Das, so scheint mir, ist die dieses Fachgebiet am meisten verdammende Schande. Die Neue Arbeit nimmt den genau entgegengesetzten Standpunkt ein: Wenn es überhaupt so etwas wie eine Wirtschaftswissenschaft geben kann, dann ist ihre grundlegendste Aufgabe natürlich, Wege aufzuzeigen, wie Menschen ihren Unterhalt bestreiten können, und zwar Möglichkeiten, die den Menschen die Gelegenheit geben, sich zu entwickeln und zu einem vollkommenen Menschen zu werden.

Den Zentren für Neue Arbeit werden die Werkzeuge zur Verfügung gestellt, die Unterstützung und die Infrastruktur, die jeden, der danach fragt, schon am ersten Tag mit dieser Art der Eigen-Produktion bekannt machen wird. Dies ist jedoch nur die Grundlage, die Plattform; sie stellt nur das bereit, was ein angenehmes Leben möglich macht. Aber selbst bei dieser Arbeit wird man jeden vom ersten Tag an fragen, was er von den vielen Möglichkeiten, die das Zentrum anbietet, denn wirklich, wirklich tun möchte. Die Aufgabe des Zentrums besteht darin, den Menschen zusätzlich zu dieser Arbeit noch zu zwei weiteren Arten von Arbeit zu verhelfen: zu etwas Lohnarbeit – ein oder zwei Tage in der Woche gegen Bargeld – und darüber hinaus zu ihrer Berufung, ihrem „calling".

2. Neue Arbeit und die im Elend Lebenden

Die Neue Arbeit wird dafür sorgen, dass die im Elend Lebenden nicht nur Nahrung und Bekleidung erhalten. Die High-Tech-Eigen-Produktion wird ihnen aus ihrer Armut der Begierde heraushelfen. Von Anfang an werden diese Menschen auf dem Weg dazu sein, „jemand zu werden". Sie werden selbstbewusster werden, fröhlicher und stärker. Wir wissen aus Tausenden von Erfahrungen, dass die im Elend Lebenden sich auf diese Weise verändern, wenn man ihnen die Möglichkeit gibt, selbst Geräte und Utensilien herzustellen.

Dies wird mehr sein als die „Beseitigung der Armut". In jedem Zentrum werden sie die Gelegenheit erhalten, für sich selbst die Grundlagen für ein attraktives Leben herzustellen. Sie werden sich auf dem Weg hinauf zum Basislager am Fuß des Berges befinden. Der eigentliche Aufstieg kommt erst später. Sie werden nicht ausnahmslos glücklich und strahlend aussehen wie *alle* Kinder auf jedem Poster mit dem Vorsitzenden Mao. Aber unsere Städte werden anders aussehen; die Slums und Elendsviertel werden verschwinden. An den Straßenkreuzungen wird es nicht mehr haufenweise junge Männer geben, die versuchen, die Windschutzscheibe zu waschen oder Orangen oder Kaugummi zu verkaufen. Die Menschen, die in den städtischen Bussen und Untergrundbahnen fahren, werden nicht mehr aussehen wie Gefangene, die in ein anderes Lager verlegt werden.

Der ständige Druck, die Wirtschaft immer schneller und schneller anzutreiben, wird nicht nur nachlassen. Er wird umgekehrt werden. Jene, die in unserem gegenwärtigen System ihren Unterhalt verdienen wollen, haben keine Alternative: sie brauchen einen Arbeitsplatz. Angesichts der ständig fortschreitenden Automatisierung müssen deshalb ständig neue Arbeitsplätze geschaffen werden, und das ist nur durch ständiges wirtschaftliches Wachstum zu erreichen. Das wird sich ändern. Viele werden erkennen, dass sie eine Wahl haben: Allmählich werden sie weniger Lohnarbeit leisten und dafür mehr Arbeit im Bereich der HTEP tun. Kurz gesagt: Wir werden es möglich machen, dass der Bereich der Lohnarbeit schrumpft, weil die Arbeit der HTEP zunehmen wird.

Das wird so sein, als verlagerten wir das Gewicht von einem Fuß auf den anderen: Wir nehmen Gewicht vom Lohnarbeitssystem weg, legen dafür mehr Gewicht auf die HTEP. Damit wird der ständige Niedergang aufgehalten. Die HTEP wird den im Elend Lebenden Boden unter den Füßen verschaffen, und das wird die stetig zunehmende Kluft zwischen den Reichen und den Armen wieder verringern. Wenn der Druck nachlässt, brauchen wir auch nicht mehr unsere Geigen zu verbrennen und können Raubbau an unseren natürlichen Ressourcen beenden. Statt der Wirtschaft immer mehr und mehr von unserem Leben zu opfern, wird die Ökonomie die Menschen, denen sie dient, auf Ebenen immer höherer Entfaltung ihrer Menschlichkeit heben.

3. Die Leichtigkeit der High-Tech-Eigen-Produktion

Die Eigenschaft der HTEP, die wir stärker betonen als alle anderen, ist ihre „Leichtigkeit". Denn der Impuls, der uns ursprünglich dazu getrieben hat, diese Idee zu entwickeln, war die Tatsache, dass die meisten Menschen von einem Übermaß an geisttötender Arbeit verkrüppelt werden. Das ist das Elend, das zu beseitigen wir uns aufgemacht haben. Die Grundidee war kindlich einfach: Wenn wir schon in der Lage sind, Technologien zu entwickeln, die es uns ermöglichen, über größere Entfernung mit Hilfe von Fernsehmonitoren chirurgische Eingriffe vorzunehmen, und wenn wir Maschinen Molekül für Molekül aufbauen oder Raketen zum Mars schicken können, dann wäre es lächerlich anzunehmen, dass wir nicht die Geräte zu bauen vermögen, die es der Menschheit erlauben würde, ein attraktives Leben zu führen.

Vielleicht waren die Vorgaben ja mehr als lächerlich, vielleicht waren sie pervers und grotesk. Denn unser Vermögen, *Überschuss* zu produzieren, holt uns von allen Seiten ein: Wir zahlen den Bauern hohe Summen, damit sie ihre Felder *nicht* bestellen; der Alptraum der Automobilindustrie ist, dass sie weit mehr Autos herstellen kann, als sie jemals hoffen könnte zu verkaufen. Und trotz des rhetorischen Geredes vom „freien Markt" haben wir Gesetze gegen Länder, die Güter zu billig verkaufen (das nennen wir dann „Dumping"). Und das übelste Zeichen unseres Vermögens, Überschuss zu produzieren: Wir haben Millionen, die keine Arbeit finden können. Und obwohl all dieser Überfluss durch jedes Fenster und jede Tür hereinströmt, sind wir immer noch nicht bereit zuzugeben, dass wir alle, und nicht nur eine Elite, auch mit entschieden weniger Arbeit ein mit allen Annehmlichkeiten ausgestattetes Leben führen könnten.

Wir – also die Mobilisierung der Neuen Arbeit – haben uns schon vor langer Zeit entschlossen, gegen dieser Haltung etwas Greifbares entgegenzustellen, und zwar einen Prozess der schrittweisen konkreten Demonstration. Wir haben eine Technologie nach der anderen aufgefunden und jede wie einen Baustein in ein Ganzes eingepasst, bis wir, auf dem heutigen Stand, zu einem Konstrukt gelangt sind: Eine Zusammenführung von Technologien, die es jedermann erlauben, die meisten Produkte, die für ein attraktives Leben nötig sind, in wenigen Stunden Arbeit pro Woche *selbst* herzustellen.

Zum heutigen Zeitpunkt ist das Ganze ein Projekt mit vielen Facetten geworden, an dem Gruppen von Associates in vielen Ländern beteiligt sind. Sie arbeiten an einer enormen Spannbreite unterschiedlicher Unternehmungen. Sie entwerfen neue Produkte und Apparate, aber sie entwickeln auch Methoden zum Anbau von Nahrungsmitteln, während sie gleichzeitig neue Nutzpflanzen züchten, die sich besonders zum Anbau in Städten eignen. (Die *Züchtung* neuer Nutzpflanzen ist natürlich etwas ganz anderes als die Erzeugung neuer Nutzpflanzen durch Genmanipulation.) Und nicht nur das: Sie suchen auch nach neuen Möglichkeiten des Gebrauchs von Materialien, die in Hülle und Fülle vorhanden sind, beispielsweise Sand. (Die Hoffnung ist, eines Tages aus den im Sand enthaltenen Silikaten ein den Zement *übertreffendes* Baumaterial zu erzeugen.) Das Ganze ist ein Unternehmen, das vor zehn Jahren noch nicht umsetzbar gewesen wäre, denn damals war ein globales Netzwerk völlig verschiedener Menschen, die sich alle der Verwirklichung eines einzigen Ziels widmen, noch jenseits unserer Möglichkeiten. Doch heute ist dieses Netzwerk im Entstehen. Der Enthusiasmus und das Engagement ihrer Teilnehmer suchen wahrscheinlich ihresgleichen, denn es hat noch nie ein derart aufregendes Ziel gegeben: nämlich die Zusammenführung der technologischen Mittel, die es den Menschen ermöglichen, alles, was sie für ein attraktives Leben brauchen, selbst zu produzieren. (Man muss dabei verstehen, wie viel davon *ausgeschlossen* bleibt. Die HTEP ist NICHT der Versuch, den Punkt zu erreichen, wo man alles und jedes in kleinen Werkstätten oder mit einem Personal Fabricator herstellen kann. Große Verkehrsflugzeuge und Öltanker werden gewiss nie auf diese Weise produziert werden, aber sie gehören auch nicht zu den 38 Produkten, welche die Grundlage für ein fröhliches, lebenswertes und die Lebenslust anregendes Leben darstellen.)

4. High-Tech-Eigen-Produktion für die „Laptop-Menschen"

In der gegenwärtigen Phase verbreiten sich die Praktiken der High-Tech-Eigen-Produktion am schnellsten an den beiden Endpunkten des sozialen Spektrums. Dass sie für die 70 bis 80 Prozent der im Elend Lebenden sinnvoll sind, wird mit jedem Tag offensichtlicher. Aber sie verbreiten sich auch rasch am anderen Ende: unter den Erfolgreichsten, das heißt besonders unter den Hochbegabten, die in Forschungslaboratorien, an den Universitäten und in der Computerindustrie arbeiten. Diese leben auf der ganzen Welt in unzähligen Oasen, auch wenn es in einigen sehr armen Ländern natürlich sehr viel weniger von ihnen gibt als in den Ländern, die den größten Reichtum besitzen. In den Vereinigten Staaten machen sie heute nach einigen Schätzungen beinahe ein Viertel aller Arbeitskräfte aus. Sie fühlen sich aus ganz anderen Gründen als die im Elend Lebenden zur HTEP hingezogen.

Was in ihrem Fall entscheidend ist, ist die Leidenschaft, mit der sie ihrer Arbeit nachgehen wollen. Für viele ist dies der höchste Wert. Innerhalb des Lohnarbeitssystems ist die Arbeitserfahrung der meisten eine fast unablässige Unterwerfung unter Zwänge, die endlose Forderung, sich Kompromissen zu fügen, mit denen sie sich prostituieren. Für sie ist die High-Tech-Eigen-Produktion eine enorme Erleichterung, beinahe eine Art Erlösung. Ihre Entscheidung, eine Verbindung mit einem Zentrum für Neue Arbeit einzugehen, befreit sie endlich von diesem Druck. Es beseitigt den Berg von Hindernissen, die ständig der einen Sache im Wege stehen, die sie lieben, und das ist, der Arbeit, *ihrer* Arbeit nachzugehen.

Um dies in noch praktischeren Begriffen zu formulieren: Zweifellos zwingt die HTEP sie zu *einigen* Opfern; sie verlangt ein gewisses Maß an Arbeit, auch wenn diese herausfordernd, sinnvoll und abwechslungsreich ist. Und sie verlangt auch, dass man mit einfacheren, funktionaleren und weniger luxuriösen Produkten lebt, die weniger Schnickschnack haben. Das Ergebnis ist eine Gleichung: Das Opfer dieser Arbeit und dieses Verlustes an Luxus ist für sie längst nicht so schwerwiegend wie die Belastungen und Frustrationen, die mit ihrem Arbeitsplatz einhergehen. Viele von ihnen fällen deshalb eine klare Entscheidung: Was ihre materielle Sicherheit und ihre Lebensgrundlage angeht, verlassen sie sich auf die High-Tech-Eigen-Produktion und handeln sich damit weitaus größere Freiheit in ihrer Arbeit ein! (Hier sei hinzugefügt, dass viele von ihnen natürlich immer noch mit ihrer Beratertätigkeit, mit den Entdeckungen, die sie machen, oder mit der Software, die sie schreiben, Geld verdienen. Der Unterschied liegt im *Grad* der Abhängigkeit. Sie beziehen das, was sie zur Befriedigung ihrer Grundbedürfnisse brauchen, nicht mehr aus ihrer Arbeit. Das produzieren sie selbst. Was sie mit ihrer Arbeit verdienen, ist ein willkommener Bonus, ein Extra, etwas, das Anlass zum Feiern gibt. Auch hier ist die Ähnlichkeit zu dem Leben, das die Künstler schon seit Generationen führen, nicht zu übersehen. Man kann sich dies noch konkreter vorstellen: Viele dieser sehr fortschrittlich denkenden Menschen suchen den Zugang zu einem Zentrum der Neuen Arbeit. Sie wollen dessen Werkstätten benutzen, die Räume, die Computer und die Gewächshäuser, und sie und ihre Kinder werden einen großen Teil ihrer Zeit dort verbringen. Aber sie werden auch auf ihrem privaten Lebensraum bestehen. Es ist durchaus möglich, dass dies ultramoderne, flexible und mobile zusammenlegbare Wohneinheiten sein werden, die sich auf einem Dach aufbauen lassen, auf einem Parkplatz, oder Einheiten, die man einfach an andere, bereits bestehende Einheiten anbauen kann. Bilder solcher Wohneinheiten kann man auch auf unserer Website finden.)

5. Die Kraft der weltweit gebündelten Ideen

In der Geschichte der Neuen Arbeit hat es Zeiten erstaunlicher kreativer Ausbrüche gegeben. Sehr oft kam es dazu, weil die Mitglieder einer bestimmten Gruppe in der Lage waren, mit großer Freiheit an etwas zu arbeiten, das sie sehr liebten. Dies war bisher vielleicht der Fall in Athen, im Venedig der Renaissance und im Elisabethanischen England – und, seltsamerweise, in den frühen Phasen der Computerindustrie. Seit dem Zusammenbruch der „New Economy" haben viele der Talentiertesten begonnen, das Lohnarbeitssystem zu verlassen, und sie suchen nun nach der nächsten Aufgabe, der sie sich zuwenden können.

Das Netzwerk der Associates der Neuen Arbeit verbindet viele dieser Menschen über alle Grenzen hinweg und bietet ihnen die Möglichkeit, einer Arbeit nachzugehen, die sie lieben. Wir haben die Hoffnung, dass dies mithelfen wird, aus den bislang sporadischen kreativen Ausbrüchen einen fortgesetzten Strom neuer Ideen von geballter Kraft zu machen. Das würde eine enorme Schwungkraft entwickeln, so dass die Regionen oder Länder, die die Ökonomie der Neuen Arbeit übernehmen, sehr bald den Regionen und Ländern, die das nicht tun, voraus sein und in der Tat weitaus produktiver und reicher sein würden als diese. Da die Kohorten von Laptop-Menschen sehr schnell wachsen, nicht nur in den reichen Ländern, sondern auch in den armen (viele arme Länder besitzen beeindruckende Erziehungssysteme), wird die Energie, die der gebündelten Kraft des Stroms von Ideen zur Verfügung steht, enorm sein.

6. Der Niagarafall der menschlichen Energie

Es gibt eine zweite der obigen nahe verwandte Quelle von Energie und Reichtum. In Anspielung auf die ehrfurchtgebietende Wucht der Niagarafälle nennen wir dies den „Niagarafall der menschlichen Energie". Diese enorme Ressource wird verfügbar sein, weil in der Wirtschaftsform der Neuen Arbeit die Mehrzahl der Menschen zwischen drei und fünf Tagen in der Woche *nicht* für das bloße Überleben arbeiten werden, sondern an etwas, das sie wirklich, wirklich tun wollen.

Und was werden sie tun? Welchen Gebrauch werden sie von dieser Möglichkeit machen? Was werden sie erreichen? Viele von ihnen werden kreative und nützliche Sachen machen wollen, und das wird sie oft zu Aktivitäten führen, die das Los der einen oder anderen Gruppe verbessern. Welche Aufgaben ließen sich wohl mit dieser enormen Menge menschlicher Energie bewältigen? Oder anders gefragt: Was wäre das Resultat, wenn etwa 70 Prozent der Menschheit ihre Kraft nicht in sinnloses Steineklopfen investieren würde, wie sie es heute tun, sondern statt dessen eine Arbeit leisten könnten, die einem intelligenten Zweck dient und an die sie glaubten?

Ich glaube sagen zu können, dass jeder Versuch, das zu beschreiben, was sich hieraus ergeben könnte, sinnlos wäre. Das würde nämlich einen Entwicklungssprung darstellen, der fast so groß wäre wie der von den Höhlenbewohnern zu dem der ersten Städter. Selbst der klügste Neandertaler hätte sich niemals eine Vorstellung vom Land der Pharaonen oder vom antiken Athen machen können. Wir stehen heute an einem vergleichbaren Punkt. Die Geburt, die bereits im Gange ist, wird für uns ebenso überraschend sein, wie die Transformation für Höhlenbewohner gewesen wäre, die sich noch gegenseitig mit Knochen die Schädel einschlugen.

7. Der Reichtum, den die Neue Arbeit erzeugt

Die Ökonomen vergleichen Gesellschaften manchmal anhand der Anzahl der Arbeitsstunden, die dazu benötigt werden, um zum Beispiel ein paar Schuhe oder einen Laib Brot zu produzieren. Der unvergleichliche Reichtum eines Landes, das die Wirtschaftsform der Neuen Arbeit angenommen hat, würde sich daran zeigen, wie wenig Zeit darauf verwendet werden muss, die Grundlagen eines attraktiven Lebens zu erzeugen. Selbst in den frühesten Phasen wären höchstens ein bis zwei Tage in der Woche dafür nötig. Eine der visionären Aufgaben, deren Verwirklichung sich die Associates der Neuen Arbeit heute schon widmen, ist die Entdeckung neuer Rohmaterialien sowie weiterer Geräte, Werkzeuge und Maschinen, die diese Menge noch weiter reduzieren werden, bis sie vielleicht eines Tages auf wenige Stunden pro Woche schrumpft.

Eines der hartnäckigsten und widerspenstigsten Missverständnisse der Neuen Arbeit ist, dass ihre Kultur „genügsamer“, „enthaltsamer“, schlichtweg ärmlicher sein wird als die Kultur, unter der wir heute zu leiden haben. Das ist ein grotesker Fehler. Das genaue Gegenteil wird der Fall sein, und nicht nur ganz deutlich, sondern ganz heftig, schwindelerregend und atemberaubend. In der Tat werden die Ineffizienz und die tölpelhaften Absurditäten des Lohnarbeitssystems für uns erst richtig sichtbar werden, wenn sich dieser Kontrast entfaltet.

8. Der Staat und die Steuern

Viele der traditionellen und aktuellen Aufgaben des Staates werden überflüssig werden. Zuerst, das liegt auf der Hand, natürlich das ganze System der Unterstützung Arbeitsloser. Wenn wir eine Situation erreicht haben, in der jedermann Zugang zu einem Zentrum für Neue Arbeit hat und dort an dem reichen Angebot verschiedener Arten von Arbeit teilhaben kann, kann die Finanzierung von Arbeitsbeschaffungsmaßnahmen und die Verteilung armseliger Almosen eingestellt werden. Ähnlich wird es mit dem teuren Apparat eines Großteils dessen sein, was wir heute das Bildungssystem nennen. Die Menschen werden sehr viel im Kontext der Zentren lernen und auch in den Räumen, die diese zur Verfügung stellen. (Die schon erwähnten Zentren in Freiburg und Wuppertal werden die Art Ausbildung, die Zentren anstatt Schulen vermitteln, entwickeln. Sehr viel mehr Information finden Sie dazu auf unserer Website.) Dasselbe wird für die Verwaltung und Abstützung der Renten zutreffen, denn die Alternative, die Altersvorsorge ebenfalls über die Zentren abzuwickeln, wird unserem heutigen System weit überlegen und wird vor allem sehr viel sicherer sein als die Beiträge zur Alterssicherung, auf die die älteren Menschen sich in der jetzt zu Ende gehenden Phase verlassen haben.

Es wird für den Staat aber auch *neue Aufgaben* geben! Was vor allem nötig sein wird, ist die Unterstützung der Entwicklung neuer Technologien der Eigen-Produktion. Weiterhin sollte der Staat das Gründen von Stiftungen unterstützen, die eine Arbeit, die jemand wirklich und wahrhaftig tun möchte, durch die Gewährung von Stipendien ermöglichen.

Diese Verschiebung der Aufgaben und Pflichten des Staates wird sich natürlich auch in einer Änderung des Steuersystems widerspiegeln. Die Neue Arbeit glaubt vor allem an die Bedeutung und den Wert der Arbeit. In Übereinstimmung damit werden die Details der Besteuerung von einer vorherrschenden Regel bestimmt werden: Es werden keinerlei Steuern auf ein durch *Arbeit* erworbenes Einkommen erhoben. Dadurch wird die Arbeit „ermutigt“, und von der Entlohnung dafür wird nichts weggenommen. Anders sollte es bei allen anderen Einkommen sein, die *nicht* durch Arbeit, sondern durch andere Ereignisse, Kunstgriffe oder Machenschaften verdient werden. Dazu gehören natürlich Einkünfte durch Lotteriegewinne, durch Erbschaften, aber in ebendiesem Sinne auch durch Immobilienbesitz, durch Investitionen, durch Aktienbesitz und überhaupt durch das Erzielen von Profit.

Weil wir auch in anderen Zusammenhängen den Begriff „Wende“ benützen, nennen wir diese grundsätzliche Änderung im Erheben von Steuern die „Steuerwende“. Dass wir uns klar darüber sind, dass dieses Ziel nicht leicht zu erreichen sein wird, muss bestimmt nicht gesagt werden. Einen Aspekt, der besonders relevant für die Neue Arbeit ist, möchte ich aber auch hier schon unterstreichen. Er betrifft die so genannte „Gemeinnützigkeit“. Etwas hart auf den Punkt gebracht, stellt dieser Begriff eine Möglichkeit dar, das Zahlen von Steuern zu vermeiden. Firmen oder vermögende Privatmenschen können Geldbeträge einem gemeinnützigen Zweck zukommen lassen und auf diese Weise ihre Steuerlast verringern. Genau dieser Punkt widerspricht auf das Allerdeutlichste der Absicht, die wir mit der Steuerwende verfolgen. Unsere Meinung ist, dass Reichtum dieser Art besteuert werden *sollte* und dass dieser Ausweg deshalb abgeschafft werden muss. Als nächsten Schritt könnte man die Gelder, die dann nicht mehr durch diese Lücke im Steuergesetz schlüpfen können, zur Bezahlung von Stipendien für Menschen, die etwas Nützliches wirklich, wirklich tun wollen, verwenden. Der Effekt wäre, dass beispielsweise große Betriebe, die hohen Profit erreichen und dabei oft Arbeitsplätze abschaffen, im Austausch für ihre Steuern Neue Arbeit ermöglichten.

9. Der schärfste Kontrast

Einer ziemlich kleinen Stadt, die im Mittleren Westen im amerikanischen Bundesstaat Kansas liegt, war es durch glückliche Umstände gelungen, einen Vertrag mit der US-Raumfahrtbehörde NASA abzuschließen. In der einzigen größeren Fabrik in der Stadt stellten sie die

Dichtungen für ein sehr ungewöhnliches Ventil her, das in Satelliten und Raumfahrzeugen benutzt wurde. Die ganze Stadt lebte von den Löhnen, die die NASA den in dieser Fabrik Arbeitenden zahlte. Ganz unerwartet wurde der Vertrag dann gekündigt, und die Arbeitslosigkeit wurde in der Stadt bald so katastrophal, dass die allgemeine Stimmung in eine kaum noch zu kontrollierende Verzweiflung umschlug. Ich wurde als Berater hinzugezogen, und die Leute erklärten mir, dass die verschiedenen Gremien der Stadtverwaltung schon seit Wochen zusammensaßen, um auf irgendein neues Verbindungsstück, eine Klemme oder irgendein anderes kleines Werkstück zu kommen, das die Dichtungsringe würde ersetzen können.

Nachdem ich einige Wochen lang mit diesen Menschen gearbeitet hatte, wurde mir klar, dass das, was mit dieser Stadt geschah, wie eine Parabel, ja geradezu eine Parodie auf unsere Wirtschaft im Ganzen war. Sie suchten nach dem einen und einzigen Miniaturwerkstück, das sie in den hinterwäldlerischen Einöden von Kansas genauer und billiger herstellen konnten als sonst jemand auf der ganzen Welt. Doch welche Chancen würden sie gegen die zahllosen anderen Standorte haben, die über eine bessere Infrastruktur verfügten, die besseren Zugang zu Transportverbindungen hatten oder die irgendeinen anderen von 1000 Vorteilen genossen, die die Waagschale zu ihren Gunsten würden neigen können? Und was wäre, wenn sie sich tatsächlich für irgendein winziges Stück aus Porzellan oder Draht entschlössen und alle Eier aus ihrem Nest in diesen einen Korb würfen – und ehe sie es sich versähen, würde der Vertrag, auf den sie hofften, an ein Dorf in China, Indonesien oder Malaysia gehen? Was würden sie dann machen?

Die Wirtschaftsform der Neuen Arbeit unterscheidet sich grundsätzlich von der Form der Wirtschaft, die wir gegenwärtig haben. Man könnte unsere jetzige Ökonomie eine *Wirtschaft des maximalen Kaufens* nennen. Wie in anderen großen Landstrichen auf dieser Welt hatten die Menschen in der kleinen Stadt in Kansas Schritt für Schritt alle anderen produktiven Tätigkeiten aufgegeben, denen sie zuvor nachgegangen waren. Ihre Felder lagen brach und es gab keine Kühe mehr auf den Weiden. Und dies aus gutem Grund. Die Farmen in diesem Teil von Kansas waren nicht mehr wettbewerbsfähig. Tatsächlich hofften die Einwohner der Stadt, mit dem in ihren Augen komischen Teilchen, das sie herstellen wollten, genug Geld verdienen zu können, um praktisch alles, was sie zum Leben brauchten, kaufen zu können. Die dramatische Absurdität dieser Ökonomie liegt in der Tatsache, dass nichts im eigenen Umfeld hergestellt wird und man darauf hofft, von dem leben zu können, was man mit irgendeinem abstrusen Ding verdienen kann, das man, in der ganzen Welt vertreiben zu können hofft.

Die Ökonomie der Neuen Arbeit ist das genaue Gegenteil davon; sie ist eine *Wirtschaft des minimalen Kaufens.* Sie ähnelt dem ursprünglichen Archetyp der bäuerlichen Wirtschaftsformen, die Tausende von Jahren überlebt haben, jedoch mit dem großen Unterschied, dass die Menschen in der Neuen Arbeit nicht nur ihre eigene Butter und ihr eigenes Brot produzieren, sondern auch ihre eigene Elektrizität, ihren eigenen Zement, ihre eigenen Kühlschränke und Fernsehgeräte und schließlich auch ihre eigenen Autos. In beiden Ökonomien, der bäuerlichen und der der Neuen Arbeit, kaufen die Menschen nur, was sie kaufen *müssen*, weil sie es nicht selber herstellen können.

Diese Kontraste verdeutlichen noch nicht völlig die überlegene Produktivität und Intelligenz der neuen wirtschaftlichen Konfiguration. Weitaus aussagekräftiger und erhellender ist die Tatsache, dass die Wirtschaftsform der Neuen Arbeit konzentrisch ist. Man bleibt so nahe wie möglich an seinem Zuhause, aber geht auch so weit hinaus wie nötig. Man stellt das her, was sich am besten und vernünftigsten in einem relativ engen Umkreis des eigenen Lebensraum herstellen lässt, und greift nur auf Zulieferer und Ressourcen von außen zurück, wenn es nötig ist. Das entspricht dem Gedanken, dass die Wirtschaftsform der Neuen Arbeit die Menschen befähigt, sich ihre materielle, ökonomische Autonomie wiederzugewinnen. Sie produzieren in erster Linie nicht für den Markt, sondern für ihr eigenes unmittelbares Leben, und das auf einem sehr hohen Niveau.

Nach meiner eigenen Erfahrung war Haiti eines der abschreckendsten Beispiele dafür, wie unsere gegenwärtige Wirtschaft funktioniert. Es gab verblüffende Parallelen zu der kleinen Stadt in Kansas. In einem längeren Prozess war dort Schritt für Schritt die gesamte Bandbreite der autochthonen wirtschaftlichen Aktivitäten zusammengebrochen. Das ging schließlich so weit, dass praktisch alles, was man benötigte, eingeflogen oder mit dem Schiff antransportiert werden musste: jeder Sack Zement, jeder Hammer und jede Säge, aber auch Ananas, Mais und Bananen, denn die lokalen Bauern wurden alle von den (zum großen Teil stark subventionierten) Importen aus den Vereinigten Staaten unterboten.

Drei Punkte lassen sich hier ganz deutlich erkennen: 1. Die Vorstellung, man könnte auf Haiti vielleicht ein oder meinetwegen auch fünf High-Tech- oder auch Niedrigtechnologie-Artikel herstellen, welche die allerbesten auf dem Weltmarkt sein könnten, ist ein gemeiner und geschmackloser Witz. (Wenn Sie glauben, das sei möglich, dann gehen Sie einmal für zwei Wochen dorthin und leben Sie dort – aber nicht als Tourist!) 2. Die Menschen auf Haiti haben nichts zu tun. Sie liegen so brach wie ihre Felder. Sie leben in tiefster Untätigkeit und Abhängigkeit und sind so gelähmt und bewegungslos wie die Männer der Indianerstämme in Kanada. 3. Dass auf Haiti nichts mehr hergestellt wird, dass jede Form von Arbeit verschwunden ist, bedeutet, dass die Arbeit gestorben ist – ebenso wie in der früheren Sowjetunion. Eine Wirtschaft kann man ebenso umbringen wie eine Person. Die Wirtschaftsform, die wir ironischerweise „freien Handel" und „Neo-Liberalismus" nennen, hat die Ökonomie auf dieser Insel *ermordet* – und Haiti ist natürlich nur ein Beispiel von sehr vielen. (Eine detaillierte und lange Liste der großen und kleinen Länder, deren Wirtschaft auf diese Weise umgebracht worden ist, werden wir demnächst in unsere Website stellen.)

High-Tech-Eigen-Produktion als materielle Grundlage des Lebens

Im Laufe der Jahre haben wir viele unterschiedliche Projekte initiiert. Einige davon waren Versuche, die Neue Arbeit in den Kontext eines bereits bestehenden Unternehmens oder Konzerns einzuführen.

Rückblickend kann man sagen, dass ein Großteil dieser Projekte an einem gemeinsamen Fehler litt. Die Besitzer und Manager waren in jedem Fall ohne Ausnahme begeistert von der Idee einer Arbeit, die die Menschen wirklich und wahrhaftig tun wollten. Viele von ihnen kamen aus eigenem Antrieb zu uns und luden uns überaus freundlich und dringlich zu sich ein. Und das ist wahrlich keine Überraschung, denn der ultimative Traum eines jeden Managers oder Firmenbesitzers ist doch, natürlich, dass seine Arbeiter ihre Arbeit innig lieben.

Das Problem war, dass die Manager immer hofften, dass das, was die Arbeiter „wirklich, wirklich wollten", mit dem identisch sein werde, was *sie selbst* sich zum Nutzen ihres Wirkens erhofften. Anders gesagt: Sie hofften, dass die Neue Arbeit einen Zauberstab besäße, mit dem man diese beiden Dinge in eins verwandeln könnte: Was für die Firma das Beste war, sollte das sein, was die Arbeiter aus tiefster Seele und mit Leidenschaft tun wollten. Es ist jedoch nicht nur so, dass die Neue Arbeit diesen Zauberstab *nicht* besitzt – es gab sogar etliche Fälle, wo sich die Arbeiter diesem Ansinnen glatt verweigerten. Wenn ich jemanden frage: „Was stellen Sie her?", und die Antwort lautet „Giftgas", „Landminen" oder „Munition", dann würde ich auch nicht eine Sekunde lang daran denken, dass man dies zu etwas machen könnte, was die Leute wirklich und wahrhaftig herstellen *wollen.*

In den meisten Fällen war die Situation natürlich nicht so drastisch, aber die Struktur, die Dynamik des Problems blieb dieselbe. Die Idee, die Arbeiter das tun zu lassen, was sie wirklich, wirklich wollen, war ungemein attraktiv, geradezu köstlich. Doch zu guter Letzt wollten die Unternehmer dann doch, dass die Arbeiter genau das tun wollten, was gut für ihr Unternehmen war. Wie eigentlich vorauszusehen war, ließ sich dieses Problem also niemals wirklich lösen. Sicherlich gab sich jeder alle erdenkliche Mühe, es abzumildern, es zu überdecken, Polster und Pflaster an den Stellen anzubringen, wo es wehtat. Aber der darunter liegende Konflikt blieb bestehen, und irgendwann begann er zu eitern und dann zu stinken.

Das ist eine Art, die unausweichliche Notwendigkeit, die *Unerlässlichkeit* der High-Tech-Eigen-Produktion zu sehen. Wir haben sie in den Vordergrund gerückt, und sie wurde für uns immer wichtiger, weil wir gezwungen waren zuzugeben, dass sie der *einzige* Ausweg aus dem Morast der Kompromisse war, in dem wir feststeckten. Wir waren uns bewusst, dass sie ein fernes Ziel ist, aber es wurde uns immer deutlicher bewusst, dass nichts weniger als die HTEP sicherstellen kann, dass die Menschen *tatsächlich* das tun können, was sie tun *wollen* – nicht eine verwässerte Abart davon, sondern genau „ihr Ding". Wie sich herausstellte, ist die Vorbedingung für eine Arbeit, die man wirklich und wahrhaftig tun will, materielle Unabhängigkeit, physische, ökonomische Autonomie. High-Tech-Eigen-Produktion war nur ein anderer, weniger wohlklingender Name dafür. Es gab viele Momente, in denen das Ziel, es einer größeren Gruppe von Menschen möglich zu machen, tatsächliche ökonomische Eigen-Produktion zu erreichen, in weiter Ferne zu liegen schien, und wir dachten, es sei überhaupt nicht zu machen. Doch dann kam es zu unserer Überraschung zu einer Reihe verblüffender Erfindungen (angefangen beim Personal Computer bis hin zum Personal Fabricator), welche zu einem enormen Wandel führten und uns diesem Ziel mit einem Ruck erheblich näher brachten.

Man kann die Notwendigkeit, die Unerlässlichkeit der HTEP, aber auch in einem noch konkreteren Sinn formulieren, der uns noch unmittelbarer betrifft. Überall auf der Welt, aber ganz besonders in Deutschland, gibt es zurzeit eine sehr lebendige Bewegung zur Gründung „alternativer Schulen". Es hat schon in vielen Fällen Austausch und Zusammenarbeit zwischen dieser Bewegung und der Neuen Arbeit gegeben, und häufig ist das ultimative Motto der Neuen Arbeit in genau unserer Formulierung in das Credo dieser Schulbewegung eingegangen. Das heißt, dass Eltern, Mentoren, Lehrer und Schüler oft gesagt haben: Wir wollen eine Schule schaffen, in der die Schüler entdecken und auch tatsächlich tun können, was *sie* wirklich tun wollen, und nicht das, was ein überholter Lehrplan, die Tradition oder irgendeine Bürokratie ihnen vorschreibt.

Die zu erwartenden Schwierigkeiten haben große Ähnlichkeit mit den Problemen, die wir im Umgang mit dem Business und der Industrie hatten. Eine der Stellen, wo es in vielen Fällen zu Problemen kommt, ist der Zeitpunkt, an dem die Schüler diese Schulen abgeschlossen haben. Was genau passiert an diesem komplexen und schwierigen Punkt ihrer Entwicklung? Bisher wurde ja alles getan, um für sie eine Welt zu schaffen, in der sie dem nachgehen konnten, was sie wollten. Aber dann sehen sie sich plötzlich mit einer Welt konfrontiert, in der sie Prüfungen bestehen müssen (was natürlich auch schon geschieht, bevor sie die Schule verlassen), einer Welt, in der es strenge Regeln gibt und in der sie es mit heftiger Konkurrenz aufnehmen müssen. Bereitet eine alternative Schule sie wirklich darauf vor, oder prallen sie plötzlich gegen eine solide Wand, erleiden sie einen fürchterlichen Schock, der sie aller Orientierung beraubt und sie in Verzweiflung und Depression stürzt?

Aber auch viele Eltern von Schülern alternativer Schulen erfahren einen Konflikt. Nachdem sie wahrscheinlich über etliche Jahre Opfer für ihre Kinder gebracht haben, sehen sie sich der Frage gegenüber: Und was ist *mit mir*? Weil ich an die Freiheit glaube, habe ich alles dafür getan, dass meine Kinder in einer solchen Welt aufwachsen können. Aber was habe ich in der ganzen Zeit aus meinem eigenen Leben gemacht? Ich bin bestimmt nicht meinen eigenen wohlerwogenen Wünschen gefolgt! Stattdessen habe ich geschuftet, mich selbst diszipliniert und mir viele Dinge versagt. Wenn ich wirklich an die Freiheit glaube, dann sollte ich mir selbst bestimmt auch etwas davon gönnen. Doch wann will ich damit anfangen?

Es ist möglich, die Essenz der Antwort der Neuen Arbeit auf diese beiden Zwangslagen sehr kurz zusammenzufassen. Um einigermaßen erschöpfende Antworten geben zu können, wäre allerdings ein längeres Gespräch notwendig. Man sollte die Schüler in den alternativen Schulen mit der Neuen Arbeit bekannt machen. Dann würden sie lernen, dass es für sie die Möglichkeit gibt, selbst *nach* dem Verlassen der Schule ein Leben zu leben, in dem sie dem nachgehen können, was sie wirklich und wahrhaftig wollen. In diesem Prozess würden sie herausfinden, dass die Chance, ihre eigenen Wünsche ernst zu nehmen, nicht nur ein Spielzeug ist, das man ihnen in ihren Laufstall wirft, das sie dann aber natürlich mit ihren Milchflaschen und Stofftieren hinter sich lassen müssen. Ihnen würde klar werden, dass Autonomie und Unabhängigkeit auch etwas für Erwachsene ist und die Welt, die die Neue Arbeit zu schaffen versucht, eine Welt ist, in der auch die Erwachsenen herausfinden können, was sie wollen, um es dann auch wirklich zu *tun*!

Die Neue Arbeit ist die Fortführung, die Erweiterung des Ansatzes der alternativen Schulen; sie ist ein Versuch, Freiheit nicht nur im Kindergarten, sondern auch in der Welt der Erwachsenen möglich zu machen. Die Schüler würden erkennen, dass es keinen Bruch geben muss, dass sie, wenn sie es ernst meinen, sehr wohl in der eingeschlagenen Richtung weitergehen können. Aber – und das ist ein ganz wichtiger Punkt – sie werden, um das tun zu können, sehr wahrscheinlich die High-Tech-Eigen-Produktion und den Zugang zu einem Zentrum der Neuen Arbeit benötigen. Die HTEP im Kontext eines Zentrums kann ihnen die materielle Basis liefern, die es ihnen ermöglicht, das zu tun, was sie wirklich, wirklich tun wollen.

Das Gleiche trifft auch für die Eltern von Kindern in alternativen Schulen zu. Wenn die Eltern im Kontext eines Zentrums die HTEP praktizieren würden, müssten sie nicht als Knechte ihrer Lohnarbeit leben, nur damit sie ihren Kindern zumindest einen humanen Start ins Leben verschaffen können. Sie könnten die materielle Basis für ihr Leben zu wesentlich geringeren Kosten erlangen. Sie müssten nicht den Preis der Unterwerfung unter die vielen Anforderungen eines Arbeitsplatzes zahlen. Wenn alles gut läuft und das Zentrum, mit dem sie in Kontakt sind, gut entwickelt ist, dann sollte es genügen, wenn sie einen Tag in der Woche an den Aktivitäten des Zentrums teilnehmen. Dasselbe gilt für unsere Projekte mit Unternehmen: Wenn das Bemühen darum, eine Arbeit tun zu können, die man wirklich und wahrhaftig tun möchte, im Kontext des Unternehmens zu endlosen Kompromissen führt, dann gibt es jetzt eine Alternative. Man kann die Welt der Lohnarbeit verlassen und an den Aktivitäten der HTEP in einem Zentrum teilnehmen. Und auf dieser Basis kann man dann das tun, was man wirklich und wahrhaftig tun will, aus ganzem Herzen und in allem Ernst.

Kapitel V

Das Finden der Arbeit, die wir wirklich, wirklich wollen

Die Geschichte der Neuen Arbeit war stets auch die Geschichte eines langwierigen Konflikts. Von Anfang an wurde die Frage „Was ist es, das Sie wirklich und wahrhaftig wollen?“ mit großer Begeisterung begrüßt. Es schien keine große Rolle zu spielen, in welchem Zusammenhang wir die Frage stellten. Ob wir in der Welt der Wirtschaft mit großen Konzernen im Gespräch waren oder mit mittelgroßen oder kleinen Unternehmen, unser Gedanke, den Menschen zu entdecken helfen, was sie wirklich und wahrhaftig wollen, stieß dort auf sofortige, unverhohlene Zustimmung. Da wir es dabei insgesamt natürlich mit unterschiedlichen Interessenlagen zu tun hatten, führte dies zu einem Konflikt, der wiederum in teilweise unsäglichen Kompromissen zum Ausdruck kam. Wir müssen widerstrebend zugestehen, dass wir uns an diesen Kompromissen nicht nur im Zusammenhang mit Unternehmen gerieben haben, sondern ehrlich gesagt in allen unseren Bemühungen. Dafür gab es viele Gründe. Einer davon ist die philosophische Grundlage, von der wir ausgegangen sind. Im Sprachgebrauch der Neue-Arbeit-Gruppen gab es die oft zitierte Bemerkung, dass man einem Vegetarier keine freie Wahl lässt, wenn er nur zwischen Schweinefleisch und Rindfleisch wählen kann. Das bestimmte den Tenor für vieles, was später kommen sollte, und verankerte in unserem Denken den Erzkontrast zwischen einem trügerischen und letztlich irreführenden Gebrauch der Idee der Freiheit einerseits und der echten Freiheit andererseits, die für uns immer mit dem Gedanken verbunden war, dass man die Option haben sollte, etwas zu tun, das man ernsthaft, zutiefst und authentisch *will*. (Ausführlichst erläutert habe ich diesen Gedanken in meinem Buch *On Being Free*.) Mit anderen Worten: Wir legten von Anfang an nicht nur großen Wert darauf, dass das Konzept des „wirklich, wirklich Wollens" nicht zu locker und zu leicht genommen wurde, sondern verteidigten diese Idee auch mit ausgesprochener Hartnäckigkeit.

Im großen Spektrum unserer Projekte war die Dynamik immer wieder sehr ähnlich. Ob wir nun mit einer Gruppe von Senioren arbeiteten, oder mit Dauerarbeitslosen, mit Mitgliedern eines Indianerstamms oder auch mit Schülern – immer stellte sich die Frage: Wie nahe kommen wir in diesem Fall tatsächlich an das heran, was die Menschen wirklich und wahrhaftig wollen? Im Hintergrund stand die Sorge, wir könnten vielleicht „nicht genug tun", könnten unser Ziel verfehlen, nicht das erreichen, was wir vorgehabt hatten. Wieder und wieder stellten wir uns selbst auf den Prüfstand: Wie weit haben wir uns in dieser Situation davon entfernt, den Menschen nur die „Wahl des Vegetariers" zu lassen? Sind die Mitglieder dieser Gruppe, die Schüler dieser Schule ins Schwimmen geraten? Trieben sie einfach nur hin und her zwischen einer Vielzahl von Optionen, für die sie sich letztlich doch nicht sonderlich interessierten, so dass sie sich schließlich nur aus Lethargie oder Bequemlichkeit für die eine oder andere entschieden? War es nur so, dass sie einfach in eine Richtung getorkelt waren, man ihnen aber hinterher sagte, sie hätten die Wahl gehabt und seien nun auch für die Konsequenzen verantwortlich, da sie ja schließlich die freie Entscheidung gehabt hätten?

Oder anders gefragt: Wie weit haben wir uns tatsächlich davon entfernt, die Idee der Freiheit als bloßen Köder zu verwenden, also nur auf der rhetorischen Ebene? Wie authentisch und echt sind unsere Bemühungen? Haben wir die Dinge wirklich so weit vorangetrieben, wie es der Ernst unseres Zieles verlangt? Näherten wir uns einem Zustand, den man mit Recht „Emanzipation" nennen darf, oder änderten wir einfach nur den Jargon und die äußere Hülle, wie es zahllose vorangegangene Versuche getan hatten?

Diese unablässige Sorge um unser Ziel erklärt die Ausdauer, mit der wir nach und nach das Know-how für die Praxis der High-Tech-Eigen-Produktion zusammengetragen haben. Denn wir waren der Meinung, dass die aus halbherzigen Zugeständnissen zusammengeschusterten Kompromisse kein Ende nehmen werden, wenn wir nicht letztlich diese Praxis verwirklichen können. In jeder Situation werden die Menschen sich weiterhin den „Sachzwängen" unterwerfen müssen, den „Grenzen, die das Alltagsleben setzt", wenn wir nicht eine neue Situation schaffen, in der sie ökonomisch und materiell unabhängig sind. Die High-Tech-Eigen-Produktion ist ein – absichtlich nicht rhetorisches, absichtlich nicht ideologisch verschleierndes – Synonym für diese materielle Unabhängigkeit. Nur auf dieser Basis werden die Menschen wirklich „frei" sein, das zu tun, was sie wirklich und ernsthaft tun wollen, und werden sich nicht mit der üblichen Scheinfreiheit zufrieden geben müssen. Noch präziser gesagt: High-Tech-Eigen-Produktion ist die materielle Voraussetzung für Freiheit. Sie schenkt uns die Freiheit, das zu tun, was wir ernsthaft tun möchten.

Das formuliert die Sache eher abstrakt. Lassen Sie mich die Angelegenheit jetzt sehr konkret und lebensnah formulieren. Stellen Sie sich einmal eine Frau vor, die in einem Supermarkt arbeitet und dort an einer Registrierkasse sitzt. Sie fragen sie: „Was halten Sie von Ihrer Arbeit? Macht sie Ihnen Spaß?" Ihre erste Reaktion ist wahrscheinlich: „Na klar; macht mir Spaß. Ich habe mit Menschen zu tun. Das ist etwas Schönes." Wenn man jedoch beharrlich weiterfragt und bohrt, dann ist es sehr wahrscheinlich, dass ihr Tonfall sich plötzlich ändert und sie Ihnen sagt, Sie sollten sie in Ruhe lassen. Und gleich darauf wird sie dann ziemlich laut und empfiehlt Ihnen mit deutlichen Worten, schleunigst zu verschwinden.

Es ist wichtig, die höhere ökonomische Intelligenz zu verstehen, die in dieser Antwort verborgen ist. Die Langeweile und der üble soziale Druck, den ihre Arbeit mit sich bringt, hält sie vielleicht gerade auf der Schwelle dessen, was sie noch zu ertragen vermag. Sie befindet sich in einer kritischen Situation, nahe dem Abgrund. Sie *muss* an dem Glauben festhalten, dass das, was sie tut, ihr „Spaß" macht. Würde sie zu der Bürde, die bereits auf ihren Schultern lastet, noch das Zugeständnis hinzufügen, dass sie ihren Job nicht ausstehen kann, würde sie sich auch nur einen Tag lang sagen, dass sie ihn im Grunde hasst, dann wäre ihre Situation noch um vieles schlimmer. Und jetzt stellen Sie sich vor, dass sie noch mehr geschehen lässt: Sie öffnet sich für eine Reihe von Neue-Arbeit-Gesprächen und entdeckt dabei nicht nur, wie abgrundtief sie ihre jetzige Arbeit hasst, sondern bekommt zugleich auch eine Vorstellung davon, was sie eigentlich gern tun würde. Das Ergebnis könnte katastrophal sein. Dies könnte die Last, die sie ohnehin schon trägt, um genau den Felsbrocken vergrößern, der ihr schließlich das Genick bricht. Sie strauchelt und bricht zusammen.

Stellt man die Frage „Was wollen Sie wirklich und wahrhaftig?" also in allem Ernst, so beinhaltet das ein Risiko. Man muss sehr behutsam und vorsichtig sein und man muss darauf vorbereitet sein, die Sache zu Ende zu bringen. Das haben wir von Anfang an getan – zugegeben, niemals voll ausreichend, niemals zu unserer eigenen vollen Zufriedenheit, aber dennoch so gut es uns irgend möglich war. Dies war einer der Gründe dafür, dass wir, wo immer es ging, ein Zentrum für Neue Arbeit gegründet haben. Wir wollten in der Lage sein zu sagen: Wir fragen das nicht leichtfertig. Wir haben einen Ort, hier in Ihrem Stadtviertel, der darauf eingestellt ist, Ihnen zu helfen. Wir wissen, welches Risiko Sie eingehen, indem Sie sich mit uns unterhalten, wir haben das schon im Voraus gewusst, und wir können Ihnen in den Schwierigkeiten beistehen, die vor Ihnen liegen.

Im gleichen Geiste und immer vor dem Hintergrund der Frage: Wie viel ist nötig, damit wir mit dieser Sache wirklich Ernst machen können? – genau in diesem Geiste haben wir auch das Netzwerk der Associates der Neuen Arbeit aufgebaut. Das war natürlich ebenfalls nicht genug. Deshalb haben wir begonnen, auch auf der Ebene der Politik und der Medien zu arbeiten. Wir haben zum Beispiel versucht, die absurden Vorurteile gegen Teilzeitarbeit abzubauen oder ganz auszuräumen, und schon seit längerer Zeit propagieren wir den Gedanken, dass es so etwas wie „Stipendien für Arbeitslose" geben sollte.

Was nötig ist, um den Menschen in diesem Übergang beizustehen, ist von vornherein nicht klar abzugrenzen. Deshalb haben wir in manchen Zentren auch Datenbanken angelegt, in denen man Jobangebote abrufen kann, und darüber hinaus haben wir alle möglichen Verbindungen zu lokalen Firmen geknüpft, die Praktika oder Ähnliches anbieten. Wir waren der Ansicht, dass es nicht leicht ist, das tun zu können, was man wirklich tun will, dass wir es nicht leicht zu fassen bekommen und also bei der Suche danach viel Beistand und Unterstützung brauchen.

Natürlich fragt man uns oft, ob wir eine „Methode" oder ein „Rezept" haben, wie wir den Menschen helfen herauszufinden, was sie „wirklich und wahrhaftig wollen". Die Antwort ist weder ein schlichtes Ja noch ein schlichtes Nein. Wir haben natürlich keinen wasserdichten Katechismus in vier Schritten, den wir in jedem Fall zugrunde legen, aber andererseits haben wir sehr klare Vorstellungen von einer allgemeinen Vorgehensweise, von Richtlinien, Abfolgen und Phasen. In einem lockeren Sinn fühlen wir uns alle einer ersten Phase verpflichtet, für die wir auch einen Namen haben. Sie heißt: Möglichkeiten vorstellen.

Möglichkeiten vorstellen

Jemandem tief in die Augen zu schauen und gleich direkt zu fragen: „Was wollen Sie wirklich und wahrhaftig tun?" – dass dieser Ansatz ganz gewiss *nicht* funktioniert, das sagen wir augenzwinkernd gleich zu Beginn. Mein Standardscherz hierzu ist, das sei etwa so, als halte man mitten in einem Gespräch plötzlich inne und sage zu seinem Gegenüber: „Sagen Sie jetzt bitte etwas Intelligentes!" Das ist so ziemlich das Dümmste, was man tun kann. Es gibt kein besseres Rezept, um betretenes Schweigen zu ernten. Natürlich stellt sich nicht immer Totenstille im buchstäblichen Sinne ein. Es gibt da etwa den analphabetischen 16-jährigen Straßenjungen, der sagt: „Ich möchte gern Chirurg sein", ohne dass er die geringste Vorstellung davon hätte, welche Schritte nötig sind, um dieses Ziel zu erreichen. Doch so etwas ist die Ausnahme. Eine viel typischere Reaktion, besonders wenn man einen der im Elend Lebenden fragt, ist: „Irgendein Job, mir ist egal welcher." Und das ist dann meist von einem verzweifelten Schulterzucken begleitet.

Hinter unserem Ansatz steht nicht nur eine lange Reihe von Erfahrungen, sondern auch eine unserer zentralen Ideen – der Gedanke der Armut der Begierde. Es ist nicht nur deshalb ausgesprochen dumm, die Menschen so direkt zu fragen, weil sie mit großer Wahrscheinlichkeit auf die gerade beschriebene Weise antworten, sondern weil sie zudem weit davon entfernt sind, die Antwort zu kennen. Genau das liegt unserem Ansatz zugrunde: nämlich dass Menschen im Allgemeinen an der Armut der Begierde leiden.Und wenn man unter dieser Armut leidet, wird es nicht leicht sein, die Antwort zu finden; man wird Geduld und Zeit brauchen.

Aus dieser Überzeugung heraus neigen wir auch dazu, die übliche Vorgehensweise von Beratern, Trainern und Sozialarbeitern sehr kritisch zu betrachten. Sie reden in ermutigenden, rosigen Allgemeinplätzen: „Wenn Sie sich nur innerlich fest auf das konzentrieren, was Sie tun *möchten*, dann ist die Schlacht bereits halb gewonnen. Ihre Gedanken haben eine Macht, die die Welt verändern kann." Oder sie sagen: „Sie müssen es einfach nur versuchen. Sie müssen motiviert sein und sich hohe Ziele stecken, und wenn Sie das tun, dann werden Sie einfach Erfolg haben und einen Job bekommen und es nach oben schaffen." Ich musste Tausende solcher ermahnender Predigten mit anhören. Schließlich machte ich es mir zur Gewohnheit, die körperlichen Reaktionen der Arbeitslosen, der gefährdeten Jugendlichen oder der frisch Angestellten, die so angesprochen wurden, sorgfältig zu beobachten. Es war leicht zu erkennen, dass mit jeder noch glühenderen Beteuerung ihr Kopf noch ein wenig *tiefer* sank, während ihre Verzweiflung mit jeder Wiederholung der Aussage, wie vielversprechend die Welt doch sei, mit der sie konfrontiert seien, zunahm.

Der Kern dessen, was wir meinen, wenn wir sagen, dass das Vorstellen von *Möglichkeiten* zuerst kommen muss, liegt in dem Kontrast, in der scharfen Reaktion, ja selbst in der rebellischen Abscheu gegen alles, was diesem gedankenlosen Gerede gleicht. Wir beharren darauf, weil diese Möglichkeiten spezifisch sein müssen, sie müssen konkret und vor allem *realisierbar* sein! Das heißt, sie müssen einen Bezug zur wirklichen Welt haben, und sie müssen für den einzelnen Menschen ein erster Schritt heraus aus dem schwarzen Krater der Depression und aus seiner Armut der Begierde sein. Vielleicht ist es nicht vermessen, für uns in Anspruch zu nehmen, dass einige Beispiele unserer eigenen Projekte – sagen wir zum Beispiel das Projekt mit den Jugendlichen in Vancouver oder das mit den Jugendlichen in dem Hochsicherheitsgefängnis – eine Vorstellung davon vermitteln, wie herausfordernd und außerordentlich schwierig es ist, den Standard zu erreichen, den das Wort „Möglichkeiten" andeuten soll. Es braucht wohl nicht gesagt zu werden, dass wir auch zahllose Male versagt und ebenso oft unser Ziel nicht erreicht haben.

Diese Schwierigkeit erhellt noch einmal, worum es uns bei der High-Tech-Eigen-Produktion geht. Stellen Sie sich dieses Ziel als eine breite, vielleicht sogar enorm ausgedehnte „Nische" vor. Die Idee, hochmoderne und fortschrittliche Technologien zu entwickeln, mit denen man eindrucksvolle, elegante Produkte in kleinen Werkstätten nicht automatisch, sondern in Eigen-Produktion herstellen kann, steckt eindeutig noch in den Kinderschuhen. Trotzdem haben zahlreiche Neue-Arbeit-Gruppen kollektiv ein außerordentliches Kompetenzniveau auf diesem Gebiet erlangt. Über dieses Know-how hinaus haben wir auch eine große Zahl persönlicher Beziehungen entwickelt, die unerlässlich sind, wenn man in diesem Bereich vorankommen will. Zusammengenommen bedeutet dies, dass wir auf über die ganze

Länge dieser enormen Strecke in der Lage sind, echte „Möglichkeiten" vorzuschlagen und nicht nur schimmernde Seifenblasen falscher Hoffnungen zu produzieren.

Dazu gehört natürlich, dass die weitere Arbeit an all den Produkten, die wir zuvor aufgezählt haben – die Entwicklung eines Generators aus recyceltem Material, ein ähnlich hergestellter Kühlschrank, ein Gerät zum Kochen, dass viel weniger gefährlich ist als offenes Feuer usw. –, von uns auch als Möglichkeit vorgestellt wird, dass wir alle diese Projekte und natürlich noch viele mehr bis hin zu dem noch nicht fertig gestellten Neue-Arbeit-Auto als „Möglichkeiten" vorstellen können. In unserer Praxis beschreiben wir diese Projekte und betonen besonders die Tatsache, dass das alles noch „Unternehmen im Entstehen" sind, so dass jemand, der nach etwas sucht, das er ernsthaft betreiben möchte, in Erwägung ziehen kann, sich uns anzuschließen. Alle diese Projekte stellen also eine Einladung dar, die wir aussprechen. Das trifft natürlich nicht nur für einzelne physische Produkte zu, sondern auch für die ganze Bandbreite der pädagogischen, politischen und sozialen Programme, in die wir einbezogen sind.

Ein Ansatz, an dem wir erst kürzlich zu arbeiten begonnen haben, basiert auf der Idee, Computer aus gebrauchten, recycelten und weggeworfenen Teilen wiederherzustellen. Da viele Unternehmen Computer noch relativ neuer Bauart ausrangieren, könnte das für die Dritte Welt von großem Nutzen sein. Allerdings ist dies einer von vielen Fällen, in denen das Element *Ausbildung* besonders wichtig ist. Wie man diese Computer wieder zusammenbauen und wie man sie benutzen kann, das muss gelehrt werden. Das bedeutet wiederum, dass ein breiter Bereich von Lehraufgaben ebenfalls zu den „Möglichkeiten" gehört, die wir den Menschen, die erwägen, Associates werden zu wollen, anbieten können.

Von hier aus ist es nur noch ein kleiner Schritt hin zu dem, was wir zuvor als unsere Bemühungen, die „Fixkosten" zu reduzieren, beschrieben haben. Dazu gehören, wie Sie sich erinnern, die Kosten für Telefon, Versicherung, Vorsorge für den Krankheitsfall, für das Alter und für die Erziehung. Jeder dieser Bereiche könnte ein Feld sein, auf dem jene, die sich der Neuen Arbeit anschließen möchten, möglicherweise eine

Arbeit finden, die sinnvoller ist und eher dem Niveau ihrer Talente entspricht als die Lohnarbeit, die sie jetzt noch leisten. Und natürlich gibt es auch eine Menge politischer Aufgaben, die jemand vor Ort angehen könnte; hier ist die Bandbreite besonders groß. Es ist bereits sehr viel Aufklärungsarbeit nötig, um Menschen, die sich noch an die Institution Lohnarbeit klammern wie Ertrinkende an einen Baumstamm, die Pathologie dieses Systems zu erklären. Unnütz zu sagen, dass das Gleiche natürlich für alle unsere konstruktiven Vorschläge gilt.

Die Neue Arbeit ist komplex, überraschend und schwer zu begreifen. Deshalb gibt es in diesem Bereich eine Vielzahl pädagogischer Aufgaben. Im Detail die Veränderungen und Programme aufzuzählen, die wir in Ländern wie Südafrika, Marokko, Indien oder Kasachstan betreiben, auch wenn sich diese zum Teil noch in einem sehr frühen Stadium befinden, würde das Verständnis der Neuen Arbeit sehr voranbringen. Ebenso verhält es sich natürlich mit einer detaillierten Erklärung, die aufzeigt, wie und in welcher Form die High-Tech-Eigen-Produktion schließlich zum Nutzen derer, die in der Ersten Welt im Elend leben, eingeführt werden kann. Ein Hinweis darauf, wie ungemein wichtig und zahlreich die Aufgaben geworden sind, die mit Schulung zu tun haben, ist unser Versuch, die Zentren für Neue Arbeit in Freiburg und in Wuppertal besonders als Orte des Lernens aufzuziehen.

Die einzelnen Zentren waren von Anfang an darauf angelegt, sich voneinander zu unterscheiden. Dafür gibt es unter einer Menge von Gründen den, dass sie einander ergänzen und unterstützen sollen. In diesem Sinne versuchen wir das Zentrum in Freiburg zu einem Ort zu machen, an dem das *Lehren* der Neuen Arbeit in einer Folge von Seminaren besonders betont wird. In Freiburg werden vor allem die Verbindungen zwischen der Neuen Arbeit und der wachsenden Bewegung der alternativen Schulen gepflegt. Außerdem werden die Beziehungen zwischen Neuer Arbeit und den vielen verschiedenen Formen von „Körperarbeit“ und den Bemühungen um ein stärker zentriertes und intensiveres Gewahrsein bis hin zur Meditation gefördert und gelehrt. Dies bedeutet, dass der Bereich dieser „Themen“ Neuzugängern ebenfalls als „Möglichkeiten“ angeboten werden, die sie in Betracht ziehen können.

Wir hoffen, dass es zwischen dem Zentrum in Freiburg und dem in Wuppertal zu Parallelentwicklungen kommen wird, mit dem Unterschied, dass das Zentrum in Wuppertal sich darauf konzentrieren wird, vor allem junge Menschen im Gebrauch von Film, Video, Musik und Multimedia im Sinne der zuvor beschriebenen High-Tech-Eigen-Produktion zu unterweisen. Dies eröffnet nach unserer Wahrnehmung ebenfalls ein ganzes Spektrum neuer Möglichkeiten. Junge Menschen zu lehren, wie sie vor einer Kamera agieren können, könnte eine dieser Möglichkeiten sein. Aber wie schon gesagt, ist es auch dringend nötig, viele Filme und Fernsehprogramme zur Erklärung der Neuen Arbeit zu produzieren. Da unser Ziel in diesem Bereich besonders ehrgeizig ist – Sie erinnern sich, es geht um nichts Geringeres, als sich die Medien „wieder anzueignen" –, ist die Zahl der aufregenden, kreativen möglichen Aufgaben in diesem Bereich besonders groß. Ich möchte hier nur einige Beispiele für Tätigkeiten nennen, die besonders dringend gebraucht werden.

Unter den Filmen und Videos, die sich im Moment noch in einer frühen Phase der Planung befinden, beschäftigen sich einige im Einzelnen mit einer speziellen Technologie, etwa der Herstellung von Generatoren aus recyceltem Material oder der weiteren Entwicklung des Neue-Arbeit-Autos oder dem Personal Fabricator. Auf einem anderen Gebiet ist die Nachfrage ebenfalls besonders intensiv: nämlich der detaillierten Beschreibung des alltäglichen Lebens derjenigen Menschen, die bereits die Neue Arbeit praktizieren. Es ist merkwürdig, dass selbst nach langen Frage-und-Antwort-Sitzungen und in Einzelheiten gehende Erklärungen viele Zuhörer sich noch immer nicht vorstellen können, was jemand, der die Neue Arbeit praktiziert, den Tag über tut, insbesondere wie die Arbeit, die er wirklich tun möchte, aussieht und wie er seine Rechnungen bezahlt. Selbst wenn wir ganze 20 Filme dieser Art drehten, wäre das nicht ein einziger zu viel. Ähnlich ist es mit Filmen über einzelne Zentren: Wie Entscheidungen getroffen werden, wie unser ganzes Unternehmen finanziert wird, welche Arbeit in den Zentren getan wird, wie ein Tagesablauf von Sonnenaufgang bis Sonnenuntergang dort aussieht und, vielleicht ganz besonders, wie all die verschiedenen Aktivitäten – von der

Eigen-Produktion über Theaterspielen und Sport bis hin zum Anbau von Nahrungsmitteln und dem Unterrichten von Kindern – unter einem Dach zusammenpassen. Viele Menschen müssen das langsam und schrittweise auf einer Leinwand vorgeführt bekommen, bevor sie das Gefühl haben, es zu verstehen. Es gibt also in unseren eigenen Kreisen massenhaft Arbeit mit den Medien zu tun. Dabei ist noch nicht berücksichtigt, was sich letztlich als der noch viel größere Teil herausstellen wird, nämlich die komplexen und schwer verständlichen Details der Neuen Arbeit denjenigen Menschen zu erklären, die nur entfernt davon gehört haben und natürlich genau so skeptisch wie neugierig sind.

Es wäre ein absurdes und lächerliches Missverständnis, wollte man meinen, dass alle Möglichkeiten, die wir anbieten, auf irgendeine Weise mit der Neuen Arbeit zu tun haben – oder noch schlimmer, dass sie sich auf Arbeit beschränken, die man möglicherweise zu einem „calling" machen kann. Wir betonen immer wieder, und zwar sehr ausdrücklich und wenn nötig geradezu theatralisch, dass unsere Praxis und Absicht das genaue Gegenteil ist. Wenn wir mit einem Menschen eine Reihe von Gesprächen beginnen und ihm zuerst die Möglichkeiten vorstellen, die er in Betracht ziehen könnte, dann schließen wir die herkömmliche Lohnarbeit keineswegs aus. Natürlich hängt alles, nicht zufällig und nicht dogmatisch, vom einzelnen Fall ab. Wenn jemand angestellt ist, wir für ihn aber bessere Möglichkeiten innerhalb des Lohnarbeitssystems sehen, dann empfehlen wir diese natürlich und versuchen, diesem Menschen zu helfen und ihm alle Informationen zukommen zu lassen, die wir haben.

Aus unserer Sicht ist unsere Kultur zurzeit einer heftigen Zerreißprobe ausgesetzt und steckt in einer traumatischen Durchgangsphase, die in ihren tiefgreifenden Konsequenzen mit dem Übergang vom Zeitalter des Ackerbaus zum Industriezeitalter vergleichbar ist. Angesichts dieser Tatsache sollte ein Zentrum für Neue Arbeit eine Institution sein, die für jeden, der an unsere Tür klopft, in diesen turbulenten Zeiten eine nützliche Unterstützung und Hilfe sein kann. Das bedeutet, dass sehr viel mehr benötigt wird, als wir zur Zeit zu leisten hoffen können, aber wenn wir denn schon versagen müssen, dann erst, nachdem alle unsere Kräfte ausgeschöpft sind. Deshalb tun wir unser Bestes, um darüber informiert zu bleiben, welche der alten Jobs inzwischen verschwunden und welche neuen hinzugekommen sind. Aber natürlich tun wir nicht nur das. Wenn es nach einer Reihe von Gesprächen nötig scheint, können wir auch Fachberater hinzuziehen, die mit einem unserer Associates etwa die neuesten Entwicklungen auf dem Gebiet der Mikrobiologie oder der Makroökonomie diskutieren können. Es ist uns wichtig, dass er oder sie seine oder ihre Wahl schließlich auf der Grundlage möglichst umfassender Informationen treffen kann.

Um noch ein weiteres Beispiel zu geben: Wir haben viel Zeit und Energie darauf verwendet, gegen die Vorurteile anzugehen, die die Leute gegenüber der Teilzeitarbeit hegen. Das ist für uns an sich schon ein weites und fruchtbares Feld. Von Anfang an haben wir vor allem die großen multinationalen Unternehmen darauf hingewiesen, dass die besten Universitäten ihren produktivsten Lehrkräften alle paar Jahre ein ganzes Jahr lang frei geben und sich dies in vieler Hinsicht auszahlt. Wenn diese Professoren zurückkehren, sind sie erfrischt, sie lehren mit neuer Motivation und mehr Begeisterung, und sie kehren vielleicht mit einigen neuen Ideen zurück – und darum geht es den Universitäten ja auch. Das ist ein Feld, auf dem die Wirtschaft mit ihrem großen Rucksack antiquierter Vorstellungen von der überlegenen Qualität und Ernsthaftigkeit der Vollzeitarbeit von den Universitäten lernen sollte. In San Francisco gibt es eine vielleicht noch nicht sehr bekannte Organisation, mit der wir schon seit 20 Jahren zusammenarbeiten. Sie nennt sich New Ways to Work („Neue Wege der Arbeit"), hat ein klares Anliegen und ist hervorragend organisiert. Ihre besondere Stärke liegt darin, *Frauen* aus dem oberen Management dabei zu helfen, besonders passende und günstige Teilzeitarbeitsverträge für sie auszuhandeln – für die Position der Geschäftsführerin oder der Finanzchefin.

Wir wissen natürlich, dass dies unmögliche Anforderungen stellt, aber wir bemühen uns, keine Grenzen zu ziehen. Wir befinden uns in einem gigantischen Umbruch, und es ist einfach kein Ende abzusehen der Dinge, die nützlich, dringend, hilfreich und wichtig sind.

Wir sähen es sehr viel lieber, wenn andere Organisationen einige dieser vielen Dienste leisten würden, aber solange sie das nicht tun, versuchen wir die gähnende Lücke zu stopfen. Vieles hiervon sollte von den Schulen, Berufsberatern, Institutionen für Arbeitsvermittlung und – in Deutschland – den Arbeitsämtern und, das ist ganz wichtig, auch von den Gewerkschaften geleistet werden. Seit Jahren versuchen wir bereits, diese Institutionen mit allen möglichen Mitteln dazu zu ermutigen, uns einiges dieser Arbeit abzunehmen. Bis heute geschieht das nur in sehr begrenztem Maße, aber wir sind zuversichtlich.

Ich kann noch mehr von dem Geist, der Stimmung und der Atmosphäre der gegenwärtigen Praxis der Neuen Arbeit vermitteln und Ihnen eine Momentaufnahme meiner eigenen Arbeitsweise vorlegen, wenn ich Ihnen ein weiteres Beispiel dafür gebe, wie sehr wir uns bemühen, spezifisch, konkret und praktisch zu bleiben. Sehr oft bin ich selbst so weit gegangen, zu meinen Vorträgen und Seminaren tatsächlich mit einem großen Ungetüm von Koffer anzureisen. Ich öffne diesen Koffer während eines Workshops niemals, solange ich nicht wenigsten umrissen habe, „wo wir herkommen". Natürlich hat die Gruppe mit der Einladung zu unserer Veranstaltung schon einiges über uns erfahren, aber während jeder Veranstaltung versuche ich sicherzustellen, dass einige der grundlegenden *philosophischen* Konzepte, wie etwa jenes, das besagt, dass Arbeit verkrüppeln, aber auch Leben geben kann, im Raum schweben. Bevor ich meine Schatzkiste öffne, erkläre ich zudem, dass sich unser Ansatz drastisch von dem unterscheidet, was unsere Zuhörer wahrscheinlich erwarten. Dann versuche ich langsam und in kleinen Schritten aufzuzeigen, dass wir bereits seit langem an einer großen und ehrgeizigen, aber nach unserem Verständnis sehr grundlegenden und allgemeinverständlichen *Alternative* zu dem Wirtschaftssystem arbeiten, in dem wir zurzeit leben. Etwa an dieser Stelle öffne ich den Schrankkoffer und bemühe mich im Weiteren, meine Darlegung von allgemeinen sowie eher philosophischen und visionären Ideen durch Bilder, Modelle und Beispiele aufzulockern, und auch, um die Wahrheit zu sagen, durch etliche *Spielzeuge*. Der Kontrast und das Zusammenspiel dieser beiden Extreme funktionieren manchmal wunderbar. Fast alle Dias,

Fotos oder konkreten Objekte, die ich zeige, haben eine Verbindung zu einem der vielen Neue-Arbeit-Projekte. Im Verlaufe der Entwicklung der Neuen Arbeit über 20 lange Jahre hat es in dieser Hinsicht natürlich drastische Veränderungen gegeben. Zu den wichtigsten Veränderungen gehören die bewusste und fortschreitende Verlagerung des Schwerpunkts in Richtung High-Tech-Eigen-Produktion, aber auch die Bewegung weg von Ein-Personen-Mikrounternehmen hin zu größeren Unternehmen. Heute sind wir sogar dabei, all unsere die Wirtschaft betreffenden Unternehmungen in der Dritten Welt zu bündeln und sie zu einem umfassenden Neue-Arbeit-*Unternehmen* zusammenzufassen.

Während ich diese gewichtigen Themen präsentiere, hole ich die mitgebrachten Produkte oder Spielzeuge eins nach dem anderen hervor. Sie alle haben etwas Überraschendes, Intelligentes und oft auch Humorvolles an sich. Außerdem sind sie ökologisch, einfach und leicht herzustellen. Zu meinen Favoriten gehörte eine Zeit lang ein Paar seltsam aussehender Gummihandschuhe, die keiner meiner Zuhörer jemals zuvor gesehen hatte. Ein wenig im Tonfall eines Zauberkünstlers pflegte ich zu sagen, dass diese Handschuhe die Macht hätten, uns teilweise in eine Ente zu verwandeln. Dann zog ich einen der Handschuhe an und wies darauf hin, dass sich zwischen den einzelnen Fingern Schwimmhäute befanden. Das trug mir stets einen Lacher ein (was besonders wichtig ist, wenn man mit den im Elend Lebenden arbeitet, die augenblicklich mit Dankbarkeit reagieren, wenn irgendetwas die Trübsal ihres Alltags für einen Moment vertreibt). Weiterhin erklärte ich, dass man mit diesen Handschuhen sehr viel effektiver schwimmen kann als mit bloßen Händen. Es ging mir dabei nicht nur um die gute Laune, die der Anblick dieser Handschuhe erzeugte. Dieses Beispiel war oft auch der Einstieg in die Diskussion einer ganzen Reihe interessanter Themen, angefangen bei der Frage, warum das Marketing dieser Handschuhe derart miserabel gewesen ist, dass noch nie jemand davon gehört hatte, bis hin zu der „Dummheit" gewöhnlicher Schwimmflossen, die an den Füßen getragen werden – letztere sind nämlich sehr viel ungesunder für den Rücken als diese Handschuhe.

Zu verschiedenen Zeiten barg mein Koffer Gartengeräte, Werkzeuge für Malerarbeiten und für das Dachdecken, Küchengeräte, aber auch alle möglichen Dinge für das Badezimmer, Werkzeuge zum Reparieren von Autos und so weiter. Sie alle waren, so glaube ich, sehr interessante, klug ersonnene Produkte, und jedes passte zu unserer Absicht, aufzuzeigen, dass unsere „Möglichkeiten" nicht vage und nebulös sind, sondern aktuell, buchstäblich greifbar und real. Natürlich stellte ich nicht nur solche Produkte vor, sondern auch eine Fülle von Beispielen für kleine, überraschende Dienstleistungen, die die Neue Arbeit erfunden oder initiiert hat. In diesem Zusammenhang erwähne ich oft, dass einer unserer Erfolge die Einführung einer Dienstleistung war, die auf einer einfachen Beobachtung basiert: Es gibt zweifellos einige Menschen, die eine außerordentliche Begabung dafür haben, lange Gespräche mit vierjährigen Kindern zu führen. Das Unglück ist, dass diese begabten Menschen oft *nicht* die Eltern dieser Kinder sind, und bei den Eltern jedes angesprochene Thema oft sofort wieder versandet. Was wäre also logischer, als einen Besuchsservice für die Kinder solcher Eltern zu organisieren und ihnen „Die Kinderflüsterer" zu nennen.

Es wäre kaum möglich, all die verschiedenen Ideen für Dienstleistungen aufzuzählen, die ich in Hunderten von Seminaren und Workshops vorgeschlagen habe. Eine, die ich noch erwähnen möchte, ist das „Zusammenbauen" von in Bausätzen erstandenen Möbeln und anderen Geräten, denn diese Dienstleistung stand in einem gewissen Zusammenhang mit der viel später entstandenen Idee der Eigenmontage von Geräten, die in kleinen Produktionswerkstätten hergestellt wurden.

Ob man in einem Workshop nur eine allgemein optimistische Atmosphäre erzeugt oder ob man die angesprochenen Möglichkeiten tatsächlich „live" vorstellen kann, macht einen enormen Unterschied. Jemand, der das noch nicht erlebt hat, kann sich das kaum vorzustellen. Es ist erstaunlich, wie viel konzentrierte Arbeit nötig ist, um solche Möglichkeiten einzuschätzen und zusammenzutragen. Es wäre ein hoffnungsloses Unterfangen, wollte man solche Beispiele unter dem Druck des Augenblicks „erfinden". Jede Möglichkeit muss vielmehr erforscht und vielleicht sogar getestet werden. Und auch wenn man eine große Zahl getesteter Beispiele parat hat, ist es nicht so einfach, jeweils das Beispiel auszuwählen, das für diese kleine Gruppe oder für dieses Individuum gerade geeignet ist. Es war stets unser Ziel, den Eindruck zu vermitteln, dass derjenige, der nach neuen Möglichkeiten sucht, auf keinerlei Grenzen oder „Unmöglichkeiten" stößt. Unser Ehrgeiz bestand stets darin, nicht nur auf die erste Frage mit einem konkreten, praktikablen und positiven Vorschlag reagieren zu können, sondern auch auf die darauf folgende Frage und ebenso auf den darauf folgenden skeptischen, doch zugleich hoffnungsvollen fragenden Blick.

In der Praxis, die wir durchführen, wie wir sie uns auch vorstellen und für die Zukunft planen und entwickeln, fungiert die allmählich sich ansammelnde *Masse von Möglichkeiten* als eine *Grundlage*, als eine dicke, reiche und ständig solider werdende Basis. Man könnte auch sagen, dass die Totalität dieser faszinierenden, intelligenten und strahlenden Möglichkeiten uns wie eine kleine Lichtkugel einhüllt, die uns überallhin begleitet und die sich besonders in den elendsten Teilen der Welt als sehr hilfreich erweist. Ganz gleich, ob wir mit einem Unternehmen, einer staatlichen Organisation, einer Nichtregierungsorganisation, einer informellen Gruppe oder einer einzigen Person arbeiten, wir beziehen uns immer auf das größtmögliche Spektrum von möglichen Beispielen und betonen dabei, dass diese natürlich nur Illustrationen sind, nur einige Bilder von vielen, und dass sich ständig neue Möglichkeiten ergeben. Wir haben uns ganz bewusst darum bemüht, der Neuen Arbeit diese Aura der Fülle zu geben, sie zu einer Art Markenzeichen unseres Ansatzes zu machen.

Wir tun dies in der Absicht, eine neue Wahrnehmung der Welt zu erzeugen. Wir wollen zeigen, dass die Welt nicht abgeschlossen und vollständig ist, so dass sich nur in den seltensten Fällen und unter schwierigsten Umständen irgendeine kleine neue Idee herausquetschen lässt. Es soll deutlich werden, dass wir vielmehr von neuen Möglichkeiten umgeben sind wie von einem Kreis halb geöffneter Türen, dass es zahllose neue Entwicklungen und neue Erfindungen gibt, die uns einladen, sie voranzutreiben, und dass diese Situation uns berechtigt, hoffnungsfroh in die Zukunft zu blicken – mit einer Stimmung, die sich drastisch von der Hoffnungslosigkeit und Depression unterscheidet, die in unserer Kultur so weit verbreitet sind. Unser Lieblingswort für diese andere Geisteshaltung ist „Fröhlichkeit". Ein hier mitschwingender Oberton ist unsere Hoffnung, Möglichkeiten vorstellen zu können, die eine Stufenleiter konstituieren, welche uns Schritt für Schritt zu einer intelligenteren, menschlicheren und sinnlicheren Kultur hinführt. Was wir anbieten, ist zudem eng nach dem Open-Source-System in Computern modelliert. Wir sprudeln sämtliche nützlichen Vorschläge heraus, die wir irgendwie zusammentragen können, ohne für uns in Anspruch zu nehmen, deren Urheber zu sein, und wir ermutigen die Menschen, die zu uns kommen, in demselben großzügigen Geist ihren Beitrag zu diesen sich ansammelnden Möglichkeiten zu machen.

Und es gibt noch einen weiteren Grund, der für uns noch stringenter ist und der noch größeres Gewicht hat. Es ist *notwendig*, diesen Eindruck einer Fülle, einer riesigen Palette von Möglichkeiten zu erzeugen, wenn unsere Bemühungen nicht ebenso müßig sein sollen wie viele der bisherigen Versuche, den Menschen zu befreien. Die Vorstellung dieser Möglichkeiten ist nach unserer Ansicht eine Grundlage, ein Beginn, ein erster Anfang. Wir wissen, dass wir vieles schuldig bleiben müssen, aber wir kennen auch den Unterschied zwischen der „Wahl des Vegetariers" und der Möglichkeit, einer Option nachgehen zu können, die man sich nach sorgfältiger Prüfung und Abwägung wirklich *wünscht*. Und der erste Schritt hierzu muss das Niederreißen von Wänden sein. Wenn die Menschen, mit denen wir arbeiten, in ihrem Gefühl der Einengung verharren, dann werden sie schließlich doch nur einen trägen Schritt in Richtung des geringsten Widerstandes machen. Dann werden sie auch der leichtesten Brise nachgeben, die ihrer lauwarmen Laune entgegenbläst und werden sich von ihr in den nächsten sicheren Hafen treiben lassen. Sie müssen zu Anfang die Erfahrung eines offenen Raumes, einer Fülle machen, sonst werden sie gar nicht erst versuchen – zu finden, was sie wirklich, wirklich wollen.

Experimentieren

Wenn große Teile unseres Organismus kalt und starr und somit unbeweglich geworden sind, dann ist es sehr unwahrscheinlich, dass sich in diesem Organismus noch eine kleine Ecke für echte Leidenschaft oder gar die Fähigkeit zur Ekstase findet. In nahezu allen Fällen muss zuerst der ganze Mensch lebendiger werden; er muss auf dem Sprung sein und ernsthaft etwas *wollen*. Unser ganzes Unterfangen besteht also keineswegs darin, so tief hinabzutauchen, wie unser Atem es erlaubt, um dort zwischen dem Seetang den goldenen Becher mit unseren tiefsten Wünschen zu finden. Es ist ein umfassender und Schritt für Schritt steiler und mühsamer *Aufstieg*. Ein Zwischenstadium nach der Vorstellung der Möglichkeiten ist häufig so, als riebe man jemanden, der draußen in der Kälte eingeschlafen ist, erst einmal mit Schnee ab, um die Blutzirkulation in seinen froststarren Gliedmaßen wieder anzuregen.

Manche finden in dieser Phase außerordentlich unterschiedliche Aktivitäten hilfreich. Zu meinen eigenen Favoriten gehört der Sport, vorzugsweise eine Sportart, die ein gewisses Risiko birgt und uns zwingt, an unsere ungenutzten inneren Ressourcen heranzukommen, etwa das Bergsteigen, Skateboarden oder Boxen. Aber auch Tanzen, Theaterspielen, Musizieren, praktisch jede Kunst kann eine kräftigende Wirkung haben. Ebenso Reden und Debattieren in der Öffentlichkeit sowie, unnötig zu sagen, alle möglichen Spiele. Eine kleine Anekdote mag illustrieren, welche Vielfalt von Dingen hier benutzt werden kann und benutzt wurde. Ich habe einmal in New York mit einer Gruppe junger Banker von der Wall Street gearbeitet. Ihre Chefs waren der Meinung, dass sie zu wünschen übrig ließen: Sie zeigten zu wenig Initiative, Eifer, Biss und Chuzpe, und deshalb sollte ein Art Happening stattfinden. Was wir schließlich ausklügelten, machte starke Anleihen bei der Praxis des so genannten „Outward Bound". Die jungen Banker mussten sich glaubwürdig als Obdachlose verkleiden. Dann wurden sie in einem der problematischeren Viertel New Yorks an einer Straßenkreuzung „ausgesetzt", ohne Geld und andere Hilfsmittel. Ihre Aufgabe bestand darin, drei Tage zu überleben, bevor wir sie an derselben Kreuzung wieder auflesen würden.

Dies sind vorbereitende Übungen, Gymnastik oder Aerobic für den Geist, ja buchstäblich „Aufwärmübungen“. Zu diesen Erkundungen gehören natürlich auch Beratungen in Einzelgesprächen und in der Gruppe, aber auch erfahrungsorientierte Übungen – allerlei Spiele, Meditation, Yoga, Tanz und Musik (sowohl „therapeutischer Tanz“ als auch „therapeutische Musik“) oder Theater – sowie Übungen, welche lehren, die eigene Aufmerksamkeit zu sammeln, entweder auf den eigenen Körper oder den gegenwärtigen Moment, mit besonderer Betonung auf Übungen, die unsere Fähigkeit verbessern, einer anderen Person wirklich zuzuhören und seine volle Aufmerksamkeit jemandem zuzuwenden, mit dem man am Tisch sitzt, sei er Freund oder Fremder. Außerdem stellen wir den Menschen einige der „Instrumente“ vor, mit denen sich die unterschiedlichen Charaktere in ein Schema einordnen lassen und die uns anhand von 50 bis 100 Fragen Aufschluss darüber geben, was für ein „Typ“ wir sind.

In unserer Kultur gibt es gegenwärtig eine unermessliche Vielfalt solcher Praktiken, und für unsere Zwecke ist es nicht so wichtig, welche davon im Einzelfall gewählt wird, sondern dass die Associates, die zu uns kommen, sich darüber klar werden, dass es in diesem Bereich nahezu unendliche Möglichkeiten gibt und kein Teil und kein Aspekt des Einzelnen nicht auf millionenfache Weise ausgebildet werden kann.

Selbstverständlich könnte man noch mehr Übungen und Praktiken anführen. Was in Hinsicht auf die Neue Arbeit jedoch am wichtigsten ist, lässt sich in einigen wenigen Worten formulieren: Wir benutzen all diese Praktiken und noch viele mehr; sie gehören also zu dem, was wir tun. Noch charakteristischer für die Neue Arbeit ist jedoch, dass wir all diese Praktiken als bloße *Vorbereitungen* betrachten. Sie sind Stationen auf dem Weg, das herauszufinden und dann auch zu praktizieren, was man wirklich, wirklich will. Als solche erfüllen sie eine Funktion, trotzdem wir in dieser Hinsicht sehr zurückhaltend sind. Jahre der Erfahrung haben uns davon überzeugt, dass es eine Art von Arbeit gibt, die weitaus transformativer und belebender sein kann als die ganze Fülle der anderen Pfade und Heilmittel, die in unserer Kultur angeboten werden. Deshalb räumen wir der Arbeit, die jemand wirklich, wirklich will, eine ganz besondere Sonderstellung ein.

Davon waren wir bereits überzeugt, als wir in Flint das erste Zentrum für Neue Arbeit aufbauten. Wir machten große Anstrengungen, um in diesem Zentrum einen „Raum der Möglichkeiten“ einzurichten. Seither war es stets unser Ziel, einen solchen Raum zu einer der wichtigsten Ressourcen in jedem Zentrum zu machen, auch wenn wir bei der Verwirklichung dieser Idee oft hinter dem zurückblieben, was wir beabsichtigt hatten. Eines jedoch war von Anfang an ganz eindeutig: Wir wollen den Menschen, die zu uns kommen, die Möglichkeit geben, eine außerordentliche Zahl von Experimenten und Tests durchzuführen, Modelle und Beispiele kennen zu lernen, an denen sie durch Beobachtung lernen, aber mit denen sie auch ganz konkret selbst experimentieren können. Wir wollen ihnen einen möglichst großen, geräumigen und luftigen Raum zur Verfügung stellen, in dem sie Bücher, Videos und Dias finden können, aber auch Schautafeln, Forschungsberichte, Konstruktionspläne und Fotografien. Neue Technologien wie die Produktion in kleinen Werkstätten oder frühe Versionen des Personal Fabricators sollen hier wenigstens mit Modellen demonstriert werden. Daneben soll es Beispiele von Technologien und Produkten geben, die die Neue Arbeit zurzeit zu perfektionieren bemüht ist und die sie in Ländern wie Indien oder Südafrika einführen will.

Solch ein Raum der Möglichkeiten soll ausdrücklich auch eine Antwort auf Skepsis und Gleichgültigkeit sein und natürlich jedweden Grad von Desinteresse und Unlust. Ob man nur eine Beschreibung von etwas hört oder selbst mit ansieht oder erlebt, wie etwas gemacht wird, das ist ein Unterschied wie Tag und Nacht. Deshalb ist die Präsentation von lebensgroßen Produktmodellen oder von Technologien, mit denen die Neue Arbeit sich beschäftigt, auf alle Fälle vorzuziehen. Nach meiner Erfahrung ist hier nur eine Wirkung zu erzielen, wenn die Menschen immer wieder ganz konkrete Erfahrungen machen können. Erst wenn die Leute mit eigenen Augen gesehen haben, dass dieses Möbelstück auf diese hochautomatisierte Weise in einem solchen Zentrum hergestellt werden kann oder sie dieses Kleidungsstück, diesen elektronischen Apparat oder sogar das selbst zusammenzubauende Auto weitgehend mit ihren eigenen Händen herstellen können, sind sie wirklich von der Realität solcher Möglichkeiten überzeugt.

Diese Betonung eines Raums der Möglichkeiten, in dem sich bestimmte „Modelle“ befinden, geht Hand in Hand mit einer großen Skepsis gegenüber der Introspektion. Bei dem Versuch, das, was man wirklich will, allein durch den Blick in den eigenen inneren Raum zu bestimmen, schaut man oft durch eine dunkle und stark verzerrende Brille. Das gilt besonders für die Arbeit. In diesem Bereich ist es meist recht unergiebig, mit gerunzelter Stirn in die innerste Seele zu blicken. Eine Woche oder auch nur ein Tag, an dem man die jeweilige Arbeit wirklich *macht*, ist unvergleichlich viel besser. Dass das Lohnarbeitssystem ein solches „Ausprobieren“ nicht zulässt, sollte man eigentlich zu dessen Krankheiten zählen. Trotz all des lauten Geredes über die galoppierende Flexibilisierung der Arbeit hat das Lohnarbeitssystem in Wirklichkeit in dieser Hinsicht kläglich versagt.

Die meisten Menschen unterteilen ihr Leben immer noch in drei Abschnitte: eine lange vorbereitende Periode, in der sie lernen und nicht arbeiten, gefolgt von dem Hauptteil, in dem viele nur noch arbeiten und das Lernen aufhört, und einem durch den medizinischen Fortschritt immer länger werdenden letzten Abschnitt, in dem sie nicht mehr arbeiten und meistens auch nichts mehr hinzulernen. Selbst wenn das Lohnarbeitssystem sonst in Ordnung wäre, sollte dieser eine Mangel bereits ausreichen, um ihm den Rücken zu kehren. Natürlich sollte es von Anfang bis Ende eine Mischung von Arbeit und Lernen geben. Da Kinder aufnahmefähiger und im ursprünglichen Sinne intelligenter sind als Erwachsene (sehen Sie sich nur an, wie schnell Kinder eine Sprache lernen), müssen sie mit Dingen, die sie machen, tun, formen und verfolgen, *experimentieren* können. Ob wir dies nun Arbeit oder Spiel nennen, ist unerheblich. Das Wesentliche ist, dass sie nicht gezwungen sein sollten, halb blind in sich hineinzuschauen, sondern dass sie ganz real und klar mit eigenen Augen sehen und lernen können.

Viele Menschen scheinen anzunehmen, dass die Entdeckung dessen, was man wirklich und wahrhaftig will, etwas Plötzliches und Endgültiges ist. Dass man in einem inspirierten Augenblick darauf kommt und das die Frage mehr oder weniger für den ganzen Rest des

Lebens beantwortet. Doch nichts könnte das Bild, wie es sich üblicherweise in unserer Praxis darstellt, gründlicher verfehlen. Deshalb betonen wir immer wieder, dass der Einzelne sich in den verschiedensten Zusammenhängen ganz allmählich entwickelt, und tun alles uns Mögliche, um die Hoffnung auf Schnellrezepte zu unterlaufen. Ich selbst sage oft, dass man das, was man wirklich will, nicht so findet wie etwa einen verlorenen grünen Tennisball unter einem Busch. Es ist vielmehr ein Prozess mit vielen Anläufen und Umwegen, mit Misserfolgen und Neuorientierungen. Und dazu gehört vor allem, dass man die Chance hat zu *experimentieren.* Ich möchte nochmals wiederholen, dass das Fehlen der Möglichkeit, verschiedene Arten von Arbeit auszuprobieren und sie dann zu verwerfen, zu den gravierenden Krankheiten des Lohnarbeitssystems gehört, es ist irrational und ausgesprochen destruktiv. Und dass man das, was man im Laufe der schulischen Ausbildung lernt, nicht praktisch ausprobieren kann, ist ein besonders schwerwiegendes Handicap. Es kommt nicht selten vor, dass jemand vier Jahre lang Jura studiert und dann nach viel ernstem Bemühen in den ersten fünf Wochen in der realen Praxis entdeckt, dass er diese Arbeit zutiefst hasst und die ganze kostspielige Ausbildung weitgehend umsonst war.

Aus diesem Grund ist vieles, was wir im Bereich der Neuen Arbeit tun, ganz bewusst interaktiv. Wir machen nicht einen Vorschlag, sondern 50 verschiedene Vorschläge. Wenn einer davon ankommt, werden sofort alle Suchscheinwerfer eingeschaltet. Jede nur denkbare skeptische Frage wird ermutigt, und die Angelegenheit wird gründlich durchleuchtet. Während dieses Prozesses werden natürlich auch alle möglichen praktischen Fragen verfolgt, aber die Gruppe kehrt periodisch zu der Kernfrage zurück: Ist dies etwas, das dieser Mensch oder wir als Gruppe wirklich *wollen* oder nicht? Oft wird eine Unternehmung gestartet und nach einer Weile dann doch wieder fallen gelassen. Das unterstreicht wiederum einen ganz wichtigen Punkt: dass wir nämlich im gesamten Prozess immer wieder die Erfahrung machen, die wir die Armut der Begierde nennen. Wir müssen begreifen, dass alle, wir alle zusammen, diese Schwierigkeit haben. Das ist etwa so, als komme man allmählich wieder zu sich, nachdem man in einen Brunnen gefallen ist und dabei das Bewusstsein verloren hat. *Irgendwie* muss man nun mit der Situation zurechtkommen und sich langsam aus dem tiefen Loch herausarbeiten.

In Anbetracht dieses allgemeinen und gemeinsamen Zustands betonen wir, dass es nicht so wichtig ist, etwas ganz genau „Passendes" zu finden. Das, was man unter vielen Schichten von Geröll und Abfall hervorholt, muss also nicht nahtlos mit den Möglichkeiten zusammenpassen, die sich gerade anbieten. Die Entscheidung ist ja sowieso nicht endgültig. Alles verändert und entwickelt sich. Wenn man dagegen Wochen damit zubringt, auf der Suche nach dem perfekt passenden Aschenputtel-Glasschuh in seinem eigenen Inneren herumzuwühlen, erweist sich das meist als verlorene Zeit. Inzwischen hat sich nämlich der Fuß verändert. Viel praktischer und produktiver ist es, ein enorm umfassendes Wissen über die vielen Arten von Schuhen (nicht nur von gläsernen Ballschuhen), die es da draußen gibt, zu haben, das heißt über die unzähligen Arbeitsmöglichkeiten, die man entwerfen, schaffen und organisieren könnte, wenn wir nur aus den engen Grenzen des Lohnarbeitssystems ausbrechen und der bösen Stiefmutter damit entwischen könnte.

So betonen wir, dass es Zeit und Gelegenheit geben wird, seine Meinung zu ändern, und dass Fehler korrigiert werden können. Das Wichtigste ist, dass man erst einmal *anfängt*, dass man sich angewöhnt, nicht nur in Hinsicht auf die Arbeit, sondern auf praktisch alles zu erfragen: Ist dies etwas, das ich wirklich *will*? Will ich wirklich ein Jackett tragen, oder trage ich es aus Bequemlichkeit oder aus Furcht vor der Meinung anderer? Und was ist mit der Fernsehsendung, die ich mir gerade ansehe? Macht sie mir wirklich Freude, oder erlaube ich da jemandem, mir durch meine eigenen Augen und Ohren ins Gehirn zu pinkeln? Und wie ist es mit diesem Menschen? Erlaube ich mir mit dieser Beziehung einen Ausflug ins Primitive? Und was hat es mit diesem Ziel auf sich, das ich nun schon seit einiger Zeit verfolge? Bin ich ein aufgezogenes Spielzeug? Hat jemand eine Metallspirale in meinem Bauch aufgezogen, so dass ich jetzt vormarschiere wie ein Zinnsoldat? Oder ist es ein Ziel, von dem ich sagen könnte: Hier stehe ich. Ich kann nicht anders. Gott helfe mir. Amen!

Als wir über die Polarität der Arbeit sprachen, haben wir zwei erhellende Beispiele angeführt. Sowohl in dem Beispiel der Mutter, die das Auto anhebt, das ihren Sohn überrollt hat, als auch in dem der Dorfbewohner, die gegen die Fluten des Mississippi kämpfen, geht es um einen Kontext. Zwischen zwei Dingen, zwischen einer Person und ganz bestimmten äußeren Umständen, entsteht eine große Spannung, ein Kraftfeld. Keine innere Manipulation wurde vorgenommen, kein Knoten wurde gelöst, keine Macke wurde ausgebügelt. Nein, eine unerwartete Tatsache griff von *außen* in das Leben einer Person ein und übte eine machtvolle Zugkraft auf sie aus.

Wenn wir überhaupt behutsame Führung anbieten, dann schlagen wir den Menschen oft vor, sie sollten sich auf eine Wanderschaft begeben, wie es die Handwerksgesellen jahrhundertelang getan haben. Wir ermutigen sanft, aber unnachgiebig dazu, zu erkunden, zu experimentieren und sich insbesondere verschiedenen äußeren Umständen auszusetzen, um zu beobachten, was dann geschieht. Wir sagen: Seht genau hin, weil ihr *nicht* wisst, was sich ereignen wird. Versucht herauszufinden, welcher der vielen Umstände besonders machtvoll auf euch wirkt, welche Konfrontation zum stärksten Aufwallen, zum stärksten Ausbruch von Energie in euch führt. Das war der springende Punkt der beiden Beispiele. Beobachten Sie sich selbst mit diesen Beispielen im Hinterkopf, und fragen Sie sich: Welche dieser Situationen löst die größte *Zugkraft* auf mich aus? Welche wird mehr Energie in mir aktivieren als alle anderen? Dies führt zu einem Prozess, der ganz anders aussieht als das, was man mittels Introspektion assoziiert, und schließlich führt es auch zu einem ganz anderen Handeln.

All das entspricht auch der Logik der Räume der Möglichkeiten. Natürlich kommt es auch in unseren Gesprächen und Beratungen zur Diskussion von Emotionen. Aber wir versuchen von Anfang an, die objektive Situation, in der sich ein Mensch befindet, zu erkunden und einzuschätzen. Dass ein Mensch von keinem der Dinge motiviert ist, die auszuprobieren er bisher die Chance hatte, mag völlig angemessen, berechtigt und vernünftig sein. Auf das meiste von der Kost, die das Lohnarbeitssystem den Menschen anzubieten hat, würde jedoch selbst jemand mit einem sehr abgehärteten Magen keinen Appetit haben.

Hier greift das Lohnarbeitssystem einfach zu kurz: Wenn wir sein größeres Ganzes ansehen, dann finden wir viel Moder und Schimmel, kommt vieles zutage, das faul ist und zum Himmel stinkt. Wie könnte es da überraschen, dass sehr viele Menschen, und vor allem junge Menschen, die noch nicht in der Falle sitzen, dazu auf Distanz gehen und damit nichts zu tun haben wollen?

Ziele, die zu verfolgen es sich wirklich lohnt, sind in unserer Welt schwer zu finden. Dies ist eine Einsicht, die mich an viele Krankenhäuser in der Dritten Welt erinnert, die ich besucht habe. Die Betten sind voll von Menschen, die an entsetzlichen und gefährlichen Krankheiten leiden, und die Ärzte haben keine einzige Spritze, keine Klammern, mit denen sie eine Wunde schließen könnten, und nicht einmal Nahrung. Hilflos gehen sie von Bett zu Bett. Es mag sich hart anhören, aber mir scheint es manche Ähnlichkeit zwischen diesen Ärzten und einer Vielzahl von Arbeitsvermittlern und Coachs zu geben, die anderen Menschen Jobs und Berufswege vorschlagen und sie motivieren wollen. Sie haben keine Medizin, keine Instrumente und keine Nahrung. Sie gehen von Bett zu Bett beziehungsweise von Stuhl zu Stuhl – und lächeln.

Auch das zeigt, wozu ein Raum der Möglichkeiten da ist: Er ist nicht nur eine einzelne Kiste voller Ressourcen und Werkzeuge, sondern ein ganzes Lagerhaus voll Kisten. Er sollte eine Situation bieten, in der man sagen kann: Ich will mir doch einmal das da drüben ansehen. Aha, ich verstehe! Hier haben wir etwas, das in ähnlichen Situationen gut funktioniert hat. Warum es nicht einmal damit versuchen?

Jemandem dabei behilflich zu sein, herauszufinden, was er oder sie wirklich will, ist für uns wie gesagt auch einfach eine Sache der Ausdauer, der Unnachgiebigkeit und des Nichtaufgebens. Wir probieren herum, wir passen ein und wir bringen zusammen – diese Person mit jener Konfiguration, mit jenem Objekt und mit jenen äußeren Tatsachen. Bis wir dann schließlich finden, dass da etwas zusammenpasst, dass da eine Spannung, eine Kraft, eine knisternde Elektrizität zwischen dieser Person oder dieser Gruppe und diesem Objekt oder diesem Ziel besteht, das vor ihnen liegt. Das mag manchmal Monate dauern, doch die Gründe für Interesselosigkeit oder Laxheit liegen vielleicht gar nicht in der jeweils eigenen Konstitution, sondern in den Fakten der Situation, in der man sich befindet. Vielleicht meinen wir das Wort „Möglichkeiten“ wörtlicher, als viele Menschen glauben. Das heißt auch, dass es unter dem Strich oft darauf hinausläuft, das jemand einfach *etwas anderes tun muss.* Wir machen den Menschen deutlich: Das Problem liegt nicht in ihrem Kopf, es ist nicht ihr Mangel an Motivation, nicht die Schwächlichkeit ihres Strebens. Das Problem liegt in ihrer Arbeit. Und so sagen wir: Sehen Sie sich die ganze Palette von Möglichkeiten, die wir vor Ihnen ausbreiten, sorgfältig an, und dann versuchen Sie, eine Wahl zu treffen. Wählen Sie etwas Neues, vielleicht etwas Unerhörtes, vielleicht erleben Sie dann, was es bedeutet, etwas wirklich, wirklich zu wollen!

Die Selbstunkenntnis

(Ein Satz vorweg zu dieser Wortschöpfung: „Selbstunkenntnis“ habe ich bewusst als Gegensatz zu dem Wort „Selbsterkenntnis“ erfunden, weil es das Gemeinte in einem einzigen Wort zum Ausdruck bringt, wofür man sonst eine umständliche Umschreibung wählen müsste. Im Englischen bezeichne ich es als „self-ignorance“.)

Die Tatsache, dass wir in überraschend schwachem Kontakt zu unseren Wünschen stehen, ist eine der wichtigsten Grundlagen für einen großen Teil der Praxis und des Denkens der Neuen Arbeit. Doch die fehlende Fähigkeit zu wünschen, der Mangel an Begehren oder – wie wir es nennen – die Armut der Begierde ist ein relativ fest umrissenes und abgegrenztes Syndrom. Wir könnten es vergleichen mit dem blinden Fleck im Auge im Gegensatz zu einer viel umfassenderen und weiter verbreiteten Sehschwäche. Diese umfassendere Unfähigkeit, die eher eine Art von Krankheit als eine spezifische Armut darstellt, ist die Unkenntnis unserer selbst, die seltsamen und wie verhexten Schwierigkeiten, die wir haben, wenn es darum geht, *uns selbst* zu erkennen. Und damit spielen wir nicht auf Sigmund Freud an. Freuds

Konzept des Unbewussten war gegen das, was wir meinen, äußerst gemäßigt. Dass der Mechanismus der Verdrängung das Ego gegen ein Wissen schützt, welches das Ego aus dem Gleichgewicht bringen könnte, scheint eine vernünftige und nützliche These zu sein. Es ist genau das, was man von einer Psychologie erwartet, die in den Fußstapfen einer sehr viel älteren Evolutionstheorie daherkommt. Das für die Neue Arbeit so wichtige Konzept der „Selbstunkenntnis" ist etwas sehr viel Krasseres, wesentlich Dunkleres und zweifellos sehr viel Schädlicheres.

Um ein erstes Beispiel zu geben: Wir leben in Unkenntnis nicht nur um unsere unterschwelligen Begierden, wir kennen oft nicht einmal die bloße Form, die Kontur des Körpers, den wir unser Eigen nennen. Viele Menschen zwingen sich zu einer Diät, sind aber unsicher und wissen nicht, was sie von deren Wirkung halten sollen. Also warten sie. Endlich treffen sie jemanden, den sie längere Zeit nicht gesehen haben, und wenn dieser dann sagt: „Du siehst dünner aus", atmen sie erleichtert auf. Eine ähnliche Unkenntnis ihres Körpers haben Menschen, die erstaunt sind, wenn man ihnen zum ersten Mal sagt, sie hätten einen Bauchansatz.

Noch viel schlimmer ist es jedoch mit unseren Emotionen. Ein enger Freund schaut uns forschend an und sagt uns dann, dass wir deprimiert aussehen. Nicht selten antworten wir dann: „Meinst du wirklich? Mache ich den Eindruck? Ich denke, mir geht's gut." Dann gehen wir hinüber zu einem Spiegel, betrachten uns selbst und kommen zu dem Schluss: „Vielleicht hast du Recht. Jetzt, wo ich mein Gesicht gesehen habe, mache ich mir selber Sorgen. Ich sehe tatsächlich müde und mitgenommen aus."

Ein Aspekt der Selbstunkenntnis, der in meinen Augen noch extremer ist, manifestiert sich manchmal in Bekleidungsgeschäften. Oft wissen wir noch nicht einmal, in welcher Aufmachung wir lächerlich aussehen und welche Farben uns stehen. Jemand, der uns zum ersten Mal sieht, kann das viel besser beurteilen als wir selbst. Die Verkäuferin hilft mir in ein dünnes, schwarzes, lose fallendes Jackett und sagt: „Das sind *Sie*!" Was für ein erstaunlich klares Auge! Ich habe all die Jahre mit mir selbst gelebt und weiß es trotzdem nicht zu sagen, und sie hat fünf Minuten mit mir verbracht und ist dazu in der Lage. Wegen dieser Unkenntnis unserer selbst irren wir umher wie Ödipus, verloren in unserer inneren Landschaft.

Wir Menschen sind wie eine verunglückte biologische Mutation. Es gibt Geschichten über die erstaunlich feine Nase von Hunden, über das unglaubliche Sehvermögen von Eulen in der Nacht. Und es gibt die mehr als verblüffende Tatsache, dass zum Beispiel Lachse zu ihren Laichgründen zurückkehren, oder dass der Chrysippusfalter selbst über mehrere Generationen hinweg seinen Weg in ebendieses eine, ganz bestimmte Bergtal in Mexiko zurückfindet. Unsere Fähigkeit, um die fernen Welten von Galaxien oder Molekülen zu wissen und natürlich auch um die Welt um uns herum und besonders um andere Menschen, ist aber noch erstaunlicher und beeindruckender.

Und dennoch scheinen wir Scheuklappen zu tragen, die wenigstens einen Meter lang sind. Wiesehr wir unseren Kopf auch drehen und wenden, mit unseren eigenen Augen können wir zwar das, was vor uns steht, ganz wunderbar sehen, aber es scheint uns physiologisch unmöglich zu sein, uns selbst anzuschauen. Was für eine groteske Behinderung ist doch die Tatsache, das wir wie aus Bosheit den einen Punkt in der ganzen Welt, der für uns der wichtigste ist, nicht erkennen können, während es uns erlaubt ist, um alles andere zu wissen.

Unsere Selbstunkenntnis ist also nur eine Hälfte des Bildes, und das ist von zentraler Bedeutung für die Neue Arbeit. Die andere Hälfte ist, dass wir ein phänomenales und geradezu wunderbar klarsichtiges Wissen um *andere Menschen* haben und um sehr viele andere Dinge in der Außenwelt. Das heißt, dass unsere Begegnungen mit anderen Menschen grundlegend und in ihrer tiefsten Struktur erstaunlich und zutiefst asymmetrisch sind. Wir stehen uns gegenüber, ein Ich und ein Du. Wir beide tappen, was uns selbst angeht, im Dunkeln. Aber ich weiß, dass Du mit Deinen Augen sehr viel klarer sehen kannst, was ich bin, als ich selbst, und dasselbe gilt umgekehrt. Du sitzt da und hast das Gefühl, von mir erkannt zu werden. Das erzeugt mit einem Schlag eine ganz erstaunlich enge wechselseitige Verbindung. Wo es um Dich selbst geht, bist Du verloren, aber ich habe ein Augenpaar, mit dessen Hilfe Du Dich selbst kennen lernen könntest; und umgekehrt ist es genauso. Darum brauchen wir einander auf die allergrundlegendste Weise. Wir sind dermaßen miteinander verbunden, dass man sich auch vorstellen könnte, wir seien ein einziger komplexer Organismus mit vier Augen.

Die geradezu unglaubliche Intensität dieser wechselseitigen Verbundenheit ist das Thema der zehn am meisten gefeierten Seiten, die G. W. F. Hegel in seinem Leben geschrieben hat – ich meine das Kapitel „Herr und Knecht" in seiner *Phänomenologie des Geistes.* (Die hier ausgeführten Ideen spielen eine zentrale Rolle in Jean-Paul Sartres *Das Sein und das Nichts*, aber auch in Simone de Beauvoirs *Das andere Geschlecht*, in einer umfangreichen Literatur darüber hinaus sowie unter anderem in meinem Artikel „Sudden Encounters" in *Inquiry*, Juli 1978, und meiner Vortragsreihe „Thinking One's Way Out of the Disease of Postmodernism" im Jahr 1998. Ich möchte an dieser Stelle noch eine philosophische Randbemerkung machen: Die Argumente, die ich gerade zusammengefasst habe, laufen auf eine totale *Umkehrung* von Descartes hinaus; sein zentraler Gedanke wird von innen nach außen gekehrt: Das Ich ist alles andere als „klar und deutlich bekannt", und es kann keineswegs für sich in Anspruch nehmen, die Grundlage und Basis zu sein. Weit gefehlt. Wir werden ohne ein Ich geboren und müssen im Laufe unseres Lebens erst ein Ich aufbauen und erwerben.)

In der Regel und auf eine sehr endgültige und tiefgehende Weise erkennen *andere* Menschen uns schneller und besser als wir uns selbst. Das hat nichts Esoterisches oder Geheimnisvolles an sich. Es ist üblich, normal und nahezu universell. In dem Maße, in dem dies der Fall ist, kann jeder von uns einer anderen Person Dinge über sie selbst sagen, die sie nicht weiß. Das können wir ohne Rückgriff auf irgendwelche ungewöhnlichen Methoden oder Prozeduren. Sie können sehen, dass ich ärgerlich bin; ich kann sehen, dass Sie traurig sind. Man könnte sagen, dass die menschliche Grundsituation in dieser Hinsicht zutiefst paradox und verkehrt ist. Vielleicht ist sie aber auch ganz wunderbar.

Was ich hier beschreibe, ist alles andere als neu. Es ist Teil einer uralten, tief verwurzelten und weit verbreiteten Tradition. Tatsächlich geht die Idee, dass wir unerhört unwissend um uns selbst sind, auf die alten Griechen zurück. *Ödipus Rex* ist ein Theaterstück über einen König, der nicht einmal die schwerwiegendsten Dinge über sich selbst weiß: dass er nämlich seinen eigenen Vater getötet und dann seine eigene Mutter geheiratet hat. Verlorener in seinem eigenen Leben kann man nicht sein. Das ist der Grund für die Anweisung: Erkenne dich selbst! Wenn wir vom Moment unserer Geburt an ein sonnenklares, totales Wissen um uns selbst hätten, wäre dies der lächerlichste und *überflüssigste* Ratschlag, den man sich nur denken kann.

Akzeptieren wir unsere Selbstunkenntnis als eine zwangsläufige und nackte Tatsache und beginnen wir dann zu sehen, wie uns dieses Gebrechen auf übelste Weise von dem wesentlichsten Wissen um uns selbst fernhält, dann ist natürlich eine brennende Neugier das unausweichliche Resultat. Es ist unerträglich, gerade an dem für uns allerwichtigsten Ort so völlig im Dunkeln zu tappen, denn wir fühlen uns von inneren Kräften gedrängt und getrieben, die aus für uns völlig unauslotbaren Bereichen kommen.

Das bedeutet, dass in den Neue-Arbeit-Gruppen während mancher Übungen, die einen Aspekt des Ich deutlich machen sollen, die Spannung sehr viel höher ist als in den meisten der sonstigen Workshops. Es bedeutet auch, dass es manchmal Kettenreaktionen gibt, die von einer verblüffenden Einsicht in das Ich zu weiteren, vielleicht noch überraschenderen und noch verblüffenderen Einsichten führt. Dass wir derart unwissend um uns selbst sind, bedeutet aber auch, dass Skepsis in Hinsicht auf das, was uns durch Introspektion und durch mentale Übungen offenbart wird, angebracht ist. Diese Skepsis ist ebenfalls charakteristisch für die Art und Weise, wie Menschen aus dem Bereich der Neuen Arbeit auf viele Praktiken reagieren. Aus diesem Misstrauen heraus folgt ganz natürlich eine stärkere Hinwendung zu den äußeren Sinnen und der äußeren Welt, auf die man sich mehr verlässt.

Diese Haltung der Neuen Arbeit könnte man mit einem Ausspruch Goethes umschreiben: Man müsse sich selbst verlassen und in die Welt gehen, um zu sich selbst zu kommen. Diese Wendung wird durch ein zweites Konzept noch weiter hervorgehoben: Wenn unser Scharfblick in bezug auf *andere* so erstaunlich ist und andere uns deshalb von außen sehr viel deutlicher sehen und besser erkennen können, wer und was wir sind, dann haben wir allen Grund dazu, unsere volle Aufmerksamkeit auf sie zu richten. Auch das wird in Neue-Arbeit-Gruppen sehr stark betont.

Vor diesem Hintergrund gehört es zu den wesentlichen Anstrengungen, die folgende Fähigkeit zu entwickeln: Da wir uns selbst so wenig kennen, doch andererseits in Richtung auf andere solchen Scharfblick besitzen, müssen wir unsere volle und ungeteilte Aufmerksamkeit dem zuwenden können, was andere sagen und tun; wir müssen also die Disziplin eines fein abgestimmten und geübten Zuhörens entwickeln, das alle Nuancen dessen wahrnimmt, was der andere sagt. Man kann sich leicht vorstellen, welche Auswirkungen dies auf sehr viele unserer üblichen individuellen Anstrengungen hat. In unserem Bemühen, anderen dabei zu helfen, herauszufinden, was sie wirklich wollen, spielen tiefschürfende introspektive Fragen keine vorrangige Rolle. Nach meiner Erfahrung bringt es zum Beispiel für die Entdeckung dessen, was in der Gegenwart unsere Berufung sein könnte, sehr wenig, wenn man sich im Einzelnen an kindliche Ängste oder an frühkindliche Verhaftungen erinnert. Wir stellen der Introspektion eine Reihe von Spielen gegenüber, die ganz ausdrücklich außenorientiert sind, und ich glaube, dass sie eben deshalb im Kontext der Neuen Arbeit so beliebt sind.

Ein viel diskutiertes und deshalb vielleicht besonders erhellendes Beispiel hierfür ist eine Übung, die wir „Dummheiten und Brillantheiten" nennen. Ihr liegt der Gedanke zugrunde, dass sich alles im Alltagsleben in diese beiden Kategorien einordnen lässt. Ein schönes Beispiel für eine „Brillantheit" ist ein Spezialbettuch für Krankenhäuser, dessen Ecken umgenäht sind. Wenn man ein Bettuch unter einem Patienten wechseln will, der im Koma liegt und umgedreht werden muss, dann weiß man sehr schnell die Genialität dieser Erfindung zu schätzen. Anderseits sind Knoblauchpressen in den meisten Fällen „Dummheiten". Warum? Weil man ebenso viel Zeit benötigt, sie nach dem Gebrauch zu säubern, wie man einspart, wenn man damit den Knoblauch auspresst. Könnte man eine Knoblauchpresse erfinden, die keine Dummheit wäre? Eine Presse, auf die wir beim ersten Gebrauch mit den Worten reagieren würden: „Ah! Endlich – wie intelligent, sparsam und doch hervorragend diese Knoblauchpresse ist!" Noch ein weiteres von Hunderten möglichen Beispielen: Kunden in fünf Schlangen vor fünf Schaltern anstehen zu lassen ist eine Dummheit. Man steht selbst immer in *der* Schlange, die sich nicht bewegt, und in dem Moment, in dem man in eine andere Schlange hinüberwechselt, kommt diese auf geheimnisvolle Weise zum Stillstand. Wir alle kennen die brillante Antwort auf diese Dummheit: Es ist eine einzige lange Schlange, in der die vorn stehende Person jeweils an den Schalter gerufen wird, der gerade frei geworden ist. Gelegentlich schicken wir Menschen in eine Küche oder ein Badezimmer, damit sie dort „Brillantheiten" oder „Dummheiten" ausfindig machen. Wir fordern sie auf, mit zwei Beispielen für beide Kategorien zurückzukommen. „Dummheiten" ausfindig zu machen gibt nicht nur dem eigenen Selbstvertrauen einen enormen Schub, es erreicht noch mehr. Die andere Seite der Dummheit kann nämlich leicht eine erste Forschungsreise in das Reich der Phantasie sein, ein erster Versuch, mit Flügeln zu schlagen, die man bisher noch nicht ausprobiert hat.

Natürlich gibt es kein Ende der Fragen, die im Kontext der Neue-Arbeit-Gespräche gestellt werden. Fragen über Vorlieben, Talente und Ähnliches, Fragen über Erfahrungen, die jemand gemacht hat, Aufgaben, die man gelöst hat, Jobs, die man gehasst oder geliebt hat. Ein durchgängiger Eindruck in Neue-Arbeit-Gruppen ist, dass vielen der Menschen, die zu uns kommen, dieselben Fragen schon oft gestellt wurden. Ganz offensichtlich gibt es einige, die sehr gern darauf eingehen, aber insgesamt sind wir gegenüber dem, was solche Fragen zutage fördern, eher skeptisch. Es scheint uns sehr viel produktiver zu sein, Überraschungen zu produzieren, die Menschen mit Fragen zu konfrontieren, die ihnen noch nie gestellt wurden. Unbekannte Territorien zu erforschen scheint uns sehr viel mehr zu bringen als die Standardprozedur der üblichen Seminare.

Zurück zu der einfachen Frage

In unserer Arbeit und in unserem Leben geschieht etwas Eigentümliches. Trotz unserer dezidierten Feindseligkeit gegenüber allen Formen der Bürokratie hat sich unvermeidlich in den 20 Jahren der Geschichte der Neuen Arbeit eine Art Apparat entwickelt. Zu diesem Apparat gehören die Zentren, aber auch unser Reservoir an Spielen und Übungen, das ich erwähnt habe. Das Eigentümliche ist, dass wir diese ganze Maschinerie ziemlich oft abwerfen und sozusagen zu unseren Wurzeln zurückkehren. Das heißt, dass wir ohne Ausschmückungen, geradeheraus und direkt unsere zentrale Frage stellen: Was wollen Sie wirklich, wirklich?

Schon bei unseren Anfängen in Flint waren wir überrascht, welche außerordentliche Kraft diese Frage hat. Und über all die Jahre scheint diese Brisanz nicht im Geringsten abgenommen zu haben, so dass ihre Tiefenwirkung für uns nicht nur eine Überraschung, sondern geradezu ein Wunder war. Es war ein Rätsel, etwas, das wir kaum glauben konnten. Immer wieder brachen muskelbepackte Männer, deren behaarter Körper mit jeder Art von Tätowierungen geschmückt war und deren Füße fest auf dem Boden zu stehen schienen, in Tränen aus, wenn wir ihnen diese Frage stellten. Und in sehr vielen Fällen erklärten sie dann, sie hätten gerade eine Erfahrung gemacht, die ganz anders sei als alles, was sie bisher erlebt hätten. Ihre Eltern, ihre Lehrer, die Moral und die Religion hätten immer darauf bestanden, dass sie das, was sie selbst wollten, zurückhielten und kontrollierten. Es stellte eine Gefahr dar, und es wurde viel dazu getan, sich vor dieser Gefahr zu hüten, sie abzuschwächen und zu zähmen.

Zwangsläufig war dann alles, was sie wirklich und wahrhaftig wollten, immer weiter zurückgetreten; es wurde immer ferner und immer unzugänglicher. Wie so viele andere Menschen entwickelten sie eine Art gespaltene Persönlichkeit. Auf einer Ebene war das, was sie auf mehr oder weniger halbherzige Weise so einigermaßen wollten; und tief darunter lag etwas radikal anderes, das viel unmittelbarer und grundlegender war. Das war vollständig überdeckt – und dennoch wussten sie, dass es dies war, was sie in Wahrheit, ernsthaft und bis ins

Mark hinein wollten. Und genau aus diesem Grunde hätte ihre Reaktion nicht energischer und direkter sein können: Ja, *natürlich* wollten sie wissen, was sie wirklich und wahrhaftig wollten, und zwar besser heute als morgen.

Also legen wir periodisch alles andere beiseite und stellen ohne Umschweife ruhig, schlicht und doch herausfordernd diese einfache Frage mit genau diesen Worten. Diese Frage ist uns während des gesamten Verlaufs unserer langen Reise geblieben, weil sie auf erstaunliche Weise in der Lage ist, den Menschen Ausrichtung und Sammlung zu geben. Ganz allein – ohne jegliche Technik, ohne den philosophischen Rahmen der Armut der Begierde oder der Selbstunkenntnis –, sozusagen mit bloßen Händen bringt diese Frage es fertig, die Menschen aufmerksam zu machen, sie innehalten und zu sich selbst zurückkehren zu lassen. Unsere ganze Geschichte hat das immer wieder bestätigt. Es scheint keine Rolle zu spielen, was in einem gegebenen Moment zur Diskussion steht. Es kann eine ganz alltägliche Entscheidung ein: Will ich wirklich diese Schuhe, diesen Mantel oder diesen Schirm? Aber es kann natürlich auch die Frage sein: Was ist das eine und einzige Ziel, die einzige Errungenschaft, die ich in tiefem Ernst und mehr als alles andere verwirklichen möchte? Die Reaktionen gleichen sich auf bemerkenswerte Weise. Es ist immer eine Explosion des Überschwangs und der Erleichterung. Endlich, endlich fragt mich einmal jemand, was *ich will*. Und im selben Atemzug: Ich will es wissen! Ja, ja, was *will* ich *wirklich* ?

Es mag Ihnen, verehrter Leser, unerhört, hart oder enttäuschend vorkommen, aber was daraufhin folgt, ist eben kein Überschwang, keine Feier, keine allgemeine Gratulation. Traurigerweise ist dem nicht so. Unsere Erfahrung hat gezeigt, dass auf dieses Ereignis sehr oft noch ein großes, steiniges Terrain durchquert werden muss. Wenn man mich aufforderte, eine Liste der fünf oder sechs Eigenschaften zu machen, die für die Neue Arbeit charakteristisch sind, dann wäre die folgende sicherlich darunter: eine ausgesprochene Zurückhaltung, Skepsis und vor allem das Wissen darum, dass die Dinge Zeit brauchen, dass nichts Großartiges durch eine schnelle Revolution innerhalb von sieben Tagen erreicht wurde. Es ist ungemein, ja geradezu ehrfurchtgebietend schwierig, irgendeinen Teil des Lebens eines anderen Menschen oder des eigenen Lebens zu ändern. Und wenn wir mit Menschen arbeiten, dann ist unser Ziel überaus hoch gesteckt. Wir streben ernstlich an, dass ein Mensch den Punkt erreicht, wo er oder sie tatsächlich seinen oder ihren Wünschen folgt. In der großen Mehrzahl aller Fälle muss noch sehr viel mühsame Arbeit geleistet werden, bis wir auch nur eine Ahnung haben, wo dieses Ziel liegen könnte.

Sich der Tatsache stellen, dass wir nur halb lebendig sind

Der individuell abgestimmte, sich spontan entwickelnde Prozess einer bestimmten Folge von Neue-Arbeit-Gesprächen wird durch die wiederholte Rückkehr zu unserer grundlegendsten Frage akzentuiert. Aber auch wenn dieser Prozess viele Variationen hat, folgen wir im Großen und Ganzen doch einer Struktur. Die Menschen sind oft überrascht, dass ich sehr viel Wert auf die Einführung noch eines weiteren philosophischen Konzepts lege. Nicht nur das, im Allgemeinen versuche ich auch alles mir Mögliche, dieses Konzept so unpersönlich wie möglich darzulegen. Ich präsentiere es ohne persönliche Hinwendung in einem bewusst distanzierten, sozusagen abstrakten Tonfall. In unregelmäßigen Abständen beziehen wir uns immer wieder auf dieses Konzept und allmählich entwickelt es sich zu einer der wichtigsten Kategorien im Rahmen unseres Denkens: Es ist das Konzept des *„nicht gelebten Lebens"*!

Ich erkläre in jedem Fall, dass dieses Konzept in einer Art von kumulativem Prozess auf das der Armut der Begierde sowie das der Selbstunkenntnis folgt: Es ist umfassender, dramatischer, ein natürlicher *weiterer* Schritt, der sich aus diesen früheren Ideen ergibt. Alle drei zusammen tragen zu unserem grundlegenden Verständnis der menschlichen Natur bei, das sich deutlich und drastisch von den Axiomen unterscheidet, auf denen die alte, uns einschränkende und zähmende Kultur aufgebaut wurde.

Ich möchte nochmals betonen, dass mich während der beinahe 20 Jahre, die ich nun schon versuche, die Ideen der Neuen Arbeit in die Praxis zu übertragen, immer wieder der Eifer, ja der brennende Hunger gerade der so genannten „einfachen" Menschen, die mit der Neuen Arbeit in Berührung kamen, nach einer Erklärung und Diskussion dieser philosophischen Ideen beeindruckt hat. Oft habe ich mich regelrecht bemüht, das zu vermeiden. Manchmal habe ich sogar mit Absicht an besonders praktischen, „körperlichen" Arbeiten teilgenommen. Da ich Erfahrung mit solchen Dingen hatte, habe ich manchmal gemauert, geschreinert, beim Reparieren einer Maschine oder etwas Ähnlichem geholfen. Das führte dann unweigerlich dazu, dass jemand von den Beteiligten mich freundlich darauf hinwies, dass ich diese Dinge *für einen Dilettanten* zwar ganz ordentlich machte, es aber, ehrlich gesagt, nicht das sei, was man von mir erwarte. Mich brauche man als Lieferant von *Ideen*, zur Vermittlung jenes Gefühls von Sinnhaftigkeit, das ihnen die Neue Arbeit gebe, sowie als jemanden, der wisse, wie man die einzelnen Teile zu einem Gesamtbild zusammenfügen kann.

Ich könnte stundenlang Anekdoten darüber erzählen, wie kostbar und wichtig selbst sehr abstrakte Ideen gerade für diese Menschen, die wir manchmal gedankenlos und herablassend auch als „ungebildet" bezeichnen, sind, mit wie viel Ehrfurcht sie darauf reagieren und wie viel Gewicht und Bedeutung sie ihnen beimessen. Dies steht in scharfem und meiner Meinung nach nicht sehr schmeichelhaftem Kontrast zu der Art und Weise, wie Intellektuelle, Akademiker und wahrscheinlich ganz besonders die Angehörigen meines eigenen Berufsstandes, die professionellen Philosophen, mit Ideen umgehen. In den Kreisen, in denen ich einen großen Teil meines Lebens verbracht habe, hat man eine sehr viel zynischere Einstellung zu Ideen. Man behandelt sie eher wie Spielzeuge, wie Basteleien, mit denen man Spiele spielt, so wie man mit Bällen oder Tellern jongliert. Mich hat oft die Ernsthaftigkeit beeindruckt, mit der viele der wenig gebildeten Menschen an die Objekte in der Welt der Ideen herangehen. Wir müssen uns nur daran erinnern, welch unglaubliche Opfer gerade die „unteren Klassen" immer wieder in Kreuzzügen und Kriegen gebracht haben. Und das durchaus nicht immer für edle Ziele. Ganz im Gegenteil, sehr viele haben für schändliche, schäbige und schlecht fundierte Ideen ihre Gesundheit ruiniert oder ihr Leben gelassen. Aber genau das ist der springende Punkt: Ideen sind oft weit wichtiger für Menschen, die kaum lesen können, als für viele derjenigen, die unsere Universitäten bevölkern.

Es ist deshalb mit Bedacht eines der uns von anderen Ansätzen unterscheidenden Kennzeichen unserer Zunft, dass wir so viel Zeit und Mühe darauf verwenden, diese Ideen so klar und lebhaft verständlich zu machen wie nur möglich. Das bedeutet natürlich, dass wir ständig und in die Tiefe gehend nach den ursprünglichen und prägenden Grundlagen der beiden Kulturen suchen, zwischen denen wir in der gegenwärtigen Epoche leben. Es geht dabei darum, ein kohärenteres und nützlicheres Verständnis für die Fundamente zu gewinnen, auf denen unsere heute verblassende und dahinsiechende, in vieler Hinsicht bereits zusammenbrechende Kultur ursprünglich aufgebaut wurde. Es geht aber auch darum, die neuen und völlig anderen Grundsteine freizulegen oder auch erst zu legen, auf denen jene Kultur, die sich heute noch in einem unstrukturierten, embryonalen Stadium befindet, sich aufbauen kann.

Diese ungewöhnlich intensive Beschäftigung mit grundlegenden Ideen spielt eine wichtige Rolle in der Arbeit, die ich in den Projekten, Seminaren oder Gruppen der Neuen Arbeit zu leisten versuche, und sie ist auch ein Angelpunkt in den Gesprächen, die ich mit vielen Einzelnen führe. (Ich benutze nie die Begriffe „Therapie" oder „Sitzungen". Ich habe mit vielen gesprochen, manchmal im Zusammenhang mit einem der Neue-Arbeit-Projekte, aber oft auch ganz unabhängig davon. Sie hatten ein Interview im Radio gehört, einen Bericht im Fernsehen gesehen, waren zu einem Workshop oder einem Vortrag gekommen oder sie arbeiteten in einem Unternehmen, einer Gemeinde oder einer Schule, wo ein Projekt stattfand. Fast alle waren mit ihrer gegenwärtigen Arbeit im Unreinen und hätten gern den Übergang zu einer anderen Arbeit geschafft, einer Arbeit, an die sie glauben und die sie lieben konnten, die sie wirklich und wahrhaftig tun wollten.)

In einer solchen existentiellen Situation beginne ich das Gespräch oft mit einem Hinweis auf eine der vielen Definitionen menschlicher Natur: Manche haben gesagt, dass allein menschliche Wesen lächeln können, dass einzig Menschen Selbstbewusstsein, Sprache oder Vernunft besitzen. Das Charakteristikum, das Menschen in all diesen Definitionen kennzeichnet, ist eine Unterscheidung, eine bemerkenswerte, erhebende, besondere Eigenschaft, die den Menschen über alle anderen im Königreich der Tiere *erhebt*. Doch dann frage ich gern: Kann diese Vorstellung nicht *umgekehrt* werden? Könnte es sein, dass das uns von den Tieren unterscheidende Merkmal ein *Fehler*, eine *Schwäche*, ein *Mangel* ist? Könnte es sein, dass wir deshalb ständig Probleme, Zweifel, Fragen haben, dass wir deshalb andauernd in Schwierigkeiten stecken und uns nicht wohl fühlen, weil uns etwas fehlt, weil wir an einem vielleicht komplexen Defekt leiden?

Hegel schrieb einen Satz, der so etwas andeutet. Er taucht mit schockierender Plötzlichkeit mitten in einem seiner monströs obskuren Absätze auf. Ganz unerwartet schreibt er in einem seitenlangen Morast grauer Theorie in seinen *Grundlinien der Philosophie des Rechts* wie mit einem dicken schwarzen Filzstift: „Der Mensch ist die Kreatur, die sich selbst verlieren kann." Man kann das mit Leichtigkeit auf die Geschichte der Vertreibung aus dem Paradies beziehen. Der Rest der Natur ist mit sich im Reinen, ist im Vergleich zu uns in Frieden. Wir leben in Unfrieden, weil wir ein abscheuliches, unverzeihliches Verbrechen begangen haben. So sind wir aus der Natur vertrieben worden. In den frühen Kulturen gab es nichts Schlimmeres, als verbannt oder ins Exil geschickt zu werden, und wir sind ausgestoßen worden, sind verloren und orientierungslos. Ja, unser Zustand ist sogar noch schlimmer: Wir haben nicht nur die Orientierung verloren, *wir haben uns selbst verloren.*

Es gibt Kongresshallen, Marktplätze, Ozeanriesen voller Menschen, die zwar lebendig sind, aber dennoch ihr Leben nicht wirklich *leben*. Die Verbindung ist leicht zu verstehen: Es gibt sehr viele Arten, auf die man sein Leben *nicht* leben kann. Wenn die Verbindung zu uns selbst abgerissen ist und wir uns von uns selbst entfernt haben, dann ist es nur natürlich, dass unser Leben in der Schwebe ist, umhertaumelt und schließlich in Richtung Tod absinkt, so als ertränken wir in einem Sumpf. Und doch ist die Rede vom Verlust unseres Selbst oft eine Schönfärberei, eine Schmeichelei, denn von Anfang an hat eigentlich gar kein Selbst *existiert*. Wir wurden ohne ein Selbst oder Ich geboren (dafür gibt es sehr viele Belege, die man unter anderem in den Schriften von Jean Piaget findet) und sind seitdem vor uns hin gestolpert, ohne jemals innezuhalten, die Ärmel aufzukrempeln und ein Ich aufzubauen, das unser eigenes wäre. Und dieses Ich-lose Abwärtstrudeln war eben das *Nicht-Leben* unseres Lebens.

Viele der allergrößten Schriftsteller haben über dieses Thema geschrieben. Leo Tolstois *Der Tod des Iwan Iljitsch* erzählt die Geschichte eines Bauern, der im Sterben liegt. Seine Tage sind gezählt, und während die letzten Tage verstreichen, wird er sich bewusst, dass er sein Leben nicht gelebt hat. Und er erhebt seine Stimme in einem unnachgiebigen, unaufhörlichen Schrei, der, wie Tolstoi schreibt, „vier ganze Tage anhielt". Wenn man diese Geschichte einmal gelesen hat, kann man nicht umhin, von Zeit zu Zeit urplötzlich einen kurzen Moment dieses schrecklichen vier Tage langen Schreis zu hören. Auf diese Weise wird Iwan Iljitschs langer Schrei zu einem Symbol, einer dauerhaften Verkörperung der Tatsache, dass sehr viele von uns ihr Leben nicht leben, sowie des Entsetzens, mit dem sie reagieren würden, wenn sie sich dieser Tatsache bewusst würden.

Mit einem einzigen berühmten und viel zitierten Ausspruch zieht Samuel Beckett den Vorhang zurück und entlarvt diesen allgegenwärtigen Zustand in einer klirrenden Ellipse: „Tot – genug, um beerdigt zu werden!" Er will damit sagen, dass die große Masse der Menschen, die Masse, die die Hallen und die Straßen füllt, schon seit langer Zeit tot ist. Die meisten dieser Menschen haben nicht einmal die Jahre überlebt, die sie in der Schule verbracht haben. Während dieser Jahre wurden sie langsam durch gnadenlosen und nicht endenden Druck umgebracht. Aber eben nicht gründlich genug abgetötet, um begraben zu werden. Deshalb fahren sie fort, sich gespenstisch zu bewegen, wie Zombies in einer tiefen Trance. Sie machen weiter, und für lange Zeit mögen sie noch als lebendig gelten – so lange, bis es zu einer weiteren kleinen Kontraktion kommt. Dieser unbedeutende Krampf stellt in ihrem Fall die Schwelle dar: Jetzt, auf der anderen Seite dieses nur noch kleinen Absackens, sind sie offiziell und aktenkundig tot – genug, um beerdigt zu werden, obwohl das Leben sie eigentlich schon vor vielen Jahren verlassen hat.

Es ist außerordentlich wichtig, sich genauestens daran zu erinnern, dass in fast allen großen Religionen dieser Welt die Idee des „Zum-Leben-Erwachens", des „Das-Leben-Gewinnens" oder des „Das-Leben-Empfangens" eine ganz zentrale Rolle spielt. Im Neuen Testament wird dieses durchgängige Motiv mit einzigartiger Deutlichkeit zum Ausdruck gebracht. Jesus sagt nicht nur einmal, sondern viele Male, dass ‚er das *Leben* ist'. Da stellt sich natürlich ganz von selbst die Frage: Was sollten diese Sprüche vom „Zum-Leben-Erwachen" oder „Wiedergeboren-Werden" bedeuten, wenn wir sowieso schon die ganze Zeit geboren und am Leben wären? Wenn wir nicht halbtot wären, nicht wirklich lebendig wären, wie es sowohl Beckett als auch Tolstoi behaupten, welchen Sinn hätte es dann, wenn so viele der großen religiösen Traditionen uns eine Neugeburt oder ein Erwachen zum Leben versprechen? Was sollte das bedeuten, wenn wir *bereits* lebendig wären? Wir könnten ein solches Geschenk gar nicht erhalten, wenn wir nicht in der Tat deutlich *weniger* als lebendig wären.

Die Feststellung oder, so könnte man auch sagen, das Urteil, dass die große „Masse der Menschen" nicht wirklich lebendig ist, ist also keineswegs sonderlich krass oder extravagant. Im Gegenteil. Sie gehört zu den ältesten, akzeptiertesten und verbreitetsten philosophischen und religiösen Anschauungen.

Das passt zu unserer früheren Diskussion über die Ideen von der menschlichen Natur, die einerseits der zurzeit untergehenden, andererseits der jetzt aufsteigenden Kultur zugrunde liegen. In der Tradition, die mit Descartes, dem 18. Jahrhundert und der Aufklärung in Verbindung gebracht wird, wird das Ich „klar und deutlich erkannt", und zwar so sehr, dass dieses Wissen die Grundlage alles anderen Wissens darstellt: *Cogito ergo sum.* Das Ich ist der Kommandant auf der Brücke seines Schiffes, des Körpers, dessen Glieder seinem Befehl augenblicklich gehorchen. In der anderen, das Ich stärkenden und fördernden Kultur wird das Ich eher als grundsätzlich schwach, zerbrechlich, leicht zu beeinflussen und leicht zu führen angesehen. Es wird ganz gewiss nicht klar und deutlich erkannt. Es ist vielmehr durch Selbstunkenntnis verborgen. Es ist auch nicht von Anfang an fertig und flügge, es ist keineswegs „frei *geboren*", und es ist auch kein Subjekt, das an und für sich und unabhängig existiert. Wir haben das bereits früher weitgehend zum Ausdruck gebracht, aber jetzt fügen wir noch eine weitere Dimension hinzu, die noch beträchtlich tiefer geht und wahrscheinlich noch wichtiger ist: Wir Menschenwesen haben nicht nur die genannten Eigenschaften, wir sind mehr als alles andere gespalten und unentschlossen. Ja, wir sind blass und leicht zu entmutigen. Und ja, wir stehen auf unsicheren Beinen und sind mit einem Fuß schon immer auf dem Rückzug. Ein Stirnrunzeln kann genügen, damit wir zurückschrecken, kapitulieren und eben *nicht* wirklich leben. Selbstverständlich begehen wir keinen Selbstmord, das wäre eine ungeheure *Tat*. Wir *tun* ganz im Gegenteil gar nichts: Wir erstarren einfach, werden leblos und passiv, wir ziehen uns so weit zurück, dass wir mehr tot als lebendig sind.

Im Rahmen der irrigen Vorstellung von einem Ich, in der das 18. Jahrhundert schwelgte, bleibt nur noch wenig zu tun. Die Totalität aller Facetten der Kultur wird am Ende nur zu Instrumenten der Verwaltung. Sie überwachen, spielen den Schiedsrichter, regeln den Verkehr – das ist die Rolle des Staates und einer unparteiischen Moral. Nach der heute wieder auftauchenden, völlig gegensätzlichen Auffassung der menschlichen Natur ist der Mensch anfangs noch eine außerordentlich ungeformte und fötale Kreatur. Nicht viel mehr als eine Verdichtung protoplasmischen Schleims. Der abenteuerliche, vielschichtige Prozess der Entwicklung und des Wachstums muss noch durchlaufen werden. Diese Kreatur, die ihre eigenen Wünsche noch nicht kennt und noch dazu verdammt ist, nichts in der Welt schwerer zu erkennen als sich selbst, leidet unter einem Gebrechen, das noch schwerwiegender ist als halbtot zu sein, und das eine noch viel größere Herausforderung darstellt. Diese Kreatur ist nämlich in jedem Augenblick versucht, ihre Flügel ganz zu falten und gar nicht zu fliegen. Alle anderen Tiere müssen aktiv bleiben, damit sie überleben können. Die

Menschen leben dagegen in einer beschützten Welt, in der sie nicht nur einen Winter lang, sondern über viel längere Perioden in einem immer tiefer werdenden Schalf versinken. Das schwächt viele Menschen so sehr, dass sie sich nur allzu oft vom Leben selbst, von nichts weiter, völlig überwältigt fühlen. Diese Kreatur braucht deshalb weit mehr als ein wenig Schulung und einen Katalog von Regeln. Damit ein solches Wesen reifen und erwachsen werden kann, damit es vor allem an Stärke zunehmen kann, bis es sich selbst besitzt, braucht es ein Ausmaß an Zuwendung, Aufmerksamkeit und Fürsorge, das weit über das hinausgeht, was wir normalerweise als Unterstützung bezeichnen.

In dieser Eigenschaft, sich ständig zum Tiefschlaf hingezogen zu fühlen, findet der Kontrast zur offiziellen Tradition der Aufklärung seinen deutlichsten und schärfsten Ausdruck. Nicht ein Ich, das ein Bündel von Eigeninteresse und Selbstbehauptung ist und das man sich letztlich am besten als eine kleine Schlammkugel aus Geiz vorstellen kann, sondern ein heimatloses und verwahrlostes Kind, das sich sogar dagegen sträubt, überhaupt weiterzuleben und zu existieren. Sowohl die Idee der Armut der Begierde als auch die der Selbstunkenntnis sind vorbereitender Natur, so wichtig sie auch sein mögen. Diese hermaphroditische Eigenschaft, dieses Schwanken zwischen Leben und Tod, stellt ein Extrem, einen Höhepunkt, eine Zusammenfassung dar.

Mit der Idee, dass es allgemein üblich, sehr leicht und ausgesprochen verführerisch ist, das Leben des eigenen Lebens einfach zu verpassen, so wie man einen Zug verpasst, muss man sehr vorsichtig umgehen, ehe sich der kühle, nackte Gedanke, dass dem so ist, in unserem Geist eingerichtet hat. Dies ist einer der wenigen Fälle, wo so etwas wie eine therapeutische „Technik" zum Zuge kommt. Ich glaube sehr an die Kraft von Bildern und Metaphern. Ich frage die Menschen, mit denen ich Gespräche führe, deshalb oft, ob es ein einziges Bild gibt, zu dem sie ihr bisheriges Leben verdichten könnten. Haben Sie gewartet? Und wenn ja, was für eine Art von Warten war das? Haben Sie an einer Straßenecke gestanden und darauf gewartet, dass jemand vorbeikommt und Sie mitnimmt? Oder haben Sie sich geduckt wie eine Katze, die bereit ist zum Sprung – bereit, Ihre Wut herauszulassen und Rache zu nehmen? Welche 25 anderen grundlegenden Körperhaltungen fallen Ihnen noch ein? Welche davon scheint am besten zu Ihnen zu passen?

In diesem Sinne fordere ich eine Gruppe oft auf, fünf, zehn oder 20 der üblichsten Methoden, das Leben zu verpassen, aufzuzählen. Was sind die Tricks, die Strategien, die Entschuldigungen und die echten großen Hindernisse, was sind die Ablenkungen, die Menschen dazu verführen, das Leben ihres Lebens aufzuschieben, bis es zu spät ist bis sie aufschreien wie Ivan Iljitsch? Und noch spezifischer: Welches sind die Überzeugungen, die philosophischen Spinnweben, die absurden Überreste toter Kulturen, die die Menschen derart in Bann schlagen, dass sie sich nicht zum Abenteuer ihres Lebens aufmachen? Und um dem Kern der Sache noch näher zu kommen, frage ich oft: Können Sie sich Bilder vorstellen, die vermitteln, was es bedeutet, sein Leben zu versäumen? Wie lässt sich das Drama, die Geschichte eines verpassten Lebens anderen darstellen und vermitteln?

Dies ist gewöhnlich schwierig, deshalb möchte ich hier ein Beispiel geben: Es gibt eine seltene, aber gut erforschte Krankheit, die jüngere Kinder befällt, oft im Alter zwischen vier und neun Jahren. Die Krankheit bewirkt, dass alle Zeichen der Alterung plötzlich und innerhalb weniger Wochen oder Monate auftauchen. Man kann eine Krankenstation voll von Kindern besuchen, die bis ins letzte Detail so aussehen wie ein Mensch Mitte oder Ende achtzig: Sechsjährige mit faltiger und verschrumpelter Haut, mit wenigen Strähnen schütterer weißer Haare und mit Stimmen, die sich für jedermann anhören wie die Stimmen alter Männer oder Frauen. Der Horror des Anblicks dieser kleinen, zerbrechlichen Kinder bietet sich als ein passendes Symbol an. Sie können in einer U-Bahn sitzen und zu Ihrer tiefen Trauer um sich herum viele solcher Kinder beobachten. Es ist wahr, dass sich in ihrem Fall die äußeren Zeichen der Alterung erst nach der üblichen Zahl von Lebensjahren einstellen, aber das macht keinen großen Unterschied, sie hätten auch schon viel früher auftauchen können. Sie haben zwischen ihrer Kindheit und ihrem Alter nur ganz wenige Jahre gelebt, so dass sie den Kindern auf der Krankenstation auf erschreckende Weise ähneln. Teil der Übungen in einem Workshop könnte sein, sich fünf, sechs oder ein Dutzend Bilder für diese verbreitete Tatsache der „jungen Greise“ einfallen zu lassen; man könnte das auch als eine Art Hausaufgabe geben.

Allerdings ist das Konzept des ungelebten Lebens nur die obere Hälfte einer Idee, die noch einen zweiten tiefer liegenden und bittereren Teil hat. Auch dieser ist eine Idee, ein Konzept, das einem ganzen Spektrum verschiedener Tatsachen entspricht, die man nur durch Bilder und Metaphern erfassen und mitteilen kann. Abstrakt könnte man das Konzept als eine Aussage über die menschliche Natur formulieren.

So, wie es zutrifft, dass wir erstaunlich unfertig auf diese Welt kommen (denken Sie nur an die Abhängigkeit von Babys und daran, wie lange es dauert, bis ein Kind gehen lernt, verglichen mit einem Fohlen etwa), und so, wie es eine paradoxe Tatsache ist, dass wir etwas weit von uns Entferntes besser erkennen können als uns selbst, so ist es auch eine bittere Tatsache, dass wir uns ständig dafür anstrengen und darum kämpfen müssen, unseren Platz in dieser Welt zu behaupten. Sobald wir davon ablassen, diese Energie aufzubringen, beginnen wir zu schrumpfen, zusammenzubrechen oder zu faulen.

Ich glaube, jeder wird mir beipflichten, dass dies ein unerschöpflich reiches und fruchtbares Feld für die Erfindung von Bildern ist, aber auch für die Auseinandersetzung mit dem, worauf diese Bilder hindeuten. Zu den Implikationen gehört zum Beispiel die Auffassung der Neuen Arbeit von der Langeweile. Wir sagen gern, dass Langeweile nicht so etwas ist wie ein Gefühl leicht steifer Gliedmaßen am Morgen. Langeweile ist apokalyptisch! Man sollte ihr einen Platz gleich neben der biblischen Heuschreckenplage einräumen. Die Langeweile, die den Kindern in der Schule zugemutet wird, verstümmelt und entstellt sie irreparabel.

Während der Zeit, die ich in New Hampshire verbrachte, habe ich Tage echter arktischer Kälte erfahren. Wenn man sich in dieser Kälte hinsetzt, stillsteht oder nicht sein Gesicht, die Hände und die Füße schützt, dann erfrieren einem sehr schnell Nase, Ohren, Finger oder Zehen. Langeweile hat eine ähnliche Wirkung. Wenn wir in der Schule hinter unserem Pult oder in einem Büro hinter unserem Schreibtisch sitzen müssen und keine Möglichkeit haben, uns zu bewegen oder Energie aufzuwenden, dann wird die Langeweile uns Nase, Ohren, Finger und Zehen absterben lassen und uns verkrüppelt zurücklassen, so wie manche Formen der Arbeit.

Zu den Implikationen der Tatsache, dass wir in Bewegung bleiben *müssen*, um nicht zu erfrieren, damit sich keine Erfrierungserscheinungen bei uns einstellen, gehören auch die Folgen, welche die obligatorische Pensionierung nach Ansicht der Neuen Arbeit hat. Auch dafür ist es nicht schwer, Bilder zu finden. So gibt es entlang der Küste von Nordmexiko zum Beispiel reihenweise amerikanische Rentnerkolonien. Ein Spaziergang durch eine solche Siedlung an einem der vielen außerordentlich heißen Tage, und man denkt, man befände sich in Dantes *Inferno*. So wie es manchmal in der Schule und manchmal im Büro ist, so haben auch die Rentner *nichts zu tun*, nur dass es bei ihnen noch gnadenloser ist und sich noch drastischer rächt. Es gibt keinen sinnvollen, keinen zweckdienlichen, keinen aufregenden oder inspirierenden Weg, etwas zu tun. Die einzige noch verbliebene Handlung ist, die Zeit so oder so totzuschlagen. Das hat weitaus dramatischere und verheerendere Wirkungen, als man sich vorstellt. An den heißen Sommertagen schütten die Menschen in diesen Rentnerkolonien sich mit Alkohol voll; am Nachmittag liegen sie dann, kaum bekleidet und weitgehend bewusstlos, auf dem Rasen vor ihren Reihenhäusern.

Es lässt sich noch sehr viel mehr zu der rohen *Notwendigkeit* sagen, sich *anzustrengen*, will man nicht verfaulen wie ein Apfel auf einem feuchten Regalbrett. Es gibt sehr genaue statistische Erhebungen über die Sterblichkeitsrate kurz *nach* der Pensionierung. Auch diese sind Belege für die Richtigkeit unserer Behauptung. Solche Bestätigungen sind auch die viel erforschten Unterschiede zwischen Menschen, die ihren Geist bis ins hohe Alter trainieren, und jenen, die sich gestatten, wenn auch vorsichtig, so doch Schritt für Schritt in diese dunkle Nacht zu versacken. Sie fallen viel schneller in sich zusammen als die Menschen, die ihren Körper und ihren Geist weiterhin Tag für Tag anstrengen.

Diese Konzepte und diese Bilder stellen zusammengenommen einen entschlossenen Versuch dar, den Menschen ein anderes Gefühl dafür zu vermitteln, worum es im Drama des individuellen Lebens gehen könnte. Es ist beinahe so, als brächte man einen Menschen ins Theater und forderte ihn auf, sich zum ersten Mal in seinem Leben ein Stück anzusehen, in dem *er selbst* die Vorlage für die Hauptrolle ist. Es ist ein Versuch, unsere Ausgangssituation darzustellen, das Bild, die Szenerie, zu der sich der Vorhang öffnet. Was ist der Hintergrund, was das Ausgangsdilemma, welches das Theaterstück unseres Lebens in Gang bringt? Es ist einerseits die zwiespältige Situation, der janusköpfige Dibbuk, den wir gerade beschrieben haben: Wir treten ins Leben, und über uns hängt der dunkle Schatten der Möglichkeit, dass wir überhaupt nicht leben werden, dass wir, obwohl wir gesunde Gliedmaßen haben und unsere Augen und Ohren gut funktionieren, die gesamte Reise verschlafen und erst aufwachen, wenn der Schaffner ruft: Endstation! Alles aussteigen! Wenn wir uns nüchtern und sachlich eingestehen, dass der Anfang und die Aufgabe des menschlichen Lebens diesem Bilde entspricht, dann liegt natürlich die Antwort zu der Frage, wie wir leben sollen, schon vorgezeichnet auf der Hand.

Die Umkehrung

Wir wissen, welch enorm schwierige und riesige Aufgabe es ist, einem Menschen zu helfen, sich selbst mehr in Besitz zu nehmen; der Prozess hat viele Fallgruben, es gibt manche Tricks, Finten und viele Gelegenheiten, sich selbst etwas vorzumachen. Deshalb ermutigen wir die Menschen dazu, noch einmal hinzuschauen und die Lage noch einmal zu überprüfen.

Es ist nicht immer der Fall, aber bei einem sehr großen Teil der ganz unterschiedlichen Menschen, die nach ihrer Neuen Arbeit suchen, kommt es in dieser Phase zu einem abrupten und drastischen Bruch. Zuerst haben sie sich gegen die Idee gesträubt, dass sie nur halb lebendig sind, dann haben sie damit gerungen; und wenn sie sie dann annehmen, ist es, als wären sie durch eine Mauer gebrochen. All die verschiedenen Alternativen, die sie bisher in Betracht gezogen haben, entpuppen sich auf einmal als trivial und scheinen keine Bedeutung mehr zu haben. Nicht, dass sie sich plötzlich erleuchtet fühlen und glauben, endlich im sicheren Besitz der Antwort auf die Frage zu sein, was sie tun wollen. Davon sind sie noch weit entfernt. Allerdings sind sie ihr jetzt einen großen Schritt näher gekommen. Sie fühlen sich plötzlich mit einer *Sehnsucht* konfrontiert, die Authentizität besitzt, eine Klarheit und Kraft, die völlig neu zu sein scheint und die in wohltuendem Gegensatz zu dem steht, was sie bisher erfahren haben. Diese Sehnsucht, dieses Verlangen ist allgemein und allumfassend, aber zugleich stark und klar. Sie sind sich gewiss, dass sie – was immer es ist, das sie letztlich im Einzelnen wirklich machen wollen – auf jeden Fall *lebendiger* sein wollen, dass sie eine stärkere, kräftigere Person sein möchten, dass sie umfänglicher, intensiver erfahren möchten, wer sie wirklich sind.

Der am meisten mit der Neuen Arbeit assoziierte Ausdruck ist ja die wiederholte, immer wiederkehrende Frage nach der Arbeit, die jemand wirklich, wirklich tun will. Diese Wiederholung wird viel zitiert, es gibt viele Anspielungen darauf und es werden viele Witze darüber gerissen (was uns keineswegs stört – im Gegenteil, eine Prise Humor sollte immer zur Neuen Arbeit gehören). Viele finden die Frage allerdings auch beunruhigend. Natürlich war die Absicht dahinter von Anfang an, viele Bedeutungsebenen anzusprechen. Dazu gehörte, dass wir den Menschen nie irgendwelche Ideen aufdrängen wollten, sondern uns verpflichtet fühlten, ihnen sehr genau *zuzuhören* und *mit* ihnen herauszufinden, was *sie* wirklich und wahrhaftig wollten. Aber diese bewusste Wiederholung bedeutet auch noch etwas ganz anderes. Es gibt nämlich Myriaden von Dingen, die man gern tun möchte, *bevor* man erkennt, dass man vor allem voller und intensiver leben möchte. Diese Sehnsucht ist ganz offensichtlich tiefer und authentischer, und es ist deshalb eigentlich das, was man wirklich und wahrhaftig *will*.

Das erinnert noch einmal stark an die Anekdote, die illustriert, wie stark wir unter der Krankheit der Armut der Begierde leiden: an den Mann, der im Laufe einer Therapie nach Jahren das Gefühl bekommt, zum ersten Mal *selbst* etwas getan zu haben, zum ersten Mal nicht vor dem Einfluss der Eltern, der Lehrer und anderer Menschen zu kapitulieren. Auf dieselbe Weise erfahren die Menschen in den Neue-Arbeit-Gesprächen plötzlich den großen Unterschied, zwischen den Bestrebungen, denen sie früher folgten, und dieser ganz anderen, unausweichlichen und authentischen Stimme.

Der nächste Gedanke, der vielen Menschen kommt, die sich zum ersten Male die Vordringlichkeit dieser Sehnsucht eingestehen, ist – was nicht überraschen dürfte – wie allgegenwärtig die Ausdrucksformen dieses Verlangens sind. Hat man sich erst einmal auf diesen Wunsch ausgerichtet und ihn benannt, dann ist es in der Tat so, dass man ihm überall begegnet. Die Werbung für Vitamintabletten und natürlich auch für gesunde Nahrungsmittel und Fitnessgeräte spielt darauf an; aber er ist auch in den Beschreibungen kosmetischer Produkte und in Werbespots für Kreuzfahrten und Ferienreisen gegenwärtig. Das alles ist offensichtlich; man könnte die Perspektive natürlich noch erweitern und das Motiv in den uralten Wunschvorstellungen von einem Jungbrunnen wiederfinden und natürlich auch in der Furcht vor dem Alter und dem Tod. Es findet sich außerdem in den stereotypen Beschreibungen des Zustands der Depression wieder: Man fühlt sich leblos und ohne Energie; nichts interessiert einen mehr, man scheint den Geschmack am Leben verloren zu haben, ja, man fühlt sie so erschlagen, dass es einen enorme Mühe kostet, morgens aus dem Bett zu steigen.

Ein zweiter Gedanke, der sich unmittelbar damit verbindet, wird viel diskutiert und oft mit zahlreichen Geschichten ausgeschmückt. Sie erzählen begeistert von Momenten der Erfüllung, die wir alle schon einmal erfahren haben und in denen unsere tölpelhafte Unbeholfenheit plötzlich von uns abgefallen ist und wir uns aufgeschwungen haben auf eine höhere, weitaus bessere, manchmal dem Anschein nach geradezu perfekte Ebene des Tuns. Manche Menschen erfahren dies während eines Tennisspiels, wenn sie an einem Nachmittag plötzlich „weit über ihrem Niveau“ spielen, andere, während sie Saxophon spielen. Manchmal geschieht dies in einem Gespräch, wenn die beiden Gesprächspartner einander mit jedem Gedankenaustausch zu immer größeren Höhenflügen anstacheln, bis beide sich flüssiger artikulieren, als sie es je zuvor getan haben, und beide immer wieder in euphorisches Gelächter ausbrechen. Viele verbinden dieses Gefühl des „Lebendigerseins" natürlich mit dem Verliebtsein, viele andere auch mit Abenteuer oder Risiko und Erregung.

Die Frage, die sich fast immer aus diesen übersprudelnden Gesprächen ergibt, ist, ob es nicht möglich sein könnte, *dauernd* auf dieser höheren Ebene zu verweilen. Man fragt sich, ob man nur in größeren Abständen und sehr sporadisch Stunden erleben kann, in denen man sich lebendiger fühlt, sondern ob es nicht eine Methode gibt, die es uns erlaubt, auf eine Weise zu dieser Ebene aufzusteigen, so dass wir dort bleiben und nicht wieder zurückzufallen. Oder noch besser: Wäre es nicht vorstellbar, dass man die Ebene der Erfahrung erreichen kann, auf der man sich befindet, wenn man sagen wir Violine endlich einmal wirklich gut spielt, und dass man dann nicht wieder in sein gewohntes lauwarmes Leben zurückgleitet, sondern nach einem Innehalten *noch höher steigt*, um noch einmal dieselbe Distanz, die man soeben zurückgelegt hat?

Wie sich zeigt, ist dies eine Proteusfrage. Sie nimmt zahllose verschiedene Formen an. Sobald einem einmal aufgegangen ist, dass man im Grunde einfach nur *lebendiger* sein möchte, will man unweigerlich auch wissen, wie man das erreichen könnte. Was kann ich unternehmen, wie muss ich mein Leben leben, damit ich am Ende nicht voller Entsetzen zurückblicke wie Iwan Iljitsch? Wenn ich die Frage ernst nehme, in welche Richtung kann ich mich wenden, damit ich nicht aussehe wie eines jener entsetzlich kranken Kinder, die schon wie Greise anmuten, bevor sie sechs Jahre alt sind? In den Neue-Arbeit-Gruppen steigert sich das Beharren auf dieser Frage zu einem Crescendo: Wie soll ich leben, wenn ich mein Leben nicht versäumen, sondern es tatsächlich leben will?

Das ist für uns ein Schlüsselmoment: Er ist einer der entscheidenden Schritte in dem Übergang von der alten zur neuen Kultur und von der Mentalität des Lohnarbeitssystems zu der der Neuen Arbeit. Natürlich kommt es ganz darauf an, ob man diese Frage nur im Vorübergehen streift oder ob man sie im Zentrum der Aufmerksamkeit hält.

Wir betonen die amphibische Natur des menschlichen Wesens, das halb tot und halb lebendig ist, weil sie direkt zu der essentiellen Eigenschaft der Moderne hinführt. Diese Kerneigenschaft ist der Entschluss, die Gesellschaft und das Leben nicht so zu akzeptieren, wie sie uns von der Tradition überliefert wurden, sondern einen neuen Anfang zu machen und darauf zu bestehen, dass wir die Gesellschaft neu erschaffen werden, so wie wir es für angebracht halten, und dass wir unser Leben auch dementsprechend nach unserem Gutdünken und unseren Entscheidungen leben werden. Dieser Entschluss führt unausweichlich zu der Frage, wie mein eigenes, ganz persönliches Leben sich lebendiger gestalten ließe. Denn, was sonst könnten das Hauptkriterium und der Hauptmaßstab für die Gesellschaft und das Leben sein, das wir wirklich haben wollen? Wenn wir uns diese Frage aufs Ernsthafteste stellen, befinden wir uns in der Welt eines Whitman, Melville, Emerson und D. H. Lawrence, aber auch in der Welt von Shakespeare, Goethe, Nietzsche, Hölderlin, Gide und Blake.

Während jenes Innehaltens, welches diesen alles entscheidenden Moment akzentuiert, in dieser Stunde der Verzauberung und des Übergangs vom Alten zum Neuen bemühe ich mich, in einem möglichst ruhigen und leidenschaftslosen Tonfall drei Dinge zu kommunizieren.

Zuerst einmal erkläre ich, dass dies das Herz und der Kern der Neuen Arbeit ist, nämlich die Überzeugung, dass es der beste Weg zu einem Leben der Erfüllung und Intensität ist, wenn man eine Arbeit tut, die man ernsthaft und aus tiefstem Herzen tun will. Es ist einer der besten Wege dazu, sicherzustellen, dass man nicht vier Tage lang schreien wird, wenn man sich dem Tode nahe fühlt.

Zweitens mache ich klar, dass sich diese Überzeugung zum Teil einfach aus schlichter Erfahrung ergibt. Es kommt nicht jeder, aber doch ein Großteil der Menschen, mit denen wir der Frage, was sie ernsthaft tun wollen, ausdauernd und geduldig nachgegangen sind, am Ende des Tages zu der Schlussfolgerung, dass es eine Arbeit ist, die sie anregt, eine Arbeit, die sie kräftigt, und ganz besonders eine Arbeit, die sie tiefer ins Leben hineinzieht.

Drittens geht es auch um eine *Entscheidung*, die wir getroffen haben. Wir bemühen uns nicht darum, den Menschen letzthin doch nur einen Job mit Schokoladenglasur zu ermöglichen. Auf dieser Ebene sind wir fest und unverrückbar entschlossen. Im Hinterkopf haben wir die Pathologie des Lohnarbeitssystems, aber in erster Linie geht es uns um die drei Schwächen, die charakteristisch für die Menschheit sind. Im Lichte dieser Schwächen gesehen, ist nichts so wichtig, wie die Menschen zu beleben, zu energetisieren und zu stärken. Das Lohnarbeitssystem macht jedoch das genaue Gegenteil: es stumpft die Menschen ab, es entmutigt sie, es gewöhnt sie an Langeweile und Passivität, es macht sie abhängig und unterwürfig.

Tatsächlich arbeiten wir also zusammen mit anderen Menschen an einer Kehrtwendung um 180 Grad: in ihrem und unserem Verständnis dessen, wonach wir suchen, was wir uns erhoffen und was wir erwarten. Unser Ziel ist nicht nur anders als das, was viele Menschen anfangs annehmen. Es ist so grundverschieden, dass es für sie zu Beginn beinahe undenkbar ist. Es ist *sehr viel mehr, sehr viel höher gesteckt*, als sie sich je hätten träumen lassen! Es gibt keinen einzigen Schritt in der Abfolge von Aktivitäten und Gesprächen, aus denen eine Begegnung mit der Neuen Arbeit besteht, der nicht von den soeben dargelegten komplexen Grundlagen beeinflusst oder gar determiniert wäre.

Der zum Teil humorvoll gemeinte Satz, dass man entdecken soll, was man wirklich, wirklich will, hat, wenn man sich die Mühe macht, genau hinzusehen, eine überraschend exakte Bedeutung. Der Punkt ist ganz und gar nicht, dass man nun endlich den verborgensten aller Wünsche gefunden hat, der tiefer verborgen war, als man bisher zu graben wagte. Es wäre sinnvoller von zwei verschiedenen Ebenen zu sprechen, eigentlich von zwei verschiedenen Fragen. Die eine Frage ist: Was scheint für mich das Aufregendste und Spannendste zu sein? Was löst im Moment das größte Aufwallen von Energie in mir aus? Und die zweite, völlig andere Frage lautet: Was wird mir auf lange Sicht gesehen am effektivsten helfen, zu einem autonomen, aktiven und tatsächlich lebenden Menschen zu werden? Was wird mir am meisten helfen, die primären Schwächen zu überwinden, unter denen die Menschheit leidet?

Die erste Frage ist persönlich. Auch wenn wir andere Menschen oft äußerst schnell und gründlich zu durchschauen vermögen, ist es uns doch nicht möglich zu erkennen, welche von mehreren Optionen sich für unser Gegenüber besonders aufregend anfühlt. Dies führt uns direkt zu einem wichtigen Unterschied in den Formen der Beratung, welche im Rahmen der Neuen Arbeit gefragt sind, und den vielen weit verbreiteten Formen des Coaching, die dem Ethos des New Age verpflichtet sind.

Annahme, Affirmation und Anfeuerung stellen einen großen Teil dessen dar, was Trainer oft tun. Das ergibt sich beinahe notwendigerweise. Die Klienten sagen nämlich: Das gefällt mir – also was soll der Trainer anderes machen? Da es sich riskant anfühlt und tatsächlich auch riskant *ist*, einem kaum wahrnehmbaren Appetit nachzuspüren, ist die Ermunterung „Nichts wie ran!“ sehr gefragt. Dass die langfristigen Erfolge dieses Ansatzes äußerst fragwürdig sind, ist inzwischen wohl bekannt. (Eine der bekanntesten Statistiken besagt, dass etwa 80 Prozent aller kleinen Start-up-Unternehmen vor dem Ende des zweiten Jahres scheitern.)

Die Neue-Arbeit-Gespräche, die wir arrangieren, haben einen ganz anderen Inhalt und Tonfall. Hier spielt nicht nur die Kommunikation von Information und ungewöhnlichen Ideen eine viel größere Rolle, es gibt auch lange Sequenzen bohrender Fragen, mit denen wir herauszufinden versuchen, wie fest jemand steht, ob er sich seiner Sache sicher ist und ob er klar sieht. Wir fordern die Menschen auf, so präzise wie möglich zum Ausdruck zu bringen, auf welche Weise eine Arbeit sie *als Person* stärken und voranbringen kann. Und damit meinen wir ausdrücklich *nicht* die finanzielle Situation, sondern unser Vermögen, zu einem entwickelten und vielleicht sogar herrlichen menschlichen Wesen zu werden.

Der große Unterschied zwischen den gängigen Coaching-Methoden und dem Ansatz der Neuen Arbeit ist die Art und Weise, wie wir an das Beraten herangehen. Der archimedische Bezugspunkt ist für uns die Person, und unsere Frage ist: Was für einen Einfluss wird diese Arbeit auf den Menschen haben, der sie ausführt? Damit haben wir natürlich die Umzäumung des Lohnarbeitssystems hinter uns gelassen. Das ist nicht die Frage, die in den üblichen „Gründe dein eigenes Unternehmen!“-Seminaren oder in der New-Age-Szene gestellt wird. Ganz im Gegenteil.

Ein Begriff, den manche, die sich von den üblichen Coaching- und New-Age-Werbesprüchen haben anziehen und einfangen lassen, gern verwenden, ist der von den „seelenfressenden Jobs“. Das ist das scheußliche Resultat davon, wenn man sich mit ganzer Seele dem Job hingibt. Wie so oft ist an diesem Ausdruck auch durchaus etwas Richtiges. Schon sehr oft wurde das Spirituelle, das irgendwie Religiöse, das ausgesprochen Geheimnisvolle als Köder für die grausamsten und schlimmsten Fallen benutzt. Das Versprechen der Erfüllung Ihres Traumes kann natürlich dazu benutzt werden, Sie zu einem noch emsigeren, bereitwilligeren und gehorsameren Angestellten zu machen.

Es ist wohl überflüssig zu betonen, dass in letzter Zeit sehr viel in dieser Richtung geschehen ist, und oft hat man sich nicht einmal bemüht, das zu bemänteln, sondern hat diese Methoden in aller Öffentlichkeit angewendet. Das Lohnarbeitssystem ist in der Krise. Darum nimmt der Druck mit jedem Tag zu. Was ist dann natürlicher, als noch einen Schritt weiter zu gehen und die Anforderungen, die ein Job stellt, noch anspruchsvoller zu definieren: Wir wollen Sie nicht nur irgendwie von 9 bis 17 Uhr. Wir wollen Sie auf keinen Fall lustlos und mürrisch. Wir brauchen Ihren Enthusiasmus und Ihre Begeisterung. Wir brauchen Ihre Seele. Also machen Sie sich darauf gefasst, sie uns zu übergeben, wenn Sie das Büro betreten.

Etwas milder formuliert: Es ist unerlässlich, auf der Hut zu sein. Sie müssen wach sein, sie müssen sich sehr aufmerksam umsehen. Wenn Ihnen in unserer gegenwärtigen Kultur eine Arbeit angeboten wird, dann müssen Sie sich ganz ernsthaft und ohne sich selbst zu betrügen fragen, ob dies eine Arbeit ist, die Ihnen Kraft geben, die Sie lebendiger machen und Sie als Person voranbringen wird. In der Kultur und in dem Arbeitssystem unserer Zeit werden Sie stark, schnell und außerordentlich mutig sein müssen. Wenn Sie auch nur für einen Moment unaufmerksam sind, kann Ihr Arm sehr schnell und vielleicht noch mehr in das Räderwerk geraten. Vielleicht sogar Ihre Seele!

Und dann sind Sie erledigt. Sie werden zulassen, dass Ihre Arbeit das letzte Quantum Energie aus Ihrem Körper und Ihrem Geist saugt. Sie werden sich belügen und sagen, dass Sie Ihrem Traum nachjagen, während Sie in Wirklichkeit von Ihrem durchgegangenen Pferd im Kreis durch den Schmutz um Ihre gefallene Stadt geschleift werden.

Einige bilden sich ein, sie hätten bereits das Ziel erreicht. Sie winken und rufen aufgeregt, obwohl sie doch in Wirklichkeit nur eine kleine Anpassung vollzogen haben. Sie legen immer noch eine Mentalität und eine Haltung an den Tag, die für einen Arbeitsplatz angemessen sind. Sie ähneln immer noch geduldigen Lasteseln, die stillhalten, während ihnen immer mehr Lasten auf den Rücken geschnallt werden. Der einzige Unterschied ist der, dass der Job, den sie sich jetzt vorstellen, ein wenig mehr mit ihren Werten vereinbar ist. Sie wollen „mit Kindern arbeiten", mit Obdachlosen oder in einem Naturschutzgebiet. An solchen Punkten können wir ausgesprochen widerspenstig sein, oft sicherlich zum Ärger dieser Menschen. Es ist typisch für unsere Vorgehensweise, dass wir an diesem Punkt „Halt!" rufen und verkünden, dass dies durchaus nicht der Moment für ein Stück Kuchen und ein Sich-selbst-auf-die-Schultern-Klopfen ist, sondern ganz im Gegenteil der Moment für einen Neubeginn. Wir müssen noch einmal von vorn anfangen, und zwar sehr viel ernsthafter und intensiver und nicht so verspielt wie bisher. An einem Scheideweg dieser Art kann es sein, dass wir wieder einmal betonen, dass wir das Gegenteil von einer Arbeitsvermittlung sind. So eigenwillig das auch aussehen mag, es ist nicht unser Geschäft, die Menschen nur mit einer Axt in das Prokrustesbett eines neuen Jobs einzupassen. Wir versuchen so oder so den Menschen zu dem genauen Gegenteil zu verhelfen, nämlich dazu, diese Einstellung zur Arbeit, ja zum ganzen Arbeitssystem zu *überwinden*!

Dies ist einer der Momente, in denen wir das Konzept des nicht gelebten Lebens zur Sprache bringen. Es ist dabei ganz ausdrücklich unsere Absicht, die Anwesenden bei den Schultern zu packen und sie wachzurütteln. Wir wollen sie dazu bringen, zu verstehen, dass es uns hier um etwas ganz anderes als bloß einen Job geht, dass etwas viel Tiefergehendes auf dem Spiel steht, das eher eine Frage von Leben und Tod ist. Natürlich ist dies nur ein Extrem; das Pendel schwingt hin und her. Im nächsten Augenblick erklären wir vielleicht, dass wir uns *alle* nicht wirklich kennen und daher auch in Hinsicht auf unsere Vorgehensweisen ignorant sind; es könnte also sein, dass wir uns total irren. Es ist vielleicht gar nicht nötig, hier weiterzubohren. Es ist durchaus denkbar, dass Sie dem Gesuchten näher gekommen und eine erste Antwort gefunden haben. Aber Sie sollten das auf die Probe stellen. Machen Sie einen Belastungstest. Stellen Sie sicher, dass dies etwas ist, das Sie sich ernsthaft wünschen, das Sie tragen wird und sich nicht als dünnes Eis erweist.

Oft formuliert eine Gruppe mehrfach aus verschiedenen Perspektiven, wie man die Mentalität des Lohnarbeitssystems und die der Neuen Arbeit einander gegenüberstellen kann. Das tun wir nicht nur, weil dies der aus unserer Sicht wichtigste Kontrast ist, sondern auch, weil wir wissen, dass die Psychologie des Lohnarbeitssystems eine unglaubliche hypnotische Macht besitzt. Um sich davon befreien zu können, muss man also immer wieder neu ansetzen. In diesem Geiste erklären wir also einander und uns selbst, dass das, was wir „Die Umkehrung“ nennen, sich in vielleicht noch klareren Begriffen formulieren lässt. Im Lohnarbeitssystem dient die Arbeit dem Chef oder dem Arbeitgeber. Es muss eine ganze Reihe von Kriterien erfüllt sein, damit es einen Arbeitsplatz geben kann, und diese Kriterien haben alle mit der Person zu tun, die mich einstellt. Der Chef entscheidet, er bestimmt, was zu tun ist, er muss mit meiner Arbeit zufrieden sein, er macht den Profit. In der Neuen Arbeit wird die Richtung all dieser Pfeile umgekehrt. Sie zeigen nicht auf einen anderen, sondern auf mich selbst. Ich entscheide selbst, welche Arbeit ich leiste, und was noch wichtiger ist: Der Impuls, diese Arbeit zu tun, muss von mir ausgehen.

Es geht letztlich um die Frage, ob die Arbeit meine Entwicklung vorantreibt, ob sie mir mehr Kraft und Vitalität verleiht, statt mich auszulaugen und zu verkrüppeln wie die Arbeit im Lohnarbeitssystem. Bis jetzt bin ich ein Werkzeug gewesen, ein Mittel zum Zweck. Aber von jetzt an werde ich nicht der Arbeit dienen, sondern es wird umgekehrt sein: Meine Arbeit wird mir dienen. Ich erkenne an, dass ich schwach und mit Fehlern behaftet bin, und ich entschließe mich dazu, mich selbst durch die Arbeit, die ich für mich wähle, zu stärken, aufzubauen und zu entwickeln. Es ist selbstverständlich sehr oft der Fall, dass nichts mich so sehr kräftigt und stärkt, als anderen Gutes zu tun. Aber genau das ist die Messerschneide der entscheidenden Frage: Gibt mir das Gute, das ich tue, mehr Kraft? Ist es das, was ich aus innerster Seele wirklich, wirklich tun will, oder habe ich mich selbst in dem Augenblick im Stich gelassen und verraten? Helfe ich anderen nur, weil ich mich selbst wie wertlosen Abfall in den Müll geworfen habe?

Die grundlegende Beziehung zu meiner Arbeit, die Einstellung, die ich ihr gegenüber habe, ist also völlig anders als im Lohnarbeitssystem. Die Menschen gleiten aus vielen oberflächlichen Gründen in die Grundhaltung ab, die für die Lohnarbeit angemessen ist: weil es ihnen an Mut und Abenteuerlust mangelt, weil sie früher schon einmal versagt haben, weil sie müde sind, weil sie sich sicher fühlen möchten, weil sie nach Hause gehen wollen. Aber es gibt noch eine Schicht von tiefer liegenden Gründen, die ihre Wurzeln in der Grundstruktur des Lohnarbeitssystems haben.

Einer der dunklen Punkte, die schon von Anbeginn zu diesem System gehören, ist die so genannte „Arbeitswerttheorie". Sie war während des Zenits der Aufklärung eines der Standardthemen für David Hume, Adam Smith, John Locke, David Ricardo und auch Kant, und sie ist uns inzwischen in Fleisch und Blut übergangen. Der Kerngedanke könnte nicht einfacher sein: Er besteht in der Annahme, dass wir durch die Arbeit, die wir tun, das Recht erwerben, etwas zu besitzen. Das hört sich für die meisten von uns so harmlos an, dass sie es für seltsam und übertrieben halten, wenn wir es eine „Theorie" nennen.

Dieser Eindruck täuscht jedoch. Zwei rasche Überlegungen können uns eine erste Ahnung davon vermitteln, dass sich unter diesem Schafspelz einige überraschende Konsequenzen verbergen. Die erste Überlegung ist die einfache Umkehrung des Gesagten: Wenn du nicht arbeitest, dann hast du auch kein Recht, etwas zu besitzen. Von hier aus ist es nur noch ein kleiner Schritt zu einem noch härteren Postulat:

Wenn du nicht arbeitest, dann hast du auch kein Recht, zu essen oder ein Dach über dem Kopf zu haben. Das bedeutet in einem Winter, wie er in Städten wie Detroit üblich ist: dann verdienst du auch nicht zu leben!

Die zweite Überlegung geht von einer Frage aus: Was ist nach dieser Theorie die Bedeutung, der Sinn der Arbeit? Ein Teil der Antwort ist, dass die Arbeit zu einem Zahlungsmittel wird. Sie wird zu etwas umgewandelt (man könnte auch sagen abgewertet), womit man *bezahlt*. Ja, sie wird in der Tat zu der letzten und universell gültigen *Währung*. Ich muss für alles arbeiten, es mir verdienen, meinen Besitz, aber auch mein eigenes Leben. Drehen Sie diesen Sachverhalt um und sehen Sie sich seine nicht so offensichtliche Kehrseite an: Wenn die Arbeit als Bezahlung funktioniert, als ein Opfer, das ich bringe, als etwas, das ich im Austausch für etwas anderes gebe, wobei dieses andere etwas ist, das Wert hat und das ich haben möchte – dann muss die Arbeit natürlich unangenehm sein, etwas, das ich ertrage und unter dem ich (zumindest wie unter einer milden Krankheit) leide. Wäre die Arbeit wunderbar, köstlich und erotisch, dann könnte sie kein Zahlungsmittel ein, ein *Muss*, eine Bedingung, die zu erfüllen ich mich *gezwungen* sehe. Das wäre bizarr, ein verrückter Widerspruch in sich.

Ist die Grundhaltung, welche die Lohnarbeit uns aufzwingt, nicht Unterwürfigkeit, ein Gefühl der Wertlosigkeit und des Bußetuns für eine Sünde? Und wenn ich Sie erst einmal in diese Position gebracht habe, sind Sie dann nicht bereit, geduldig zu sein und Ihr Bündel zu tragen? Und ist es von dort aus noch ein weiter Weg zu einer von Resignation und Kapitulation geprägten Haltung? Sind Sie am Ende bereit zu akzeptieren, dass vielleicht 45 Jahre Ihres Lebens nichts weiter als ein Test Ihrer Leidensfähigkeit und Geduld waren? Ist es weit hergeholt zu meinen, dass viele Menschen ihren Job als eine Art Sklaverei erfahren, in dünne Zeitscheiben geschnitten? Und ist es nicht erstaunlich und wunderbar, geradezu ein Zauberkunststück philosophischer Magie, bei dem uns eigentlich vor Staunen der Mund offen bleiben sollte, dass die so harmlos aussehende Arbeitswerttheorie die *Knechtschaft* über die angebliche „Befreiung durch die Aufklärung" hinaus weiter fortgeführt hat?

Dass in diesem System mit nur wenigen Ausnahmen die Grunderfahrung der Arbeit im tiefsten Inneren die der Resignation, der Kapitulation, des Aufgebens ist, manifestiert sich auch in Hunderten alltäglicher Dramen. Eine der typischen Floskeln zu ihrer Beschreibung ist, dass jemand „erwachsen wird und die harte Wirklichkeit kennen lernt". Dahinter verbirgt sich, wie zahllose Eltern und junge Menschen die Wirklichkeit verstehen: Zuerst träumt man, man lässt sich gehen. Man jagt allen möglichen Launen und Schmetterlingen hinterher, aber das ist „nichts, womit man seinen Lebensunterhalt verdienen kann". Früher oder später muss man aus dieser Phase herauswachsen, und dann beginnt „der Ernst des Lebens". Man muss eine Arbeit annehmen, so wie ein Kamel sich hinkniet, um sich beladen zu lassen, oder wie ein Ochse, der sich vor einen Karren spannen lässt.

Was das Ganze so unfassbar macht, ist die schiere Dauer der Arbeit. Die Arbeit wird den besten Teil deines Tages auffressen und in den meisten Fällen ganze 45 Jahre deines Lebens, vom Ende der Kindheit bis (wenn du Pech hast) zum Einsetzen der Senilität dauern. Und auch wenn es zur Kompensation ein paar Spielzeuge, schillernde Glasperlen und Spiegel gibt, besteht dieser riesige Teil deines Lebens letztlich aus nichts anderem als *Unterwerfung*! Diese ganze lange Zeit ist ein gigantisches, monströses Opfer, mit dem wer weiß welche zürnenden Götter besänftigt werden sollen.

Wenn die Arbeit im Lohnarbeitssystem letztlich eine Form von Bezahlung und ein Opfer darstellt, wozu wird die Arbeit dann auf der ganz anderen existentiellen Bühne, auf der sich die eben beschriebenen Grundlagen der Neuen Kultur und der Neuen Arbeit entfalten? Wenn ich kein Ich besitze und darüber hinaus in Selbstunkenntnis lebe und noch viel weniger als um mich selbst um meine Wünsche weiß, und wenn die Gefahr extrem groß ist, dass ich zu eingeschüchtert und zu ängstlich bin, mich überhaupt auf das Abenteuer des Lebens einzulassen, dann ist ganz offensichtlich das Letzte, was ich gebrauchen kann, dass mich jemand mit erhobenem Zeigefinger niedermacht und an den „Ernst des Lebens" erinnert. Wenn schon meine bloße Existenz in Frage gestellt ist und meine Wünsche sowieso wie zarte Triebe unter dem Schnee begraben liegen, dann ist die Ermahnung, dass ich mich aufgeben, dass ich ein Opfer bringen und bezahlen soll, destruktiv, bösartig und gemein.

Da es längst nicht sicher ist, dass ich versuchen werde, wirklich zu leben, gibt es nichts Schlimmeres als die Einflüsterung, ich sollte den größten Teil meines Lebens zu einem Paket verschnüren und es in einer Gepäckaufbewahrung volle 45 Jahre lang *„aufgeben"*. Es stellt sich also die Frage: Was in aller Welt könnte geeignet sein, die Mehrheit der Menschen aus dieser Lage herauszulocken, sie in ein mit Lust, Leidenschaft und Appetit gelebtes Leben hineinzuziehen? Unsere Antwort ist: Nur eine Substanz hat diese beständige, dauerhafte, diese umfassende und nie erschlaffende Zugkraft – und das ist Arbeit, die richtige Art von Arbeit, Arbeit, die jemand mit allem Ernst und aus tiefstem Herzen wirklich, wirklich *will.*

Der Gegensatz zwischen der Grundhaltung des Lohnarbeitssystems und der Neuen Arbeit lässt sich auch in Begriffen des Ich formulieren. Wenn man von dem alten kartesianischen Ich ausgeht, dann ist es durchaus vernünftig, den ungezügelten, tyrannischen, wahnsinnigen und egoistischen Kapitän namens „Ich" zu disziplinieren und zu kontrollieren. Zum Zwecke dieser Disziplinierung ließe sich die Arbeit gebrauchen, und genau das ist auch geschehen. Aber heute haben wir diese Welt endlich hinter uns gelassen, dieses Tollhaus des 18. Jahrhunderts, und haben uns ein erstes kleines Stück geistiger Gesundheit erobert.

Das Ich ist etwas ganz anderes, als bisher angenommen wurde. Unsere Aufgabe besteht darin, alles zu tun, was in unserer Macht steht, um erst einmal die schwierige Geburt des Ich zu vollenden. Dann muss dieses Ich gehegt, gepflegt und gestärkt werden, und das öffnet die Tür zu einer unserer essentiellen und zentralen Behauptungen: Könnte es nicht sein, dass *Arbeit,* die man wirklich und wahrhaftig tun will, die stärkendste und belebendste Nahrung für das Ich darstellt? Besteht nicht vielleicht der beste Weg, einem Menschen zu helfen, der Gefahr läuft, sein Leben erst gar nicht zu leben, darin, dass man ihm eine Brücke baut zu etwas, das er ernsthaft tun will?

Der Kontrast zwischen diesen beiden grundlegenden Prämissen könnte kaum krasser sein. Das Bild, das wir von der Rolle der Arbeit und ihrer Funktion haben, unterscheidet sich grundlegend von allem, was man sich im alten Bezugsrahmen des Lohnarbeitssystems vorstellen konnte. Was wir von der Arbeit erwarten, wie wir sie bewerten und was wir letztlich am meisten von der Arbeit wollen, ist deshalb ganz anders als das einmal war.

Um es kurz zusammenzufassen: Innerhalb des Lohnarbeitssystems waren die primären Funktionen die uns nur allzu gut bekannten: Zuerst einmal und alles andere beherrschend war da die Produktion von Wohlstand – man brachte den Boden dazu, Ernten und Früchte abzuwerfen, und man transformierte Rohmaterialien in Produkte zu jedem nur vorstellbaren Zweck. Das Element der Freude ergab sich innerhalb der Einschränkungen dieser Umstände. Es war etwas Zusätzliches, eine Art Bonus, ein beeindruckend süßes Stück einer oft gefährlichen Zuckerstange. In dem heute entstehenden neuen Bezugsrahmen hat die primäre Funktion der Arbeit nichts mit Waren zu tun, sondern es geht in erster Linie um dich und mich als *Person.* In der Bühnenmitte steht nicht mehr die Produktion von Gütern, sondern die *Weiterentwicklung der Menschheit.*

Die zentrale Frage ist nun: Was wird die Menschen, die diese Arbeit leisten, am meisten vitalisieren? Was wird sie mit der stärksten Kraft zu einer umfassenderen Verwirklichung ihrer noch unentwickelten und fragilen Menschlichkeit hinziehen? Welche Arbeit wird diesen gehemmten, das Leben verleugnenden Menschen näher an das Festmahl des Lebens heranlocken? Welche Art von Arbeit kann am meisten dazu beitragen, um die überwältigende Mehrheit der Menschen, die in dumpfer Entmutigung und unsäglicher Entfremdung selbst von ihren ureigensten Wünschen lebt, auf ein Niveau heben, auf dem sie ihr eigenes Leben bestimmen und regeln ... und vor allem wirklich *leben*?

Diese Fragen waren innerhalb des Bezugsrahmens, der im Westen heute unter den Horizont versinkt, undenkbar und unvorstellbar. Nach dem alten Weltbild kam der Mensch im Wesentlichen vollständig und fertig auf die Welt. Er wurde *frei geboren.* Auf der philosophischen, metaphysischen Ebene (wenn ich dieses Wort benutzen darf) blieb nichts weiter zu tun. Wir, die Menschheit, waren bereits angekommen. Der Rest war nur noch eine Sache der Verwaltung: Man musste nur noch dem Gesellschaftsvertrag die richtige Form geben und sicherstellen, dass jedermann sich daran hielt und ihm gehorchte. Weder die Arbeit noch der Staat, noch die Gesellschaft, noch irgendetwas anderes hatte auf dieser Ebene eine echte *Funktion*. Der Rahmen belegte diese Fragen und Möglichkeiten im Voraus mit Beschlag. Es ist unsinnig zu *fragen*, was einen Menschen frei machen *kann*, wenn er bereits frei *ist*. Man kann keine Strategien entwickeln, wie man einem Menschen helfen kann, ein freier Mensch zu *werden*, wenn er aus den Wolken hervortritt und seinen Fuß bereits auf den Berggipfel setzt.

Doch all das erlebt heute eine neue Morgendämmerung. Es gibt eine ungeheure, eine gigantische Arbeit zu leisten. Wenn man bedenkt, wie unendlich weit die Menschheit gegenwärtig noch vom Zustand einer freien Menschheit entfernt ist, dann sieht man, dass jeder Einzelne gebraucht wird und es für jeden einen Platz gibt. Die Herausforderung ist der langwierige und schwierige Aufstieg. Wir müssen heute noch einmal die ganz grundlegenden Fragen stellen. Wenn der Staat nicht nur eine Verwaltung darstellt, nicht nur eine Art angestellter Wächter, der sicherstellt, dass die Kinder brav und friedlich im Hof spielen, wenn dem Staat vielmehr eine ernsthafte Rolle in dem Prozess zukommt, die Menschheit voranzubringen auf dem Weg zur Freiheit, wie kann der Staat dann beginnen, dieser Aufgabe gerecht zu werden? Ganz ähnlich ist es mit der Wirtschaft. Wenn die Aufgabe der Wirtschaft nicht allein darin besteht, einen uns immer mehr belastenden Überfluss zu produzieren, wie könnte eine Wirtschaft dann strukturiert werden, so dass sie den steinigen Aufstieg der Menschheit fördert?

Und noch pointierter und dem Herzen der Neuen Arbeit noch näher formuliert: Wie können wir die Arbeit neu denken, neu strukturieren und neu erfinden, so dass sie die Menschen nicht mehr auslaugt und verkrüppelt, sondern einen völlig anderen Beitrag leisten würde? Wie könnte die Arbeit zu einem oder sogar dem wesentlichen

Werkzeug werden, zu der Stufenleiter, auf der der einzelne Mensch zur Förderung *seiner eigenen* Entwicklung, seiner eigenen Evolution Schritt für Schritt aufsteigen könnte? Wie könnte die Arbeit zur Hebamme in diesem Prozess werden? Wie könnte die Arbeit zu dem stärksten Seil werden, das uns ins Leben hineinzieht?

Auch diese Fragen zu stellen wäre in dem alten Bezugsrahmen unmöglich gewesen. Und dass wir dem Mutterschoß angeblich schon fertig entsprangen, war nur *ein* Grund für diese Undenkbarkeit. Der andere Grund war unsere eigene Sicht der Arbeit. Wenn Arbeit im Grunde das ist, wozu wir verdammt wurden, als wir aus dem Paradies vertrieben wurden (nämlich unser Brot *im Schweiße* unseres Angesichts zu essen), dann besteht keinerlei Möglichkeit, dass die Arbeit, mit oder ohne Zuckerguss, einen großen oder gar entscheidenden Beitrag zu unserem Aufstieg zur *Freiheit* zu leisten vermag. Alles, was die Arbeit in dieser Welt zu unserer Freiheit beitragen kann, ist, dass sie aufhört. Wenn letztlich alle Arbeit eine Bestrafung und eine Unterdrückung ist, dann ist Freiheit *von* der Arbeit alles, was die Arbeit uns schenken könnte.

Die Polarität der Arbeit ist deshalb von größter Wichtigkeit. Arbeit *kann* uns verkrüppeln und kann uns sogar umbringen, aber das ist nur *eine* Möglichkeit. Arbeit *vermag* uns auch Energien zu schenken, die zu besitzen wir uns nie hätten träumen lassen. Denken Sie nochmals an das Bild der Mutter, die ihren kleinen Sohn unter dem Auto hervorzog, und an das Bild der Dorfbewohner, die gegen die Fluten des Mississippi kämpften. Da Arbeit so etwas zu leisten vermag, nicht nur in einem Moment oder für einen Abend, sondern für die gesamte Dauer eines Lebens, ist Arbeit vielleicht die beste und einzige Seilleiter, die in den Brunnen hinabhängt, in dem wir bis heute hocken.

Es ist nicht möglich, die Neue Arbeit zu verstehen, ehe man die Allgegenwärtigkeit des nicht gelebten Lebens verstanden und akzeptiert hat. Und in der Tat läuft die Antwort fast aller Menschen, die mit uns zusammen unsere Frage gestellt haben, letztlich auf die Aussage hinaus, sie wollten eine Arbeit tun, die sie *lebendiger* macht, die sie auf eine *höhere* Ebene hebt, eine Arbeit, die sie *tiefer* in das Leben hineinzieht und hineinlockt. Die Summe dieser Aussagen ist eine einzige, im Chor gesprochene Unabhängigkeitserklärung. In ihrer Gesamtheit sind sie eine vielstimmige Ode an die Emanzipation.

Jede dieser einzelnen Affirmationen ist wie eine weitere in der großen Versammlung der Menschheit emporgestreckte Faust. Sie erklären ihre Emanzipation von und ihre Rebellion gegen das erste Axiom des Lohnarbeitssystems. Denn hier wird die Konfrontation am schärfsten auf den Begriff gebracht: Innerhalb der Grenzen des Lohnarbeitssystems ist die Arbeit – nachdem man sie allen Schaufensterschmucks entkleidet hat – in der endgültigen und letzten Analyse ein zu zahlender Preis. Sie ist eine Bürde, ein Mittel zu einem äußeren Zweck. In ihrer letzten Quintessenz ist sie ein „Muss", etwas, zu dem man sich gezwungen sieht. Arbeit, die man wirklich und wahrhaftig *will*, ist in absolutem Gegensatz hierzu das Emblem, das Symbol einer Arbeit, die frei ist.

Das Ziel der Neuen Arbeit ist deshalb die Wiederaneignung, die Wiederinbesitznahme der Arbeit. Im Feminismus ist die Rede von der „Wiederaneignung der Nacht". Auf vergleichbare Weise eignen wir uns wieder den großen und alles entscheidenden Bereich der Arbeit an. Auf dem steinigen Feld des Lohnarbeitssystems wurde die überwiegende Mehrheit der Menschen verkrüppelt. Im Krankenhaus des Lohnarbeitssystems erfahren die Menschen ihre Arbeit als eine „milde Erkrankung". Auf der anderen Seite dieses hohen Grenzzauns, auf dem Territorium der Neuen Arbeit, ist die zentrale Erfahrung der Arbeit die von etwas Belebendem. Die Arbeit, die ich und die du wirklich und wahrhaftig wollen, hilft dir, „der zu werden, der du bist" (Nietzsche). Und sie schenkt uns mehr von der Energie, die „Ewiges Entzücken" ist (Blake).

Kapitel VI

Das Leben und die Arbeit, die wir wirklich, wirklich wollen

Es ist wirklich erstaunlich: Sehr viele Menschen machen zwei Schritte mit Zuversicht und Leichtigkeit. Sie begreifen, dass sie lebendiger sein möchten, und sie bringen dies auf vielfältige Weise zum Ausdruck. Und sie wollen eine Arbeit – wie immer diese dann im Einzelnen definiert sein mag –, die ihnen helfen wird, diese tiefe Sehnsucht zu befriedigen. Aber jetzt bleibt noch ein weiterer Schritt zu tun. Man sollte meinen, dass diese nächste Einsicht nur wenige Zentimeter von dem Punkt entfernt ist, an dem sie sich jetzt befinden, doch seltsamerweise fällt es vielen Menschen sehr schwer, diesen letzten Schritt vorwärts zu machen. Um es einfach zu sagen: Viele akzeptieren, dass ihre Arbeit eine *gewisse* Rolle dabei spielen sollte, sie zu einem stärkeren und selbstbewussteren Menschen zu machen. Das scheint ihnen eine natürliche und plausible Schlussfolgerung zu sein. Doch mit der nur geringfügig anspruchsvolleren, nur ein wenig krasseren Behauptung, dass die Arbeit hierbei eine *zentrale* Rolle oder sogar die Hauptrolle spiele, ist es ganz anders. Zu akzeptieren, dass all die Wege, die in dieselbe Richtung zu führen scheinen, unzureichend sind im Vergleich zu einer Arbeit, die man ernsthaft tun will, fällt ihnen in der Regel schwer. Wenn man diesen Gedanken vorstellt, hat man das Gefühl, dass die Mentalität des Lohnarbeitssystems die gesamte ihr noch verbleibende Widerstandskraft mobilisiert.

Natürlich stellt dieser scheinbar kleine Schritt in Wirklichkeit eine Wende in eine neue Richtung dar. Wir schreiten von der Arbeit zum Leben fort. Wenn die letzte Frage war, welche Art von *Arbeit* wünschen Sie sich ernsthaft, dann stellen wir als Nächstes die gleiche Frage über das *Leben* selbst. Wenn wir davon ausgehen, dass wir bislang nur halb lebendig waren, wäre es dann vorstellbar, dass eine Arbeit, die wir wirklich und wahrhaftig wollen, genau das ist, was uns *mehr als alles andere* zum Leben hinführt?

Es mutet seltsam an, aber es gibt großen Widerstand nicht nur gegen die spezifische Antwort auf diese Frage, sondern allein schon gegen die Frage selbst. Viele sträuben sich und sehen lieber weg. Wir haben es uns zur Gewohnheit gemacht, an diesem Scheideweg so konkret wie möglich vorzugehen. Wir philosophieren an dieser Stelle *nicht*, sondern arbeiten uns hier von Beispiel zu Beispiel ganz langsam voran.

Endlose Ferien am Strand

Die erste Reaktion des Widerstands ist schon so geläufig, dass sie beinahe ein Klischee ist. „Wirklich leben", „in vollen Zügen leben" – wer wüsste nicht eine Zeit lang in diesen Gedanken zu schwelgen. Golf spielen und angeln gehen, mit einer schönen Frau und einer guten Flasche Wein an einem Strand liegen – ist es nicht selbstverständlich, dass genau dies das „wahre Leben" ist? Kurz gesagt: Alles, bloß keine Arbeit! Der abschätzige Zynismus, mit dem dies oft ausgesprochen wird, rührt paradoxerweise von der Überzeugung her, dass diese Strandphantasie *nicht* zu verwirklichen ist, dass sie natürlich unrealistisch und unerreichbar ist. Und somit ist die Phantasie zweierlei: Sie ist ebenso eine *Vermeidung* der Frage wie eine Antwort darauf. Und wie so oft ist das von Schaden. Die Frage wurde nicht aufrichtig beantwortet, aber sie kann nichtsdestoweniger auch nicht mehr gestellt werden, denn der Raum, in dem sie gestellt werden müsste, ist bereits besetzt. Das ist Teil der Strategie des Widerstands, und viele Menschen verharren aus diesem Grund in dem Glauben, dass das Relaxen in der Tat die befriedigendste Form des Lebens wäre.

Sehr oft weisen wir zuerst einmal darauf hin, dass es etwas Selbstzerstörerisches hat, sich diese Frage nicht ernst und aufrichtig zu stellen. Vielleicht ist sie letzten Endes die wichtigste Frage, die sich ein Mensch in seinem ganzen Leben stellen kann. Und damit wäre es reichlich abstrus, Zeit und Mühe aufzuwenden, um eine Million anderer Fragen zu stellen, diese eine Frage jedoch als hoffnungslos, als zu anspruchsvoll abzutun, sie als eine Frage zu behandeln, die nur Kinder stellen. Für viele Menschen ist es sehr überraschend, dass wir im Kontext eines Zentrums für Neue Arbeit darüber sprechen, wie man es schaffen könnte, sein Leben intensiv und in vollen Zügen zu leben – und dass wir diese Frage ganz selbstverständlich, aber zugleich sehr entschlossen und unnachgiebig stellen. In kleinen Schritten beginnen sie zu begreifen, dass dies für uns in der Tat eine überaus wirklichkeitsbezogene und „alltägliche" Frage ist, die man sich vielleicht nicht buchstäblich jeden Tag stellen sollte, aber doch immer wieder in Abständen von wenigen Monaten.

Gewöhnlich legen wir den Finger auf eine beiläufig gemachte und nicht so ernst gemeinte Bemerkung und begeben uns von dort aus in eine lange, von bohrenden Fragen vorangetriebene Diskussion. Ein geeignetes Thema ist die Art und Weise, in der die Pensionierung erlebt wird. (Sie erinnern sich an die Rentnerkolonien am Golf von Mexiko?) Ein beliebtes Thema ist auch die Langeweile in ihren bereits beschriebenen Ausdrucksformen. Wenn man nur einmal ein realistisches Bild zeichnet von dem, was die Pensionierung für viele bedeutet – also fernab von dem, wie es im Fernsehen üblicherweise dargestellt wird –, dann reicht das oft schon aus, um die Menschen dazu zu bringen, zum ersten Mal in eine ungewohnte Richtung zu denken. Haben wir auf diese Weise sozusagen den Fuß in der Tür, haken wir mit gewichtigeren und unbequemeren Überlegungen nach. So fragen wir beispielsweise, ob diese ganze Denkweise nicht vielleicht ein weiteres Enkelkind der alttestamentarischen Aufteilung in sechs Tage Arbeit im Schweiße des Angesichts und einen Tag der köstlichen Ruhe ohne jegliche Arbeit ist – Ruhe ohne Einschränkung, Ruhe, die eine vollkommen leere Zeit ist.

Das führt uns gemeinhin zu der Frage: Wer wohl würde sich Glück und Seligkeit auf diese seltsame und eigentümlich sterile Weise vorstellen? *Wer,* wenn nicht jemand, der seine Arbeit hasst und verabscheut? *Wer*, wenn nicht jemand, der sechs Tage in der Woche mit Stöcken und Peitschen dazu getrieben wurde, monströse Steinblöcke eine Pyramide hinaufzuschleppen? Natürlich ist es nur allzu verständlich, wenn die Möglichkeit, ausgestreckt und bewegungslos dazuliegen, für jemanden, der auf diese Weise sechs Tage in glühender Sonne zubringen muss, die ultimative Fieberphantasie von Glückseligkeit darstellt.

Als Wunschdelirium eines Sklaven mit Sonnenstich ist diese Lust auf Nichtstun natürlich vollkommen verständlich. Aber die Erfüllung dieses Wunsches und dessen Ausleben ist eine völlig andere Angelegenheit. Leere ist ganz einfach (und hier kommt ein weiterer von uns oft wiederholter Ausdruck) „nicht genug“! Natürlich brauchen wir dann und wann ein wenig davon – ein Weilchen im Gras liegen, gelegentlich angeln gehen, am Strand liegen und ein Bier trinken. Ja, Gott sei Dank! Aber 15 Jahre lang ununterbrochen nichts als das? Das wäre ein Geschenk des Teufels. Das ist gut und schön als Pause, als kurze Unterbrechung, aber um Himmels willen nicht als Höhepunkt und Erfüllung, als der *Sinn* unseres Lebens, so wie es uns Werbespots für die Rentnerkolonien in Florida weismachen wollen.

Die Wirklichkeit ist da krass und ernüchternd: Die meisten Menschen entdecken schon bald, dass dieses Nichtstun als Ziel, als Inhalt des Lebens, einfach zu klein ist. Das erinnert an die scherzhafte Zen-Herausforderung, einen ganzen Mantel in die eigene Manteltasche zu stecken. Würde man das ernst nehmen und es tatsächlich versuchen, würde man natürlich herausfinden, dass da viel zu viel Mantel, viel zu viel Material vorhanden ist, als dass alles in die Tasche passen könnte. Ganz ähnlich ist es mit der Phantasie eines Lebens, das allein dem Angeln oder dem Golfspielen gewidmet ist. Wenn diese Phantasie wahr wird, bemerkt man rasch bemerkt, dass dies einfach zu wenig ist. Es ist so, als wollte man sich in einer kalten Nacht mit einem Taschentuch zudecken. Man kann sich noch so drehen und wenden und die Knie an die Brust ziehen, man wird sich immer noch nackt und kalt fühlen. Wir meinen das beinahe wörtlich. Es ist nicht genügend Inhalt in dieser Art von Leben, es besitzt nicht die notwendige Größe. Damit etwas dem menschlichen Leben Sinn und Substanz verleihen kann, muss es größer und umfangreicher sein. Zuerst einmal das, und dann natürlich noch sehr viel mehr.

Das klarzustellen ist für uns nur ein kleiner erster Schritt. Wenn wir dieses Thema, wie es unsere Art ist, recht unverschnörkelt präsentieren, ist die Überraschung zumeist groß. Aber wir hoffen, dass dies hilft, einen Keil in einen noch kleinen Spalt zu treiben. Für manche Menschen ist es geradezu ein Schock, dass wir offenbar entschlossen sind, so pragmatisch und kalt über diese Dinge nachzudenken. Doch dieser Schock ist notwendig, er ist zu begrüßen, denn er öffnet eine Tür in eine neue Richtung, die wir zuvor nicht einschlagen konnten.

Es ist allzu leicht, sich endlos auszumalen, wie man gern leben würde, was es bedeuten würde, mit dem Leben Ernst zu machen und sich dabei geistig doch nicht vom Fleck zu bewegen. Der Geist bleibt stehen, klebt fest an einer Idee, an die man doch nicht wirklich glaubt. Und das heißt, dass kein neues Bild, keine bessere Idee sich in unserem Geist breit machen kann. Es ist geradezu gefährlich, in dieser Pose zu verharren, denn wenn man aus Bequemlichkeit mit etwas weitermacht, das man insgeheim hasst, dann sammelt sich im Laufe der Zeit eine große Menge Unmut und Wut an. Deshalb ist es wichtig, einen Denkprozess *anzustoßen*, einen Raum zu erzeugen, in dem die Frage, wie man denn wirklich leben *will*, endlich in allem Ernst gestellt werden kann.

Sobald sich da etwas auftut, haken wir nach, und oft ohne vorher zu bedenken zu geben, dass die Wahrnehmung unserer Gesprächspartner sich drastisch ändern wird – ob es ihnen gefällt oder nicht. Denn wenn man einmal von einer Arbeit, die man ernsthaft tun will, gekostet hat, ist man verwöhnt. Dieser Geschmack ist so köstlich, dass am Strand in der Sonne zu liegen im Vergleich dazu flach und schal ist. Ja, die Erfahrung dieses Unterschiedes ist so krass und einschneidend, dass sie eine lange Reihe von Konsequenzen nach sich zieht. Hat man einmal diese Art von Arbeit erlebt, dann ist das sehr wahrscheinlich das Ende eines in Abschnitte eingeteilten Lebensrhythmus, in dem die schiere Vollzeitarbeit abwechselt mit leerem Nichtstun. Wenn ein großer Teil der Arbeit zu einer köstlichen Erfahrung wird, dann werden wir nicht darauf warten, dass sie endlich ein Ende nimmt. Es wird dann keine verlockende Option mehr sein, den größten Teil des Jahres und den größten Teil des Lebens in der Erwartung eines entweder jährlichen oder zu guter Letzt endlosen Urlaubs zu leben. Sehr wahrscheinlich wird man sehr viel weniger arbeiten, als wir das heute tun, aber dies auf intelligentere und abwechslungsreichere Weise.

Die Arbeit zu leisten, die dem eigenen Geschmack und der eigenen Begabung entspricht, wird eine köstliche Erfahrung sein, und sehr wahrscheinlich wird man auch diese Arbeit mit Pausen der Muße und der Entspannung umgeben, wobei diese allerdings ebenfalls einen echten Inhalt haben und nicht nur Zeiten leeren Nichtstuns sein werden. Menschen, die ihre Arbeit genießen, tun das bereits heute. Sobald der Bann des Lohnarbeitssystems gebrochen ist, wird der Gedanke, 40 Jahre mit einer ermüdenden und unsere Geduld auf die Probe stellenden Arbeit zu verbringen, nur damit man später als Rentner in einem Komfortbus mit großen Fenstern an „Sehenswürdigkeiten" vorbeifahren kann, die man mit seinem inzwischen getrübten Sehvermögen sowieso nur noch verschwommen wahrnehmen kann, nicht mehr so verlockend erscheinen.

All das sind nach unserer Erfahrung sehr nützliche Überlegungen, aber sie sind nur eine Vorbereitung auf die Gegenüberstellung des Strandlebens mit dem, was unserer Meinung nach die menschliche Natur tatsächlich ausmacht. Wenn wir uns selbst in der Tat so entfremdet sind, dass wir unsere eigenen Wünsche nicht kennen und darüber hinaus nicht einmal mehr wissen, wer wir selbst eigentlich sind, und wir zudem aus diesen und anderen Gründen tatsächlich halbtot sind, dann ist ein Leben, das einem endlosen Strandurlaub gleicht, wirklich das Letzte, was wir brauchen. Dann würden wir nämlich in immer tieferen Schlaf versinken, und unsere drei grundlegenden Schwächen würden sich allmählich nur noch verschlimmern.

Der Kontrast zur Neuen Arbeit ist scharf und äußerst bedeutsam. Wenn meine Unwissenheit um meine eigenen Wünsche tatsächlich ein solch ernstes Gebrechen ist, dann mag nichts so heilsam sein, nichts so notwendig zur Überwindung dieses Leidens wie eine intensive und fortgesetzte Bemühung um die Entdeckung einer Arbeit, die ich wirklich tun möchte. Herauszufinden, welche Schuhe, Lampenschirme oder Süßspeisen ich wirklich mag, kann auch eine kleine Hilfe sein, aber sich mit ganzer Kraft auf die Frage zu stürzen, was die Arbeit sein könnte, die ich wirklich und wahrhaftig will, würde offensichtlich viel größeres Gewicht haben.

Eines hat sich in den 20 Jahren unserer Erfahrung mit der Neuen Arbeit praktisch universell bestätigt: Die Frage hinsichtlich der Arbeit scheint ein natürlicher Anfang zu sein. Hat man sich erst einmal eine Weile ernsthaft mit dieser Frage herumgeschlagen, dann scheinen alle anderen Überlegungen sehr viel leichter und ganz natürlich *zu folgen*. Und dies trifft nicht nur auf solch praktische Fragen zu, wie ich sie zuvor erwähnt habe, sondern auch auf persönliche, ja intimste Dinge. Sehr viele Menschen, denen ich begegnet bin, hatten ihre allererste intensive Erfahrung überschäumender Freude bei der Ausführung irgendeiner Neuen Arbeit. Und sie scheinen durch diese Erfahrung zu *lernen*, wie es sich *anfühlen* könnte, auch mit einem anderen Menschen solche Wonne zu erfahren. Sie brauchen die Begegnung mit einer Arbeit, an der sie Freude haben, als einen Vergleichsmaßstab und als Durchbruch in eine neue Erfahrungsdimension.

Ähnliches trifft auch auf die beiden anderen menschlichen Grundschwächen zu. Dass wir nicht wissen, wer wir sind, ist einer der fundamentalen Vorwürfe, der uns schon seit Jahrtausenden gemacht wird. Und es ist so, wie bei dem eben ausgeführten Gedankengang: Im Sand herumzuliegen wird daran nichts ändern. Aber das Gegenteil trifft auf eine Arbeit zu, die man wirklich und wahrhaftig will. Zu wissen, dass ich dabei bin, eine Arbeit zu tun, die genau das ist, was *ich* tun möchte, ist oft ein erster großer Schritt zur Beantwortung der Frage, wer ich wirklich bin. Schließlich ist es ebenso richtig, dass es mich sicher nicht tiefer in das Leben hineinzieht, wenn ich mich in einer lauen Brise zwischen den Dünen räkle. Das wird das Problem, dass ich alles andere als von Grund auf lebendig bin, nicht lösen – aber eine Arbeit, die ich wirklich, wirklich will, kann das ohne Frage.

Die Feinschmecker-Phantasie

Die zweite beinahe ebenso automatische Reaktion auf die Frage, welche Art von Leben man sich am meisten wünscht, schüttet ein Füllhorn köstlicher Kleinigkeiten vor uns aus. Diese sind bezeichnenderweise oft weit entfernt von einem bloßen Nichtstun. Was man haben will, ist nicht Müßiggang, sondern Abenteuer: Bergsteigen, auf Safari gehen, Karate oder Taiji praktizieren, Risiken eingehen und immer wieder knapp davonkommen, Löwen jagen und Drachenfliegen und natürlich auch Yoga und Meditation sowie Übungen, die uns innerhalb von sechs Wochen den Körper schenken werden, „den wir verdienen", und dazu auch noch Erfolg, Ruhm und Macht, damit nichts ausgelassen wird. Uns wird so oft etwas aufgetischt, das in dieses stereotype Muster passt, dass wir auch hierauf eine Standardantwort entwickelt haben.

Für viele, die uns erzählen, dass sie genau das unter „wirklich leben" verstehen, ist das nur eine verzweifelte Geste. Sie sind im Grunde Dilettanten: Sie wollen mal hier, mal da nippen, möchten einen Ausflug machen, möchten mal ausprobieren, wie es wäre, eine

Sportart, ein wagemutiges Unternehmen, ein Abenteuer auszuführen. Auch wenn sich das oberflächlich von der ersten Variante unterscheidet, sind diese Menschen schließlich ebenso unzufrieden wie die Müßiggänger. Kostproben sind ebenfalls „nicht genug". So wie die zu früh Pensionierten haben sie das Gefühl, dass ihr Leben keinen Inhalt, keine Substanz besitzt. Ja natürlich, einmal in der Woche üben sie Taiji, und gelegentlich gehen sie auch einmal für ein Wochenende zum Camping hinaus, um dort nackt neben einer Trommel zu sitzen. Aber die Wirkung ist minimal, ohne Gewicht und ohne Konsequenzen.

Wir reagieren unsererseits auf diese Haltung erst einmal mit einer Warnung. Auf den ersten Blick scheint das eine Marginalie, eine Kleinigkeit zu sein, aber wir befinden uns in der Tat an einem Scheideweg, an dem es leicht zu einem krassen Missverständnis kommt, und das wieder auszuräumen erweist sich dann als außerordentlich schwierig. Viele haben natürlich, schon lange bevor sie zu einem Seminar zu uns kommen, davon gehört, dass wir den Menschen helfen wollen, herauszufinden, was sie wirklich wollen. Aus ihrer eigenen Perspektive befinden sich die Menschen, die derart nach einem Kick suchen, durchaus auf der richtigen Spur. Diese Episoden stellen Dinge dar, die sie sich wünschen, und auch das Ethos der bunten Vielfalt scheint zur Neuen Arbeit zu passen. Sie bilden sich ein, dass sie uns vollkommen verstehen, auch wenn sie meilenweit von unserem Ansatz entfernt sind

Die erste Warnung, die wir hier aussprechen, ähnelt der an die Müßiggänger ganz erstaunlich. Es ist wiederum eine Frage nach der Größenordnung, der Quantität, die für ein menschliches Leben nötig ist. Sie ähnelt einem guten alten Ratschlag, den man jungen Leuten geben sollte, wenn sie einen Job annehmen möchten, den sie im Grunde hassen, nur weil sie meinen, sie könnten das, was sie interessiert, ja am Wochenende oder in den Ferien machen. Derselbe Ratschlag ist auch an die Adresse von Lehrern und jungen Akademikern zu richten, die sich einbilden, sie könnten „nebenher" Theaterstücke und Romane schreiben.

Das Problem besteht hier darin, dass man die Macht des Lohnarbeitssystems nur allzu leicht *unterschätzt.* Unzählige Menschen beginnen mit einem solchen Vorsatz, und fast alle kapitulieren nach oft vielen Jahren frustrierenden Kampfes. Der Job frisst mehr Zeit und mehr Energie, als man sich vorgestellt hat, und das, was man ernsthaft tun will, welkt dahin. Diese Menschen missverstehen die Neue Arbeit gründlich, denn es ist natürlich nicht das Ziel der Neuen Arbeit, dass man nebenher ein aufregendes Hobby hat. Es ist vielmehr die Forderung der Neuen Arbeit, dass jedermann während eines beträchtlichen und überwiegenden Teils seiner Zeit etwas tun kann, das er oder sie für sinnvoll und bedeutend hält. Unsere Bemühungen gehen dahin, ausdauernd und hartnäckig zu versuchen, das Arbeits*system* unserer Kultur umzubauen, Strukturen, Institutionen und finanzielle Regelungen einzurichten, die sinnvolle Arbeit für beinahe jeden möglich machen und nicht nur für eine ausgewählte Elite.

Deshalb ist unsere Frage an diese Menschen: Wollen Sie dann und wann einmal ein Risiko eingehen oder auf einen Berg steigen, und wollen Sie alle zwei Wochen eine Stunde Taiji nehmen? Das können Sie natürlich tun, aber das hat nichts mit Neuer Arbeit zu tun. Wir fragen Sie: Wollen Sie das ernsthaft, als Ihre Berufung, als die Arbeit, die Sie wirklich und wahrhaftig wollen, tun, oder ist das nur etwas, das Sie nebenher, als Hobby verfolgen wollen? Wenn das Ihr Plan ist, dann werden Sie beinahe unvermeidlich scheitern.

Viele Geschäfte, die die Leute mit dem Lohnarbeitssystem machen wollen, erinnern an die aus dem Mittelalter stammenden Geschichten über einen Handel mit dem Teufel. Oberflächlich betrachtet, hat es den Anschein, dass das Lohnarbeitssystem gefügig und flexibel ist, bereit, alle möglichen Zugeständnisse zu machen – genauso wie der Teufel in diesen Geschichten. Aber hinter Ihrem Rücken ist dieses System sehr machtvoll und hinterhältig, und wenn es zur Endabrechnung kommt, wird sich zeigen, dass es große Teile Ihres Lebens an sich gerissen hat. Es wird Sie ausgelaugt und ausgeweidet zurücklassen, halb erstickt in guten Vorsätzen, die einzuhalten Sie zu geschwächt waren. Das, was Sie am Rande wirklich tun konnten, wird viel zu wenig und zu unwesentlich sein, und Sie werden in Ihren eigenen Augen in jeder Hinsicht versagt haben.

Hier sind wir wieder bei den anfänglichen, erkundenden Phasen unserer Gespräche. Auch hier ist es wieder die Konfrontation der

Phantasien eines eingebildeten Lebens mit den drei Schwächen der menschlichen Natur, was uns schließlich zu den schwierigeren und härteren, aber deshalb umso produktiveren Diskussionen führt. Wie könnte diese Art von Leben Ihnen bei der entscheidenden Aufgabe helfen, den verborgenen und ungreifbaren Charakter Ihrer eigenen Wünsche aufzuspüren und ans Licht zu bringen? Der Löwenanteil Ihres Lebens würde doch im Bereich des Lohnarbeitssystems bleiben, und Sie müssten Konzessionen machen und Dinge abschreiben. Ein solches Leben könnte Ihnen nicht viel sagen, denn es ist ja sowieso nur eine Last und eine Prüfung Ihrer Geduld.

Außerdem werden die verstohlenen Erkundungen, für die noch genügend Raum bleibt, zu sporadisch und kurzfristig sein, als dass Sie die umwälzende Lektion, derer Sie bedürfen, dadurch tatsächlich lernen könnten. Das trifft noch umso mehr für die Aufgabe zu, herauszufinden, wer Sie wirklich sind, ganz zu schweigen von der Notwendigkeit, etwas zu finden, das Sie aus Ihrem halbtoten Zustand heraus und in das Leben hineinzieht. Das bisschen Abenteuer und diese gelegentlichen athletischen Errungenschaften oder Ihre Reisen und Yoga-Übungen werden viel zu schwach sein, um Sie auf einem dieser Gebiete wirklich voranbringen zu können.

Ganz besonders wenn es darum geht, wie Sie die Energie einsetzen sollen, mit der Sie leben, wird es müßig sein, mit einigen Appetithappen zu experimentieren. Die Menge der Energie, die Ihnen aus einer Aufgabe zufließt, ist proportional zur Größe dieser Aufgabe. Die Ihnen zur Verfügung stehende Vitalität nimmt schrittweise zu, indem die Unternehmung, auf die Sie sich eingelassen haben, sich ausweitet. Diese Tatsache macht es äußerst fraglich, ob Sie mit der Jagd nach Kleinigkeiten irgend-etwas erreichen können. Und so können wir auch hier nur noch einmal die eine, kinderleichte Schlussfolgerung wiederholen, zu der wir bereits gelangt sind: Eine Arbeit zu finden, der Sie sich aus tiefster Überzeugung und mit völliger Hingabe widmen können, das – und nicht etwas von diesem und etwas von jenem – ist es, was Sie zu dem Leben führen wird, das für Sie gemeint war.

Der „Werde Unternehmer!"-Rummel

Die ersten Antworten auf die Frage, welche Art von Leben wir wirklich und wahrhaftig wollen, sind oft einfach nicht ernst gemeinte Äußerungen, um ein Eingehen auf diese Frage zu *vermeiden.* Man ist solche Fragen nicht gewohnt und braucht einige Zeit, um sich darauf einstellen zu können. Aber nach einer kurzen und vielleicht heftigen Debatte über die Träume vom Faulenzen am Strand und die Feinschmecker-Phantasie werden die Stimmung und der Tonfall unserer Diskussionen oft gesetzter. Die Menschen, mit denen wir im Gespräch sind, erkennen, dass dies für uns einfach eine herausfordernde und schwierige Frage ist, und sie geben sich Mühe, uns eine ernsthafte Antwort zu geben.

Ein erster Vorstoß in diesem anderen Geiste ist oft die Aussage, dass sie ihre eigene Firma gründen und ein eigenes Unternehmen leiten wollen. Zu einem bestimmten Grad ist auch diese Antwort immer noch ein Reflex, doch spielt hier auch ein anderes Element eine Rolle. Sie haben noch einige der Aussagen im Ohr, die mit der Neuen Arbeit in Verbindung gebracht werden – dass wir an Selbständigkeit glauben, an Unabhängigkeit und daran, auf eigenen Füßen zu stehen. Und irgendwie haben sie den Eindruck, dass die Gründung einer eigenen Firma dem nahe kommt, was wir meinen. Natürlich ist die Überraschung groß, wenn wir ihnen erklären, dass dies das genaue Gegenteil von dem sein könnte, was die Neue Arbeit bezweckt. Wir rufen dann oft den Aspekt der Umkehrung in Erinnerung und machen den Menschen klar, dass „für *sich selbst* arbeiten" für uns etwas völlig anderes bedeutet als das, was sie offenbar darunter verstehen. Nach unserem Verständnis ist die übliche Erfahrung des Kleinunternehmers weit von dem entfernt, was wir unter Selbständigkeit und Unabhängigkeit verstehen.

Natürlich räumen wir immer die Möglichkeit ein, dass es genau das ist, was sie wirklich tun wollen. Kleinunternehmer sind allerdings alles andere als unabhängig, und sie stehen auch nicht auf eigenen Füßen. Es ist eher genau umgekehrt. Sie sind in der Tat nicht von dem einen Boss abhängig, der ihnen Befehle und Anweisungen gibt, aber statt dessen von jedem einzelnen Kunden. Und da man es jedem

Kunden recht machen muss, wird bei zunehmender Konkurrenz die Notwendigkeit der Servilität und Willfährigkeit jedem einzelnen Kunden gegenüber immer größer. Am Ende ist man dann der Sklave und das Arbeitstier von jedermann. Ganz gleich, wer an die Tür klopft, er wird umschmeichelt und umsorgt wie von einer übereifrigen Dienstmagd. Nichts ist deshalb so töricht und unzutreffend wie das Bild des autonomen, selbständigen Unternehmers, der wie ein Marlboro-Mann auf seinem treuen Ross durch die Berge reitet. Die „Folge deinem Traum!"-Vorstellung vom Kleinunternehmer und seiner Firma geht völlig an der radikalen Umkehrung vorbei, auf die wir Wert legen. Die Unmenge Arbeit, die solche Kleinunternehmer schließlich unter größtem Druck für ihre Firma leisten müssen, steht ganz sicher *nicht* im Dienste der Entwicklung ihrer eigenen Persönlichkeit. Im Gegenteil. Betrachtet man die tägliche Mühle ihrer Arbeit genau, dann ist nur allzu offenkundig, dass sie *alles* für das Überleben ihres Start-up-Unternehmens opfern. Ihre Arbeit steht jetzt nur noch mehr unter dem Druck eines alles beherrschenden MUSS; der einzige Unterschied zu ihrer früheren Arbeit besteht darin, dass sie von vieldeutiger und verführerischer Rhetorik zum Narren gehalten wurden.

Auch wenn wir normalerweise großen Wert auf Fröhlichkeit und Humor legen, wird unser Tonfall doch oft sehr harsch, wenn es um den „Werde Unternehmer!"-Rummel geht. Wir greifen nach jedem Hammer, der verfügbar ist, um dieses Porzellan zu zerschlagen und dann auch noch den zurückbleibenden Staub in den Boden zu hämmern. Dafür gibt es zwei miteinander verknüpfte Gründe; der eine ist persönlicher, der andere systemischer Natur.

Da das heute vorherrschende soziale System an 20 verschiedenen Krankheiten leidet, hat man schon unzählige Male an den Optimismus und Enthusiasmus der jungen Unternehmer appelliert. Das ging immer mit der Behauptung einher, alle unsere Probleme würden in rosarote Zuckerwatte transformiert, wenn die Jungunternehmer nur kreativ und wagemutig genug wären. Im Kontext der Arbeit, die ich während der vergangenen 25 Jahre getan habe, bin ich zahllosen jungen Frauen und jungen Männern begegnet, die dermaßen indoktriniert wurden, dass sie mit fanatischem und blindem religiösem Eifer an diese Behauptungen glaubten. Doch wir wissen sehr wohl, dass angesichts des pathologischen Zustands des Lohnarbeitssystems und dessen, was wir sowohl über die Kopplung von Business und Lohnarbeit als auch über die blitzartige Verbreitung der Automatisierung gesagt haben, mit dem die internationalen Konzerne den Globus überzogen haben, dieser Rummel nur ein farbenprächtiger Schal ist, mit dem man die schrecklichen Geschwüre zu kaschieren sucht, damit die Party der neunziger Jahre in ungebrochener Ausgelassenheit weitergehen kann.

Das Platzen der Dot-com-Blase, auf das schon bald der Beginn des Zeitalters der Angst folgte – nämlich am 11. September 2001 –, hat diesem Ansatz allerdings ein Ende gemacht. Man könnte in der Tat eine eigene Studie darüber erstellen, wie drastisch sich der Tonfall seit jenem terroristischen Anschlag im gesamten Spektrum der Zeitschriften, die sich besonders an junge Unternehmer richten, gewandelt hat.

Die Regimenter von jungen Unternehmern, die während der letzten paar Jahre zur Verstärkung des einstürzenden Lohnarbeitssystems in die Schlacht geschickt wurden, erinnern an die japanischen Kamikaze-Flieger. Traurigerweise reicht die Ähnlichkeit bis hin zu den erschreckend niedrigen Überlebensraten. Man hat diese jungen Leute wahrhaft erbarmungslos als Kanonenfutter verheizt. Ein Teil ihrer Funktion war, die sozialen Gegebenheiten mit einem dicken Zuckerguss aus Optimismus zu überziehen, ungeachtet dessen, dass die Rate derer, die Schiffbruch erlitten, 80 bis 90 Prozent betrug. Insofern liegt auch der Vergleich mit der polnischen Kavallerie nahe, die während der ersten Tage des Zweiten Weltkriegs gegen die deutschen Panzer ins Feld geschickt wurde. In wenigen Stunden wurde die Jugend Polens, die mit über dem Kopf geschwungenen Säbeln gegen die Panzer anritt, dezimiert. Die gründlich indoktrinierten jungen Geschäftsleute sind ähnlich schlecht gerüstet und werden auf ähnliche Weise in dem völlig hoffnungslosen Kampf gegen die überwältigenden Mächte von Armut, Arbeitslosigkeit und Elend aufgerieben.

Wie grausam und verheerend diese Grabenkämpfe an den hintersten Linien des auf dem Rückzug befindlichen Systems sind, wird besonders deutlich, wenn man sich irgendein Land der Dritten Welt ansieht. In jedem Einzelnen von ihnen, sei es nun Mexiko, Indien, Haiti, Südafrika oder die ehemalige Sowjetunion, sieht man buchstäblich Millionen gesund, kräftig und jung aussehender Männer und Frauen an zahllosen Straßenkreuzung und entlang kilometerlanger Hauptstraßen vor sich hin dämmern. Auf einem Tuch oder einem Stück Plastik vor sich bieten sie kleine Pyramiden von Früchten oder einige Gürtel, Ketten, Süßwaren oder etwas Kaugummi, T-Shirts oder Sonnenbrillen feil. Jeder dieser verzweifelten Menschen hat sein „eigenes kleines Unternehmen".

Man sollte diese Bilder miteinander vermischen und einander überlagern: Einerseits die geschniegelten Fünfundzwanzigjährigen mit ihren frisch gedruckten Visitenkarten, die sie als „President" eines Ein-Mann-Unternehmens, der viel gepriesenen „Ich-AG", ausweisen, und gleich daneben und ihnen *sehr ähnlich* die Legionen schwarzer Boys, die Schuhe putzen, und die Scharen junger Mädchen, die Mangos auf Holzspießen verkaufen.

Der systemische Grund für unsere wütenden Angriffe auf den Ich-AG-Rummel sollte damit sonnenklar sein. Wir haben mit Bedacht den pathologischen Zustand des Lohnarbeitssystems mit solcher *Ausführlichkeit* behandelt und dann die alles niederwalzende Kraft der Mächte beschrieben, die die Kopplung von Big Business und Lohnarbeit entfesselt hat. Die enormen Wanderungsbewegungen von den Bauernhöfen in die Städte in praktisch *allen* Ländern und die Ausbreitung der Automatisierung über das gesamte Spektrum des Arbeitsmarktes (und dazu gehört *auch*, es muss noch einmal betont werden, der Bereich der Dienstleistungen) sind Indikatoren für das erschreckende Ausmaß dieser Entwicklungen. Die überdrehte Zuversicht der jungen Unternehmer gegen diese Mächte ins Feld zu führen ist heute nur noch ein unanständiger und tieftrauriger Scherz.

Dennoch ist dieses System immer noch mächtig, und nur ein Narr würde seine Macht auf die leichte Schulter nehmen. Wir müssen uns an das Bild des verriegelten Zuges erinnern. Wir leben in einer Epoche, in der es keine Lösungen für die Probleme zu geben scheint, die wie Hitchcocks Vögel über uns herfallen und uns zerhacken. Also klammern wir uns mit Händen und Zähnen an den einen Strohhalm, der uns vor die Nase gehalten wird, wie schwach, lächerlich, ja geradezu grotesk er auch sein mag. Wir haben uns derart in diesen letzten Strohhalm der Hoffnung verbissen, dass wir ihn nicht so ohne weiteres loslassen können.

Und genau das ist der entscheidende Punkt: Solange die Menschen sich noch an diesen letzten Strohhalm klammern, kann der Prozess des ernsthaften Nachdenkens über unsere Probleme nicht beginnen, und wir werden uns diesen Problemen nicht wirklich stellen. Die Selbsttäuschung, die Blindheit, die Slapstick-Komödie der Politik geht noch immer weiter. Das ist, kurz gesagt, der Grund dafür, dass wir diese Verblendung so scharf, so hart und so wütend wie nur möglich angreifen. Denn es ist ungemein wichtig, dass dieser Prozess *endlich* beginnt!

Oftmals ist die Reaktion auf unsere Haltung so prompt, wie man es sich nur wünschen kann. Nicht selten kommt jemand, der schon viele Workshops mitgemacht und sogar an Projekten gearbeitet hat, zu mir und vertraut mir an, dass er sich schon seit Jahren für die Neue Arbeit interessiert. Aber erst jetzt, nachdem er einen meiner Zornausbrüche gegen den Unternehmensgründungs-Rummel erlebt habe, hat er begriffen, worum es bei der Neuen Arbeit wirklich geht. Bis zu diesem Punkt waren diese Menschen von der Vorstellung umnachtet, die Neue Arbeit sei nur eine breitere und menschlichere Variation über dasselbe Thema. Natürlich hatten sie von unserem hartnäckigen Beharren gehört, dass wir in Wirklichkeit ein völlig anderes Wirtschaftssystem entwickeln wollen, das sich grundlegend von dem herrschenden System unterscheidet. Aber sie mussten erst mit eigenen Ohren Zeugen unseres Donnerns und Wetterns werden, um endlich zu begreifen, dass dies nicht nur ein symbolisches Gerede ist, sondern auf Gedeih und Verderb unser erklärtes Ziel.

Ganz ähnlich erging es uns auch in zahlreichen Gesprächen, die um die endlosen Strandferien, die Feinschmecker-Phantasie und alle möglichen anderen Luftschlösser vom glücklichen Leben kreisten. Auch diese Gespräche brachten viele Menschen ganz allmählich, Schrittchen für Schrittchen, auf Abstand zu den tief sitzenden Elementen der Mentalität des Lohnarbeitssystems. Diese und viele ähnliche, anfänglich seltsam erscheinende Vergleiche haben die Menschen von der Überzeugung abgebracht, dass Arbeit unausweichlich eine Bürde, eine Strafe oder eine milde Krankheit sein muss. Und so haben sie begonnen, sich für den Gedanken zu öffnen, dass eine Arbeit, die wir wirklich, wirklich wollen, uns aus unserer Selbstunkenntnis herausführen und uns die Kraft geben kann, wirklich zu leben.

Arbeit, die wir wirklich, wirklich wollen, und Therapie

Was Arbeit, die wir wirklich und wahrhaftig wollen, im Vergleich zu den vielen verschiedenen Therapieformen zu bewirken vermag, das ist aus vielen Gründen ein Thema, dessen Diskussion sich nicht vermeiden lässt. Einer der Gründe ist natürlich, dass die Psychotherapie es heute oft mit Empfindungen der Leblosigkeit, der Unlust und einem allgemeinen Gefühl der Depression zu tun hat. Für viele Menschen ist deshalb sofort einsichtig, wo hier die Verbindung zum Finden von etwas besteht, das man intensiv und leidenschaftlich will.

Zur Einstimmung auf dieses Thema erzähle ich oft die Geschichte über eine Begegnung, die ich einmal in einer gottverlassenen und ökonomisch heruntergekommenen Stadt im Westen Michigans, in Kalamazoo, hatte. Ich arbeitete in dieser Stadt damals mit einer Gruppe von Frauen, die schon seit langer Zeit arbeitslos waren. Eine von ihnen war, wie sich herausstellte, eine Prostituierte, und in einem unserer Gespräche fragte sie: „Wozu soll diese psychologische Beratung, die ich für eine Stunde pro Woche erhalte, gut sein? Die Sozialarbeiterin, die das Gespräch mit mir führt, tut mir wirklich Leid. Ja, ich habe in der Tat, auch wenn Sie darüber lachen mögen, tiefes Mitgefühl mit ihr, und es tut mir weh, sie zu sehen. Ihre Arbeit ist so nutzlos, so völlig umsonst und ohne jede Wirkung. Welche Chance hat eine Stunde Beratung von ihr im Vergleich zu dem Einfluss, den meine Arbeit, die ich den Rest der Woche tue, auf mich hat?“

Dies ist ganz offensichtlich eine Anspielung auf eines unserer Lieblingsthemen: die Wirkkraft der Arbeit. Die Auswirkung, die Arbeit auf die Menschen hat, wird oft in ziemlich poetischen oder romantischen Begriffen beschrieben. Man spricht davon, dass Arbeit uns gestaltet, so wie ein Bildhauer eine Statue aus einem Steinblock herausmeißelt. Oder man spricht in eher medizinischer Terminologie davon, dass jeder Beruf seine eigene Berufskrankheit hat. Der Bergmann hat seine Staublunge, der Vertreter hat seine ihm angeklebte Jovialität und der Priester hat seine Scheinheiligkeit. Die Arbeit einer Prostituierten ist ein sehr drastisches Beispiel für die *déformation professionelle*, denn man kann sich kaum eine andere Arbeit vorstellen, die den innersten Kern eines Menschen erbarmungsloser und grausamer verunstaltet. Die meisten von uns haben zumindest eine Ahnung von der Verachtung, die Prostituierte für Männer entwickeln und von den hohen Barrikaden, die sie mit der Zeit aufbauen, um sich selbst gegen ihre eigene Sexualität abzuschotten. Natürlich sind uns in den 20 Jahren unserer Arbeit mit den sehr vielfältigen Facetten der Neuen Arbeit sehr viele Beispiele für die formende Kraft der Arbeit begegnet. Fast jeder hatte irgendwann schon einmal Gelegenheit zu beobachten, wie ein Fünfzehnjähriger, der zum ersten Mal unter dem Bann einer Aufgabe steht, die ihn ganz und gar fasziniert, sich in jeder Dimension seines Seins verändert: der Gang, die Haltung, der Gesichtsausdruck, das Lächeln – all das kann durch drei Tage einer Arbeit, die eine Herausforderung und Freude ist, so stark verändert werden, dass man meint, einen anderen Menschen vor sich zu haben. Auf ähnliche Weise haben viele von uns miterlebt, wie ein Achtzigjähriger, der uns wie ein Mummelgreis vorkam, plötzlich in eine Lebensphase voller neuer Vitalität katapultiert wurde, einfach weil eine unerwartete Wendung in seiner komponistischen oder schriftstellerischen Tätigkeit ihn plötzlich in eine atemberaubend aufregende neue Welt versetzt hat.

Es wäre natürlich lächerlich, wollte man die ungeheure transformierende Kraft der Arbeit benutzen, um der Psychotherapie Konkurrenz zu machen. Es ist ganz klar *nicht* unser Ziel, die Menschen zu therapieren, sondern ihre Arbeit zu verändern. Das ist übrigens genau das, was ich im Falle der Prostituierten versuchte. Ganz so wie in vielen anderen Bereichen sehen wir unsere Beziehung auch zum Gebiet der Therapie als eine Partnerschaft, eine Möglichkeit, sich gegenseitig zu unterstützen und zu stärken.

Aus unserer Sicht der gegenwärtigen Situation sollten die vielen heute praktizierten Therapieformen nicht nur locker mit der Neuen Arbeit verbündet sein, sondern ausdrücklich und formell mit ihr kooperieren. Es ist fraglos so, dass eine Therapie den Grund für einen drastischen Wandel in der eigenen beruflichen Tätigkeit vorbereiten kann. Sich einer Arbeit zu verschreiben, die man wirklich, wirklich will, kann andererseits aber auch die erste Phase einer Therapie sein.

Stellen wir die beiden Kulturen wie große Wandgemälde einander gegenüber, sehen wir diesen Aspekt als einen weiteren Anlass zur Hoffnung. Wir sind vom Bild des verriegelten Zuges ausgegangen, haben aber immer schon betont, dass die große Mehrheit der Menschen und der Kräfte, die heute am Werke sind, in eine andere Richtung reisen möchten. Dies ist ein weiterer Maßstab dafür, wie umfassend diese Gruppen und Kräfte sind: Die Tatsache, dass die so vielgestaltige Palette der heute vorherrschenden Therapieformen sich zum Ziel gesetzt hat, das Ich der Menschen und ihre Vitalität zu *stärken*, macht deutlich, dass auch sie zu den Vorboten einer neuen Kultur gehören.

Dies könnte man die *äußere* Beziehung zwischen Neuer Arbeit und Therapie nennen. Die innere Beziehung ist noch um einiges wichtiger. Von Anbeginn haben wir versucht, eine Reihe außerordentlich umfassender politischer Ideen zu entwickeln – Ideen, die im Grunde nichts weniger als die Blaupausen für eine Kultur sein sollten, die den Menschen auf eine ernst zu nehmende Weise befreit. Doch vom ersten Tag an haben wir auch individuell mit einzelnen Menschen gearbeitet. Dahinter stand letztlich eine tiefe Überzeugung, auf die wir bereits gelegentlich angespielt haben und die sehr viel mit dem Skeptizismus des brasilianischen Pädagogen Paulo Freire gemein hat: Wir sind nämlich beide davon überzeugt, dass es kinderleicht ist, die Menschen dazu zu bringen, einem weiteren aufpolierten Hochglanzideal nachzulaufen. Sie werden eine neue Sprache sprechen, vielleicht den Jargon des dialektischen Materialismus oder der Befreiungstheologie, und die Knöpfe an ihren Jacken und Mützen werden eine andere Farbe haben, aber sie werden nichtsdestoweniger *Anhänger* sein. Das alles entscheidende Faktum wird unverändert sein. Sie werden in einem neuen Theaterstück spielen, mit neuen Kostümen, aber sie werden ebenso geknechtet sein wie zuvor: so weit von Freiheit entfernt wie eh und je.

Keine Ideologie, keine Serie *allgemeiner* Ideen oder *allgemeiner* Strukturen kann diese Klippe umschiffen. Deren Anhänger werden immer noch keine Individuen sein, sie werden immer noch nicht sich selbst folgen. Es gibt keine Abkürzung, keinen gemeinsamen Nenner. Die Menschen werden das, was sie wirklich und wahrhaftig wollen, nur ein jeder für sich finden, nur durch geduldige und aufmerksame *individuelle* Arbeit. Wir haben dies als unausweichliche Gegebenheit akzeptiert und deshalb stets beides entwickelt: die allgemeinen Ideen sowie die individuelle Praxis.

Dies ist zweifellos eines der charakteristischen Merkmale der Neuen Arbeit: Sie ist dort angesiedelt, wo sich das Soziale und das Individuelle überschneiden. Sie sitzt auf dem Zaun und hat auf beiden Seiten ein Standbein. Sie fördert parallel eine Konfiguration sozialer und politischer Strukturen und gleichzeitig einen Prozess, in den einzelne Menschen involviert sind. Dies ist so, weil unter dem allerletzten Schlussstrich die Tatsache steht, dass dem so sein *muss*: Freiheit oder Emanzipation oder eine Kultur, in der die Menschen nicht verkrüppelt werden, sondern zu eigenständigen Individuen heranwachsen, ist nicht mit *weniger* zu verwirklichen. Es muss das Zusammenkommen und die harmonische Interaktion von Struktur *und* Inhalt geben, von politischem Entwurf *und* persönlicher Entwicklung.

Zu guter Letzt mag dies der große Vorteil der Neuen Arbeit sein: Wo lassen sich das Strukturelle und das Persönliche kombinieren, wenn nicht auf dem Gebiet der *Arbeit*? Wo, wenn nicht auf dem Gebiet der Arbeit, kann man gleichzeitig das Gerüst eines neuen *Systems* aufbauen und viele individuelle Gärten, in denen einzelne Individuen wachsen können?

Die säkulare Welt und die Arbeit, die wir wirklich, wirklich wollen

Das Vermögen einer Arbeit, die man wirklich und wahrhaftig will, unsere Vitalität zu steigern, manchmal bis hin zur Ekstase und zum Überschwang, ist der Ausgangspunkt für Gespräche über noch ein ganz anderes Thema. Auch hier sind das Soziale und das Individuelle miteinander kombiniert und ihr Wechselspiel wird als wesentlich betrachtet. Dies sind die Gespräche darüber, wie schwierig es ist, in einer kalten und sinnleeren modernen Welt zu leben. Viele dieser Gespräche gehen von einer nur allzu bekannten Liste aus.

Zu den Verlusten, die wir erlitten haben, gehört der Verlust der Gemeinschaft oder, konkreter gesagt, das Verschwinden des traditionellen Dorfes und damit einhergehend das Schrumpfen der Großfamilie. Wir fühlen uns nicht mehr zu Hause, und das Gefühl, beschützt zu sein, ist uns genommen worden. Die einst wichtige Rolle der Religion ist verblasst, und das bedeutet, dass wir kaum noch ein Gefühl haben für den Zweck oder den Sinn des Lebens und für lebendige Werte, die eine höhere Ordnung repräsentieren. Das bedeutet aber auch, dass die Fülle von Ornamenten und Ausschmückungen, die unser Leben in vergangenen Zeiten reicher und farbenprächtiger gemacht haben, verschwunden ist. Zusammen mit vielem anderen sind fast alle Rituale aus unserem täglichen Leben verschwunden. Weihnachten ist zu einem Einkaufsmarathon verkommen. Ich selbst empfinde das Verschwinden der Rituale besonders stark, denn in dem österreichischen Bergdorf, in dem ich aufgewachsen bin, dauerte ein Begräbnis, an dem im Übrigen das ganze Dorf teilnahm, drei Tage, und die Weihnachtszeit erstreckte sich über gute sechs Wochen.

Die Neue Arbeit nimmt diese Nostalgie keineswegs auf die leichte Schulter. Für uns stellt sie vielmehr eine Reaktion auf eine ganze Palette nackter Tatsachen dar, so dass es an der Zeit ist, hier etwas entschieden zu korrigieren, damit wieder ein Gleichgewicht hergestellt wird. Die Moderne sollte nicht mehr allein mit all diesen Verlusten identifiziert werden. Wir verdienen eine Kompensation für die Entbehrungen, die wir hinnehmen mussten. Wenn es schon so viel Verfall gegeben hat, dann sollte es irgendwo auch einen Aufschwung geben, einen Gewinn wenigstens in einem großen Bereich, und dieser Bereich könnte leicht die Arbeit sein.

Das ist einer der Gründe, warum wir so viel Aufhebens darum gemacht haben, dass es ein großer Unterschied ist, ob man den Menschen hilft, einen Job zu finden, der mit etwas Spaß winkt, oder ob man ihnen hilft, eine Arbeit zu entdecken, die sie wirklich und wahrhaftig wollen. Ein Job hilft uns wenig, die genannten Verluste wettzumachen, wenn er uns nichts weiter als ein wenig Spaß bringt. Im Gegenteil; viele Menschen würden behaupten, dass die Arbeit, die man in den alten Kulturen in der Landwirtschaft geleistet hat, der Lohnarbeit, die sie abgelöst hat, weit überlegen war, und dass unsere Lohnarbeit gerade zu den Schattenseiten des modernen Lebens gehört. Deshalb bestehen wir auch immer wieder ganz ausdrücklich darauf, dass Arbeit, die man wirklich, wirklich will, Arbeit der höchsten Ordnung sein muss, und dass wir dieses Ziel nicht aus den Augen verlieren dürfen, da wir uns mit der Hoffnung tragen, das Gefühl für den Gesamtwert des modernen Lebens anzuheben.

Natürlich wäre es dumm und vermessen, sich nicht bewusst zu sein, wie hoch dieses Ziel gesteckt ist. Aber unsere Arbeit steht immerhin vor dem Hintergrund der inzwischen weit verbreiteten Auffassung, dass die Resultate all unserer in der Französischen Revolution und der Aufklärung wurzelnden Bemühungen, unser Leben und unsere Kultur in Übereinstimmung mit unserer eigenen Intelligenz zu gestalten, bisher zutiefst enttäuschend sind. Aber es gibt natürlich keinen Grund, warum dies für immer so bleiben müsste. Das Projekt der Aufklärung war von Anbeginn so ungemein anspruchsvoll, dass es alles andere als verwunderlich ist, dass der allererste Anlauf nicht gleich zum Erfolg geführt hat, sondern kläglich gescheitert ist.

Die Idee, dass wir heute nach langer Zeit endlich kurz davor stehen, einen neuen Anlauf in Richtung Aufbau einer intelligenteren und das Leben fördernden Kultur zu machen, sollte in diesem Kontext als etwas Natürliches, ja längst Fälliges angesehen werden. Zudem gibt es uns eine gewisse ruhige Zuversicht, dass sich die überwiegende

Mehrheit der Menschen in der heutigen Situation so etwas wünscht. Damit ist der Übergang zu einem System der Arbeit, das nicht nur etwas besser ist als das zur Zeit vorherrschende, sondern das einen großen, beeindruckenden und inspirierenden Schritt vorwärts darstellt, heute durchaus wahrscheinlich geworden.

Wenn in unseren Gesprächen das Thema Alltagsleben ansteht, dann betonen wir dabei nicht so sehr, dass die Entdeckung einer Arbeit, die man wirklich, wirklich will, der Vorstellung von Möglichkeiten bedarf sowie der Gelegenheit zum Experimentieren und darüber hinaus der Überwindung der Armut der Begierde und der Selbstunkenntnis. Was wir in diesem Zusammenhang mit all den uns zur Verfügung stehenden Mitteln hervorheben, ist die Zunahme an Energie und Kraft, die eine Arbeit, die man wirklich und wahrhaftig will, uns beschert. Wir erinnern die Menschen an die Idee der Polarität der Arbeit und besonders an die Tatsache, dass wir der Ansicht sind, dass man *aus* der Arbeit zusätzliche Kraft *gewinnt.*

Wir betonen auch, dass eine Konfiguration von Umständen ungeahnte Kräfte in uns frei machen kann und dies oft ein Prozess ist, der nach oben hin keine klar definierten Grenzen hat. Die Energie, die im Spannungsfeld zwischen mir und einer bestimmten Aufgabe entsteht, kann sich also in mehreren Schritten immer weiter nach oben schaukeln. Dieser Gedanke steht in Beziehung zu dem, was wir über die Feinschmecker-Phantasie gesagt haben: In vielen Fällen erzeugt nur ein Ziel, das hoch gesteckt ist und uns von einer Ebene zur nächsten immer höher zieht, Vitalität und Kraft von wirklich erstaunlichem und überragendem Ausmaß. Nur eben an etwas zu „nippen", das ist einfach „nicht genug". Typische Beispiele für die Freisetzung starker Energien sind Situationen, in denen ein entscheidendes Stück einer Forschungsarbeit oder der Schluss eines monumentalen Romans fertig gestellt werden muss. Und dies sind Situationen, die ganz anders beschaffen sind als die üblichen Feinschmecker-Phantasien.

Augenzwinkernd könnte man sagen, dass das Bild einer Muse, einer attraktiven und zauberhaften Frau, die uns voranlockt, allzu süß und romantisch ist. Die Erfahrung ähnelt oft eher der Besteigung eines fast unmöglich zu bezwingenden Berggipfels; der Aufstieg hat viele Etappen, und es gibt auf dem Weg viele Camps auf schmalen Graten. Was uns die Kraft gibt, weiterzumachen, ist nicht so sehr eine Muse, sondern der Geist der Aufgabe, die es zu bewältigen gilt. Wie der Geist in *Hamlet* scheint auch dieser riesig und dunkel zu sein. Er bannt uns nicht, er hypnotisiert uns nicht; er schwebt einfach vor uns her, und das scheint auszureichen, um uns zuvor ungeahnte Kräfte einzuflößen.

Auf diese Weise bringt eine Arbeit, die man wirklich, wirklich will, oft schiere Vitalität, ein außerordentliches Gefühl übersprudelnden Lebens hervor – einen Zustand, den Walt Whitman mit dem Satz beschrieb: „Ich trage Myriaden in mir." Und diese Erfahrung ist die entscheidende Antwort, die wahre Antwort auf die vielen Verluste, welche die Ankunft der Moderne und der Säkularisierung uns zugefügt hat. Anders formuliert: Das Leben der alten Kulturen, mit seinen Ritualen und seiner Religion, mit dem Trost und dem Schutz des Dorflebens, mit allen möglichen farbenfrohen und wundervoll theatralischen Feiertagen, hatte durchaus seine reizvollen Seiten.

Doch es kann eine andere Seite geben, die deren Verlust kompensiert. Wenn man zuerst einmal einen Weg heraus aus dem Lohnarbeitssystem sucht und es schafft, eine Arbeit, die man wirklich und wahrhaftig will, zu entdecken und sie dann auch zu realisieren, dann ist es sehr wahrscheinlich, dass wir eine Fülle des Lebens und eine Energie erleben, die weit *wertvoller* sind als die Summe der traditionellen Aspekte, die verschwunden sind. Um es noch pointierter zu sagen: Es gibt eine Bedingung, die erfüllt sein muss. Man muss eine Arbeit finden und leisten, die man wirklich, wirklich will. *Wenn* diese Bedingung erfüllt ist, dann kann das säkulare moderne Leben vielseitiger, dramatischer und köstlicher sein als das Leben unserer Vorfahren.

Das ganz konkret als eine wirkliche Wahl darzustellen, ist sehr hilfreich. Es dürfte nicht schwer sein, sich jemanden vorzustellen, der dem stereotypen Bild eines Menschen entspricht, der eine Arbeit tut, die er wirklich und wahrhaftig will – sagen wir einen Künstler, Schriftsteller oder auch einen überaus produktiven Anthropologen –, der zwischen den Hütten eines Dorfes umherwandert, in dem eine frühe Kultur noch unversehrt und intakt ist. Ein solcher Mensch mag sehr deutlich spüren, dass das Dorfleben bei genauerem Hinsehen zu einengend ist, dass es sich auf einer zu kleinen Bühne abspielt und dass es, was vielleicht noch wichtiger ist, einfach zu gebremst, zu behütet, zu ruhig ist. Deshalb würde er sich aufgrund der Energie, der Vitalität, schlicht und einfach der *Lebendigkeit*, die sein jetziges Leben ihm schenkt, zu guter Letzt niemals dafür entscheiden, zu dieser Art von Leben zurückzukehren. Seine gegenwärtige Arbeit gibt ihm all das im Überfluss. Wollte er in das Dorf zurück, so könnte er doch nicht bleiben, weil er dieses Gefühl des Lebens einfach zu sehr vermissen würde.

Ich ziehe dieses Beispiel eines sehr ungewöhnlichen Menschen nur deshalb heran, um diesen Punkt besonders deutlich und konkret zu machen. Es geht letztlich nicht darum, dass dieser Mann hervorragende Talente besitzt oder eine außergewöhnliche Karriere gemacht hat. Worum es geht, ist, die Arbeit, die man wirklich, wirklich will, noch aus einer ganz anderen Perspektive zu zeigen. Wir haben das Verblassen der Religion, das Verschwinden der Rituale und die Auflösung der Dorfgemeinschaften vorhin in ganz allgemeinen, kulturellen Begriffen beschrieben. Aber diese Säkularisierung hat auch noch eine sehr persönliche, eine existentielle Erfahrungsdimension.

In den stärker von der Religion geprägten früheren Zeiten lebten viele Menschen dieses irdische Leben in dem Glauben, dass es nur eine Prüfung sei, dass es an sich keinen Wert besitze, sondern den Durchgang durch ein Tal des Jammers und der Tränen darstelle. Unvergleichlich bedeutsamer war das Ewige Leben, auf das uns das diesseitige Leben nur vorbereitete: es konnte die Tür dazu aufstoßen oder sie verschließen.

Was in den letzten 200 Jahren geschehen ist, ist äußerst merkwürdig. Immer mehr Menschen haben sich mit der Erkenntnis abgefunden, dass die Himmel heute leer sind, dass es kein jenseitiges Leben geben wird. Aber es gab deshalb keinen Schreckensschrei und auch keinen freudigen Schrei der Befreiung. Die Menschen machten so halbherzig und lauwarm weiter wie zuvor. Und das war Wahnsinn, unentschuldbare Trägheit, dieselbe fatale Passivität, der wir schon im Gewand der Armut der Begierde begegnet sind. Denn wenn das große

Drama des Lebens sich nun in eine ganz andere Richtung gewendet hat, wenn dieses Leben tatsächlich das einzige Leben ist, das wir haben, dann ist die natürliche und vernünftige Antwort auf diese Einsicht, es mit Schwung und Lust und aller Kraft zu leben. Aber zu dieser Änderung der Grundeinstellung ist es noch nicht gekommen. Viele Menschen kommen müde und verzweifelt über ihre eigene Halbherzigkeit zur Neuen Arbeit. Sie wollen die radikale Wende vollziehen, die das Verschwinden eines jenseitigen Lebens geradezu von ihnen verlangt. Sie wollen dieses Leben so vollständig leben, wie nur möglich – aber sie wissen nicht wie. Haben diese Menschen dann die erste und schwierige Entdeckung einer Arbeit, die sie wirklich, wirklich wollen, gemacht, führt das unserer Erfahrung nach zu weiteren Entdeckungen: zu wissen, was sie wirklich und wahrhaftig von materiellen Dingen erwarten und schließlich auch von ihrer Beziehung zu anderen Menschen. So schreiten sie fort zu dem, was sie wirklich und wahrhaftig vom Leben selbst wollen.

In diesen Gesprächen spielt noch eine weitere Dimension eine Rolle, die in Kulturen, die von der unseren weit entfernt sind, besonders betont wird und dort besonders viel Aufmerksamkeit erhält, nach meiner Erfahrung besonders in Indien, Japan, bei den nordamerikanischen Indianern und mit überraschender Klarheit bei den Eskimos. Die Gruppen, mit denen wir in diesen Kulturen gearbeitet haben, erfahren die Neue Arbeit als etwas, das sich radikal von ihren bisherigen Erlebnissen mit dem Westen unterscheidet. Um zu verstehen, was sie meinen, muss man sich vor Augen führen, dass sie den Westen nicht nur als materialistisch, habsüchtig und geldgierig betrachten. Aus ihrem Blickwinkel ist der Westen noch sehr viel abstoßender und unerträglicher. Das liegt zum Teil an dem Schrott, der sich dort Fernsehprogramm nennt, zugespitzter und wütender formuliert: an der Jauche, die sich dort aus ihren Fernsehgeräten über ihre Hirne ergießt. In allen Ländern der Dritten Welt, die ich besucht habe, sind die Fernsehsendungen und ist insbesondere die Fernsehwerbung noch wesentlich *schlechter* als das, mit dem wir überschüttet werden. In endlosen Wiederholungen, an die ja viele dieser Menschen aus den Schulen und von ihrer Religion her gewöhnt sind, hören sie die

Werbung für die weichsten und unsichtbarsten Damenbinden, die neuesten und absurdesten Modediäten und sehen endlose Programme darüber, wie man die „Rettungsringe" um Bauch und Hüften in hocherotische Zonen verwandeln kann und wie Kinder im Teenageralter in so genannten Talent- oder Schönheitswettbewerben miteinander wetteifern.

Es ist, als sei der Masochismus des Westens völlig übergeschnappt. Wir hängen unsere schmutzigste Wäsche vor die Tür, damit alle Welt sie anschauen kann. Da wundert es nicht, dass viele aus den alten Kulturen dem Westen mit Abscheu und Hass gegenüberstehen. Und eben deshalb betrachten sie die Neue Arbeit als eine solche Erlösung, als etwas, das völlig anders ist als der Westen, wie sie ihn bisher kannten. Zahllose Gespräche haben sich um die Bereiche gedreht, in denen sich die Neue Arbeit ihrer Ansicht nach mit ihren manchmal schon halbvergessenen spirituellen Traditionen überschneidet. Was die Neue Arbeit für sie so anziehend macht, ist die Vorstellung, dass man die Arbeit als eine Berufung, ein „calling" erfahren und dadurch vom kommerziellen Tand unabhängig werden kann, sowie die Tatsache, dass man der Meinung anderer Menschen souveräner gegenübersteht, wenn man seine Arbeit auf diese Weise erlebt, man sich unerwarteten Schwierigkeiten nicht mehr so ausgeliefert fühlt und damit an Ruhe, Gelassenheit, Heiterkeit, Selbstsicherheit und Unbeirrbarkeit gewinnt.

So war zum Beispiel die Aussage, dass eine Arbeit zu haben, die man wirklich und wahrhaftig will, wichtiger sein kann, als materielle Dinge zu besitzen – so viel wichtiger, dass diese nur noch als eitler Tand empfunden werden –, für die Neue Arbeit in Indien von ganz besonderer Bedeutung. Die Ansicht, dass schicke Produkte, weiche Sessel und feinstes Tafelgeschirr sowie alles andere, was zu einer materiell gesicherten Existenz gehört, ganz nebensächlich werden kann, nahm diese Menschen grundlegend für die Neue Arbeit ein. Doch einige Aspekte gingen noch darüber hinaus. Die Tatsache, dass man am Ende einer langen inneren Reise zu dieser Einstellung gelangt, einer Reise, auf der man von der Frage vorangetrieben wurde, ob das persönliche Handeln in Übereinstimmung mit dem eigenen innersten

Selbst stehe, brachte viele Menschen in Indien zu der Überzeugung, dass es eine echte Verwandtschaft zwischen der Neuen Arbeit und ihren eigenen spirituellen Traditionen gibt. In den religiösen Gemeinschaften, aber auch und ganz besonders in einigen der entlegenen Dörfer betonten viele, sie sähen eine Beziehung zwischen der Neuen Arbeit und den von ihnen verehrten Lehren von Gandhi. Überraschenderweise blieben diese Menschen auch dann bei dieser Meinung, wenn wir keinen Hehl aus unserem Glauben an die moderne Technologie machten, die sich ja doch drastisch von Gandhis Spinnrädern unterscheidet. Und zu unserem Erstaunen vollzogen sie gerade in dieser Hinsicht eine Wende: Sie sahen gerade in der Kombination von spirituellem Kern mit äußerst modernen Technologien einen Schritt *vorwärts*, der die Lehren Gandhis noch relevanter und noch reizvoller attraktiver macht.

Einige Menschen sind der Ansicht, dass vor allem das Bewusstsein des Individuums verändert werden muss. Andere sagen, dass es nur dann zu einem ernst zu nehmenden Wandel kommen kann, wenn man die politischen und ökonomischen Strukturen verändert. Wir behaupten, dass wir *beides zu gleichen Teilen* brauchen. Deshalb geht es in der Neuen Arbeit einerseits um das Projekt des Aufbaus einer ganz anderen Zukunft, in der wir intelligenten Gebrauch von unseren Technologien machen werden, aber auch um das Finden eines Pfades, der zu einer modernen Form spirituellen Lebens führt.

Fragen Sie sich selbst: Gibt es einen Bereich, eine Strategie oder eine Reihe kleiner aufzeigbarer Schritte, durch die wir *beides* erreichen können, sowohl eine Veränderung der Struktur der Gesellschaft als auch eine geistige Transformation des Einzelnen? Unsere Antwort lautet, dass nur die Arbeit das zu leisten vermag. Es ist möglich, die Arbeit so zu verändern, dass sie beides erreichen kann – sowohl eine unvergleichlich produktivere und zugleich unvergleichlich menschlichere Wirtschaft als auch den Aufstieg zum Berggipfel einer wahrhaften Spiritualität. Wahrhaftigkeit meint eine Spiritualität ohne Betrug, ohne die Überreste des Aberglaubens, wie etwa des Glauben daran, dass „es keine Zufälle gibt", dass meine Seele von Inkarnation zu Inkarnation wandert oder dass ich lehrreiche Gespräche mit dem

Geist längst Verstorbener haben kann. Eine Arbeit zu verfolgen, die die Menschen wirklich, wirklich wollen, macht sie nicht nur sehr viel produktiver und kreativer, sondern hilft ihnen auch, eine *reine* Spiritualität zu erreichen.

Wahrscheinlich hat die Mehrzahl der Menschen, die sich der religiösen Erfahrung immer stärker entfremdet finden, die Empfindung, dass diese Trennung eine Art Absturz oder Niedergang in den Nihilismus darstellt. Wenn ihr Gott stirbt, dann erleben sie sich als desorientiert, verloren und verwaist. Für diese vielen Menschen bietet die Neue Arbeit eine neue Perspektive. Die chaotische Düsternis des Nihilismus ist nicht der einzige Weg, der offen steht, und auch nicht das einzig mögliche nächste Stadium. Man kann es nämlich auch als den Schritt vom Jenseitigen zum Diesseitigen erfahren, von der Selbstverleugnung zur Selbstbestätigung. Und dann ist das natürliche Stadium, das auf die Trennung von der Religion folgt, das Leben eines bewussten, sinnvollen und freudigen weltlichen Lebens, eines Lebens von Shakespeare'schem Überschwang und von ebensolcher Reife.

Um es noch klarer zu sagen: Wenn Sie aufgehört haben, an ein Leben nach dem Tod zu glauben, dann sollten Sie sich besser umwenden und den heiligen, tiefen Entschluss fassen, dieses Leben so voll und intensiv zu leben wie nur irgend möglich. Warum? Weil die Essenz eines großen Teils der Religion darin bestand, Sie dazu zu ermutigen, Ihr Leben nicht zu leben, sondern es auf später zu verschieben. Die Religion hat sich mit unserer instinktiven Abneigung, uns dem Leben auszusetzen, verbündet und ebenso mit unserer Armut der Begierde. Sie hat diese Enthaltung, diese Verneinung gepflegt und verstärkt. Solange man allen Ernstes daran glauben konnte, dass dieses Leben nur eine Prüfung und im Vergleich zu dem, was danach kommt, eine zu vernachlässigende Größe ist, war diese Haltung durchaus verständlich. Wenn man jedoch nicht an dieses wunderbar lange und so viel köstlichere jenseitige Leben glaubt, dann muss man mit aller Kraft darum kämpfen, die Gewohnheiten dieses früheren Lebens zu durchbrechen. Das wird einer schwierigen Zeit der Gesundung gleichen. Es ist, als hätte man bis jetzt sein ganzes Leben im Bett verbracht und würde nun aufgefordert, aufzustehen und zu wandeln. Wandeln heißt in diesem Fall sehr viel mehr, als wir normalerweise vermuten. Es heißt, dass wir „so viele Momente dieses Lebens, wie in unserer Macht steht, zur Ekstase erheben" (Ralph Waldo Emerson).

Wenn Sie sich allen Ernstes die Frage stellen: Was kann ich tun, damit ich mein Leben intensiv gelebt haben werde, in welcher Richtung liegt die Antwort? – dann antworte ich mit einem Satz: Ziehen Sie als ersten, aber entscheidenden Schritt Ihre Arbeit in Betracht. Lassen Sie nicht zu, dass Sie Ihre Arbeit als milde Krankheit erfahren. Denn wenn Sie das zulassen, dann werden nur Kanten, Krumen und Reste für Sie übrig bleiben. Arbeit ist viel zu umfassend und zu prägend, um auf diese Weise vernachlässigt zu werden. Wenn Sie Ihr Leben mit Kraft, Willen und Intensität leben wollen, dann beginnen Sie mit Ihrer Arbeit. Tun Sie alles Ihnen Mögliche, um aus Ihrer Arbeit ein brennendes, hell loderndes Erlebnis zu machen.

Feminismus

Die erste Frage, die mir oft nach Abschluss eines Vortrages gestellt wird, ist sehr direkt und pointiert: Und was ist mit den Frauen?

Darauf antworte ich gewöhnlich mit dem Hinweis, dass es schon immer eine Art Verwandtschaft und Nähe zwischen Frauen und der Neuen Arbeit gegeben hat. Das war bereits während der frühen Zeit in Flint so. Dieses Projekt wäre vielleicht schon im Säuglingsstadium gestorben, hätte nicht eine Gruppe von Frauen ein Programm organisiert, in dem sie im Radio und Fernsehen erklärten, das *sie* auf jeden Fall sehr für die Idee wären, sechs Monate im Jahr in der Fabrik zu arbeiten und dann sechs Monate eine Arbeit zu tun, die ihnen wirklich am Herzen läge.

Ähnliche Erfahrungen habe ich bei einer Vorlesungsreihe an einer Universität und bei einem Workshop in einer internationalen und hoch angesehenen Bank gemacht und als ich von der Fürsorge Abhängige und einen Indianerstamm in die Grundlagen der Neuen Arbeit einführte. Überall verstanden die Frauen die Neue Arbeit, lange bevor die Männer sie begriffen hatten, und stets war es so, dass sie bereit waren, etwas für die Neue Arbeit zu unternehmen, wenn die Männer noch ihre Zweifel hatten und sich gegenseitig mit der Schärfe ihres kritischen Verstandes beeindrucken wollten.

Von dem Moment an, da der erste wichtige Gedanke, der gewöhnlich unsere Diskussion einleitet, ausgesprochen wird, sind die Frauen den Männern voraus. Dass das Lohnarbeitssystem erst seit etwa 200 Jahren existiert, dass es ganz gewiss nur *eine* mögliche Weise ist, die Arbeit zu organisieren, und dass es natürlich noch andere als die Lohnarbeit gibt – die meisten Frauen haben schon ihr ganzes Leben lang so gedacht. Sie *wissen*, dass es andere Formen der Arbeit gibt, und dass Lohnarbeit zumeist eine Last und zermürbende Mühle ist und andere Arten von Arbeit unvergleichlich befriedigender sind – wie etwa das Aufziehen von Kindern –, ist für sie schon beinahe eine Platitüde. Bei den meisten Männern ist das ganz anders. Ihre Identität, ihr Selbstwertgefühl und ihre Vorstellung davon, was das Leben strukturiert und ihm Rhythmus verleiht, sind eng mit ihrem Job verknüpft. Diese sehr einfachen Aussagen, die wir zu Anfang machen, sind für sie geradezu Ketzerei, eine Sprengladung, die das Fundament ihres Lebens zertrümmert. Also leisten sie natürlich Widerstand und verstehen sehr viel langsamer.

Als Konsequenz davon, und das sollte nicht überraschen, standen bei fast allen Entwicklungen im Bereich der Neuen Arbeit Frauen in den vordersten Reihen und spielten eine führende Rolle. Ihre Stimmen hatten in den verschiedenen Zentren großes Gewicht, sie stießen neue und bisher ungeahnte Projekte an, ihre Erklärungen der Neuen Arbeit und ihre Fürsprache für diese auf Podien und in den Medien waren besonders überzeugend.

Das ist also der erste Teil meiner Antwort auf die Frage: Und was ist mit den Frauen? Der zweite Teil stellt diese praktische und faktische Darstellung der Geschichte der Neuen Arbeit erst einmal beiseite, um sie von den philosophischen und grundlegenden Erwägungen zu trennen, die nun folgen. Sie gehen davon aus, dass wir uns mitten im Übergang zu einer völlig anderen Kultur befinden.

Die alte, heute niedergehende Kultur basierte auf einer bestimmten Vorstellung von der menschlichen Natur, während die im Entstehen begriffene, neue Kultur aus einer völlig anderen Konzeption dessen erwächst, was der Mensch letztlich ist. Die Wurzel und der Kern der alten Kultur waren, dass der Mensch einem wilden Tier ähnelt, dass man ihn zügeln, zähmen und sozialisieren muss, damit sein wilder, ungezügelter Egoismus nicht fürchterliches Unheil anrichtet. Die Prämisse der neuen Kultur ist das genaue Gegenteil: Sie erkennt den Menschen als ein zartes und äußerst zerbrechliches Wesen, das leicht zu entmutigen ist und deshalb vor allem gestärkt und vitalisiert werden muss. Aus sehr vielen verschiedenen Gründen traten die Axiome der alten Kultur zuerst ins Rampenlicht, mit dem Resultat, dass die meisten der heute traditionellen Institutionen, die inzwischen zwar geschwächt sind, aber immer noch die Vorherrschaft haben, ihre Berechtigung aus dem Bild ableiten, dass der Mensch vor allem gezähmt werden muss. Die das Leben stärkende und fördernde Kultur hatte, wiederum aus den verschiedensten Gründen, einen sehr viel langsameren Start. Die tiefe und enge philosophische Beziehung zwischen dem Feminismus und der Neuen Arbeit hat einen einfachen Grund: Sie sind *beide* ein Ausdruck der neuen, das Leben fördernden Kultur.

Die enge Geistesverwandtschaft zwischen dieser anderen, belebenden Strömung und dem Feminismus ist bezeichnend und bedeutsam. Alle möglichen Gemeinsamkeiten springen sofort ins Auge. Eine der fundamentalsten ist der Standpunkt, dass die Fähigkeit, sich selbst *zu behaupten*, nicht geschwächt, sondern im Gegenteil gestärkt und trainiert werden muss wie die Muskeln eines Athleten. Dass in feministischen Kreisen schon seit vielen Jahren zahlreiche Seminare angeboten werden, in denen man dies lernen und üben kann, zeigt, wie eng die Beziehungen zwischen dem Feminismus und den alternativen, den tatsächlich emanzipatorischen Fundamenten der Aufklärung sind. Der Feminismus betont auch, dass Frauen zu zögerlich seien, wenn es um die Erfüllung ihrer eigenen Wünsche geht, sich allzu leicht und zu oft unterordneten und sogar Schwierigkeiten damit hätten, den eigenen Erfolg anzuerkennen und richtig zu feiern.

Die Neue Arbeit bietet zwar nicht ausdrücklich solche Seminare zur Selbstbehauptung an, aber sie würden ganz selbstverständlich in den Prozess passen, den wir beschrieben haben – mit dem Unterschied, dass es wahrscheinlich Kurse für Frauen *und* Männer wären. Vor dem Hintergrund dieses Aspekts des Feminismus könnte man sagen, dass die Neue Arbeit sich auf einen bestimmten, wenn auch sehr großen Bereich der Schulung zur Selbstbehauptung konzentriert hat, nämlich auf die Selbstbehauptung *durch Arbeit.* Dabei ist es wichtig zu betonen, dass das, worauf wir hinzielen, ungewöhnlich und spezifisch ist. Es geht nicht um die Frage, wie Menschen dadurch gestärkt werden, dass sie auf der Karriereleiter eine Sprosse höher steigen. Es geht vielmehr darum, dass die Arbeit denjenigen als Person stärkt, ihm mehr Energie verleiht, ein größeres Gefühl von Kompetenz, Autonomie und Lebendigkeit. Es geht darum, dass er mehr zu der Art von Person werde, wie Whitman, Emerson und Blake sie bewunderten und die sie selbst waren.

Dieser Abschnitt sollte Licht in beide Richtungen werfen. Einiges von dem, was ich beschrieben habe, ist uns aus dem Feminismus mit schon lange geläufig und vertraut. Und einige der Ideen, die wir skizziert haben, könnten wiederum eine weitere Grundlage für den Feminismus sein. Die ausdrückliche Anerkennung der Tatsache, dass wir schwach und zerbrechlich geboren werden und es langer Anstrengungen bedarf, um uns zu selbständigen Menschen zu machen, ist nur eine abstrakter formulierte Wiederholung dessen, was zahlreiche Feministinnen bereits viele Male gesagt haben.

Die große romantische Liebe

Einige Phantasien vom guten Leben sind einfach nur wie Sofakissen, in die sich die Leute hineinkuscheln. Nicht einmal sie selbst glauben ernsthaft daran. Doch mit einer dieser Phantasien ist es anders. Wenn man sie nach der einen Sache fragt, die ihnen tatsächlich das Gefühl geben könnte, voll und ganz lebendig zu sein, dann nennt mancher vielleicht eine tiefe, dauernde und wundervolle Liebe. Wer könnte sich darüber lustig machen? Für mich selbst stellt das einen höchsten und letzten Vergleichstest dar. Was geschieht, wenn wir in eine Waagschale das Entdecken und Ausführen einer Arbeit, die man wirklich und wahrhaftig will, legt und in die andere die Möglichkeit, eine solche Liebe leben zu können? Nichts wäre kläglicher und absurder, als einen Wettbewerb zwischen den beiden Möglichkeiten zu inszenieren und die Pros und Kontras für beide Seiten aufzulisten. Ein wichtiges Argument muss jedoch genannt werden.

So wunderbar die Liebe auch ist, entweder eine einzige Liebe oder eine Reihe leidenschaftlicher Begegnungen, es gibt keine *politischen* Aktivitäten, die man unternehmen kann, um sicherzustellen, dass die große Mehrzahl der Menschen tatsächlich andere Menschen treffen wird, mit denen sie dieses Erlebnis haben wird. Wo es um die Liebe geht, sind politische Instrumente machtlos. Es wäre absurd und töricht, Liebe in ein politisches Programm zu schreiben, etwa als Punkt sieben die Schaffung von Strukturen aufzunehmen, die garantieren sollen, dass jede Bürgerin und jeder Bürger zumindest *eine* große Liebe im Leben erlebt!

Hierin liegt ein entscheidender Kontrast zur Arbeit, denn eine Programmatik der Neuen Arbeit in einem Satz könnte durchaus lauten: Sie zielt darauf hin, für praktisch jedermann eine ernsthafte, sinnvolle und sogar wunderbare Arbeit bereitzustellen, und sie versucht dieses Ziel ganz ausdrücklich mit *politischen* Mitteln zu erreichen. Dieser Kontrast erstreckt sich bis hin zu den großen Weltreligionen. Denn in praktisch allen ist die Liebe ein großes Instrument der Transformation, und darum stellt sich natürlich die Frage: Sind die Religionen schließlich und endlich aus genau diesem Grund in ihrer Wirksamkeit stark eingeschränkt?

Wenn es überhaupt eine Sache gibt, die nicht nur einige wenige Privilegierte, sondern die Masse der Menschheit vitaler und lebendiger machen kann, dann gibt es sehr wahrscheinlich nur *eine* Weise, dies zu erreichen, nämlich die Transformation der *Arbeit.*

Dies mag also der entscheidende Unterschied sein: Liebe lässt sich nicht durch politische Veränderungen einrichten. Doch wir können mit politischen Mitteln die Art und Weise verändern, wie wir arbeiten, und wir können diese Art und Weise drastisch, dramatisch und von Grund auf verändern. Das Ergebnis wäre allumfassend, es wäre nichts weniger als eine neue und andere Kultur. Wenn man das mit der Liebe vergleicht und herausstellt, dass sich dies nicht durch und für und im Namen der Liebe erreichen lässt, so erkennt man einen wesentlichen Punkt. Man beginnt zu erkennen, dass die Arbeit vielleicht die *einzige* Sphäre des menschlichen Lebens ist, durch die wir das erreichen können. Hierin unterscheidet sich die Arbeit von allem anderen. Nichts anderes kann es ihr in dieser Hinsicht gleich tun oder sich mit ihr vergleichen. Die Arbeit sollte deshalb den Kern und das Zentrum allen politischen Handelns darstellen.

Das zu erreichen ist schwierig, denn wir sind so sehr daran gewöhnt und über lange Zeit so stark daraufhin konditioniert worden, die Arbeit als eine Bestrafung und einen Preis, den wir zahlen müssen, zu verstehen und zu bewerten. Es wird also großer Ausdauer bedürfen, bis die Idee zu greifen beginnt, dass einzig und allein die Arbeit dazu führen kann, dass wir so tief und intensiv leben können, wie wir es uns wünschen. Indem wir immer weiter forschen und von einem Vergleich zum nächsten fortschreiten, beginnt der Gedanke sich festzusetzen, dass die Qualität des Lebens, nach der wir uns sehnen, sich vielleicht nur verwirklichen lässt, wenn wir ganz anders an die Arbeit herangehen und unsere Arbeit anders auswählen, als wir das bisher getan haben. Wahrscheinlich werden wir unsere Ziele sehr viel höher stecken und von der Arbeit etwas verlangen müssen, was Arbeit in der Form von Lohnarbeit nicht zu leisten vermag.

Eine Arbeit zu leisten, die Sie lieben, wird Sie transformieren. Die Neue Arbeit ist ein Versuch, eine Struktur zu schaffen, die auf vielfältige Weise einen Wandel in dieser Richtung für die große Masse der Menschen möglich macht. Diese Art von Arbeit sollte kein Hobby, kein sehnsüchtiger Wunsch bleiben, sondern einen großen Teil der Arbeit der meisten Menschen ausmachen.

Eine Zusammenfassung

Diese letzten Gedanken laden uns nicht nur dazu ein, sie zwingen uns geradezu, uns auf einen Felsvorsprung hinauszuwagen, von dem aus wir einen Überblick haben. Schon auf den ersten Seiten dieses Buches sprachen wir von einer zweiten Kultur, die darum ringt, geboren zu werden. Wir sagten dort, dass ihr eine Strategie fehlt, eine Vorstellung davon, welche Schritte zu ihrer Verwirklichung führen könnten. Nun lautet unsere Antwort auf dieses Dilemma in einem kurzen Satz: Überwindet das Lohnarbeitssystem, lasst es zurück und legt das Fundament für ein neues System der Arbeit.

Die gegenwärtige Situation der Arbeit lässt sich nicht mit einigen kosmetischen Korrekturen in Ordnung bringen. Was wir brauchen, ist ein allmählicher, behutsamer Übergang zu einem völlig neuen *System* der Arbeit. Nur in einem dramatisch neuen Kontext kann sichergestellt werden, dass die Menschen tatsächlich die Gelegenheit bekommen, eine Arbeit zu leisten, deren Zweck darin besteht, die Menschen, die diese Arbeit ausführen, zu stärken und sie zu ermächtigen. Dank der Technologie, dank der Möglichkeit, sehr viel mehr selbst herzustellen, dank der Chance, von jetzt an Maschinen zu benutzen, welche die Arbeit tun, die bisher Menschen verkrüppelt hat, ist ein solches Arrangement zum Greifen nahe.

Es gibt bereits eine breite Palette von Kräften und Gegebenheiten, die uns in diese Richtung ziehen. Ein Bereich davon sind, verständlicherweise, die vielfältigen Mängel des Lohnarbeitssystems. Der ganze Komplex pathologischer Bedingungen, die wir beschrieben haben, ist Grund genug und setzt Kräfte frei, die in Richtung auf ein neues System drängen. Die beiden Formen der Neuen Arbeit, die wir beschrieben haben, nämlich Arbeit als High-Tech-Eigen-Produktion und Arbeit als „calling", sind Gestalten und Gussformen, die wir vorschlagen. Sie stellen Konkretisierungen dar. Sie sind Versuche, einige der folgenden Fragen im Detail zu beantworten: Was bedeutet es, das Lohnarbeitssystem zu verändern? Wie könnte man damit anfangen? Und, noch wichtiger, wie könnte ein alternatives Arbeitssystem, das der neuen Kultur angemessen wäre, tatsächlich aussehen?

Alle möglichen zusätzlichen Kräfte, Partnerschaften oder Bündnisse sind ans Licht gekommen. Jede einzelne davon gibt Anlass zu Hoffnung und Zuversicht. Jede ist ein weiterer Mosaikstein in dem großen Muster, der Antwort auf die Frage: Warum sind Sie so zuversichtlich, dass es in der harten und realistischen Praxis tatsächlich zu einer Entwicklung in Richtung der Neuen Arbeit kommen kann?

Ich habe schon oft und nachdrücklich angeregt, dass die Menschen, die sich früher zur Linken zählten oder sich immer noch dazu zählen, gemeinsame Sache mit uns machen sollten. Auch jene, die sich ernsthaft für Kunst, Kultur und Erziehung sowie für die volle Entwicklung des menschlichen Potentials engagieren, sollten sich uns anschließen. Und ganz sicher sollten das auch die vier Fünftel der Menschheit tun, die in der Dritten Welt leben, zusammen mit denen, die über das, was dort geschehen ist, entsetzt sind. Natürlich gehören auch alle jene dazu, die sich hauptsächlich mit der Zerstörung der ökologischen Grundlagen des menschlichen Lebens auseinander setzen.

Alle diese Verbindungen sollten hergestellt werden, aber es sollten noch weitere Gruppen hinzukommen. Die nahe Verwandtschaft zum Feminismus sollte inzwischen deutlich geworden sein. Aber wir haben auch gesagt, und das nur halb im Scherz, dass die Versuche, mit Hilfe von Therapien und selbst mit Hilfe von Meditation, bewusster Ernährung oder Nahrungsergänzungsmitteln mehr Vitalität zu gewinnen, uns angemessene Partner sind. Die ernste Seite hiervon kommt deutlicher zum Vorschein, wenn man diese Dinge mit dem beschriebenen Wertewandel in Verbindung bringt. Dass es inzwischen eine Zeitschrift gibt, die sich kurz und bündig „Ich" („SELF") nennt, ist nur ein winziges Symptom für diesen sich überall ereignenden Wandel. Aber dazu gehören natürlich die wirklich großen Bereiche, in denen sich ein Wandel vollzieht, der auf die unterschiedlichste Weise eine Hinwendung zur diesseitigen Welt zum Ausdruck bringt, zu diesem Leben im Jetzt statt zu jenem anderen Leben nach dem Tode.

Lange und sorgfältige Gespräche mit allen diesen Gruppen könnten wunderbar fruchtbar und erhellend sein. Wir sollten unsere Erfahrungen vergleichen und Veränderungen in Gang bringen. Sie glauben an buddhistische Übungen, an Yoga oder an eine bestimmte Art der Ernährung? Gut, wir glauben an die Arbeit. Wir haben die Arbeit als unseren Pfad zu einem intensiver erfahrenen Leben gewählt. Vielleicht sollten unsere bisher unterschiedlichen Wege zusammenlaufen und miteinander kombiniert werden. Natürlich geht es hier nicht um die Frage, ob einer und nur einer von uns *Recht hat.* Wenn wir unsere Aufmerksamkeit einem Stuhl, einer Lampe, einer Couch, einem Tisch zuwenden, wird sehr schnell klar, wie die meisten dieser Dinge auf 100-fache Weise verbessert werden könnten. Und dies ist natürlich noch zehntausendmal zutreffender für das Leben. Wir können deshalb zusammen daran arbeiten.

Eine letzte Verbindung muss noch aufgezeigt werden. Über all diese Umstände und Gruppen hinaus gibt es immer noch die große Masse der Menschen, die einfach orientierungslos auf dem Ozean des Seins treiben. Sie sind keine solch verzweifelten und wütenden Nihilisten, wie sie Dostojewski in seinen Romanen beschreibt. Sie sind Nihilisten, die Booten in einer Flaute gleichen. Sie haben keine Umkehr vollzogen, haben sich nicht irgendeiner Sache verschrieben oder eine Entscheidung gefällt. Sie beobachten die Horror-Show unserer Politik mit demselben dünnen und verächtlichen Grinsen, mit dem sie auf fast alles reagieren. Wir müssen zugeben, dass das vergangene Jahrhundert es sehr leicht gemacht hat, zu einem solchen Menschen zu werden. Zu viele Hoffnungen wurden enttäuscht, zu viele Opfer wurden umsonst gebracht und zu viele Versprechen erwiesen sich als das Flötenspiel eines Rattenfängers. Nichtsdestoweniger sollten wir auch mit diesen Menschen ins Gespräch kommen, und sei die Hoffnung, sie zu gewinnen, noch so blass und bescheiden. Die Hoffnung wäre, dass sie Geduld besitzen, und dass sie gute Ohren haben, um zu vernehmen, *welche* ganz andere Flötentöne sie nun zu hören bekommen.

Denn der krasseste und elementarste Unterschied zwischen der Neuen Arbeit und den Liedern dieser Rattenfänger besteht darin, dass die Letzteren uns alle dazu auffordern, Opfer zu bringen – sei es für eine Nation, für die drei Schlagwörter der Französischen Revolution oder für irgendwelche glorreichen zukünftigen sozialen Bedingungen, die über einen Berg von Leichen zu erreichen sind. Die Neue Arbeit ist das Gegenteil! Sie fordert Sie auf, *keine* Opfer zu bringen, nicht, wie Camus es ausgedrückt hat, „diesen gegenwärtigen Moment um einer fernen Zukunft willen in den Brunnen der Zeit fallen zu lassen".

So unterschiedlich sich die Lieder all dieser verschiedenen Rattenfänger anhörten, in ihrem Endergebnis glichen sie einander. Sie waren alle Hochzeitsmusik – und sie wollten Sie mit dem Tod vermählen. Nicht so die Neue Arbeit. Es hat schon so viele Stimmen gegeben, die versucht haben, sie dazu zu bringen, sich in das Leben zu verlieben. So unglaublich es klingen mag: Trotzki war in seinen besten Momenten einer von ihnen, ganz gewiss, als er den Satz schrieb: „Wenn das Essen nach der Revolution nicht besser schmeckt, dann wird die Revolution ein Fehler gewesen sein!" Das bringt den Geist zum Ausdruck, den auch wir vermitteln wollen: Schmecken Sie es, schmecken Sie es selbst, schmecken Sie es in jedem Moment! Schlafen Sie nicht ein. Lassen Sie sich keinen Sand in die Augen streuen. Wenn der nächste Schritt tiefer ins Leben hinein Ihnen nicht „besser schmeckt", dann kehren Sie um und versuchen Sie es mit einer anderen Richtung. Es geht nicht darum, dass Sie sich selbst opfern, sondern dass Sie sich selbst gewinnen.

Wir meinen das ganz einfach. Wir wollen Ihnen kein Geheimnis, keine Idee, kein Rezept verkaufen. Dass es besser ist, zu leben, als nicht zu leben, das ist kein Mysterium und keine Offenbarung. Das pfeifen die Spatzen von den Dächern. Wir behaupten nur, dass das Verrichten einer Arbeit, die Sie, nicht jemand anders, sondern *Sie selbst* lieben können, mit der Sie liebevoll spielen können wie mit einem kleinen Kind, Sie dazu führen wird, das Leben zu lieben.

Literatur

Diese Literaturauswahl ist als Einladung gedacht. Die Titel aus den verschiedensten Bereichen streifen, erklären und erweitern die Ideen der Neuen Arbeit, diskutieren diese aber auch in kontroverser Weise. Möge sich der interessierte Leser von mehreren Seiten und aus großem Blickwinkel an das Thema herantasten, sich einlesen, sich inspirieren lassen und auch auf diesem Wege – so unsere Hoffnung – Kräfte für die Neue Arbeit mobilisieren.

Abbate, Janet, *Inventing the Internet.* Cambridge, Mass.: MIT Press, 1999.

Bales, Kevin, *Disposable People.* Berkeley, Calif.: Univ. of California Press, 1999; dt.: *Die neue Sklaverei.* München: Kunstmann, 2001.

Beauvoir, Simone de, *Das andere Geschlecht. Sitte und Sexus der Frau.* Hamburg: Rowohlt, 1951; Neuübers. 1992.

Beck, Ulrich, *Was ist Globalisierung?* Frankfurt a. M.: Suhrkamp, 1997.

Bello, Walden, *Dark Victory. The United States and Global Poverty.* London: Pluto Press, 2. Aufl. 1999.

Bergmann, Frithjof, *On Being Free.* Notre Dame, Ind.: Univ. of Notre Dame Press, 1977; 1988; dt.: *Die Freiheit leben.* Freiamt: Arbor (In Vorbereitung, erscheint Anfang 2005).

—, *Arbeit, die wir wirklich, wirklich wollen. Frithjof Bergmann und sein Konzept der Neuen Arbeit.* Freiburg: Blauburg Verlag, 2004 (Hörbuch).

—, „Ecology and New Work – Excess Consumption and the Job System", in: *The Consumer Society Reader,* hrsg. von Juliet B. Schor und Douglas B. Holt. New York: New Press, 2000.

—, „Thinking One's Way Out of the Disease of Postmodernism". Vortragsreihe 1998.

—, „Nietzsche and Analytic Ethics", in: *Nietzsche, Genealogy, Morality. Essays on Nietzsche's Genealogy of Morals,* hrsg. von Richard Schacht. Berkeley, Calif.: Univ. of California Press, 1994.

—, „A Visit to Those Who Succeeded“, in: *Working in America*, hrsg. von Robert Sessions und Jack Wortman. Notre Dame, Ind.: Notre Dame Press, 1992.
—, „Epistemology and Social Science“ in: *Michigan Discussions in Anthropology*, Juli 1989.
—, „Nietzsche's Critique of Morality“, in: *Reading Nietzsche*, hrsg. von Robert C. Solomon und Kathleen M. Higgins. New York: Oxford Univ. Press. 1988, S. 201–205.
—, „Proposal for the Poor“, in: *A New Work Agenda for Canada*. Proceedings of a Conference at Univ. of Toronto 1984.
—, „Culture After the Elimination of Labor“. Zehnteilige TV-Serie. Univ. of California at Santa Cruz, 1980.
—, „Sudden Encounters“, in: *Inquiry*, Juni 1978.
—, „The Experience of Values“, in: *Inquiry*, Vol. 16, 1973, S. 247–279.
Blake, William, *Zwischen Feuer und Feuer. Poetische Werke*. Zweisprachige Ausgabe. München: dtv, 1996.
Brand, Stewart, *The Media Lab*. New York: Viking, 1987; dt.: *Media Lab. Computer, Kommunikation und neue Medien*. Reinbek bei Hamburg: Rowohlt Taschenbuch-Verlag, 1990.
Camus, Albert, *Der Mythos von Sisyphos. Ein Vesuch über das Absurde*. Reinbek bei Hamburg: Rowohlt Taschenbuch Verlag, 1959; Neuübers. ebd.: Rowohlt, 1999.
Chomsky, Noam, *Secrets, Lies and Democracy*. Interviews. Tuscon, Ariz.: Odonian Press, 1994.
—, *American Power and the New Mandarins*. New York: Pantheon, 1969; dt.: *Amerika und die neuen Mandarine. Politische und zeitgeschichtliche Essays*. Frankfurt a. M.: Suhrkamp, 1969.
Chua, Amy, *World on Fire. How Exporting Free Market Democracy Breeds Ethnic Hatred and Global Instability*. New York: Doubleday, 2003.
Dostojewski, Fjodor M., *Erniedrigte und Beleidigte / Aufzeichnungen aus einem toten Hause* (Sämtliche Werke in Einzelbänden). München: Winkler, 2. Aufl. 1989.
Emerson, Ralph Waldo, *„Selbstvertrauen“* [1841], in: ders., *Essays. Erste Reihe*. Zürich: Diogenes 1983.
—, *Repräsentanten der Menschheit* [1850]. Zürich: Diogenes, 2003.

Fanon, Frantz, *Die Verdammten dieser Erde.* Frankfurt a. M.: Suhrkamp, 1966; ebd., 8. Aufl. 2001 (Tb.).

Florida, Richard, *The Rise of the Creative Class. And How It's Transforming Work, Leisure, Community and Everyday Life.* New York: Basic Books, 2002.

Freire, Paulo, *Pädagogik der Unterdrückten. Bildung als Praxis der Freiheit.* Stuttgart/Berlin: Kreuz-Verlag, 1971; Reinbek bei Hamburg: Rowohlt Taschenbuch-Verlag, 1996.

Friedman, Benjamin, *Day of Reckoning. The Consequences of American Economic Policy under Reagan and After.* New York: Random House, 1988.

Friedman, Thomas L., *The Lexus and the Olive Tree.* New York: Farrar, Straus, Giroux, 1999; dt.: *Globalisierung verstehen. Zwischen Marktplatz und Weltmarkt.* Berlin: Ullstein, 1999.

Galbraith, Kenneth, *The Affluent Society.* Boston: Houghton Mifflin, 1958; aktual. Neuausg. 1998; dt.: *Gesellschaft im Überfluß.* München: Droemer Knaur, 1958 u.ö.

Gates, Bill, *Business at the Speed of Thought.* New York: Warner Books, 1999; dt.: *Digitales Business. Wettbewerb im Informationszeitalter.* München: Heyne, 1999.

Gebhardt, Andreas, *Rapid Prototyping.* München: Hanser, 1996.

Gershenfeld, Neil, *When Things Start to Think.* New York: Henry Holt, 1999; dt.: *Wenn die Dinge denken lernen.* München/Düsseldorf: Econ, 1999.

Gleick, James, *Faster.* New York: Random House, 1999; dt.: *Schneller! Eine Zeitreise durch die Turbo-Gesellschaft.* Stuttgart/München: DVA, 2000.

Goodman, Paul, *Growing Up Absurd.* New York: Random House, 1956; dt.: *Aufwachsen im Widerspruch. Über die Entfremdung der Jugend in der verwalteten Welt.* Darmstadt: Verlag Darmstädter Blätter Schwarz, 1971.

Gorz, André, *Arbeit zwischen Misere und Utopie.* Frankfurt a. M.: Suhrkamp, 2000 [für die dt. Übers. erweiterte Ausgabe].

Hegel, Georg Wilhelm Friedrich, *Phänomenologie des Geistes* [1807]. Hamburg: Felix Meiner, 1988.

—, *Grundlinien der Philosophie des Rechts* [1821]. Hamburg: Felix Meiner, 1995.

Hobbes, Thomas, *Leviathan* [1651/1668]. Stuttgart: Reclam, 1998.

Johnston, David Cay, *Perfectly Legal. The Secret Campaign to Rig Our Tax System to Benefit the Super Rich – and Cheat Everybody Else.* New York: Portfolio, 2003.

Joyce, Patrick (Hrsg.), *The Historical Meanings of Work.* Cambridge, UK: Cambridge Univ. Press, 1987.

Kant, Immanuel, *Kritik der Praktischen Vernunft* [1788]. Hamburg: Felix Meiner, 2003.

Kaplan, Robert D., *The Coming Anarchy. Shattering the Dreams of the Post Cold War.* New York: Random House, 2000.

—, *The Ends of the Earth.* New York: Vintage, 1996; dt.: *Reisen an die Grenzen der Menschheit. Wie die Zukunft aussehen wird.* München: Droemer Knaur, 1996.

Kitwana, Bakari, *The Hip Hop Generation. Young Blacks and the Crisis in African American Culture.* New York: Basic Civitas Books, 2002.

Klein, Naomi, *No Logo.* New York: Picador, 1999; dt.: *No Logo! Der Kampf der Global Players um Marktmacht.* München: Riemann, 2000.

Korten, David C., *When Corporations Rule the World.* Bloomfield, Conn.: Kumarian Press, 1995.

Krugman, Paul R., *The Return of Depression Economics.* New York: W. W. Norton, 1999; dt.: *Die große Rezession. Was zu tun ist, damit die Weltwirtschaft nicht kippt.* Frankfurt a. M.: Campus, 1999.

Kuttner, Robert, *The Economic Illusion. False Choices Between Prosperity and Social Justice.* Boston: Houghton Mifflin, 1984.

Lee, Dorothy, *Freedom and Culture.* Englewood Cliffs, N. J.: Prentice-Hall, 1959.

Luttwak, Edward N., *Turbo Capitalism.* New York: HarperCollins, 1999; dt.: *Turbo-Kapitalismus. Gewinner und Verlierer der Globalisierung.* Hamburg/Wien: Europa-Verlag, 1999.

Marcuse, Herbert, *The One-Dimensional Man.* Boston, Mass.: Beacon Press, 1964; dt.: *Der eindimensionale Mensch. Studien zur Ideologie der fortgeschrittenen Industriegesellschaft.* Neuwied/Berlin: Luchterhand, 1967; München: dtv, 4. Aufl. 2004.

Marx, Karl, *Lohnarbeit und Kapital* [1849]. *Lohn, Preis und Profit* [1865]. Berlin: Dietz, 1998.

—, *Das Kapital* [1867 ff.]. Berlin: Dietz, 1947 ff.

Negroponte, Nicholaus, *Being Digital.* New York: Vintage Books, 1995; dt.: *Total digital. Die Welt zwischen 0 und 1 oder die Zukunft der Kommunikation.* München: Bertelsmann, 1995.

Nietzsche, Friedrich, *Sämtliche Werke.* Kritische Studienausgabe in 15 Einzelbänden, hrsg. von Giorgio Colli und Mazzino Montinari. München: dtv, 1988 [vgl. vor allem *Zur Genealogie der Moral, Also sprach Zarathustra, Jenseits von Gut und Böse, Die fröhliche Wissenschaft].*

O'Brien, Jeffrey M., „The Making of the Xbox. How did the world's largest software publisher become a hardware manufacturer overnight? One word: Flextronics", in: *Wired,* Issue 9.11 – Nov 2001.

Ormerod, Paul, *The Death of Economics.* London: Faber and Faber, 1994; vgl. dt.: *Impulse für den Aufschwung. Das Ende der Volkswirtschaft? Adam Smith und die Folgen. Chaostheorie und Markt. Die Wahrheit über Konjunkturzyklen.* Düsseldorf: Econ, 1995.

Rawls, John, *A Theory of Justice.* Cambridge, Mass: Harvard Univ. Press, 1971; dt.: *Eine Theorie der Gerechtigkeit.* Frankfurt a. M.: Suhrkamp, 1975.

Raymond, Eric S., *The Cathedral and the Bazaar. Musings on Linux and Open Source by an Accidental Revolutionary.* Cambridge, Mass.: O'Reilly, 1999.

Reich, Robert B., *The Work of Nations. Preparing Ourselves for 21st Century Capitalism.* New York: A. A. Knopf, 1991; dt.: *Die neue Weltwirtschaft. Das Ende der nationalen Ökonomie.* Frankfurt a. M./ Berlin: Ullstein, 1993.

Rifkin, Jeremy, *The End of Work.* New York: G.P. Putnam's Sons, 1995; dt.: *Das Ende der Arbeit und ihre Zukunft.* Frankfurt a. M.: Campus, 1995; erw. Neuausg. 2004.

Rodgers, Jr, Harrell R., *American Poverty in a New Era of Reform.* Armonk, N. Y.: M. E. Sharpe, 2000.

Rousseau, Jean-Jacques, *Vom Gesellschaftsvertrag oder Grundsätze des Staatsrechts* [1762]. Stuttgart: Reclam, 1991.

Sahlins, Marshall, *Stone Age Economics*. Chicago: Aldine-Atherton, 1972; Neuausg. London: Routledge, 2004.

Sartre, Jean-Paul, *Das Sein und das Nichts*. Reinbek bei Hamburg: Rowohlt, 1962.

Sassen, Saskia, *Globalization and Its Discontents. Essays on the New Mobility of People and Money*. New York: The New Press, 1998.

Schlosser, Eric, *Fast Food Nation*. Boston: Houghton Mifflin, 2001; dt.: *Fast-food-Gesellschaft*. München: Riemann, 2002.

Schön, Donald A., Bish Sanyal und William J. Mitchell (Hrsg.), *High Technology and Low-Income Communities. Prospects for the Positive Use of Advanced Information Technologies*. Cambridge, Mass.: MIT Press, 1997.

Schor, Juliet B., *The Overworked American. The Unexpected Decline of Leisure*. New York: Basic Books, 1991.

Schumacher, E. F., *Small Is Beautiful*. London: Blond and Briggs, 1973; *Small is beautiful ... 25 years later ... with commentaries*. Point Roberts, Wash.: Hartley & Marks, 1999; dt.: *Die Rückkehr zum menschlichen Maß. Alternativen für Wirtschaft und Technik*. Reinbek bei Hamburg: Rowohlt, 1977.

Schumpeter, Joseph A., *Capitalism, Socialism and Democracy*. New York: Harper, 1942; dt.: *Kapitalismus, Sozialismus und Demokratie*. Bern: Francke, 1946; Tübingen/Basel: Francke, 7., erw. Aufl., 1993.

Sen, Amartya, *Development as Freedom*. New York: Alfred Knopf, 1999; dt.: *Ökonomie für den Menschen. Wege zu Gerechtigkeit und Solidarität in der Marktwirtschaft*. München: Hanser, 2000.

Sennett, Richard, *The Corrosion of Character*. New York: W. W. Norton 1998; dt.: *Der flexible Mensch. Die Kultur des neuen Kapitalismus*. Berlin: Berlin-Verlag, 1998.

Slater, Philip E., *The Pursuit of Loneliness. American Culture at the Breaking Point*. Boston, Mass.: Beacon Press, 1970.

Smith, Adam, *Der Wohlstand der Nationen* [1776]. München: dtv, 2001.

Stiglitz, Joseph E., *Globalization and Its Discontents.* New York: W. W. Norton, 2002; dt.: *Die Schatten der Globalisierung.* Berlin: Siedler, 2002.

Streeten, Paul, *Basic Needs. Some Issues.* Washington, D.C.: World Bank, 1978.

—, et al., *First Things First. Meeting Basic Human Needs in the Developing Countries.* New York: Oxford Univ. Press, 1981.

Thoreau, Henry David, *Walden oder das Leben in den Wäldern* [1854]. Zürich: Diogenes, 1984.

Tolstoi, Leo, *Der Tod des Iwan Iljitsch* [1886]. Stuttgart: Reclam, 1995.

Weber, Max, *Die protestantische Ethik und der „Geist" des Kapitalismus.* Textausgabe auf der Grundlage der ersten Fassung von 1904/05 mit einem Verzeichnis der wichtigsten Zusätze und Veränderungen aus der zweiten Fassung von 1920, hrsg. und eingel. von Klaus Lichtblau und Johannes Weiss. Weinheim: Beltz, Athenäum, 2. Aufl. 1996.

Whitman, Walt, *Grashalme* [1897]. Stuttgart: Reclam, 1991.

Wilber, Ken, *Eros, Kosmos, Logos. Eine Vision an der Schwelle zum nächsten Jahrtausend.* [Mit ausführl. Bibliographie] Frankfurt a. M.: Krüger, 1996; ebd.: Fischer Taschenbuch-Verlag, 5. Aufl. 2002.

Womack, James, et al., *The Machine that Changed the World. The Story of Lean Production.* New York: HarperCollins, 1990; dt.: *Die zweite Revolution in der Autoindustrie. Konsequenzen aus der weltweiten Studie aus dem Massachusetts Institute of Technology.* Frankfurt a. M.: Campus, 1991.

Zachary, G. Pascal, *Show-stopper!* New York: Free Press, 1994; dt.: *Der Krieg der Codes. Wie Microsoft ein neues Betriebssystem entwickelt.* Hamburg: Hoffmann und Campe, 1996.

Ziegler, Jean, *Die Schweiz wäscht weisser. Die Finanzdrehscheibe des internationalen Verbrechens.* München/Zürich: Piper, 1990.

Weitere Informationen zur Neuen Arbeit

Die (virtuelle) Anlaufstelle für Aktivitäten rund um die Neue Arbeit finden Sie im Internet unter

www.newwork-newculture.net

Diese Website enthält unter anderem einen umfangreichen deutschsprachigen Teil und einen Terminkalender mit einer Übersicht der aktuellen Aktivitäten im deutschsprachigen Raum.

Kontakt

Aktuelle Informationen zur Neuen Arbeit, zu Veranstaltungen und zu Fortbildungen erhalten Sie auch unter folgender Adresse:

Neue Arbeit – Neue Kultur e.V.
Wippertstr. 2
D-79100 Freiburg
Tel. 0761.40119807
Fax 0761.40119808
E-Mail: info@newwork-newculture.net

Weitere Literatur aus unseren Verlagen

Riane Eisler
Kelch & Schwert
Von der Fremdbestimmung zur Partnerschaft

Dieses Buch öffnet eine Tür. Es erschließen sich uns faszinierende neue Erkenntnisse über unsere Vergangenheit und unsere potentielle Zukunft. Dabei ergänzt es sich auf geradezu ideale Weise mit der Arbeit von Frithjof Bergmann, denn es zeigt die Möglichkeit partnerschaftlicher menschlicher Beziehungen jenseits von Herrschaft und Fremdbestimmung auf – eine wesentliche Bedingung, damit die Neue Arbeit Wirklichkeit werden kann.

Manche Bücher sind wie Offenbarungen, sie eröffnen unserem Geist unvorstellbare Möglichkeiten – Kelch & Schwert *ist eines dieser großartigen Schlüsselwerke.*

Isabel Allende

Das wichtigste Buch seit Darwins „Entstehung der Arten".

Ashley Montagu

Kelch & Schwert *verleiht einer konkreten Hoffnung Ausdruck, die viele von uns hegen – dass es einen anderen Weg geben könnte Beziehungen und Institutionen zu gestalten, und zwar auf eine Weise, die dem Leben und den Bedürfnissen des Menschen dient.*

Als ich dieses Buch las, wurde ich erneut daran erinnert, dass eine andere Lebensweise nicht nur möglich ist, sondern bereits vor wenigen tausend Jahren für einen Großteil der Menschheit tatsächlich existiert hat. Riane Eisler inspiriert uns, die Arbeit zu tun, die notwendig ist, um diesen Traum heute Wirklichkeit werden zu lassen.

Marshall B. Rosenberg

ISBN 3-936855-16-1, Arbor Verlag, erscheint Juni 2005

Frithjof Bergmann
Die Freiheit leben
Das grundlegende Buch zum Bergmann'schen Freiheitskonzept. Eine theoretische Grundlegung mit Tiefe – das Fundament des Konzeptes der Neuen Arbeit und der damit verbundenen Wirtschafts- und Gesellschaftskritik. Bei allem ausgesprochenen Tiefgang bleibt es aber doch ein Buch in der bekannt lebendigen „Schreibe" Frithjof Bergmanns, die von Michael Schäfer grandios ins Deutsche übertragen wurde.

ISBN 3-936855-03-X, ab Mai 2005 im Arbor Verlag

Frithjof Bergmann
Arbeit, die wir wirklich, wirklich wollen
Frithjof Bergmann und sein Konzept der Neuen Arbeit in 47 Minuten. In diesem Hörbuch erläutert Frithjof Bergmann – höchst persönlich und in ungewöhnlich dichter Form – sowohl die Grundelemente des Konzeptes als auch seinen eigenen Weg in Richtung der Neuen Arbeit. Ein erfrischender Einstieg für Interessierte, ermunterndes Begleitmaterial für Engagierte.

ISBN 3-935550-62-6, Hörbuch, Blauburg Verlag

Gerne informieren wir Sie über unsere weiteren Veröffentlichungen und über unsere Aktivitäten im Kontext der Neuen Arbeit. Schreiben Sie uns oder besuchen Sie uns im Internet unter:

www.arbor-verlag.de

Hier finden Sie umfangreiche Leseproben, aktuelle Informationen zu unseren Büchern und Veranstaltungen, Links und unseren Buchshop.

Arbor Verlag • D-79348 Freiamt
Tel: 0761.401 409 30 • info@arbor-verlag.de

arbor